Aprendiendo de los mejores 4

Francisco Alcaide Hernández

Aprendiendo de los mejores 4

Tu desarrollo personal es tu destino

alienta
EDITORIAL

Alienta es un sello editorial de Centro de Libros PAPF, SLU.
Av. Diagonal, 662-664
08034 Barcelona
www.planetadelibros.com

Primera edición: noviembre de 2023
Depósito legal: B. 18.346-2023
ISBN: 978-84-1344-281-5
Preimpresión: Maria García
Impreso por Egedsa

Impreso en España - *Printed in Spain*

FRANCISCO ALCAIDE HERNÁNDEZ es conferenciante, formador, escritor y coach en liderazgo y motivación.

Licenciado en Administración y Dirección de Empresas, licenciado en Derecho, máster en Banca y Finanzas, y doctor *cum laude* en Organización de Empresa.

Comprometido con la excelencia personal y profesional, lleva más de veinte años estudiando por qué unas personas (empresas) consiguen las metas que se proponen y otras se quedan a mitad de camino. Alcaide ha entrevistado y conversado con «los mejores», cientos de personalidades de referencia del mundo de la empresa, el deporte, la moda, la ciencia, la economía o el desarrollo personal. También ha estudiado las obras de los principales especialistas en *management*, tales como Simon Sinek, Gary Hamel, Adam Grant, Eric Ries o Jim Collins, entre otros muchos.

Ha prestado sus servicios a empresas de múltiples sectores (EY Spain, Banco Mediolanum, Novartis, SHA Wellness Clinic, Johnson & Johnson, STADA, EGADE Business School, Getabstract México, ING…) y publicado, solo o en colaboración, más de diez libros, entre ellos el bestseller *Aprendiendo de los mejores*, del que se han vendido más de 250.000 ejemplares en cuatro idiomas (inglés, italiano, portugués y español) y con ediciones en diferentes países extranjeros (México, Colombia, Perú y Argentina), siendo el libro más vendido de *management* de un autor español de los últimos años.

Alcaide ha sido incluido en el TOP 30 *influencers* de liderazgo y emprendimiento (revista *Emprendedores*) y premiado en diferentes ocasiones por su trabajo: Premio Coach de Honor 2017 (Aprocorm), Premio al Mejor Blog de RRHH 2012 (Tatum/Observatorio de RRHH) o Premio Accésit CEF Gestión 1999 (Centro de Estudios Financieros).

Colaborador habitual de los medios de comunicación, ha publicado más de un centenar de artículos en prensa y revistas especializadas, y ha aparecido en medios como *Forbes*, *Expansión*, TVE, La Sexta, RNE, Cadena Ser, Diario *ABC*, *Cinco Días*, Cadena Cope o *Despierta América* (Miami), entre otros.

En 2022 su artículo «10 claves para una empresa (vida) con propósito» fue el único de un autor español entre los diez más leídos de la revista de alta dirección *Executive Excellence*, junto a Lynda Gratton (London Business School), Rita McGrath (Columbia Business School), Sinan Aral (MIT), Herminia Ibarra (Insead), Roger Martin (Rotman School of Management), Susan David (Harvard) o Daniel Pink (Thinkers50).

Además, ha sido incluido entre «los cinco pensadores nacionales de *management* que trascienden fronteras, crean conocimiento y hacen marca España también en este ámbito» (Executive Excellence, 2023).

Es creador del concepto «Fast Good Management», una filosofía que hace referencia a la necesidad en un mundo cambiante de decir *mucho* con *poco*, aportando valor de manera breve y práctica.

www.franciscoalcaide.com
www.conferenciasfranciscoalcaide.com
www.topconferenciantes.com
@falcaide

¿Sabe cuál es mi enfermedad? La utopía.
¿Sabe cuál es la suya? La rutina.
La utopía es el porvenir que se esfuerza en nacer.
La rutina es el pasado que se obstina en seguir.

Victor Hugo (1802-1885),
escritor y autor de *Los miserables*

SUMARIO

INTRODUCCIÓN

Decía John C. Maxwell que «uno no vence los obstáculos haciéndolos más pequeños, sino volviéndose uno mismo más grande». Así es, nada sucede por azar; ya sabes: *tu desarrollo personal es tu destino*; o como apuntaba el legendario John Wooden: «el éxito es un hábito; por desgracia, el fracaso también lo es». Por este motivo, desde sus orígenes, la filosofía de *Aprendiendo de los mejores* se basa en aportar tres objetivos principales:

- Primero, *inspiración*. La mayoría de las personas cree que son como son y poco pueden hacer por remediarlo. Nada más lejos de la realidad. Todo el mundo tiene más recursos en su interior de los que cree. La finalidad de este libro es ayudar a la gente a ensanchar la mente, a tomar consciencia de que sus creencias son eso, creencias y no hechos. *Aprendiendo de los mejores* pretende ayudarte a creer más en ti, y como consecuencia de ello, a pensar un poco más en grande.
- Segundo, *conocimientos*. Como hemos apuntado en otras ocasiones, el éxito consiste en dos cosas: saber lo que hay que hacer y hacerlo. Si «los mejores» son aquellas personas

que han llegado donde tú también quieres llegar, ellos te pueden decir qué ingredientes necesitas para conseguirlo. La clave es siempre la misma: observar a la gente exitosa, aprender lo que ellos hacen y ser disciplinados para aplicarlo.

- Tercero, *herramientas* y *metodología*. El conocimiento nos indica el camino a seguir, pero para recorrerlo son imprescindibles las herramientas y la metodología. Los conocimientos tienen que ver con el *qué* hacer; las herramientas y la metodología con *cómo* hacerlo.

Siempre que termino un volumen de *Aprendiendo de los mejores*, pasado algún tiempo, algunas personas me preguntan: ¿habrá un volumen 2? ¿Habrá un volumen 3? ¿Habrá un volumen 4? Me ha ocurrido desde que escribí el primer volumen. Nunca sé si habrá o no nuevas entregas, hasta que finalmente me decido a hacerlo, que es cuando veo con claridad que puedo seguir aportando valor ampliando las temáticas abordadas, profundizando en las ya analizadas e incorporar personajes de ámbitos distintos a los ya tratados.

Cuando se publicó el primer volumen en 2013, estuvo muy centrado en los pesos pesados de cinco temáticas que nos incumben a todos: desarrollo personal, emprendimiento, liderazgo, libertad financiera y espiritualidad. En él se hablaba de estos aspectos desde un punto de vista más *generalista*. Por allí desfilaban Napoleon Hill, Dale Carnegie, Peter Drucker, Michael Porter, Robert Kiyosaki, Anthony Robbins, T. Harv Eker, Jim Rohn, Louise Hay, Deepak Chopra, Bill Gates o la Madre Teresa de Calcuta, entre otros muchos.

A lo largo de los volúmenes 2 (2018) y 3 (2020) se fueron incorporando:

- Personajes que dentro de esas cinco grandes temáticas que son universales están *especializados* en aspectos más concretos como las ventas (Grant Cardone), el *networking*

(Keith Ferrazzi), la negociación (Donald Dell), la productividad (David Allen), hablar en público (Chris Anderson) o la persuasión (Olivia Fox), entre otros.

- Personajes que han profundizado en la condición humana, abordando aspectos más *específicos* del individuo como el ego (Ryan Holiday), la gratitud (Robert Emmons), la vulnerabilidad (Brené Brown), la autoestima (Nathaniel Branden), el sentido de la vida (Viktor Frankl), el optimismo (Tal Ben-Shahar) o la inteligencia emocional (Daniel Goleman), por citar algunos.
- Personajes que, si bien hablan de esas cinco grandes temáticas apuntadas, lo hacen desde ámbitos que no se ocupan específicamente de ellas y, por tanto, aportan un enfoque complementario. Por ejemplo, personalidades del mundo del deporte (Pau Gasol), la arquitectura (Frank Gehry), la música (Inma Shara), la gastronomía (Ferran Adrià), la aventura (Ernest Shackleton) o la etología (Jane Goodall), entre otros.

En esta doble entrega de *Aprendiendo de los mejores*, con los volúmenes 4 y 5, hemos querido incorporar de nuevo temáticas no tratadas en los tres volúmenes anteriores. Así, en este volumen 4, se profundiza en aspectos que tienen que ver con el impacto del sueño en la salud (Matthew Walker), la importancia del lenguaje corporal sobre nuestra confianza (Amy Cuddy), cuáles son los caminos para llevar una vida creativa y auténtica (Elizabeth Gilbert), el coaching como proceso de acompañamiento para el despliegue del potencial que toda persona anida en su interior (John Whitmore) o la importancia del orden para nuestra felicidad y bienestar personal (Marie Kondo).

También aparecen personalidades que han dado lugar a conceptos novedosos como el de *Grit* (pasión y perseverancia) de Angela Duckworth, el de *Deep Work* ('trabajo profundo') de Cal Newport, el de *Growth Mindset* ('mentalidad de crecimiento') de Carol Dweck, el de *Lean Startup* ('agilidad empresarial') de

Eric Ries, el de *The New Long Life* ('la nueva era de la longevidad') de Lynda Gratton, el de *The Third Door* ('la tercera puerta') de Alex Banayan, o que han logrado una gran difusión internacional, como el concepto africano de *Ubuntu*, gracias al trabajo de Mungi Ngomane.

Igualmente, se han tenido presentes temáticas ya abordadas anteriormente que, por su trascendencia, se han desarrollado más ampliamente en este volumen; nos referimos a personalidades del mundo del estoicismo (Séneca), la filosofía (Aristóteles), el deporte (Kobe Bryant), el *management* (Jim Collins), el emprendimiento (Marc Randolph), la inversión (Charlie Munger), el desarrollo personal (Arnold Schwarzenegger), la literatura (Virginia Woolf), los hábitos (James Clear), el trabajo en equipo (Daniel Coyle) o la negociación (Chris Voss).

Asimismo, la espiritualidad es un tema presente desde los inicios de *Aprendiendo de los mejores*, pero hoy día lo es aún más debido a los tiempos tan convulsos que vivimos. La espiritualidad tiene mucho que ver con nuestra paz (serenidad) interior y, por tanto, con nuestro grado de conexión con la vida. Trabajar nuestra espiritualidad es estar en mejor disposición de ser un poco más felices. En última instancia, la espiritualidad es el proceso de aprender a amar: a uno mismo, a los demás, a la vida. Rumi, poeta persa, decía: «El amor es el puente entre tú y todo lo demás»; y añadía: «Tu trabajo no es encontrar el amor, sino buscar y encontrar las barreras dentro de ti mismo que has construido contra él». A lo largo de las siguientes páginas aparecen varios personajes que nos aportan mucho en este sentido como Jay Shetty, autor de *Piensa como un monje*, y Miguel Ruiz, autor de *Los cuatro acuerdos*.

A lo largo de estos años, los lectores de la trilogía de *Aprendiendo de los mejores* me han ido haciendo algunas sugerencias para incorporar a los distintos volúmenes de la obra, lo que he hecho con muchas de ellas. Entre las nuevas solicitudes que me han hecho llegar desde la publicación del último volumen en 2020 estaban:

- Incorporar *personajes del cine*: el séptimo arte es uno de los ámbitos de los cuales más se puede disfrutar y aprender. Las salas de cine son aulas de las que se pueden extraer lecciones de gran valor para la vida, en general, y para la empresa, en particular. La gran pantalla nos permite tomar consciencia de muchos aspectos que a menudo nos pasan desapercibidos. En concreto, en este volumen 4 aparecen el entrañable Forrest Gump, Eliot Ness —con su equipo de *Los Intocables*—, y Guido Orefice, protagonista de *La vida es bella*.
- Incorporar *personajes de ficción*: en algunos casos, la huella de estos personajes ha superado con creces a la del creador. Tanto en el volumen 4 como 5 aparecen unos cuantos ejemplos de la literatura, el cómic o los dibujos animados. En este volumen nos detenemos en la sabiduría del Principito, uno de los personajes más inspiradores de los que aprender cuyo libro está entre los diez más vendidos de la historia.

En cuanto a la distribución de personajes, el porcentaje de mujeres en este nuevo volumen también es superior al de los volúmenes precedentes, pasando del 6 por ciento (volumen 1), el 22 por ciento (volumen 2) y el 23 por ciento (volumen 3) hasta el 29 por ciento (volumen 4). En concreto, la presencia femenina está representada por: Amy Cuddy, Angela Duckworth, Carol Dweck, Elizabeth Gilbert, Lynda Gratton, Marie Kondo, Mungi Ngomane y Virginia Woolf.

Como viene siendo habitual desde el primer volumen de *Aprendiendo de los mejores*, aparece una mezcla de personajes contemporáneos —los más jóvenes son Alex Banayan (1992) y Jay Shetty (1987)—, junto a otros más clásicos de siglos pasados —como Aristóteles (siglo IV a. C.) o Séneca (siglo I)— que permiten aunar las visiones más recientes con otras más clásicas que siguen tan vigentes como en su tiempo.

Finalmente, también hay algunas novedades en el apartado de los anexos:

- En el volumen 2 se incluyó por primera vez un anexo donde aparecían todos los personajes de los dos volúmenes publicados clasificados por temáticas, para así facilitar al lector acudir directamente a aquellos personajes que más le interesan según sus necesidades.
- En el volumen 3, junto al anexo anterior, se incluyó otro anexo con películas/documentales que cuentan la vida y obra de todos los personajes incluidos en los tres volúmenes publicados, así como las charlas TED de los que han participado en los eventos de esta plataforma de conocimiento. El formato audiovisual cobra cada vez más relevancia en nuestra sociedad, donde los niveles de atención han caído en picado. Este formato facilita seguir aprendiendo de «los mejores» de una forma complementaria más flexible.

En esta nueva doble entrega con los volúmenes 4 y 5, junto a esos dos anexos, se ha añadido otro anexo más con:

- Una guía de doscientos libros clasificados por temáticas que engloban gran parte de los temas referidos al crecimiento personal: productividad, hábitos, felicidad, liderazgo, emprendimiento, *networking*, marca personal, influencia y persuasión, ventas, negociación, libertad financiera, emociones, estoicismo, espiritualidad, creatividad, innovación, trabajo en equipo, compasión, propósito, resiliencia, PNL o toma de decisiones, entre otros muchos.

Espero que encuentres en estas páginas algo de inspiración que pueda mejorar tu vida y que, gracias a ello, puedas tú a su vez también mejorar la vida de otras personas. Eso es lo que he pretendido yo con esta nueva doble entrega de *Aprendiendo de los mejores*, porque como decía Ennio Doris, fundador de Mediolanum, «la vida es un regalo maravilloso y no debe desperdiciarse. ¿Qué significa no desperdiciar la vida? Hacer algo de lo que estar orgulloso para siempre».

ALEX BANAYAN

Alex Banayan (1992) es uno de los autores de negocios más vendidos en Estados Unidos, conocido a nivel internacional por su libro *La tercera puerta*, con subtítulo: *En busca del secreto del éxito de Bill Gates, Steven Spielberg y Lady Gaga*, calificado por *The New York Post* como «un placer de leer». En él, Alex Banayan cuenta cómo la noche anterior a los exámenes finales de su primer curso universitario ganó un velero en el concurso televisivo de *El precio justo*. Lo vendió y utilizó el dinero para financiar el proyecto que le apasionaba: conocer a las personas con más éxito del mundo y descifrar las claves de su éxito. Por el libro desfilan personalidades como Tim Ferriss, Maya Angelou, Jane Goodall, Larry King, Sugar Ray Leonard, Steve Wozniak, Jessica Alba, Richard Saul Wurman, Quincy Jones o el presidente de TED, entre otros. Como conferenciante, Alex Banayan ha presentado las ideas de *La tercera puerta* en numerosos foros y ha asesorado a equipos directivos de empresas como Apple, Nike, IBM, Dell, Snapchat, Salesforce, Delta Airlines, Kaiser Permanente, Mastercard, Disney, MTV o Harvard, entre otras. Ha sido incluido en la lista *Forbe*s 30 de los menores de treinta años más influyentes, y en la lista de las personas más poderosas menores de treinta años del *Business Insider*. Ha colaborado con medios como *Fast Company*, *Entrepreneur*, *The Washington Post* y *TechCrunch*, y ha aparecido en otros como *Fortune*, *Forbes* o *Businessweek*. En el centro de la misión de Banayan está su creencia de que, «cuando cambias lo que alguien cree que es posible, cambias lo que se vuelve posible».

1. **La vida, los negocios, el éxito... son como una discoteca. Siempre hay tres puertas de entrada.**
   ¿Y cuáles son esas tres puertas de entrada? Veámoslas una por una:

   - Primera puerta: es en la que está la mayoría de la gente haciendo cola. Es pesado, lento, quita tiempo y energía, y uno nunca tiene la garantía de que le dejen entrar.
   - Segunda puerta: es la de gente VIP, los deportistas, artistas, políticos, aristócratas, modelos o gente de buena familia. Llegan y entran sin más. Tiene un problema, si no eres VIP no tienes acceso.
   - Tercera puerta: siempre existe una alternativa más a las dos anteriores. Aquélla por la que no entra la gente normal ni los VIP. No es una puerta que esté a la vista, sino que te obliga a ser creativo, a pensar, a indagar, a superar miedos y ser valiente. Es la puerta de la gente inconformista, luchadora y ganadora.

   Recuérdalo: siempre, siempre, siempre... existe una tercera puerta. Eso es lo importante. Banayan nos dice: «Ya se trate de cómo Bill Gates vendió su primer programa de software o de cómo Steven Spielberg se convirtió en el director más joven de la historia de Hollywood, todos lo hicieron entrando por la tercera puerta».

2. **Para entrar por la tercera puerta, lo más importante es «encontrar a un topo».**
   La tercera puerta no es evidente. Es una puerta que da acceso a lo mejor —a donde los VIP entran sin problema y el resto tienen que hacer serios esfuerzos para acceder—, y eso sólo es posible a través de «alguien» (un topo) que nos facilita su entrada y nos va allanando el camino. Siempre existe ese «alguien», sólo hay que identificarlo, llegar a él, y ganárselo. Para ello hay que utilizar todas las armas posibles a

nuestro alcance, y algo más: coraje y determinación. Los momentos importantes de la vida exigen valentía. Steven Spielberg comenzó su carrera cuando era un jovenzuelo. Había sido rechazado por la escuela de cine, pero un día se subió a un autobús que daba un tour por los estudios Universal de Hollywood. En un momento dado, saltó del autobús y se metió en un cuarto de baño y desapareció. Vio como el autobús se iba y pasó el resto del día allí. Paseando se topó con un tipo, Chuck Silvers, que trabajaba para Universal TV. Empezaron a charlar de cine, y cuando Silvers supo que Spielberg era un director novel, le extendió un pase de tres días para ir a los estudios. Así lo hizo, y al cuarto día se presentó de nuevo, llegó a la entrada, saludó con la mano y dijo: «¡Hola, Scott!». Y el guardia le devolvió el saludo. Durante tres meses seguidos Spielberg se pasó el día allí. Al final, Chuck Silvers se convirtió en su mentor y poco después le presentaría a Sid Sheinberg, vicepresidente de producción de Universal TV, que le ofrecería un contrato de siete años convirtiéndose en el director más joven de la historia de Hollywood. El «topo» (Chuck Silvers) es la clave de todo, pero Spielberg tuvo el coraje de saltar del autobús, dejarlo ir, deambular por Universal y ponerse a hablar con Silvers antes de que todo lo demás sucediese. Sin coraje, nada sucede.

3. **Sólo los aventureros tienen aventuras.**
Ése fue otro de los consejos que le dio a Alex Banayan el CEO de Summit Series, Elliott Bisnow. Las aventuras son eso, aventuras: hay problemas, riesgos, inconvenientes, dificultades, engaños, deslealtades... y otras muchas cosas más. Pero lo más importante es que hay experiencia, crecimiento y vida. Como decía la escritora Helen Keller: «La vida es una aventura atrevida o no es nada». Sólo hay una manera de exprimir la vida: viviendo de verdad. Salir ahí afuera y exponerse. El mayor fracaso es que no ocurra nada.

Mucha gente quiere experimentar ciertas sensaciones, pero no quieren pasar por el proceso que implica experimentar esas sensaciones. Así que las vidas de mucha gente son anodinas y descafeinadas. Para ganar hay que aprender a perder; para avanzar hay que aceptar ser rechazado; para crecer hay que saber sufrir; para triunfar hay que encajar los golpes. Pero todo eso es la vida. Con otras palabras: *o estás dentro o estás fuera del juego*. La vida es un juego y nadie puede aprender a jugar desde fuera. Da igual de lo que se trate: vivir es apostar. Casarse es apostar un proyecto conjunto con otra persona con el deseo de ser felices. Montar una empresa es apostar por una idea que uno desea materializar y rentabilizar. Irse a vivir a otro país es apostar por una vida que imaginamos que será mejor. Si sólo haces lo previsible y conocido, sólo lo previsible y conocido te puede ocurrir. Prueba, experimenta, sufre, aprende, crece. El cantante Pitbull, uno de los raperos más conocidos de la escena internacional, ganador de un Grammy, le confesaba a Banayan en su apartamento de Miami: «Un verdadero aventurero siempre está buscando el siguiente reto. Es como jugar a un videojuego. Superas el primer nivel, luego tienes que superar el segundo y después el tercero. Cuando has acabado el juego, te sientes como: "*Wow*, ¿cuál es el siguiente juego? ¿Dónde está?"».

4. **La mayoría de las personas viven una vida *lineal*; las personas de éxito no creen en este modelo. Optan por la vida *exponencial*.**

Dos personas pueden conseguir los mismos resultados: facturar un millón de euros. Pero lo que cambia es el tiempo, la energía y los recursos invertidos en conseguir esa meta. En definitiva, la eficiencia. Hay caminos más largos y otros mucho más cortos gracias a los factores aceleradores del éxito. Todas las personas, cuando anhelamos algo, queremos verlo materializado en el menor tiempo posible. No es casual que un autor como Robert Kiyosaki haya escrito un libro titulado *Retírate joven y rico*; o que otro personaje conocido como M. J. DeMarco haya publicado *La vía rápida del millonario*. Nadie desea que nuestros sueños se hagan realidad cuando nos queda poco tiempo para disfrutarlos. Uno quiere saborear los placeres de la vida cuando es joven y todavía está lleno de energía. Eso sólo es posible a través de la vía *exponencial* basada en palancas que nos impulsan a ir a otra velocidad, lo cual no quiere decir que el éxito sea inmediato, pero sí más rápido. En *La tercera puerta* se dice: «[Las personas de éxito] en lugar de ir paso a paso, se los van saltando. La sociedad nos alimenta con esta mentira de que debes hacer x, y, z antes de poder cumplir tu sueño. Pero es una gilipollez. Si de verdad quieres marcar la diferencia, si quieres vivir una vida de inspiración, aventura y éxito salvaje, tienes que agarrarte a esta *vida exponencial* y aferrarte a ella con todas tus fuerzas». Uno de los grandes del mundo de la tecnología, Steve Wozniak (Woz), cofundador de Apple junto a Steve Jobs, le hacía la siguiente apreciación a Banayan: «La mayoría de las personas hacen lo que hacen porque es lo que la sociedad les dice. Pero, si te paras un segundo y haces algunos cálculos (de hecho, si piensas por ti mismo), te das cuenta de que hay una forma mejor de hacer las cosas».

5. **No puedes superar a Amazon siendo Amazon.**
Fue otro de los consejos que recibió Alex Banayan en la lucha por ver cumplida su misión de entrevistar a «los mejores» y publicar un libro, que se estaba volviendo ardua. La historia ocurrió alrededor del año 2000. Internet estaba en pleno *boom* y Amazon se estaba comiendo a la competencia en el comercio electrónico. Al principio, los ejecutivos de Walmart no le dieron mucha importancia, pero después, el crecimiento de Amazon empezó a mermar sus ingresos. Entonces cundió el pánico entre los directivos de la empre-

sa norteamericana y organizaron reuniones de emergencia. Contrataron nuevos empleados, despidieron a otros y llenaron sus oficinas con más y más ingenieros, invirtiendo una gran cantidad de dinero en su página web. A pesar de todo, no hubo manera, así que se centraron todavía más en ser como Amazon. Copiaron sus estrategias, trataron de replicar su tecnología y gastaron todavía más dinero. Pero aun así, nada cambió. Un día llegó una nueva ejecutiva a Walmart. Analizó la situación y se dio cuenta de lo que estaba ocurriendo. Al día siguiente, colgó una pancarta en las oficinas. Poco después, las acciones de Walmart se dispararon. En el cartel sólo decía: «No puedes superar a Amazon siendo Amazon». Se pueden copiar ideas, productos, servicios o tecnología, pero nunca el talento o la marca. Si quieres replicar al cien por cien a otros, el fracaso está asegurado. Si miras demasiado a los lados, pierdes tu esencia y siempre vas por detrás. Lo esencial de cada empresa (persona) es su singularidad (diferencia). Éste fue uno de los errores que cometió Alex Banayan en su infructuosa búsqueda de un agente literario para conseguir que una editorial publicara su libro. Un día un amigo le comentó: «Desde que comenzaste a buscar un agente, lo único que has hecho ha sido copiar las estrategias de otros. Has estado jugando en el terreno de estos agentes como si tuvieras las mismas virtudes que Tim Ferriss, pero no las tienes. No tienes su credibilidad. Tus circunstancias son diferentes. *No puedes superar a Tim Ferriss siendo Tim Ferriss*». Eso rara vez funciona. Inspirarse en otros es esencial, pero luego debemos adaptar las ideas y conceptos a nuestra personalidad, singularidad y esencia. La autenticidad es la base de las personas (empresas) de éxito: son fieles a sí mismas. El propio Bayanan reflexionaba sobre este aspecto: «Había estado obsesionado con estudiar el camino de la gente con éxito y, a pesar de que es un buen método para aprender, no todos los problemas se podían solucionar de esta manera. No podía copiar y pegar las tácticas de otros y esperar a que funcionaran exactamente igual para mí. A ellos les había funcionado porque eran sus tácticas. Encajaba con lo que eran sus fortalezas y circunstancias. En ningún momento había tenido en cuenta ni me había preguntado cuáles eran mis fortalezas ni mis circunstancias. ¿Qué significaba superar a alguien siendo Alex? Aunque hay un periodo en que hay que estudiar lo que les ha funcionado a los demás, en otro momento debes descubrir todo lo que te hace único. Y, para lograrlo, debes saber qué hace que tú seas tú».

6. **La verdad nunca es blanca o negra. Es gris. Todo es gris.** A los medios de comunicación les interesan los extremos: lo blanco o negro. Lo que está entre medias, lo gris, es irrelevante. Ahí no hay noticia, por eso se fuerzan las cosas para llevarlas a un lado (blanco) u otro (negro). Pero rara vez las cosas son así. El gris abunda. Alex Banayan quería dejar la universidad antes de dedicarse por completo a su misión. Su argumento era que Mark Zuckerberg o Bill Gates así lo habían hecho y les había ido de maravilla. Pero su mentor le dio un toque de atención: «Bill Gates y Mark Zuckerberg no dejaron la universidad tal y como tú crees que lo hicieron. Investiga un poco. Verás de qué estoy hablando». Así lo hizo y después de leer *El efecto Facebook* comprobó que Zuckerberg no había dejado la universidad sin más, sino que se tomó un semestre de descanso para volver más adelante tras tener las cosas bajo control: «Semanas antes del tercer año —cuenta Banayan—, Zuckerberg se había reunido con el inversor de capital riesgo Peter Thiel para conseguir fondos para Facebook. Cuando Thiel le preguntó si iba a dejar la universidad, Zuckerberg le dijo que no. Tenía pensado volver. —Y continúa—: Durante años había visto titulares que decían "Mark Zuckerberg deja la universidad" y de forma natural di por supuesto que su decisión de dejar la universidad era definitiva. Los titula-

res y las películas hacen que las cosas parezcan blancas o negras». También añade: «Desde que vi *La red social*, pensaba que Zuckerberg era un rebelde que había dejado la universidad, que había alzado su dedo corazón al cielo y nunca había vuelto a mirar atrás. En la película no se veía a Zuckerberg dudando del futuro de Facebook. Nunca salía debatiéndose sobre si debería tomarse un semestre de descanso».

7. **Aunque no vayan a reunirse contigo por la razón que tú quieres, no significa que no puedan reunirse contigo por alguna otra razón.**
A la hora de vender, negociar y tratar con otras personas, siempre hay que ponerse en el otro lado del mostrador. A la gente no le importas tú, le importan ellos. Averigua qué necesitan y utilízalo como puerta de entrada. No te centres en ti, céntrate en los demás. Ésta es una de las lecciones que aprendió Alex Banayan después de leer la biografía de más de ochocientas páginas de Warren Buffett, uno de los inversores más reconocidos: «Después de que Buffett se licenciara en la Universidad de Nebraska, en Lincoln, se puso a trabajar como corredor de bolsa, lo cual, esencialmente, significa que era un vendedor de acciones. Pero casi cada vez que intentaba tener una reunión con un empresario, fracasaba. Nadie quería verse con un jovenzuelo sin credibilidad que deseaba venderle acciones. Así que Buffett cambió de táctica: empezó a llamar a los empresarios y les hizo creer que les podía ahorrar impuestos. De repente, todos le decían: "¡Adelante!". Y, de esta forma, Buffett logró sus primeras reuniones». De lo que se trata —como se dice en la película de *El Padrino*— es de hacer una oferta que los demás no puedan rechazar. Cuando te relaciones con otras personas, si quieres que te presten atención: *antes de pensar en ti, piensa en ellos.*

8. **Lee las notas a pie de página.**
Ésta es otra de las lecciones que Alex Banayan aprendió de Buffett. El éxito se basa en saber algo que los demás no saben, hacer algo que ellos no hacen, pensar de una forma diferente a como la mayoría piensa. ¿Quién lee las notas a pie de página de un libro o de un informe? Prácticamente nadie. Ahí puede estar la diferencia para quien sí lo hace. Una vez un periodista contactó a Warren Buffett para hacerle una entrevista. Cuando se vieron, éste le preguntó una pregunta difícil sobre una empresa pública. Buffett le contestó que la respuesta estaba en el informe anual que acababa de leer. El periodista leyó de nuevo el informe, pero allí no encontró nada. Entonces le contestó: «No ha leído con atención. Observe la nota catorce». Evidentemente el periodista lo encontró y se quedó atónito: «Mientras los demás hojean un informe —dice Banayan—, Buffett estudia obsesivamente la letra pequeña, la lee del derecho y del revés, estudia cada palabra, buscando pistas. No tienes que ser un genio para leer notas a pie de página: es una decisión. Es una decisión dedicar más horas, ir más allá y hacer lo que los demás no están dispuestos a hacer. Leer las dichosas notas a pie de página no es sólo una tarea en la lista de quehaceres de Buffett: es su actitud vital». Y eso es lo que le hace diferente… y tan exitoso.

9. **Cuando tienes una visión, debes aferrarte a ella.**
Ésas son las palabras que le dijo el boxeador Sugar Ray Leonard a Alex Banayan durante una entrevista en casa del púgil, seis veces campeón del mundo. Luego añadiría: «Puede que tengas el deseo, el anhelo, el sueño, pero tiene que ser algo más. Debes desearlo hasta el punto de que duela. Gran parte de las personas nunca llegan tan lejos. Nunca apelan a lo que yo llamo la "reserva oculta", un depósito secreto de fuerza». Y más aún: «No dejes que nadie te diga que no puedes cumplir tu sueño. Cuando tienes

una visión, debes aferrarte a ella. Debes seguir luchando. Las cosas se pondrán feas. Te dirán que no. Pero tienes que seguir presionando. Debes seguir luchando. Tienes que utilizar tus "reservas ocultas". No será fácil, pero es posible». Cuando uno tiene grandes aspiraciones, el viento habitualmente no sopla a favor, sino más bien todo lo contrario. La pregunta es: ¿qué podemos hacer para no desfallecer en esos momentos? Piensa en Martin Luther King, Nelson Mandela o Gandhi, por señalar sólo tres referencias históricas. ¿Qué fue lo que les hizo continuar adelante en su lucha cuando todo eran inconvenientes y no se avistaba luz en el horizonte? Sin dudas, su visión (propósito). Cuanto más grande, estimulante y atractivo sea tu propósito, más fácil es no claudicar cuando las cosas se ponen feas. Busca retos que te inspiren y sean tu motor de vida. Identificar tu propósito y comprometerte con él te otorgará la confianza suficiente para hacer frente a todas las contrariedades que antes o después aparecerán.

10. Todo el mundo tiene experiencias en su vida, y algunos deciden convertirlas en historias.

Las vidas de mucha gente son similares en muchos aspectos. Todos tenemos miedos, pasamos por crisis, cometemos errores, padecemos desengaños, sufrimos fracasos y soñamos con ambiciones parecidas. Sin embargo, cómo cuenta cada uno su historia personal hace que sea más o menos atractiva. El *storytelling* es lo que marca la diferencia. Es nuestro deber *envolver* y empaquetar adecuadamente las experiencias a través de historias para que calen en los demás. Las historias enganchan, producen una conexión emocional con la gente, les cautivan y hacen destacar sobre el resto. Alex Banayan tenía un sueño —como otras muchas personas— que era el de poder conocer y entrevistar a personas exitosas y saber de primera mano qué factores explicaban su rendimiento. Pocos días antes de los exámenes finales del instituto vio en un anuncio que buscaban gente para participar en el conocido programa de televisión *El precio justo*. Entonces se preguntó: «¿Y si voy al programa para ganar algo de dinero y financiar así la misión?». Y así lo hizo. Investigó cómo ser seleccionado, cómo jugar y cómo ganar. No le fue mal: su premio fue un velero que vendió por 16.000 dólares y utilizó para financiar su misión. Una historia que no deja de sorprender; una anécdota curiosa que atrapa el interés del que la escucha, y por supuesto, mucho más atractiva que la de la persona que simplemente obtiene su financiación en un banco para poder emprender. Busca siempre cómo convertir tus experiencias en historias, es uno de los secretos de la comunicación. La historia personal de Banayan le valió para que mucha gente le atendiese y le abriese sus puertas. Era una historia que sorprendía a quien la escuchaba, producía una sonrisa cómplice y le permitía ganarse la confianza de su interlocutor, que estaba dispuesto a ayudarle.

AMY CUDDY

Amy Cuddy (1972) es una psicóloga social norteamericana, autora y conferenciante, conocida por sus investigaciones sobre temas diversos como la influencia, el comportamiento no verbal, los estereotipos y la discriminación. Es licenciada en Psicología Social por la Universidad de Colorado, doctora en Psicología Social por la Universidad de Princeton y máster en Psicología Social por esta misma universidad. Actualmente es profesora de la Harvard Business School en temas de influencia, poder y negociación, y con anterioridad fue docente en la Kellogg School of Management y en la Universidad de Rutgers. Como conferenciante, Cuddy es conocida por su charla en el TED global de 2012 con el título *El lenguaje corporal moldea nuestra identidad*, que la ha hecho mundialmente famosa y está entre las diez más vistas en la historia de esta plataforma, donde explica cómo nuestro lenguaje corporal afecta a nuestro estado de ánimo y como consecuencia de ello a nuestra conducta. Cuando se escriben estas páginas lleva cerca de setenta millones de visionados. Sus investigaciones y artículos divulgativos se han publicado en prestigiosos medios como: *The New York Times*, *The Wall Street Journal*, *The Economist*, *Wired* o *Fast Company*, entre otros. Es autora del bestseller internacional *Presencia*, con subtítulo: *Autoestima, poder y seguridad personal: utiliza el lenguaje del cuerpo para afrontar las situaciones más estresantes*, que ha alcanzado los primeros puestos en las listas de ventas de publicaciones como *The New York Times*, *The Wall Street Journal*, *USA Today* y *Publishers Weekly*. Fue incluida por *Business Insider* en el ranking de las cincuenta mujeres que están cambiando el mundo, elegida por la revista *Time* como «*Change Gamer*», y en 2014 participó en el Foro Económico Mundial 2014 como una de las «Grandes Líderes Jóvenes».

1. **Lo opuesto de la impotencia es el poder. La *presencia* aflora cuando nos sentimos poderosos por dentro.** La sensación de poder personal (confianza en uno mismo) nos protege de emociones negativas y nos libera para ser auténticos, tomar mejores decisiones y actuar con mayor contundencia; la falta de poder personal, por el contrario, nos hace sentir pequeños, nos anula, nos encoje y nos reprime alejándonos de nuestras verdaderas necesidades y de nuestro potencial, viéndonos obligados a conformarnos (resignarnos) con algo menor. Tanto si tenemos una entrevista de trabajo, como si tenemos que negociar un contrato, pronunciar una conferencia, presentar un plan de negocios a inversores, conquistar a una pareja o pedir ayuda, por citar sólo algunos ejemplos, necesitamos confiar en nosotros mismos. Y si eso no sucede, autosugestionarnos para lograrlo: o tomamos la iniciativa o las situaciones nos superan. En cualquier momento y en cualquier rincón del planeta hay personas intentando encontrar valor para hacer algo. Es un tema universal, nos pasa a todos. El mayor reto al que nos enfrentamos las personas es aprender a ganar confianza en nosotros mismos. Todos, con mayor o menor intensidad, sufrimos el «síndrome del impostor». Con gran ironía decía el actor Cary Grant: «Todo el mundo quiere ser Cary Grant. Hasta yo quisiera ser Cary Grant». Esa confianza se manifiesta y expresa a través de lo que Cuddy denomina *presencia*, un lenguaje corporal que produce impacto y convence. Cuando estamos *presentes*, todo nuestro cuerpo transmite comodidad con nosotros mismos, y los demás así también lo notan y lo captan.

2. **Cuando no estás *presente*, lo demás lo notan; cuando lo estás, responden.**
El 90 por ciento del impacto emocional que causamos en los demás no depende tanto de lo *que* decimos, sino de la seguridad y confianza que mostramos en nosotros mismos, de lo que transmitimos. La confianza en uno mismo es un factor muy útil en cualquier circunstancia de la vida. Da igual de lo que se trate. Amy Cuddy cuenta cómo una estudiante había estado investigando y analizando aquellas situaciones en que los emprendedores intentan convencer a potenciales inversores para que inviertan en sus compañías y cómo reaccionaban éstos a sus presentaciones. Después de analizar con detenimiento 185 vídeos, los resultados fueron reveladores: el mayor indicador de quiénes conseguirían el dinero no eran sus títulos ni el contenido de sus palabras, sino la confianza, el desparpajo y el entusiasmo que mostraban. Los que triunfaban estaban plenamente *presentes* y su estado de *presencia* se palpaba en el aire. Se percibía sobre todo en el lenguaje no verbal: gestos, expresiones faciales o tono de voz. Como apuntaba el experto en dirección de empresas Jonathan Haigh: «Estar convencido de lo que dices es esencial en una propuesta».

3. **La *presencia* es el estado de ser conscientes de nuestros verdaderos pensamientos, sentimientos, valores y potencial, y ser capaces de expresarlos sintiéndonos a gusto.**
A menudo, pensamos algo, sentimos algo, o nos apetece algo... pero no lo expresamos por vergüenza, miedo o necesidad de aprobación. Nos sentimos inseguros. Gente que le apetece ponerse determinada ropa, pero se siente incómoda (insegura) y opta por algo más discreto. Probablemente a todos nos ha pasado. Ahí hay un conflicto entre deseo y realidad. Eso lo corrige la *presencia*, que o bien se expresa de manera natural o hay que ganársela. Dice Cuddy: «La *presencia* viene de creer y confiar en ti, en tus senti-

mientos auténticos, en tus creencias, en tus valores y en tus aptitudes. La *presencia* aflora cuando nos sentimos poderosos por dentro, lo cual nos permite ser conscientes de nuestro yo más sincero. En ese estado psicológico somos capaces de estar *presentes* incluso en situaciones tremendamente estresantes que normalmente nos harían sentir impotentes». Y añade: «La *presencia* es cuando todos tus sentidos coinciden en algo al mismo tiempo. Para estar presentes de verdad, los diversos elementos del yo —emociones, pensamientos, expresiones físicas y faciales, conductas— deben estar en armonía». La *presencia* es la capacidad de estar en armonía con quién eres en momentos de estrés.

4. **Cuando estamos *presentes* no estamos luchando contra nosotros mismos, sino siendo nosotros mismos.**
La falta de confianza —y persuasión— procede de una incoherencia entre quiénes somos y lo que manifestamos. Cuando nos sentimos *presentes*, nuestras palabras, expresiones faciales, posturas y movimientos, están en armonía. Se sincronizan y se centran. Y esta convergencia y armonía interior es potente y resonante, porque es real. Es lo que nos hace ser convincentes. Pero es importante subrayar algo: «La búsqueda de la *presencia* —como apunta Cuddy— no es una cuestión de cuidar hasta el más mínimo detalle la impresión que damos a los demás, sino de la conexión sincera y poderosa que mantenemos internamente con nosotros mismos». Y puntualiza: «Cuando estamos realmente *presentes* en un momento difícil, la comunicación verbal y no verbal fluyen. Ya no nos hallamos en un estado mental confuso. Cuando esto no ocurre, es relativamente fácil controlar las palabras que pronunciamos, pero no el resto de mecanismos de comunicación: rostro, cuerpo y conducta. Y este tipo de comunicación importa y mucho». El cuerpo dice lo que las palabras no expresan: «El cuerpo es nuestra autobiografía», decía Frank Gelet Burgess.

5. **La *presencia* no consiste en fingir nada, sino en desprenderte de lo que te impide expresar quién eres. Es más bien aceptar que en realidad posees esta capacidad.** El éxito en la vida parte siempre de una palabra: AUTENTICIDAD (en mayúsculas), que no es otra cosa que ser capaces de conectar con nuestra esencia y expresarla. El impacto que causamos en los demás no depende de ser de una determinada manera, sino de ser auténticos: de ser nosotros mismos y de estar a gusto con quiénes somos. Las personas que más cautivan son las más auténticas. Otra cosa es morralla. Cuando estamos demasiado pendientes de la impresión que causamos en otras personas, nuestro comportamiento parece poco natural. Damos una imagen falsa. Las investigaciones empíricas han demostrado que cuanto más intentan los candidatos a un empleo dar buena impresión —utilizando tácticas *ad hoc*— más empiezan los entrevistadores a desconfiar de esos candidatos y las posibilidades de conseguir el empleo se reducen drásticamente. Cuanto más capaces somos de ser nosotros mismos, más *presentes* estamos. Y esto nos hace ser más convincentes. No es casual que el poeta Walt Whitman dijese: «Convencemos a los demás con nuestra *presencia*». La conclusión es la siguiente: *céntrate menos en la impresión que das y más en la impresión que te llevas de ti mismo.*

6. **El lenguaje corporal moldea nuestra identidad.** El argumento principal del libro *Presencia* es que el lenguaje corporal no sólo influye en cómo nos ven los demás, sino que también puede cambiar nuestra percepción de nosotros mismos: *lo que hace nuestro cuerpo influye en nuestra mente y nuestro comportamiento.* Actuamos como nos sentimos, pero también sentimos como actuamos. Dicho de otro modo: no siempre vamos a tener el estado de ánimo (confianza) deseable, así que tenemos el deber de adoptar estrategias que nos permitan provocar ciertos estados men-

tales que nos conduzcan a los comportamientos más adecuados en cada momento. De lo que se trata es de llevar la iniciativa y anticiparse. No es lo mismo abordar una situación desde el entusiasmo y la confianza, que desde las dudas y el miedo. Si tienes una reunión y estás decaído, tienes que contrarrestar ese estado de ánimo para estar al cien por cien y darlo todo; si tienes que impartir una conferencia y estás nervioso, tienes que contrarrestar esa situación para que no te afecte y poder impactar de verdad. El lenguaje corporal nos ayuda a ello; es una herramienta de control mental. Cuando adoptamos lo que se denominan «posturas de poder», posturas corporales expansivas —que se caracterizan por hacernos grandes—, tendemos a sentirnos más poderosos, más seguros de nosotros mismos y, por tanto, en nuestra interacción con los demás estamos más *presentes*, lo que nos conduce a mayores posibilidades y mayores logros, a cautivar más fácilmente. Adoptar una postura de seguridad, aun sintiéndose inseguro, puede alterar los niveles cerebrales de testosterona y cortisol, afectando a nuestras actitudes y comportamientos y mejorando así nuestras probabilidades de impactar en los demás. Un ejemplo de cómo el lenguaje corporal afecta a la percepción propia y de los demás es la *haka*, el ritual de baile que hacen los All Blacks —selección nacional de rugby de Nueva Zelanda— antes de los partidos. Cuando acaba, ellos salen empoderados, el equipo contrario intimidado.

7. **La propuesta de Amy Cuddy es el *self-nudging*, darnos pequeños empujoncitos hacia nuestra meta final.**
El estado de *presencia* para persuadir es crítico en cualquier acontecimiento. A todos nos gustaría tener más *presencia*, es algo que cualquier persona anhela. La clave para lograrlo, como cualquier otro cambio, reside en la suma de muchos pequeños cambios. Las grandes transformaciones no se producen de manera milagrosa de un día para otro:

no son una *revolución* sino una *evolución*. El objetivo, por tanto, es empezar a cambiar: dar un primer paso y generar inercia positiva. Luego, dar otro más y así sucesivamente. Desde el punto de vista de la *presencia*, de lo que se trata es de emplear la técnica de la *postura de poder* en cada ocasión que necesitemos ponerla en práctica. Cada situación en la que no haya convergencia entre nuestro estado mental deseado y nuestro estado real, debemos aplicar esta técnica para ir filtrando e interiorizando el estado deseado (sentirnos confiados y seguros) en el inconsciente. Como todo lo que merece la pena exige disciplina, resiliencia y paciencia. Disciplina para hacerlo en cada ocasión; resiliencia para aguantar cuando hay sequía; paciencia para esperar hasta que haya resultados.

8. **Todos podemos manifestar *presencia*, aunque muchas personas no sepamos cómo conservarla.**
Todos tenemos episodios pasajeros de *presencia* en los que nos sentimos confiados y con control de la situación, ya sea porque estamos cómodos en un contexto determinado, controlamos un tema o alguien nos empuja y nos hace sentir seguros. El problema es que sentimos que la *presencia* es pasajera: va y viene. La cuestión es cómo ser capaces de hacerla lo más permanente posible, que haya consistencia. Las investigaciones científicas han revelado los mecanismos psicológicos y fisiológicos que explican la *presencia*, y la conclusión más relevante es que podemos regular estos mecanismos conscientemente. Con cambios en el lenguaje corporal y la actitud mental podemos lograr ese estado de *presencia*. Se trata de que el cuerpo dirija la mente. Inducir un estado mental a través de nuestro lenguaje corporal. No obstante, es importante señalar, como nos advierte Cuddy, que «la *presencia* no es una cuestión de todo o nada. A veces perdemos este estado y tenemos que volver a recuperarlo, pero es algo de lo más normal». La *presencia* es un juego en

el que a veces se gana y otras se pierde, de lo que se trata es de que las victorias sean cada vez mayores y las derrotas se vayan reduciendo gracias a la práctica consciente.

9. **Lo mejor de la *presencia* es que te permite afrontar las situaciones estresantes sin ansiedad, miedo ni temor.** Por tanto, podríamos concluir que la *presencia* nos ayuda a tener más éxito, porque es en las situaciones más incómodas donde se pueden lograr los mayores beneficios. «Conquistar el miedo es el inicio de la riqueza», afirmaba el filósofo Bertrand Russell. La vida va de superar miedos. Si sólo haces lo cómodo y fácil no puedes aspirar a lograr grandes cosas. Crecimiento personal y comodidad son incompatibles. Reto afrontado, miedo diluido, confianza ganada. ¿Cómo lograr inducir un estado de presencia hasta que ese estado de presencia surja de modo natural? La clave está en aplicar la técnica del *Fake it, till you become it* ('Actúa como si fueses hasta que seas'). Nadie pasa de un extremo (nada *presente*) a otro (cien por cien *presente*) de un día para otro. Todo es un proceso, por eso, hasta que uno llega a lo que desea ser y se materializa, tiene que crearse una diapositiva (imagen) mental del personaje que quiere ser y vivir en personaje hasta que sea una realidad natural. De lo que se trata es de que el inconsciente —donde reside nuestro auténtico poder, *lo que creemos*— se vaya autosugestionando con una idea de nosotros mismos hasta interiorizarla y que se convierta en creencia. Una vez que se logra, nuestros pensamientos, y como consecuencia nuestros comportamientos, están alineados con esa creencia. ¿Cómo se logra? Visualización, afirmaciones, observar cómo actúan aquellos personajes a los que nos gustaría parecernos, son sólo algunos ejemplos. Hace algún tiempo un empresario norteamericano muy conocido, hoy día millonario, decía que cuando era joven y aspiraba a convertirse en un gran emprendedor, siempre que viajaba en avión lo hacía en *business*;

era su forma de ir acostumbrando y amoldando el cerebro a aquello que quería ser. Era la forma de ir sembrando la creencia de «ganador» en el inconsciente. Era la forma de sentir ya aquello que deseaba ser.

10. **La *presencia* es confianza sin arrogancia.**
La *presencia* es una confianza interiorizada y no una confianza impostada basada en la inseguridad. La arrogancia es una cortina de humo para ocultar la falta de confianza en uno mismo. La *presencia*, por el contrario, se manifiesta de manera serena y relajada. Un exceso de confianza —expresada a través de la arrogancia y la agresividad— produce el efecto contrario. Es un mecanismo de defensa. En la vida no se trata de saber todas las respuestas —nadie las tiene—, algo que el arrogante no acepta y así intenta aparentarlo, lo cual es peligroso porque muchas veces lo más inteligente es *saber que no se sabe*, ya que eso es lo que lleva a preguntar, pedir ayuda o dejarse asesorar. El arrogante no hace nada de esto porque cree que es un síntoma de debilidad, lo que le lleva a fracasar, ser ineficiente o reaccionar demasiado tarde. Una genuina confianza no implica ser un *sabelotodo*, sino tener la humildad suficiente para aprender y mejorar donde pueda haber carencias, errores o fracasos. La gente inteligente no niega las carencias —por su propio bien—, los estúpidos arrogantes sí porque viven de las apariencias. La auténtica confianza busca siempre la verdad a toda costa. El éxito reside en la «confianza humilde».

ANGELA DUCKWORTH

Angela Duckworth (1970) es una profesora, investigadora, conferenciante y autora en diferentes temas relativos a la psicología como la educación y el desarrollo del carácter. En 1992 se licenció en Neurobiología por la Universidad de Harvard, y en 1996 obtuvo un máster en Neurociencia con una beca Marshall por la Universidad de Oxford. Más tarde, en 2006, finalizó su doctorado en Psicología en la Universidad de Pensilvania; y en 2013 obtuvo la prestigiosa beca MacArthur, la cual cada año premia a entre veinte y cuarenta ciudadanos estadounidenses o residentes en Estados Unidos que «demuestran méritos excepcionales y prometen un continuo y mejorado trabajo creativo». Angela Duckworth es actualmente profesora de Psicología en la Universidad de Pensilvania y ha asesorado a la Casa Blanca, al Banco Mundial, a equipos de la NBA y de la NFL, y a ejecutivos de la lista *Fortune 500*. También es la fundadora y directora general de Character Lab, una organización sin ánimo de lucro enfocada en la práctica del desarrollo del carácter. Es autora del libro *Grit*, con subtítulo: *el poder de la pasión y la perseverancia*, que permaneció en la lista de superventas de *The New York Times* durante veintiuna semanas. Una reseña del libro en el mismo diario se refirió a Duckworth como «la psicóloga que ha hecho de *Grit* la palabra de moda en los círculos de política educativa».

1. ***Grit:* aquello que alcanzamos en la vida depende más de nuestra pasión y de nuestra perseverancia a largo plazo que de nuestro talento innato.**

¿Cómo podemos llegar a esa conclusión? El siguiente ejemplo lo ilustra bien. En la academia militar de West Point se realizó un estudio con la nueva promoción de cadetes. Durante los dos primeros meses tienen que pasar por un duro proceso de instrucción que pretende identificar a «los más débiles» y eliminarlos. Para ello les exponen a situaciones límite que ponen a prueba su capacidad. Un altísimo porcentaje no lo supera. El estudio analizó 1.200 aspirantes —todos ellos de altísimo nivel— que fueron medidos previamente por su capacidad intelectual (resultados de la selectividad y notas medias), por su capacidad física y mental (pruebas de fuerza, velocidad y resistencia), y por lo que se denomina *Grit*, un término que hace referencia a la capacidad de mantenerse fiel a un objetivo a largo plazo sin abandonar. Las conclusiones arrojadas por el estudio revelaron que el mejor indicador para prever si un cadete iba a ser capaz o no de superar este periodo de exigencia extrema era precisamente el *Grit*. No era una cuestión de talento, ni de condición física, ni de fortaleza mental: el factor más determinante era qué importancia tenía para ellos estar en West Point; esto es, cómo concluir el programa en West Point les iba a ayudar a cumplir con su propósito. Para tener altos niveles de *Grit* todo empieza por saber para qué se hacen las cosas, cuál es el objetivo final. El siguiente paso es que ese objetivo trascienda: que no sea exclusivamente personal y sirva para algo más. Un cadete de West Point tiene muchas más posibilidades de pasar el periodo de prueba si tiene el convencimiento de que su misión es defender a su país que si lo hace por tener un puesto en el Pentágono.

2. **El *Grit* es importante en cualquier ámbito de la vida (no sólo en condiciones extremas como las de West Point).**
Pongamos otro ejemplo referido al mundo de las ventas en el que el rechazo por parte de la gente a los comerciales es algo muy habitual en el día a día. En un estudio realizado

entre cientos de trabajadores de una gran empresa inmobiliaria, se les pidió que respondieran una serie de test de personalidad, incluido el de la Escala de Grit. Después de seis meses se comprobó que el 55 por ciento de los vendedores había dejado su trabajo. La Escala de Grit predijo con gran acierto quiénes abandonarían y quiénes seguirían. Ningún otro rasgo de personalidad —como la extroversión, la estabilidad o el autoconocimiento— fueron tan eficaces como el *Grit* a la hora de prever la tasa de retención laboral. Como señala Angela Duckworth: «En todos los ámbitos que analicé, al comparar a los que llegan hasta el final, sean cuales sean las cualidades y las ventajas específicas que les ayudan a triunfar en sus correspondientes áreas, el *Grit* es lo más importante». A mayor *Grit*, más posibilidades de triunfar.

3. **Nuestro potencial es una cosa. Lo que decidimos hacer con él es otra.**
El talento no es la variable que mejor predice cuál será el futuro de una persona. La gente brillante no es necesariamente la que brilla más. Dicho de otra manera: el talento está sobrevalorado. Hay mucha gente con talento (todos tenemos talento para algo), pero son pocos los que finalmente se convierten en referentes en su profesión. Además, el talento no es algo estático: el talento que no se cultiva, se deprecia; y el talento que se alimenta, evoluciona. Los «referentes» son máquinas de aprendizaje, tienen un apetito continuo de crecer, mejorar y desarrollarse. Y ya se sabe: el aprendizaje lleva a la mejora, y la mejora a los resultados. Por otro lado, los «referentes» son máquinas de perseverar (no rendirse) ante los obstáculos, y si hay algo cierto e indiscutible es que cualquier reto ambicioso está plagado de dificultades. A pesar de ello, solemos quedar deslumbrados por aquellos que parecen tener un talento natural, y proyectamos a futuro qué rumbo tendrá su vida. ¿Por qué le damos

tanta importancia al talento? Porque es lo más fácil, lo más visible, y lo más tangible. Existe un prejuicio natural a sobreestimar el talento. Sin embargo, la evidencia empírica ha demostrado que personas que aparentemente pasan más desapercibidas han conseguido llegar mucho más lejos que otras personas con más talento inicial. ¿Cuál es la explicación? Que el talento no lo es todo. Una persona con hambre de aprender y resistencia a largo plazo siempre llega más lejos que una persona que sólo dispone de talento. Uno de los biógrafos de Darwin —uno de los científicos más destacados de la historia— resaltaba de él su perseverancia al abordar los temas y se refería a él en los siguientes términos: «Al ver algo que nos desconcierta, normalmente nos decimos: "Reflexionaré sobre ello más tarde", pero luego nos olvidamos del tema para no tener que devanarnos los sesos. Sin embargo, Darwin era una persona que nunca se olvidaba de lo que se planteaba. La pregunta estaba siempre en su mente y se la volvía a plantear en cuanto se topaba con una información relevante, por pequeña que fuera». La perseverancia a largo plazo siempre da frutos.

4. **La mayor razón por la que el interés por el talento puede ser perjudicial es muy sencilla: al dejarnos deslumbrar tanto por él, corremos el riesgo de olvidarnos de todo lo demás.**
Todos tenemos prejuicios, también acerca del talento. Un ejemplo nos lo proporciona Chia-Jung Tsay, una prestigiosa investigadora y profesora de la University College de Londres. Hizo un estudio con varios músicos profesionales como jurado a los que se les pidió que evaluasen a dos pianistas después de tocar una pieza, aunque en realidad ambos pianistas eran la misma persona. Se les dijo que el primer pianista era un músico «nato» con un gran talento natural para la música, mientras que el segundo contaba con menos dotes, pero era un gran «luchador» con gran

motivación y perseverancia para la música desde joven. Tras escuchar a ambos, los músicos profesionales concluyeron que el pianista «nato» tendería a triunfar más y a obtener más contratos que el otro. Nos gusta decir de una persona que «es un genio», como si fuese algo excepcional, misterioso y mágico. El filósofo Nietzsche escribió: «Cuando todo es perfecto no nos preguntamos cómo ha llegado a ocurrir. Nos alegramos del hecho presente como si hubiera surgido por arte de magia». La tendencia por el talento natural (innato) es un prejuicio oculto que se da en muchos ámbitos. También en el empresarial. En 1997, tres socios de Mckinsey publicaron el libro *La guerra por el talento* que fue un éxito de ventas. La idea (errónea) es pensar que contratar a las personas más brillantes da los mejores resultados. Por supuesto que es bueno tener personas brillantes, pero no te garantiza un buen desenlace necesariamente. El periodista Malcolm Gladwell ha criticado también la «guerra por el talento». Como señala en su libro *Fueras de serie: Por qué unas personas tienen éxito y otras no*, la empresa Enron personificaba la «mentalidad centrada en el talento» recomendada por Mckinsey. Como se sabe, la historia de Enron no acabó bien. La empresa fue citada en la revista *Forbes* como la compañía más innovadora durante seis años seguidos y citada por más de un gurú del *management* como «ejemplo modélico de gestión». A finales de 2001 se descubrió que sus excelentes resultados eran debido a prácticas contables fraudulentas. Gladwell sostiene que «el hecho de que los empleados se sintieran obligados a demostrar que eran más listos que los demás contribuyó a una cultura narcisista, con una representación excesiva de empleados sumamente engreídos y, al mismo tiempo, atenazados por una gran inseguridad que los empujaba a lucirse. Era una cultura que fomentaba el rendimiento a corto plazo y entorpecía el aprendizaje y el crecimiento a largo plazo». ¿Es malo el talento? Por supuesto que no, faltaría más, pero cuidado con cegarnos. Dice Duckworth: «Cuando le damos demasiada importancia al talento, estamos infravalorando todo lo demás».

5. **La «mundanidad» cuesta de vender.**
Lo que vende en los medios de comunicación y en la sociedad es la «genialidad». No nos interesan demasiado las historias de personas normales que alcanzan logros extraordinarios, sino las historias de personas excepcionales que logran éxitos extraordinarios. La exclusividad —el genio— vende, y vende porque es algo no-normal. Lo cotidiano, cercano, habitual, en definitiva, mundano, no acapara demasiada atención por parte de nadie. Hace algunos años, un sociólogo, Dan Chambliss, publicó un estudio acerca de nadadores de competición con el título «La mundanidad de la excelencia». El título, por sí mismo, ya lo dice todo, esto es, que «los logros humanos más deslumbrantes proceden en realidad de la combinación de innumerables elementos individuales que por separado son, en cierto sentido, corrientes». Cuando Chambliss terminó el estudio, compartió varios capítulos con un colega de profesión. Su respuesta fue contundente: «Tienes que amenizarlo. Hacer que esas personas sean más interesantes». Eso es lo que nos pasa a la mayoría, queremos «historias más interesantes». Es la forma más sencilla de explicar los éxitos: «Es un genio». El propio Chambliss le contaba a Duckworth: «El talento es quizá la explicación profana más omnipresente que tenemos para el éxito deportivo»; es decir, como si el talento fuera «la sustancia invisible que hay detrás de la realidad del rendimiento deportivo, que distingue a los mejores de entre nuestros atletas». Aunque sea erróneo, es la explicación habitual para la mayoría: «Es fácil hacerlo —dice Dan—, sobre todo si sólo vemos atletas de élite una vez cada cuatro años al mirar las Olimpiadas por televisión o al verlos actuando, en lugar de presenciar cómo se entrenan a

diario». Un alto rendimiento es la suma de muchos pequeños actos cotidianos que son intrascendentes para la mayoría de las personas.

6. **Preferimos el misterio a lo cotidiano.**
Nietzsche, al que citamos de nuevo, decía: «Nadie ve en la obra del artista cómo llegó a crearse. Lo cual es una ventaja, pues cuando vemos el acto de creación, la obra deja de entusiasmarnos». En el fondo, queremos creer que las personas que logran cotas extraordinarias son especiales. Nos gustan los héroes y la magia, no las personas de carne y hueso, corrientes. Nos gusta idealizar. La pregunta es ¿por qué nos engañamos a nosotros mismos? De nuevo Nietzsche nos da la respuesta: «Nuestra vanidad, nuestro amor propio, fomenta el culto a la genialidad. Porque cuando vemos la genialidad como algo mágico, no estamos obligados a compararnos con los demás y a descubrir nuestras propias carencias. Calificar algo de "divino" significa: "Aquí no es necesario competir"». Identificar el talento con los logros (idealizar el éxito) tiene ventajas evidentes, la más importante es que nos exime de trabajar más duro, de perseverar más, de no abandonar. Pero idealizar la realidad no la cambia. Creer algo no implica que sea cierto, incluso aunque muchas personas lo defiendan afanosamente. El filósofo alemán también nos dice: «¡No habléis de los dones, del talento nato! Se pueden citar innumerables hombres de toda índole que estaban muy poco dotados. Se convirtieron en figuras eminentes, en "genios" (por decirlo de alguna manera)... Todos poseían la seriedad de un buen obrero que aprende primero a construir las partes adecuadamente antes de aventurarse a crear un gran conjunto. Se toman el tiempo para ello, porque disfrutan más creando bien las cosas pequeñas y secundarias que con el efecto de un deslumbrante resultado». John Irving es un escritor que ha sido elogiado como «el gran escritor de la literatura americana

actual». Novelista de éxito, en cierta ocasión comentaba respecto a sus inicios como escritor: «Lo más importante era que lo reescribía todo... Empecé a tomarme en serio mi falta de talento».

7. **¿Tienes una filosofía de vida? Una filosofía clara y bien definida te da la guía y los límites para no desviarte de tu objetivo.**
El talento está bien, pero no es suficiente. El talento con práctica lleva a la habilidad, pero la habilidad sin más tampoco es suficiente. La habilidad debe ir acompañada del esfuerzo (determinación) a largo plazo para que haya resultados, y para ello es esencial que haya un propósito (*para qué*, motivos) que lo sustente, es decir, una filosofía de vida, porque de otro modo se agota. Los tres elementos deben estar alineados:

- *Pasión*: ¿cuánta pasión demuestras?
- *Determinación*: ¿cuán perseverante eres?
- *Propósito*: ¿cómo de clara tienes tu filosofía de vida?

Angela Duckworth lo resume a la perfección: «Cuando hablo de la pasión no sólo me refiero a que haya algo que te importe, sino que además te entregas a ese mismo objetivo principal con fidelidad y constancia. No es un capricho. Cada día te levantas pensando en las cuestiones en las que pensabas cuando te dormiste. Sigues avanzando, en cierto modo, en la misma dirección, sintiéndote más deseoso aún si cabe de dar incluso el más pequeño paso que te lleve hacia ella, en vez de dar un paso a un lado, hacia algún otro destino. Incluso tu fijación se podría llamar *obsesiva*. La mayoría de tus acciones importan porque tienen que ver con tu interés principal, tu filosofía de vida. Tienes tu orden de prioridades». Las personas que triunfan demuestran una pasión por algo que es coherente (estable) en el tiempo: son consistentes. No van picando de flor en flor sino que hay un interés duradero. Además, demuestran incondicionalidad (perseverancia), se entregan a ello con devoción, ganas y entrega a largo plazo. Y ambas cosas están unidas a una filosofía de vida (propósito) que es la que da sentido a todo. Las investigaciones empíricas llevadas a cabo por Duckworth ponen de manifiesto que «los grandes triunfadores tenían una feroz determinación que actuaba de dos formas. En primer lugar, exhibían una fortaleza y tenacidad fuera de lo común. Y en segundo, sabían, a un nivel muy profundo, lo que querían en la vida. No sólo tenían determinación, sino que además sabían a *dónde* querían llegar».

8. **La pasión se desarrolla: se parece un poco a un *descubrimiento*, seguido de mucho *desarrollo* y de toda una vida de *profundización*.**
Hablar de *Grit* es hablar de pasión, y el eslogan «haz lo que te apasiona» es un reclamo habitual en libros de autoayuda y charlas motivadoras. Sin embargo, la mayoría de la gente no sabe lo que le apasiona. Muchas personas están un poco perdidas acerca de por dónde tirar. Dice Duckworth: «Aunque envidiemos a los que se ganan la vida con lo que les gusta, no deberíamos suponer que empezaron desde un lugar distinto al resto de los mortales. Lo más probable es que les llevara un tiempo descubrir exactamente qué era lo que querían hacer con su vida. Los oradores de los discursos de graduación tal vez afirmen sobre su vocación: "No puedo imaginarme haciendo ninguna otra cosa", pero en realidad en el pasado hubo un tiempo en el que lo hicieron». Aquello que nos apasiona rara vez surge como una epifanía, sino que suele ser el resultado de probar algo por lo que uno se siente atraído («de interactuar con el mundo exterior», dice Duckworth), seguir probando porque te agrada (o rechazarlo porque no te estimula), y poco a poco

ese interés se va desarrollando de manera paulatina hasta que uno se siente atrapado por ello. A medida que desarrollas tu pasión, más apasionado te sientes. La pasión, más que surgir, se cultiva. La pasión, para la mayoría, exige tiempo y energía. Duckworth señala: «Mucha gente ve la pasión como un descubrimiento repentino, pero el primer encuentro con aquello que tal vez te acabe llevando a una pasión que nunca se extinguirá es un relato mucho más largo y menos espectacular». Barry Schwartz, psicólogo de la Universidad de Swarthmore, también apunta: «Sólo te das cuenta de las sutilezas y alegrías de muchas cosas después de haber estado centrado en algo durante una buena temporada, metiéndote hasta las cejas. Al principio, parecen poco interesantes y superficiales, hasta que te sumerges en una y al cabo de un tiempo descubres que tiene muchas facetas que no conocías, y nunca puedes resolver del todo el problema o comprenderlo por entero, a no ser que persistas en ello». Esto es así porque cuanto más sabe uno de algo, más se da cuenta de lo poco que sabe, y eso le lleva a *apasionarse* más (profundizar) por ello. Para un experto, lo nuevo son los *matices*, y eso le despierta una gran curiosidad e interés por seguir indagando. Para un novato en arte moderno todos los cuadros son similares; para un experto, con gran sensibilidad, hay muchos detalles que la mayoría no percibe.

9. Los expertos no sólo acumulan *más horas* de práctica, sino que practican de *forma distinta*.

Es una de las conclusiones del psicólogo cognitivo Anders Ericsson, autor del libro *Número Uno: Secretos para ser el mejor en lo que nos propongamos*, y calificado como «el experto mundial en expertos mundiales». Llegar más lejos que los demás exige practicar más. Es de sentido común: *quien practica más, más lejos llega*. Sin embargo, la práctica es necesaria, pero no es suficiente. Los grandes triunfadores progresan gracias a la práctica «deliberada». No es la práctica sin más, sino una práctica consciente, con método, que implica:

- Un *objetivo* de autosuperación claramente definido.
- Una absoluta *concentración* y *esfuerzo*.
- Una *información* inmediata y reveladora.
- Una *repetición* reflexiva y perfeccionadora.

Es decir, saber lo que se quiere; hacer el trabajo; medir para ver las desviaciones y corregir; y volver a la práctica según el *feedback* obtenido. Esta práctica «deliberada» puede representar un desgaste notable, como apunta la bailarina Marta Graham: «Ser una bailarina consumada lleva diez años. El ballet parece glamuroso, fácil, delicioso. Pero el camino al paraíso de este arte es tan arduo como cualquier otro. Sientes un cansancio tan brutal que tu cuerpo grita de dolor incluso mientras duermes. Hay momentos de frustración absoluta. De pequeñas muertes diarias». Por este motivo, para hacer la práctica «deliberada» más llevadera, una de las claves es *convertirla en hábito*; es decir, *cuándo* y *dónde* te sientes más cómodo haciéndola. Numerosos estudios revelan que cuando te acostumbras a practicar a la misma hora y en el mismo lugar cada día, apenas tienes que pensar en ello. Lo haces sin más. Las personas de éxito siguen rutinas. Son criaturas de costumbres. William James decía: «No hay ser humano más desdichado que aquel que debe decidir de nuevo cada día cómo empezará cada pequeña parte de su trabajo». Además, es importante transformar el *modo de experimentarla*. Se trata de verlo como un *reto* y ser consciente del momento sin juzgar, sabiendo que los errores y fallos son parte del proceso de aprendizaje cuando uno aspira a subir de nivel. Se trata de actuar como los niños: «No les importa en absoluto aprender de los errores. Si te fijas en un bebé haciendo el esfuerzo de aprender a caminar, verás que comete un error tras otro, es un reto que supera sus habilidades y exige una gran concentración, observar la información recibida y mucho aprendizaje», señalan Elena Bodrova y Deborah Leong, expertas en aprendizaje infantil. Y añaden: «Sentir vergüenza no te ayuda a arreglar nada». El aprendizaje es la base del crecimiento; el error es la base del aprendizaje. Ése es el reto, ver la vida con una mentalidad de *crecimiento* (no con mentalidad *fija*) según explica Carol Dweck y que veremos más adelante.

10. Tengas la edad que tengas, nunca es demasiado pronto o demasiado tarde para empezar a cultivar una sensación de propósito en la vida.

Las personas que tienen *Grit* (pasión más perseverancia) perciben la vida y lo que hacen como una vocación de servicio, como un medio para transformar a las personas y a la sociedad. Sus propósitos en la vida no sólo persiguen sus propias necesidades, sino que están enmarcados en un propósito superior que los mantiene y los motiva a continuar en medio de las tempestades. La idea del propósito hace referencia a que lo que hacemos le importa a alguien más aparte de nosotros mismos, nos conecta con algo superior. Dice Duckworth: «Si reflexionas sobre los momentos de tu vida en los que has dado lo mejor de ti —cuando estuviste a la altura de los retos, encontrando la fuerza para hacer lo que parecía imposible—, verás que las metas alcanzadas estaban conectadas en cierto modo, aspecto o forma a beneficiar a los demás». El problema es que sólo una pequeña porción de la gente ve su trabajo como un *propósito* (vocación). Todo el mundo lo quiere, pocos lo encuentran. ¿Cómo encontrar nuestro propósito? Duckworth nos propone tres sugerencias:

1. *Mirada*. Reflexiona sobre cómo el trabajo al que te dedicas puede contribuir positivamente al progreso de la

sociedad. No mires tu actividad laboral como una mera transacción; no la contemples como algo rutinario y mecánico. Aprende a mirar y encuentra cómo beneficia a otros.

2. *Adaptación*. Piensa cómo de pequeñas, aunque importantes formas, puedes modificar el trabajo que haces para mejorar la relación que tiene con tus valores esenciales. Investiga cómo puedes hacer las mismas cosas de otra manera para que tu vida tenga más sentido.
3. *Inspiración*. Encuentra la inspiración en un modelo de conducta que tenga un propósito en la vida. Tener modelos de referencia en los que fijarse siempre es estimulante. A menudo, la diferencia entre unas personas y otras no reside tanto en lo que hacen (trabajo *objetivo*) sino cómo lo viven (trabajo *subjetivo*). Todos conocemos casos de personas con trabajos aparentemente menos atractivos, pero que los desempeñan con una gran ilusión y entusiasmo.

ARISTÓTELES

Aristóteles (384-322 a. C.) fue un filósofo que nació en Estagira, al norte de la Antigua Grecia, de ahí que en numerosas ocasiones se le cite como el *Estagirita*. Hijo de Faestis y Nicómaco, a los dieciocho años viajó a Atenas a estudiar en la Academia de Platón, donde pronto se convirtió en alumno aventajado, al que parece ser llamaba «el lector». Allí permaneció hasta el 348 a. C. Poco después de la muerte de su maestro, abandonó Atenas, y tras varios años se convertiría en el tutor de Alejandro Magno, heredero del reino de Macedonia y considerado uno de los más heroicos conquistadores de la historia, cuando éste tenía trece años. En la última etapa de su vida, Aristóteles fundó su propia escuela en Atenas, el Liceo, que se denominaba así por encontrarse en el recinto dedicado al dios Apolo Licio. Aristóteles escribió cerca de doscientas obras, de las cuales sólo se han conservado treinta y una (ninguna de ellas destinada a la publicación) en el *Corpus Aristotelicum,* sobre una enorme variedad de temas: lógica, metafísica, filosofía de la ciencia, ética, filosofía política, estética, retórica, física, astronomía y biología. El de Estagira falleció a la edad de sesenta y dos años en Calcis, la tierra de origen de su madre en la isla de Eubea. Es considerado junto a Platón el padre de la filosofía occidental. Sus ideas han ejercido una enorme influencia durante más de dos mil años hasta nuestros días. Entre sus obras merecen destacar: *Ética a Nicómaco*, *Ética a Eudemo* o *Metafísica*.

1. **Somos lo que hacemos cada día, de modo que la excelencia no es un acto sino un hábito.**
Nuestra vida es el resultado de nuestros hábitos, ya sean buenos (virtudes) o malos (vicios). Las virtudes nos permiten elevarnos, los vicios nos llevan a arrastrarnos. Los hábitos lo son todo, y ser virtuoso nos permite obrar de la mejor manera en cada momento, obteniendo así los beneficios correspondientes de ello. Como apunta el Estagirita: «Las virtudes son disposiciones adquiridas o hábitos, cualidades estables que otorgan al sujeto una facilidad para realizar actos buenos. No se nos elogia o censura por nuestros apetitos, sino por nuestros buenos o malos hábitos». Sin el ejercicio de la virtud (buenos hábitos), el ser humano queda a merced de las apetencias, los caprichos y los impulsos. En esos casos se convierte más en un animal que en una persona, incapaz de gobernar su vida, lo que le conduce inevitablemente al despeñadero. Aristóteles lo explica así: «El hombre está naturalmente dotado de armas para servir a la prudencia y a la virtud, pero puede usarlas para las cosas más opuestas. Por eso, sin virtud, es el más impío y salvaje de los animales».

2. **Las virtudes no son algo innato, sino que se adquieren por la repetición de actos.**
Para ser virtuoso se hace necesario conquistar aquellas virtudes (hábitos buenos) que le convierten a uno en virtuoso. El ejercicio de la virtud (buenos hábitos) se adquiere por medio de la disciplina; ésta es la que lleva a la repetición de aquellos actos que permiten primero, la adquisición, y después, la consolidación, de aquellas virtudes que se pretenden interiorizar. Por tanto, la disciplina, consistente en hacer lo que tiene que ser hecho —guste o no, apetezca o no—, es el puntal sobre el que descansa la formación de los hábitos buenos (virtudes). Un hábito no es un comportamiento que una persona hace ocasionalmente, sino un com-

portamiento asumido que se ejecuta con naturalidad como resultado de haberlo practicado muchas veces:

- Quien nunca ha sido justo, el hecho de tomar una decisión justa no le convierte en justo. Está en camino de ser justo, pero todavía no lo es. A fuerza de actuar uno y otro día con justicia, llegará a alcanzar la virtud de la justicia.
- Quien dice la verdad una vez y miente muchas veces, no se convierte en alguien sincero, sino que es el decir la verdad una y otra vez sistemáticamente, lo que nos va convirtiendo en sinceros hasta ser una persona sincera en esencia.
- Quien vive sin excesos un día no se convierte en templado, sino que es la acumulación de vivencias (actos) donde uno es capaz de controlarse sin excederse, lo que nos permite adquirir el hábito de la templanza.
- Quien respeta la palabra dada en un pacto, pero traiciona muchas veces, no puede ser considerada una persona leal. Sólo el mantenimiento de la palabra dada en cada transacción es la que hace que nuestra reputación crezca y podamos ser considerados como leales.

Lo mismo podríamos aplicar a todas y cada una de las demás virtudes: obtenemos lo que repetimos.

3. **Las virtudes son una elección, pues no se adquieren sin el ejercicio de la libertad.**
Lo que nos indica que está en nuestras manos llegar a ser lo que deseamos ser, según el esfuerzo e intensidad (empeño) que pongamos en ello. Nos asustamos sin deliberación previa, pero comportarnos como asustadizos es una elección producto de nuestra libertad. El miedo es una reacción; la valentía es una decisión. A fuerza de actuar día tras día con valentía ante situaciones temerosas, el miedo va per-

diendo fuerza y la confianza va adquiriendo peso, tornándonos más confiados ante los retos. La elección de actuar con valentía de manera sistemática nos vuelve valientes. Y conviene hacer una puntualización en este aspecto. Los hábitos no son eternos, y de la misma forma que se *adquieren*, también se *pierden* si uno se relaja y no se practican: «No es suficiente haber recibido la educación y control adecuados en la formación —nos dice el filósofo griego—, sino que es preciso que en la madurez se practique lo que se aprendió, y acostumbrarse a ello». Los hábitos se adquieren y mantienen con disciplina, y se pierden igualmente por dejadez y pereza. Por tanto, la disciplina es la clave para llegar a ser una persona virtuosa, es decir, aquella que practica buenos hábitos, e igual de necesaria para continuar siendo así de virtuosa.

4. **La virtud es el término medio entre dos extremos.**
Las virtudes, que son aquellos hábitos que nos conducen al mejor obrar en cada situación, representan la perfección: *hacer lo que se debe, como se debe y cuando se debe*. Claro está que la perfección no es sencilla, es un punto en el plano (el centro de la diana) y el resto son imperfecciones de mayor o menor calado; es decir, habitualmente pecamos por exceso o por defecto. El filósofo griego nos lo explica así: «En todas las acciones se da un exceso, un defecto y un término medio. Tanto el exceso como el defecto pertenecen al vicio y sólo el término medio a la virtud. Así, en el temor, la apetencia, la ira, la compasión y, en general, el placer y dolor caben el más y el menos, y ninguno de los dos está bien; pero si es cuando es debido, y por aquellas cosas y respecto a aquellas personas y en vista de aquello y de la manera que se debe, entonces hay término medio y excelente, y en esto consiste la virtud». De ahí que continúe diciendo: «Los hombres sólo son buenos de una manera; malos, de muchas. No dar en el blanco es sencillo; atinar, difícil».

5. Unos pecan por exceso o por defecto; otros mantienen una actitud intermedia, que es la adecuada.

Toda virtud es, para el griego, moderación entre placeres y sufrimientos. Por poner algunos ejemplos:

- La *valentía* es una virtud (término medio); si te excedes de valiente eres un temerario y se te quedas corto eres un cobarde.
- La *generosidad* es una virtud (término medio); si te excedes caes en la prodigalidad y se te quedas corto, en la avaricia.
- La *amabilidad* es una virtud (término medio); si te excedes entras en el terreno de la adulación y si te vas al otro extremo caes en la hostilidad.

Aristóteles nos lo ilustra con un ejemplo concreto: «El valiente es intrépido. Temerá, pero del modo debido y según lo razonable, puesta la vista en lo que es noble, ya que ahí se encuentra el objetivo de la virtud. Y además es posible temer en distinto grado e igualmente asustarse ante lo que no es terrible como si lo fuese. En ocasiones se yerra al temer lo que no se debe, o en el modo, el tiempo, o por otras circunstancias. Quien soporta y teme lo que debe y por la causa justa, como y cuando debe, y confía de forma semejante, es valiente, porque el audaz sufre y actúa según lo debido, y siguiendo las indicaciones de la razón. Quien tiene demasiada confianza ante realidades terribles es un temerario; quien siente demasiado miedo es un cobarde. Se asusta ante lo que no debe y como no debe. Unos pecan por exceso o por defecto; otros mantienen una actitud intermedia, que es la adecuada».

6. Cualquiera puede enfadarse, eso es algo muy sencillo. Pero enfadarse con la persona adecuada, en el grado exacto, en el momento oportuno, con el propósito justo

y del modo correcto, eso, ciertamente ya no resulta tan sencillo.

Nunca una frase ha resumido de forma tan magistral lo que es la inteligencia emocional, esto es, una oportuna gestión de nuestras emociones en cada momento, que no es otra cosa que la práctica de la virtud (el término medio) desde el punto de vista emocional. La negligencia emocional —ya sea por exceso o por defecto— es la causa fundamental de la mayor parte de los problemas en las relaciones, tanto con nosotros mismos como con los demás. Tanto en un caso como en otro, la falta de autoconsciencia y autocontrol nos conduce habitualmente a consecuencias dañinas que no son siempre fáciles de reconducir. Anticiparse, con una buena educación emocional en la juventud, o más tarde, con el asesoramiento o acompañamiento de un coach u otro tipo de profesional, es clave para una adecuada práctica de la inteligencia emocional, que es una de las habilidades (virtudes) más importantes para la vida. Con gran tino el Estagirita nos hace ver la importancia de una buena educación emocional, más aún en edades tempranas, ya que siempre es más fácil formar a un joven que enderezar a un adulto: «Si no se es adecuadamente formado, es difícil encontrar la dirección recta para el ejercicio de la virtud, pues el vulgo, y más los jóvenes, rechazan la vida templada y firme». Y añade: «Es imposible, o cuando menos no sencillo, modificar con la razón los hábitos asumidos desde antiguo con el carácter. Hemos de darnos por satisfechos si, reunidas todas las condiciones necesarias para llegar a ser buenos, logramos alguna participación en la virtud».

7. **La mayor parte de las personas viven a merced de sus pasiones.**

Igual que hay hábitos buenos (virtudes), también los hay malos (vicios). Los primeros nos hacen mejores personas y profesionales; los segundos nos convierten en peores personas y profesionales. Las virtudes nos *construyen*; los vicios nos *destruyen*. Por eso, hay que ser especialmente cuidadosos respecto a estos últimos, no sólo porque nos llevan a un modo de vida perjudicial, sino porque acostumbrarse a lo malo (vicio) siempre es más fácil que acostumbrarse a lo bueno (virtud). Lo primero no demanda mucho, sólo dejarse llevar, mientras que lo segundo requiere esfuerzo, renuncias y paciencia. El empeño, sin embargo, tiene su recompensa: *lo fácil es cómodo, pero insatisfactorio; lo difícil es costoso, pero enormemente gratificante*. Las siguientes palabras del filósofo griego lo expresan bien: «La mayor parte de las personas viven a merced de sus pasiones y persiguen los placeres que les son propios y los medios que a ellos conducen y escapan de los dolores opuestos. No tienen así noción de lo hermoso y agradable, pues nunca lo han probado». A primera vista (a corto plazo), pudiera parecer que el vicio nos produce un gran placer, pero con el tiempo (a medio y largo plazo) sus efectos son los contrarios. Aristóteles proponía insistentemente la práctica de la moderación, porque sin la moderación nos convertimos en hojas movidas por el viento que oscilan del exceso al defecto, sin encontrar la paz interior que ofrece el punto medio.

8. **El bien es ciertamente deseable cuando interesa a un solo individuo. Pero reviste un carácter más bello y divino cuando interesa a un pueblo y a un Estado entero.** Dicho de otra manera: la práctica de la virtud siempre es recomendable y beneficiosa, pero lo es aún más cuando su ejercicio tiene implicaciones en más personas. Es el caso, por ejemplo, de los directivos, en la empresa privada, o de los políticos, en la empresa pública, que en su actividad diaria toman y ejecutan decisiones que pueden repercutir considerablemente a terceras partes. Es ahí donde hay una

responsabilidad mayor por actuar conforme a la virtud (el mejor obrar). No es casual que Aristóteles, en tiempos donde la Política tenía otra consideración, dijese lo siguiente: «El político verdadero se ocupa principalmente de la virtud, pues aspira a mejorar a sus conciudadanos». Los vicios (malos hábitos) son siempre contraproducentes, pero no es lo mismo castigarse y flagelarse a uno mismo, que sean otras terceras partes las que sufren como resultado de nuestra mala praxis. El perjuicio, sin duda, es mayor. Por eso, a aquellas personas que ocupan puestos de responsabilidad siempre hay que exigirles un plus de prudencia y pulcritud a la hora de actuar. El estoico Séneca, al que tendremos más adelante, señalaba: «Lo que verdaderamente se exige del hombre es que beneficie a los hombres: si puede, a muchos, si puede menos, a pocos, si puede menos aún, a los próximos; si menos todavía, a sí mismo».

9. **La felicidad es, según nuestra manera de pensar, la actividad del alma dirigida por la virtud.**
Cualquier actividad humana ha de moverse por un fin. Y este fin necesariamente es un bien. Y el bien supremo es la felicidad. Y la felicidad se alcanza por la práctica de la virtud, el mejor obrar en cada momento. Por tanto, debemos poner nuestro empeño en ser virtuosos en cada momento si aspiramos a una vida mejor, la cual se puede resumir en *hacer el bien de manera buena*. Y decimos *hacer el bien* (resultado) de *manera buena* (correcta), porque podríamos *hacer el bien* (ayudar a pobres) de *manera mala* (robando a terceros). Por esta razón, el de Estagira nos señala: «El hombre virtuoso sabe siempre juzgar las cosas como es debido y conoce la verdad respecto de cada una de ellas [...]. Quizá la superioridad del hombre virtuoso consiste en que ve la verdad en todas las cosas [...]. Son las acciones conformes a la virtud las que son agradables a las personas virtuosas, y sólo ellas lo son por sí mismas».

10. En defensa de la verdad hay que estar dispuesto a sacrificar incluso realidades que nos son muy queridas. Aunque verdad y amistad son dos realidades profundamente apreciadas, siempre hay que optar por la primera.
Si la sabiduría es el ejercicio de la virtud —el mejor obrar— en cada situación, la sabiduría es especialmente relevante en aquellas circunstancias donde entran en conflicto valores muy apreciados pero contrapuestos en un momento determinado. Por ejemplo, qué es más importante, ¿la libertad de expresión o el derecho a la intimidad? ¿La seguridad o la propiedad privada? ¿La verdad o la amistad? Son situaciones que hay que abordar *casuísticamente* —caso por caso— para enjuiciarlas oportunamente y tomar la decisión más conveniente. ¿Confesarías el delito de un amigo a la policía? ¿Dependería del tipo de delito? Los valores son realidades muy apreciadas, pero no todos los valores tienen la misma jerarquía. Ahí es donde la sabiduría permite discernir lo más conveniente en cada momento. En eso se basa la ética, la ciencia que estudia la bondad o maldad de los comportamientos humanos, que es el mejor camino para alcanzar la felicidad. Sus límites casi nunca están claramente delimitados, lo cual no quiere decir que no existan. La prudencia, el ejercicio de la reflexión para mejor acertar, es un buen punto de partida para saber *qué* conviene hacer (qué es lo bueno) y *cómo* hacerlo (cuáles son los medios más precisos). Que uno se vea delante de decisiones comprometidas —sin una respuesta correcta *a priori*—, no significa que se tomen decisiones al azar. Ahí es donde la sabiduría —el conocimiento de vida para mejor obrar— tiene todo su esplendor para indicarnos el camino correcto, y a ella debemos recurrir en caso de dudas. Dejarse asesorar, acompañar, pedir ayuda, preguntar y escuchar, pueden sernos de gran ayuda en ello. Nunca está de más, en ciertas situaciones, recurrir a personas con más experiencia de vida para encontrar respuestas a nuestras propias encrucijadas.

Como apuntaba Hesíodo, otro filósofo y poeta griego: «El mejor de los hombres es quien por sí mismo comprende todas las cosas; es bueno, también, quien hace caso al que bien le aconseja; pero quien ni comprende por sí mismo, ni presta atención a lo que escucha de otro, es un inútil».

ARNOLD SCHWARZENEGGER

Arnold Schwarzenegger (1947) es un actor, empresario, político y fisicoculturista profesional austroestadounidense. La vida de Arnie destaca por sus grandes y variados logros, sobre todo teniendo en cuenta sus orígenes humildes. Sus primeros hitos los consiguió en el fisicoculturismo. Schwarzenegger comenzó a entrenar con pesas cuando tenía quince años, ganó el título de Mr. Universo con veinte y luego encadenó siete victorias en la competición de Mister Olympia entre 1970 y 1980. A fecha de hoy sigue siendo un icono de este deporte y ha escrito varios libros sobre su práctica como *The Education of a Bodybuilder*, que se convirtió en un bestseller nada más publicarse en 1977. El evento Arnold Sports Festival, que lleva su nombre como homenaje, es considerado una de las mejores competiciones de fisicoculturismo actuales, y Schwarzenegger es reconocido como uno de los fisicoculturistas más importantes de todos los tiempos y su embajador más carismático. Sin embargo, su mayor fama le llegaría en la década de los ochenta como actor de Hollywood, primero en 1982 en *Conan el Bárbaro*, y luego en 1984 protagonizando *Terminator*, a la que seguirían numerosas producciones como *Comando* (1985), *Depredador* (1987), *Desafío total* (1990), *Terminator 2* (1991), *El último gran héroe* (1993) o *Mentiras arriesgadas* (1994), entre otras muchas. Arnie no sólo triunfó en el fisioculturismo y el cine, sino también en la política. El 17 de noviembre de 2003 fue investido como trigésimo octavo gobernador del estado de California, y resultó reelecto en las elecciones de 2006 hasta 2011. En el ámbito político era conocido como *Governator*, una contracción de *Governor* y *Terminator*. Tras su época en la política, Schwarzenegger retomó su carrera en el cine. Es

> autor del libro *Vida total*, con subtítulo: *Mi historia increíble*, en el que desvela y desgrana las claves de su éxito.

1. **No soy un hombre hecho a sí mismo. Tuve mucha ayuda.**
   Al hablar del *roble austriaco* muchos tienden a identificarle con un *self-made man*; el típico inmigrante con hambre salido de un pueblecito de Austria (Thal) que llegó a Estados Unidos a cumplir el sueño americano. Pero sólo los más ingenuos podrían pensar que una carrera tan fulgurante puede lograrse en solitario. Él lo deja claro desde el minuto uno en el prólogo del libro *Armas de titanes* de Tim Ferriss: «No soy un hombre hecho a sí mismo. Tuve mucha ayuda». La ayuda adopta múltiples formas, a veces de forma más explícita y otras menos evidentes, pero ayuda, al fin y al cabo. A veces, ésta puede ser financiera, otras de tipo logístico, en algunos casos en forma de mentorización, contactos o conocimientos, en muchas será de forma emocional. Todo aquello que venga de terceros que nos beneficie a seguir dando pasos en nuestra batalla personal es una forma de ayuda. Por ejemplo, un libro de una persona de éxito que haya tenido la generosidad de condensar toda su experiencia de vida en trescientas páginas nos puede abrir los ojos, ensanchar la mente y ser el detonante para tomar ciertas decisiones que nos pueden cambiar la vida. Schwarzenegger manifestaba en una entrevista: «Soy un hombre feliz y no intercambiaría mi vida con la de nadie. Siempre se lo agradezco a Dios y a Estados Unidos, porque no logré las cosas solo, siempre me ayudaron mucho. Creo que llegué al país acertado. Me mudé a la tierra de las oportunidades y, ciertamente, yo tuve la mía».

2. **Todo lo que he logrado en mi vida ha sido a pesar de la negatividad de la gente.**

En la vida no basta con ser positivo (algo que suma), sino que hay que protegerse de la negatividad (algo que resta). Lo importante es el neto, la diferencia entre sumas y restas. De poco sirve dedicar una hora al día a meditar, visualizar nuestros objetivos y ser positivos, si el resto del día nos movemos en un entorno que nos hace sentir pequeños y no hacemos nada por remediarlo. El 95 por ciento de la gente es estándar, tiene patrones de comportamiento comunes basados en creencias limitantes que sólo les permiten ser normales. Sin embargo, nadie normal ha logrado nada grande; nadie normal ha inventado algo novedoso; nadie normal se ha atrevido a ir más allá del sentido común. Dice el ex gobernador de California: «Cuando alguien dice no, yo escucho sí. Cuando alguien dice que es imposible, yo escucho que es posible, porque creo en ello con todas mis fuerzas». Schwarzenegger siempre ha tenido como referente al líder sudafricano Nelson Mandela quien acuñó la frase «todo es imposible hasta que se hace». Él mismo decía tiempo después: «Cuando quise ser actor me dijeron que dónde iba con ese cuerpo tan grande y ese acento alemán, pero en *Conan* mi cuerpo fue determinante y en *Terminator* mi acento también. Lo que era un obstáculo se convirtió en una ventaja». La gente de éxito (5 por ciento) sabe *ver lo que los demás no ven.* Arnold concluye: «Lo peor que me puede ocurrir es llegar a ser exactamente igual que el resto de la gente. Odio eso».

3. No hay una píldora mágica. Todo se basa en el trabajo duro.

Si te comprometes con algo y te enfocas en eso sin que nada ni nadie te distraiga, la conclusión es que el éxito es inevitable. Es sencillo, que no fácil: dirección + enfoque. Junto a Nelson Mandela, el boxeador Muhammad Ali, campeón de los pesos pesados, ha sido otro de los referentes de Schwarzenegger en su vida. Las palabras del culturista no tienen desperdicio: «Me hice muy amigo de Muhammad Ali en los años setenta y una vez estando en el gimnasio alguien le preguntó que cuántas abdominales hacía y su respuesta fue que no lo sabía con certeza porque sólo empezaba a contar cuando le dolía. Eso es trabajar duro». Sin dolor no hay victoria... o sólo una victoria muy normal. El éxito siempre está relacionado con hacer cosas que otros no están dispuestos a hacer: madrugar más, trabajar más, aprovechar los fines de semana más, perseverar más, arriesgar más... El novelista Arnold Bennett decía: «Es más fácil caminar colina abajo que hacia arriba, pero las mejores vistas se ven desde lo alto». Todo el mundo debe decidir si va colina abajo o colina hacia arriba. Todas las alternativas son igualmente respetables, pero las recompensas son totalmente distintas.

4. **Odio tener un plan B. Cuando dudas de tus posibilidades es muy peligroso porque empiezas a pensar de la manera equivocada.**
Si vas de puntillas por la vida, es complicado dejar tu huella en algo. La vida va de apostar, y luego las cosas marcharán mejor o peor. Pero hay que poner toda la carne en el asador o las probabilidades de éxito menguan considerablemente. El éxito está en tu compromiso, no en las decisiones que tomes. Puedes tomar la decisión que quieras, que si no te comprometes, no lograrás nada. Sin compromiso no hay resultados. ¿Por qué nos cuesta tanto comprometernos con algo? Arnold Schwarzenegger nos da algunas pistas: «Cada segundo que dedicas a pensar en el plan B es energía que le quitas al plan A. A la gente le gusta tener un plan B porque tiene miedo a fracasar. Pero la realidad es no hay que tener miedo al fracaso porque no hay nada malo en fracasar. El fracaso te hace mejorar y no hay nadie que no haya fracasado en algún aspecto de su vida. Todos fracasamos y no pasa nada. Lo que no es de recibo es fracasar y no levantarse

porque es una actitud de perdedores. Si fracasas, levántate tantas veces como sea necesario». Tener un plan B te distrae de tu objetivo. Enfócate en aquello que más deseas, corrige sobre la marcha, no desistas.

5. **Repeticiones, repeticiones y más repeticiones. No importa lo que hagas en la vida. Todo se trata de repeticiones.**
Da igual a lo que te dediques: esquí, ajedrez, piloto, mago o presentador. Sea lo que sea que hagas, la excelencia está en la repetición: «En un set de película —dice el actor—, la única forma de ser bueno es haciendo repeticiones. Si has hecho las repeticiones, no tienes nada de qué preocuparte, puedes disfrutar el momento mientras estás actuando ante la cámara». La memoria muscular —que permite hacer algo sin pensar y de manera automatizada y excelente— se basa en la repetición. ¿Cuál es el problema de las repeticiones? Que son aburridas y nos da pereza hacer lo mismo muchas veces, por eso la mayoría de gente con un par de intentos practicando algo, lo da por bueno. Eso sólo genera resultados normales (mediocres). Por ejemplo, la excelencia en la ejecución de una conferencia o presentación depende del grado de ensayo previo. Guy Kawaski, autor de *El arte de cautivar*, escribe: «Tienes que practicar tu presentación hasta que la aborrezcas. Y después, seguir practicando». Sí, es aburrido, cansando y da pereza, pero es el camino de la excelencia: repetición, repetición y repetición. Sólo entonces la memoria muscular funciona sola, sin pensar, y la persona puede estar concentrada en conectar emocionalmente con la audiencia totalmente despreocupada del texto. Lo mismo ocurre en cualquier tarea o disciplina: la automatización de comportamientos producto de la repetición es la que permite la naturalidad en la ejecución. La maestría nace de la práctica obsesiva.

6. **Permanece hambriento. Ten hambre de éxito, hambre de dejar tu marca, hambre de ser visto y escuchado y tener un efecto, y mientras subes y tienes éxito, asegúrate también de tener hambre de ayudar a los demás.**
Es el *stay hungry, stay foolish* ('permanece hambriento, permanece curioso') del famoso discurso de Steve Jobs en la Universidad de Stanford el 12 de junio de 2005. El sentido de la vida está en *apasionarnos* con lo que hacemos, *contribuir* a la vida de los demás y seguir *creciendo* como personas y profesionales: «Demasiados exatletas —nos dice Arnie— se pasan la vida hablando de lo maravillosos que eran hace veinte años. Hay demasiada gente que se deja llevar por la corriente. Querrían seguir siendo importantes en lugar de hablar del pasado». Eso sólo es factible cuando uno tiene hambre de seguir aprendiendo, creciendo y aportando. La historia de Arnold es la de alguien que siempre estuvo retándose: emigró de su país, fue fisioculturista, luego actor, y más adelante, gobernador: «El secreto del éxito se basa en tener siempre hambre de más. Tener un propósito de vida que no sea simplemente sobrevivir o existir, sino crecer continuamente, conseguir más cosas, conquistar más cosas. Ése es el sentido de la vida».

7. **Nunca sigas a la multitud, ve donde no hay nadie.**
En Los Ángeles, una ciudad caótica por el tráfico, hay un dicho que afirma: «Evita la autopista en la hora punta». Ser el mejor no es nada sencillo; ser barato tiene muchos límites; por tanto, ser diferente —tener una ventaja competitiva— es la opción más recomendable en los negocios. A pesar de ser algo aparentemente sencillo de entender en *teoría*, la mayoría no lo pone en *práctica*: la gente sabe que será complicado entrar un restaurante el sábado a las nueve de la noche, pero no acude antes; la gente sabe que ir de compras el mismo día de Nochebuena no es la mejor opción, pero lo deja para el último momento; la gente sabe que sa-

lir de vacaciones a principios o mediados de quincena es estresante, pero es lo que habitualmente se hace. Arnold cuenta su experiencia: «Cuando todo aspirante a actor estaba intentando encontrar un pequeño papel en una película, yo esperé hasta encontrar un papel protagonista. Cuando todos los políticos empiezan su carrera en un cargo local, yo fui directo a ser un gobernador. Será más fácil destacar si apuntas directamente a lo más alto». Si quieres triunfar, apuesta a lo grande. No caigas en la tentación de seguir por el camino de la normalidad, ahí es donde la competencia se acumula.

8. **Nunca dejes que el orgullo te impida aprender algo nuevo.**
Si no vences a tu ego, la vida lo hará por ti. El ego es ese enemigo interior que nunca nos deja en paz del todo. Arnold Schwarzenegger y Muhammad Ali llegaron a ser muy buenos amigos. Una vez Ali retó a Arnie a empujarlo contra la pared. Alguien le había recomendado levantar pesas para mejorar en el ring porque él era más conocido por su velocidad y psicología en el cuadrilátero. Quería ver la fuerza que tenía un fisicoculturista. Arnold logró desplazarlo contra la pared, y la respuesta de Ali fue de sorpresa: «*Wow*, el levantamiento de pesas realmente funciona. Genial, eso es realmente genial». Poco tiempo después, el boxeador estaba con Schwarzenegger y unos amigos, y les dijo: «Miren esto, Arnold, trata de empujarme». Arnold pensó que era una trampa porque a nadie le gusta quedar en evidencia delante de sus conocidos. Ambos empezaron a forcejear y de nuevo Schwarzenegger lo empujó contra la pared. El boxeador dijo entonces: «Se lo dije chicos, este chico es muy fuerte. Levantar pesas es una gran cosa». El fisicoculturista comentaba respecto a este episodio: «No le importó perder, sólo le interesaba comprobar si el entrenamiento de resistencia funcionaba y si fortalecía las piernas». Así actúan los campeones, no buscan a toda costa tener razón o quedar por

encima de nadie, simplemente seguir creciendo para obtener mejores resultados. No dejes que el ego dirija tu vida.

9. **La primera regla del éxito es tener un sueño, una visión. Si no tienes un propósito o un objetivo, acabarás vagando y yendo hacia ningún lado.**
Todos necesitamos una visión que nos inspire para poder dar lo mejor de nosotros mismos. De otro modo, nos dispersamos, vagueamos, procrastinamos y nos limitamos a cumplir el expediente. Tienes que descubrir aquello que más te importa y luego convertirlo en tu modo de vida. Una visión clara aporta dirección y enfoque, que es todo lo que necesitamos para avanzar. No es casual que Schwarzenegger haya logrado todo lo que ha logrado. Él tenía clara su visión desde bien joven. Cuanto antes identifiques tú la tuya, más fácil te resultará comprometerte y dar pasos en esa dirección. Arnie explica: «No veía la hora de abandonar Austria porque no me imaginaba siendo un granjero o trabajando en una fábrica y, aunque mis padres querían que permaneciera allí y tuviera una vida normal, era su sueño, no el mío: yo sentía que había nacido para hacer algo especial y único». Y añade: «Yo tropecé con mi sueño cuando a los once años vi en el colegio un documental sobre Estados Unidos y poco después pasé por una tienda en la que encontré en la portada de una revista a Reg Park, que fue tres veces Mister Olympia y llegó a encarnar a Hércules en la gran pantalla, y entonces lo tuve claro: quería convertirme en un campeón de culturismo como él. Quería protagonizar películas y ser rico y famoso. Fue una sensación liberadora saber qué era lo que quería hacer».

10. **No importa quién eres o cuál es tu meta. Lo importante es empezar ya.**
Cualquier meta es el resultado de un camino; y un camino es el resultado de muchos pasos. Por tanto, cuanto antes

comiences, antes recorrerás el camino y antes lo lograrás. Mientras no te pongas en marcha, nada puede suceder. No es complicado, pero tampoco es inmediato. Exige coraje, constancia, actitud, compromiso y paciencia. La experiencia del fisicoculturista nos sirve de inspiración de nuevo: «Simplemente te pido que seas mejor hoy de lo que fuiste ayer. Es algo sencillo y es la clave para conseguir un futuro más saludable. Si ayer completaste 5.000 pasos, camina 5.001 hoy. Si comiste una pieza de fruta o de vegetales ayer, come dos piezas mañana. Si hiciste una flexión por primera vez hoy, haz dos flexiones mañana». El éxito no es otra cosa que el resultado de muchos *baby steps* ('pasos de bebé'), como dicen los americanos. El éxito es un proceso orgánico acumulativo: empiezas, sigues, te caes, te levantas, continúas, mejoras, sigues mejorando, retrocedes, vuelves a la carga, sigues avanzando… y consigues. Swami Sivananda, maestro de yoga indio, nos deja esta reflexión: «Una montaña está hecha de pequeños granos de arena. El océano está formado por minúsculas gotas de agua. Del mismo modo, la vida es una sucesión interminable de pequeños detalles, acciones, conversaciones y pensamientos. Y las consecuencias de todo ello, sean buenas o malas, son trascendentales». Así es la vida.

CAL NEWPORT

Cal Newport (1982) es un profesor estadounidense de ciencia computacional en la Universidad de Georgetown. Completó sus estudios universitarios en Dartmouth College en 2004, y en 2009 obtuvo el título de Doctor (PhD) por el MIT (Massachusetts Institute of Technology), donde fue profesor asociado entre los años 2009 a 2011. Desde un punto de vista del *management*, ha investigado sobre cuestiones relativas a la productividad, la necesidad de enfocarse y cómo convertirnos en profesionales más valiosos en el mercado. Es autor de diferentes libros, varios de ellos bestsellers, entre los que destacan *Hazlo tan bien que no puedan ignorarte*, donde revela que no se trata de encontrar nuestra pasión para ser útiles, sino de ser útiles para encontrar nuestra pasión. Para él es más importante ser competentes que seguir nuestra pasión para alcanzar el trabajo de nuestros sueños; o también *Céntrate* (*deep work*), en el que analiza con detenimiento por qué sólo el *deep work* es la manera de que la calidad y cantidad de nuestro trabajo sea óptima. Comenzó a escribir en su blog *Study Hacks* en el año 2007, en el que plasma desde entonces sus consejos para ser más productivo en un mundo digital dominado por las distracciones. Según apunta su editor, «no lo encontraréis en Twitter, Facebook o Instagram, pero sí en casa con su familia, o escribiendo ensayos para su página web». Fruto de su trabajo también es el libro *Minimalismo digital*, con subtítulo: *En defensa de la atención en un mundo ruidoso*. Cal Newport cuenta con una charla TED que impartió en junio 2016 con el título: *Por qué deberías abandonar las redes sociales*, que acumula más de diez millones de visionados.

1. **Trabajar a fondo es el tipo de esfuerzo que se requiere para destacar en un campo exigente.**
Básicamente existen dos tipos de trabajos:

- *Trabajo superficial.* Constituido por tareas que no son exigentes desde el punto de vista cognitivo; tareas de tipo logístico que se suelen ejecutar en medio de distracciones. Este tipo de trabajo por lo general no crea gran valor y son tareas fáciles de replicar.
- *Trabajo profundo.* Actividades profesionales que se llevan a cabo en un estado de concentración desprovisto de distracciones, de tal manera que las capacidades cognitivas llegan a su límite máximo. Este esfuerzo crea valor, mejora las habilidades y no es sencillo de replicar.

El *deep work* es la capacidad de concentrarse en una tarea cognitiva exigente sin distracciones. Podríamos decir que *deep work* es el punto en el que convergen las personas de alto rendimiento. Cualquier persona, sin excepción, hará mejor cualquier tarea si está concentrada en ella que si no lo está. Por «mejor» hacemos referencia a menos tiempo, menos errores, con mayor calidad y, con toda seguridad, disfrutando mucho más (con atención plena) de lo que se hace. Es decir, una persona es tanto más eficiente cuanto mejor gestiona su atención. Newport reflexiona al respecto: «Trabajar a fondo es necesario para extraer hasta la última gota de valor de nuestra capacidad intelectual. Tener una concentración profunda en ciertas tareas que requieren de tu máxima capacidad cognitiva es una especie de superpoder. Pensar y hacer como un rayo láser».

2. **Trabajar a fondo es una destreza que tiene gran valor en la vida moderna.**
Dos razones lo explican:

- La primera está relacionada con el *aprendizaje*. Para seguir siendo valiosos en un entorno como el actual de rápido cambio, no podemos darnos el lujo de no estar actualizados. Hay que estar en beta permanente, ser ágiles aprendiendo. Otra cosa es quedarse rezagado. Eso exige concentración (trabajo profundo) o no estaremos a la altura que demanda el mercado. Si andamos distraídos con cosas menores, nuestro desarrollo se resiente.
- La segunda tiene que ver con el *impacto* de nuestro trabajo. Hoy día, con una economía muy digitalizada, no es complicado saber quiénes son «los mejores»: los mejores restaurantes, los mejores libros, los mejores hoteles, los mejores móviles, los mejores programadores, los mejores conferenciantes... Comparar es más fácil que nunca. Como consecuencia de ello, vamos claramente a un mercado de ganadores (unos pocos) y perdedores (el resto). «*Average is over*» ('Lo promedio se acabó'), dice Tyler Cowen, economista de la Universidad George Mason. Si uno no es capaz de ofrecer algo valioso de verdad, pasará desapercibido: los ganadores disfrutan; los perdedores sufren. Eso exige concentración (trabajo profundo) o seremos mediocres.

El trabajo profundo es hoy día una ventaja competitiva debido a que su *valor* y su *escasez* son cada vez mayores: cada día es más importante, pero cada día es menos frecuente: «Como resultado de esta dinámica triunfarán quienes cultiven esta aptitud y hagan de ella el pilar de su vida laboral», concluye Newport. Una vida profunda es una buena vida. Si quieres lograr grandes cosas en la vida, tienes que minimizar el trabajo superficial y maximizar el trabajo profundo: eliminar sin piedad lo superficial y cultivar meticulosamente la profundidad. Sin un compromiso fuerte con la profundidad, la mediocridad es la única alternativa.

3. **Se sabe bien por qué los trabajadores están perdiendo su familiaridad con trabajar a fondo: las herramientas en red.**
Hoy día uno de los mayores peligros que existen es el perder la concentración. Existen tantas alternativas que es muy fácil distraerse. Son múltiples las herramientas que ponen en peligro el trabajo profundo e invitan a distraernos a cada momento: correo electrónico, WhatsApp, Twitter, Facebook o Instagram, son sólo algunas de ellas. Un estudio llevado a cabo en 2012 por Mckinsey descubrió que un trabajador promedio del conocimiento dedica más del 60 por ciento de sus horas laborales a la comunicación electrónica y la búsqueda por internet. Cerca del 30 por ciento del tiempo lo usa exclusivamente para leer y responder correos electrónicos. Hoy día la atención está muy fragmentada, y así es muy difícil llevar a cabo un trabajo profundo. El periodista Nicholas Carr, en un artículo publicado en 2008 en la revista *Atlantic* escribía: «Al parecer internet está socavando mi capacidad para la concentración y la contemplación». Carr desarrolló y profundizó sobre esta idea en su libro *Superficiales*, que fue finalista del premio Pulitzer. En un mundo altamente competitivo y exigente que al mismo tiempo incentiva la hiperconexión y la multitarea, la atención se ha convertido en un activo aún más valioso. Como dice Eric Barker, autor de *Errando el tiro*: «Trabajar a fondo es el superpoder del siglo XXI».

4. **El «residuo de atención» se define como la pérdida de concentración y capacidad de trabajo profundo al pasar de una tarea a otra constantemente.**
Un trabajo de calidad viene definido por la siguiente ecuación:

Tiempo invertido × Intensidad de la concentración

Todo lo que altere el *tiempo* (cantidad) y la *intensidad* (calidad) de la concentración afecta negativamente al rendimiento. La clave es organizarse por bloques independientes de tareas, aunque sean pequeños, de máxima concentración que nos permitan avanzar y hacer un trabajo de calidad. Si uno no establece esos bloques y hace varias cosas al mismo tiempo, la atención disminuye como consecuencia de lo que Newport denomina «residuo de atención». Cuando tenemos varios temas entre manos al mismo tiempo, al pasar de una tarea a otra, nuestro cerebro se queda pensando en lo que estábamos haciendo antes. Cuando cambiamos nuestro foco de la tarea A a la B, un pequeño «residuo de atención» se mantiene en la tarea original. Este residuo es especialmente importante cuando la tarea inicial A quedó inacabada. A todos nos ha pasado seguir pensando en e-mails, artículos o trabajos que no se han llegado a terminar durante el día a pesar de estar ocupados en otra cosa. Este «residuo de atención» perjudica a nuestra atención y a nuestra energía. La cuestión es minimizar esos residuos de atención. Para ello, es clave asumir la responsabilidad (poder) de nuestra vida y ser proactivos en el control de nuestra agenda para proteger que nada pueda inmiscuirse en ella. Ya sabes: *o controlas tu agenda o eres la agenda de otros*. Las urgencias de terceros no tienen por qué convertirse en tus prioridades. Cuando recibimos un correo electrónico, nos llega una notificación por WhatsApp o nos hacen una llamada, y los atendemos, el trabajo en profundidad se resiente.

5. **El peligro de la multitarea es que es adictiva.**
   ¿Qué daños produce la multitarea?

   1. *Impide concentrarnos*: lo que afecta a los resultados. Sin concentración no haces; si no haces, no avanzas; si no avanzas, no consigues.

2. *Consume energía*: hacer muchas cosas al mismo tiempo supone un desgaste de energía mayor para el cerebro que hacer una sola cosa.
3. *Debilita nuestra voluntad*: la voluntad para concentrarse (distraerse) es un músculo que se educa con la repetición; por tanto, o provocamos el hábito de la concentración (foco) o generamos el hábito de la interrupción (distracción).

Además, conviene señalar que la multitarea —pasar indiscriminadamente de una tarea a otra— no sólo genera inconvenientes desde el punto de vista de la productividad y el trabajo de calidad, sino que además es adictiva. Una vez que forma parte de nuestra vida no es fácil desprenderse de ella. Uno no se levanta por la mañana y decide dejar de fumar o abandonar la multitarea para siempre. Así lo describe Clifford Nass, profesor de Stanford: «Cuando el cerebro se acostumbra a la distracción en todo momento, es difícil que se desprenda de esa adicción, incluso cuando quiere concentrarse». Por eso, con los malos hábitos (vicios) hay que ser extremadamente cuidadosos, porque una vez interiorizados no resulta sencillo quitárselos de encima. Como le gusta decir a Warren Buffet, fundador de Berkshire Hathaway: «Las cadenas del hábito son demasiado ligeras para sentirse hasta que son demasiado pesadas para romperse».

6. Si usas un estado de ocupación como sustituto de la productividad, te convences a ti mismo y a los demás de que estás haciendo bien tu trabajo.

El trabajo profundo no es algo que abunde, y la explicación es sencilla: la concentración (foco) es poco glamurosa y sexy. Recluirse para producir y avanzar es algo mucho menos atractivo que atender notificaciones y contestarlas rápidamente, ya que exige menos esfuerzo cognitivo y aparentemente es más vistoso desde el punto de vista del trabajo. Tener la sensación de estar ocupado, aunque sea en cosas superficiales, da la sensación de ser alguien importante, y acariciar el ego siempre es tentador, aunque nos arruine la vida. Cal Newport en su libro reflexiona sobre esta cuestión: «Si envías y respondes correos electrónicos a todas horas, si programas reuniones y asistes a ellas sin pausa, si envías tus aportaciones en sistema de mensajería instantánea pocos segundos después de que alguien plantee una nueva pregunta, o si te paseas por todo el espacio de la oficina abierta lanzando ideas a todas las personas con las que te encuentras, esos comportamientos darán la apariencia pública de que estás ocupado. Si usas ese estado de ocupación como sustituto de la productividad, esos comportamientos te parecerán cruciales para convencerte a ti mismo y a los demás de que estás haciendo bien tu trabajo».

7. **Destacar en algo equivale a tener buenos niveles de mielina.**
La aptitud para producir a un nivel superior de trabajo no sólo se manifiesta en lo concerniente a la calidad del mismo, sino también a la velocidad a la que producimos, lo cual es crítico hoy día en la economía BANI en la que vivimos. ¿Cómo conseguirlo? A través de la práctica deliberada, es decir, a través de la acumulación inteligente de conocimiento y experiencia, lo cual exige trabajo profundo (concentración máxima). Cuando eso sucede, se piensa más ágilmente, se actúa con mayor rapidez y es más sencillo relacionar conceptos que den lugar a nuevas ideas que aporten valor. Newport nos lo explica desde un punto de vista científico: «Las personas mejoramos en una destreza a medida que desarrollamos más mielina en las neuronas relevantes, lo que hace que el circuito correspondiente actúe más eficazmente haciendo menos esfuerzo». En los últimos años, ha surgido una teoría científica relacionada con el

aprendizaje, la cual defiende que la mejora del desempeño en tareas complejas se debe al aumento de mielina en las células. La mielina es una capa de tejido graso que envuelve las terminaciones nerviosas y funciona como aislante, permitiendo a las células actuar de forma más rápida y eficiente. Al activar repetidamente un circuito neuronal, la mielina de las células implicadas aumenta al poner en funcionamiento unas pequeñas células llamadas oligodendrocitos, mejorando y depurando el proceso. El trabajo profundo y la concentración es el entrenamiento de nuestras células, el cual les permite mejorar procesos y hacerlos más eficientes. Cuanto más practiques algo, mayor será la cantidad de mielina de las células implicadas, mejorando y automatizando el proceso.

8. **La voluntad no es una manifestación del carácter, no es un recurso que se pueda desplegar de manera ilimitada; funciona, más bien, como un músculo, que se cansa.** Uno de los aspectos más importantes al hablar de productividad es que la energía es limitada. La concentración es un superpoder, pero es escaso, y hay que protegerlo como si nos fuese la vida en ello. La atención disminuye con el cansancio. Por tanto, todo aquello que nos produzca fatiga mental hay que intentar evitarlo o limitarlo. Una de las recomendaciones más útiles para preservar la energía es tener rutinas. Las rutinas ayudan a que la voluntad no se deteriore tan fácilmente. Cuantas más rutinas tengas y más tareas puedas hacer sin pensar, más energía liberas para producir. Hace algún tiempo el medio digital estadounidense *Business Insider* publicaba un artículo con el siguiente título: «La inteligente decisión por la que Steve Jobs siempre vestía con la misma ropa». El fundador de Apple cada día acudía al trabajo de forma similar: un jersey de color negro de cuello vuelto, vaqueros y zapatillas deportivas. La explicación la daba el propio artículo: «La razón que se conoce

es que, al contar con una especie de uniforme, ya no tendría que invertir tiempo y esfuerzo mental para elegir la ropa y así aprovechar ese poder de decisión en otros asuntos». En la biografía de Walter Isaacson del fundador de Apple, la única autorizada por el propio Jobs, se revela cómo decidió empezar a usar ese famoso jersey negro. Hace ya bastantes años y tras visitar una fábrica de Sony en Japón, donde todo el mundo llevaba la misma ropa, el visionario tecnológico decidió copiar esta práctica.

9. **Cuando trabajes, trabaja con dedicación. Cuando termines, termina.**
Como hemos visto, la concentración es clave para un rendimiento óptimo, pero como hemos señalado al mismo tiempo, la concentración no es ilimitada, lo que nos indica que es absolutamente imprescindible saber desconectar del trabajo para recargar las baterías al máximo y poder estar luego plenamente concentrados. De nada sirve agendar bloques de trabajo sin interrupciones si luego nuestro nivel de energía está por los suelos. La energía se obtiene por diversos medios. Dormir bien, alimentarse de forma saludable y hacer ejercicio contribuyen a tener niveles óptimos de energía. Pero también es crítico nuestro tiempo de ocio para despejarse y desconectar. Y desconectar es desconectar, no estar a medias con un pie en el descanso y otro en el trabajo. Si uno sólo desconecta a medias, sólo puede recargarse a medias. Estar en la playa o en la montaña contestando mails o llamadas de trabajo, no parece lo más recomendable para volver a la faena al cien por cien. Sólo un descanso profundo permite una concentración máxima. Cuidarte a ti mismo es darle al mundo lo mejor de ti mismo, en lugar de lo que queda de ti. No te tomes tu tiempo de relax como algo menor. Ya lo decía Pau Gasol: «Los descansos son tan importantes como las sesiones de trabajo y los entrenamientos». Habrá que hacerle caso a una estrella

de élite como él, uno de los únicos doce jugadores de Los Ángeles Lakers a los que se ha retirado la camiseta como homenaje a su trayectoria.

10. **Es incompatible avanzar en lo complejo estando siempre en la máquina del café.**
La profundidad (concentración) no está reñida con el trabajo en equipo. No son excluyentes, sino complementarios. Newport no propone que nos vayamos a la montaña aislados para concentrarnos alejados del mundo. Ningún avance importante de la humanidad se ha logrado en solitario, por muy concentrada que una persona estuviese. Detrás de cualquier logro destacable, lo que hay son equipos. De hecho, el libro recoge muchos casos de grandes inventos de la historia de la ciencia y la tecnología, producto de las interacciones entre personas altamente cualificadas y curiosas. Un ejemplo es el Building 20 del MIT (Massachusetts Institute of Technology), conocido como *The magical incubator*, el que podría ser el mayor hervidero de ideas disruptivas de la historia. Así lo cuenta Newport: «En las décadas posteriores a la Segunda Guerra Mundial, el laboratorio produjo, entre otros logros: la primera celda solar, el láser, el satélite de comunicaciones, el sistema de comunicación celular y las redes de fibra óptica. Sus teóricos formularon teorías de la información y teorías de la codificación, sus astrónomos ganaron el Premio Nobel por validar empíricamente la teoría del Big Bang y, quizá lo más importante de todo, sus físicos inventaron el transistor». Pero igual que los éxitos son siempre colectivos, también hay que subrayar que *parar trabajar bien en equipo hay que pensar bien en privado*. Los equipos de alto rendimiento requieren de mucha interacción, pero al mismo tiempo de mucho espacio individual para avanzar de forma profunda. Trabajar en equipo no es una especie de algarabía, sino que requiere de una cierta labor en soledad para que sea fértil de manera

conjunta. El trabajo de calidad exige intimidad para pensar, reflexionar y dar vueltas a las cosas. Nikola Tesla, descubridor de la corriente alterna que ilumina las ciudades de todo el mundo, afirmaba: «La mente es más aguda y diligente en aislamiento y soledad ininterrumpida. La originalidad florece libre de influencias que puedan mermar la mente creativa».

CAROL DWECK

Carol S. Dweck (1946) es una profesora de la cátedra Lewis and Virginia Eaton de Psicología Social en la Universidad de Stanford. Graduada por el Barnard College en 1967, obtuvo su doctorado en la Universidad de Yale en 1972. Antes de unirse a la Universidad de Stanford en 2004, enseñó en las universidades de Columbia (1985-2004), Harvard (1981-1985) e Illinois (1972-1981). Es autora del bestseller internacional *Mindset: La actitud del éxito*, en el que resume los resultados de varias décadas de trabajo en el campo de la mentalidad del éxito. En la obra se describe lo que denomina una «teoría de la mentalidad», en la que se apunta que todas las personas tienen una mentalidad *fija* (*fixed mindset*) o una mentalidad de *crecimiento* (*growth mindset*), lo que hacen que estén cerradas o abiertas al aprendizaje. A lo largo de sus páginas explora cómo cada una de estas mentalidades afecta al trabajo, a las relaciones y al éxito en general. Ha publicado más de un centenar de artículos en periódicos y revistas especializadas, y ha recibido diferentes reconocimientos como el Premio E. L. Thorndike Career Achievement en Psicología Educativa, el Premio a la Contribución Científica Distinguida por la American Psychological Association (APA) o el Premio Yidan para la Investigación en Educación, entre otros. Carol Dweck también ha sido ponente en TED, y su charla con el título *El poder de creer que puedes mejorar* acumula cerca de quince millones de visionados.

1. **Tu tipo de mentalidad determina el éxito que tendrás en la vida.**
La mentalidad (*mindset*) hace referencia a nuestras creencias (lo que creemos). Las creencias lo son todo, salvo que tomemos consciencia de ellas y las cambiemos; porque nuestras creencias determinan lo que pensamos, lo que pensamos determina lo que hacemos, y lo que hacemos, lo que conseguimos. Actuamos según nuestras creencias. Gran parte de lo que nos impide avanzar en la vida viene de ahí. La mayor parte de los obstáculos que nos impiden avanzar no son *externos* sino *internos*. Por tanto, «cuando la mentalidad cambia, todo puede cambiar; si cambias tu mentalidad, cambias tu vida», nos dice Dweck. Las creencias no son innatas sino aprendidas, e igual que las hemos aprendido las podemos desaprender y reemplazar por otras. Cambiar tus creencias (causa) puede tener notables resultados (efecto) en tu vida. Dweck escribe: «Durante veinte años mi investigación ha demostrado que el punto de vista que adoptas de ti mismo afecta profundamente a la forma en que llevas tu vida».

2. **Hay dos tipos de mentalidad: *fija* y de *crecimiento*.**
Analicemos ambas con detenimiento:

   - Mentalidad *fija*: las personas con mentalidad *fija* creen que sus capacidades son estáticas: soy bueno o no soy bueno en algo. Tienden a evitar los retos, abandonan con facilidad, ven el esfuerzo como estéril, ignoran el *feedback* útil y se sienten amenazados por el éxito de los demás. Como consecuencia de esta actitud se estancan y no llegan a alcanzar su pleno potencial. Confirman así una visión determinista del mundo. Las personalidades con mentalidad *fija* representan el clásico «unos nacen con estrella y otros estrellados». Suelen ir por la vida de víctimas.
   - Mentalidad de *crecimiento*: las personas con mentalidad de *crecimiento* creen que sus capacidades son como los

músculos, pueden crecer si se ejercitan: aceptan más desafíos, perseveran ante la adversidad, contemplan el esfuerzo como el camino hacia el *expertise*, aprenden de la crítica constructiva y encuentran inspiración en los éxitos de los demás. Como consecuencia de ello, alcanzan niveles más altos de realización y satisfacción. Las personalidades con mentalidad de *crecimiento* representan la autorresponsabilidad y el esfuerzo. La curiosidad les motiva. No temen preguntar. Se enfocan en el proceso. Disfrutan del camino.

3. **Existen dos tipos de elogio: los que alaban a la *persona* (mentalidad fija) y los que alaban el *proceso* (mentalidad de crecimiento).**
Los estudios e investigaciones de Dweck son muy útiles en el campo de la educación, porque la educación siembra en la infancia aquellas creencias que se manifiestan en conductas en la edad adulta. Hay que elogiar sabiamente:

- Cuando se elogia a la *persona*, se está reforzando la mentalidad *fija*, la creencia de que el éxito se debe a rasgos innatos. Cuando estas personas fallan, lo achacan a que son inapropiadas, y como consecuencia de ello, no perseveran y abandonan.
- Cuando se elogia el *proceso*, se refuerza la mentalidad de *crecimiento*, la idea de que las cualidades pueden desarrollarse con esfuerzo y tesón. De esta manera se refuerza el amor por el aprendizaje y la resiliencia que constituyen la esencia del desarrollo personal.

Debemos reconocer a las personas por el esfuerzo, no por lo que son. Dice Dweck: «¿Gané? ¿Perdí? Son preguntas equivocadas. La pregunta correcta es: ¿me esforcé?». Las investigaciones realizadas por Dweck en este aspecto arrojaron unos datos sorprendentes: el 85 por ciento de los padres alaban la inteligencia/talento (ser) y no el esfuerzo realizado (hacer) y el proceso. Dice Dweck: «El problema surge cuando los padres de los niños alaban a los niños de una manera que les hace sentir que son buenos y dignos de amor sólo cuando se comportan de la manera concreta que les gusta a los padres». Ése no es el camino adecuado para fomentar en los jóvenes una mentalidad de *crecimiento*. Alaba el *hacer* (esfuerzo), no el *ser* (inteligencia). Algunos ejemplos concretos:

- «Esa tarea era muy tediosa. Admiro cómo fuiste capaz de concentrarte y acabarla»... en lugar de decirle: «Qué trabajador eres».
- «Ese dibujo tiene unos colores preciosos. Cuéntame cómo lo has hecho»... en lugar de decirle: «Eres un artista».
- «Estoy contento de tus notas porque reflejan todo lo que has estudiado»... en lugar de decirle: «Qué inteligente eres».

Las palabras de Dweck son inspiradoras: «El mayor regalo que le puedes hacer a un niño es enseñarle que no pasa nada si no consigue algo ahora, pero que, con tiempo, esfuerzo, aprendizaje y colaboración, puede lograrlo».

4. **La mentalidad *fija* boicotea el aprendizaje.**
Dice Dweck: «Creer que las cualidades personales son inamovibles (mentalidad *fija*) origina la necesidad de validarse a uno mismo constantemente». Si cuando hago algo bien soy un «ganador» y cuando hago algo mal soy un «perdedor», estamos valorándonos exclusivamente en función de los resultados, lo que hace que las personas con mentalidad *fija* tiendan a eludir todas aquellas actividades en las que puedan quedar en evidencia, obviando que:

1. *No es posible hacerlo todo bien siempre.* Nadie gana siempre y en todo. La vida va de golpear y encajar golpes.
2. *No es posible hacerlo todo bien a la primera.* Convertirse en un experto es un proceso de aprendizaje a base de ensayo y error.

En una investigación realizada por Dweck, ofrecieron a niños de cuatro años dos alternativas: podían volver a hacer un rompecabezas fácil o podían intentar aprender uno más difícil. Los de mentalidad *fija* se quedaron con el conocido y más seguro (los niños inteligentes no cometen errores); los de mentalidad de *crecimiento* pensaron que era una alternativa estúpida y se decidieron por el nuevo: ¿Quién querría hacer el mismo rompecabezas una y otra vez? La obsesión de la gente con mentalidad *fija* es evitar el fracaso (los niños inteligentes no cometen errores), mientras que la de la gente con mentalidad de *crecimiento* es hacerse más inteligente (crecer y mejorar). Pero esto no es sólo un tema de niños. En otra investigación realizada en la Universidad de Hong Kong, en la que todos los estudios son en inglés, se dio la oportunidad a los alumnos de primer curso —algunos no tienen un nivel de inglés muy fluido— de mejorar su nivel de la lengua de Shakespeare. Los alumnos con mentalidad de *crecimiento* dijeron que sí entusiasmados, mientras que los de mentalidad *fija* no mostraron mucho interés por el asunto. Evidentemente, estos últimos no querían dejar al descubierto sus carencias (deficiencias) y por sentirse seguros ponían en peligro su futuro profesional al renunciar al aprendizaje del idioma.

5. **Las mentalidades cambian el significado del fracaso: aprender o demostrar, ¿en qué consiste el verdadero éxito?** ¿Cuándo te sientes inteligente: cuando eres impecable o cuando aprendes?

- Para la mentalidad *fija* el fracaso es una etiqueta. Fracasar es no ser inteligente o no tener talento. La gente inteligente no comete errores. Para estas personas fracasar es ser un fracasado.
- Para la mentalidad de *crecimiento*, en cambio, el fracaso es inspirador e instructivo. En realidad, no sienten que estén fracasando, sienten que están aprendiendo, evolucionando y creciendo. Para estas personas, fracasar es parte del proceso de crecimiento.

Howard Gardner, en su libro *Mentes extraordinarias*, concluyó que los individuos excepcionales tienen «un talento especial para identificar sus propias fortalezas y debilidades», y dicho talento va unido a la mentalidad de *crecimiento*. Es decir, el talento tiene que ver con su desarrollo. Una cosa es tener un don y otra es tener talento. El talento es la expresión del don llevado al máximo potencial gracias al trabajo duro, la perseverancia y la resiliencia ante la sequía, los errores y los fracasos. La gente excepcional es capaz de convertir los contratiempos en éxitos futuros, algo propio de las personas con mentalidad de *crecimiento*. Aceptan la derrota, pero no les define: siguen adelante, mejoran, consiguen.

6. **Todo el mundo puede crecer y cambiar por medio de la dedicación y la experiencia.**
Cambiar y mejorar, podemos hacerlo todos, la cuestión es cuánto. Dweck se pregunta a sí misma: «¿Entonces, según esta mentalidad de *crecimiento*, todo el mundo puede ser lo que se proponga? ¿Cualquiera con la motivación o la educación apropiada puede llegar a ser Einstein o Beethoven?». Y responde también a sí misma: «No, pero considera que el verdadero potencial de una persona es desconocido (e incognoscible); que es imposible predecir lo que puede conseguirse tras años de pasión, esfuerzo y práctica». A lo largo

de la historia, son numerosos los ejemplos de personas que, *a priori*, no hacían presagiar un futuro demasiado excelente y que han llegado muy lejos en la vida. Por ejemplo, a Charles Darwin y a León Tolstói se les consideraba niños corrientes; sin embargo, el primero es conocido por la teoría de la evolución, y el segundo es reconocido como uno de los escritores más importantes de la literatura universal. Según relata Dweck, «Robert Sternberg, el gurú actual en el ámbito de la inteligencia, escribe que el factor más importante para adquirir pericia "no es ninguna habilidad innata, sino el compromiso decidido"». Lo que podemos afirmar sin riesgo a equivocarnos es que todas las personas tienen un gran potencial, que ese potencial depende del desarrollo, y que hasta dónde puede llegar ese desarrollo es algo que tiene que comprobar cada persona por sí misma en función de su ambición, trabajo y determinación. Dicho con palabras del escritor británico T. S. Eliot: «Sólo aquellos que se arriesgan a ir demasiado lejos pueden descubrir hasta dónde se puede llegar».

7. **La característica principal de la mentalidad de *crecimiento* es la pasión por los retos, la búsqueda de la autosuperación, incluso (y especialmente) cuando las cosas no van bien.**
   La mentalidad *fija*, por su parte, actúa para evitar todas aquellas situaciones que impliquen ignorancia, error e incertidumbre. Dweck apunta: «He visto demasiadas personas cuyo único objetivo es la autoafirmación: en las aulas, en sus profesiones y en sus relaciones. Ven cada situación como una oportunidad para confirmar su inteligencia, su personalidad o su carácter. Viven en una evaluación continua». Evidentemente, esa actitud sólo conduce al estancamiento. Puedes tener ciertas habilidades para algo, pero si no las sigues desarrollando, te quedas atrás. Si siempre haces lo mismo, te conviertes en previsible y rutinario, máxi-

me en un entorno tan rápido como el que vivimos. Los mercados —y la sociedad— se desarrollan en base a la innovación y la mejora. Sin retos —ambición por mejorar— no hay crecimiento. Eso sólo es posible con una actitud de apertura y humildad ante la incertidumbre, el error y el no saber. Dweck reflexiona con inteligencia en este punto: «¿Por qué perder el tiempo demostrando una y otra vez lo bueno que eres, cuando podrías invertir esa energía en ser aún mejor? ¿Por qué ocultar las deficiencias en vez de superarlas? ¿Por qué rodearte sólo de gente que alimente tu autoestima en lugar de abrirte a otros que te reten?». Lo contrario de la humildad, propio de la mentalidad de *crecimiento*, es el ego, propio de la mentalidad *fija*. Y el ego no lleva nada bien la derrota, el error o el fracaso, ya que identifica su validación con los resultados, lo que le hace evitar todo tipo de situaciones que sean potencialmente peligrosas. Como es lógico, ése no es el camino del crecimiento. Ray Dalio lo expresa bien: «La motivación por ser mejor debe ser mayor que la motivación por tener razón».

8. **La gente con mentalidad de *crecimiento* no sólo busca los retos, sino que se crece con ellos.**

Los niños que juegan al balón con chicos mayores que ellos, evolucionan y crecen. La tentación —sobre todo de los padres— es jugar con otros de peor calidad para ver lo buenos que son sus hijos. Mariel Margaret Hamm (Mia Hamm), una de las mejores jugadoras en la historia del fútbol femenino, decía cierta vez: «Durante toda mi vida he preferido ser una mala jugadora, es decir, he preferido medirme con jugadores de mayor edad, más grandes, más dotados, más experimentados; en pocas palabras, mejores que yo». Al principio jugaba con su hermano mayor; luego, con diez años, se apuntó al equipo de chicos de once años; más tarde al equipo número uno de Estados Unidos: «Todos los días intentaba estar a la altura de su juego… y mejoraba más deprisa de lo que nunca soñé que fuese posible». Por su parte, las personas con mentalidad *fija* pierden el interés por los retos cuando *éstos* empiezan a volverse difíciles. Son ese tipo de personas que se les llena la boca al hablar de grandes logros, pero a las primeras dificultades, errores o fracasos que ponen en peligro su identidad (reputación), dan un paso al costado. Apuestan y juegan sobre seguro, pero la seguridad nunca es una buena opción cuando uno aspira a cotas destacables. El crecimiento personal siempre está asociado a una cierta incomodidad, a una tensión entre lo que uno es y lo que puede llegar a ser.

9. Las personas con mentalidad *fija* se entusiasman con lo fácil.

Uno de los mayores retos a los que se enfrentan hoy día las empresas es el de responder con agilidad a los cambios del mercado. Ello exige dos cosas: flexibilidad y capacidad de aprendizaje. Ya apuntaba Jack Welch, durante más de dos décadas CEO de General Electric, que «la capacidad de una organización para aprender y convertir en acción rápidamente lo aprendido es su principal ventaja competitiva». Por ello, a la hora de seleccionar personal para las organizaciones, es muy útil descubrir si los candidatos tienen una forma de pensar más propia de la mentalidad *fija* o de la mentalidad de *crecimiento*. En la actualidad es más importante que nunca la segunda opción. Un buen ejemplo es el de la legendaria bailarina y profesora rusa, Marina Semiónova. Una alumna suya contaba en cierta ocasión cómo seleccionaba a los candidatos para trabajar con ella: «Sus alumnos tienen que sobrevivir a un periodo de prueba en el que ella observa cómo reaccionas ante las alabanzas y las correcciones. Se considera que están a la altura aquellos que se muestran más receptivos a las correcciones». Es decir, su forma de discernir era separar entre los que se entusiasmaban con lo fácil (mentalidad *fija*: aferrarse a lo seguro) y los que se entusiasman con lo difícil (mentalidad de *crecimiento*: el reto de mejorar). Los primeros no estaban demasiado abiertos a las críticas que ponían en jaque la estabilidad de su imagen, mientras que los segundos sabían que era un peaje necesario a pagar para evolucionar, crecer y ser mejores.

10. **Las personalidades con mentalidad *fija* esperan que las capacidades aparezcan de repente sin que exista aprendizaje.**
Para ellas, las capacidades se tienen o no se tienen. No contemplan la posibilidad de aprender. Sin embargo, ¿acaso no es para eso para lo que existen los centros de formación? Las personas van allí para aprender y mejorar, no porque lo sepan todo. Para las personalidades de mentalidad *fija*, se puede medir el potencial hoy, y ese potencial se proyecta a futuro. La realidad, no obstante, demuestra que eso es erróneo con asiduidad. Muchos personajes que han dejado huella a lo largo de la historia fueron considerados por sus profesores o padres unos casos perdidos. Todos ponemos etiquetas y tenemos prejuicios. Todos hemos cometido el error de conocer alguien y pensar que no tenía demasiado futuro, sin contemplar la posibilidad de que las personas cambian y mejoran gracias al aprendizaje. La posición de partida condiciona, qué duda cabe, pero no determina siempre que exista una actitud de apertura hacia el aprendizaje, determinación y paciencia. En su charla TED *El poder de creer que puedes mejorar* (diciembre de 2014), Carol Dweck comienza diciendo: «He oído hablar de una escuela de Chicago donde para graduarse hay que pasar un cierto número de cursos y si no lo consiguen se les califica como: "todavía no". Y me pareció fantástico, porque ante un fracaso uno piensa que es nada, pero con un "todavía no" entiende que se está en proceso de aprendizaje. Te abre un camino hacia el futuro». El «todavía no» es un soplo de es-

peranza que empuja hacia el aprendizaje y al crecimiento: quienes siguen aprendiendo, siguen creciendo. Es un buen ejemplo que deberíamos tener bien presente, tanto al evaluarnos a nosotros mismos como al hacerlo a los demás. Dweck lo denomina *the power of yet* (el poder del todavía). Asumir la responsabilidad de nuestra vida es recuperar nuestro poder, y bajo este prisma podemos tomar las riendas de nuestra vida sin caer en una visión determinista: soy o no soy bueno.

CHARLIE MUNGER

Charlie Munger (1924) es un empresario, inversor y filántropo estadounidense nacido en Omaha. Estudió Matemáticas en la Universidad de Míchigan, se formó como meteorólogo en Cal Tech mientras estaba en el ejército, y se graduó en la Harvard Law School a pesar de no contar con una licenciatura. Posteriormente conoció a Warren Buffett y el resto, como suele decirse, es historia. Actualmente es vicepresidente de Berkshire Hathaway, donde ha pasado toda su vida. Sobre su filosofía de los negocios, la inversión y la vida se han escrito diversos libros como *Charlie Munger: El inversor completo*, de Tren Griffin; *El Tao de Charlie Munger*, de David Clark; o *La Universidad de Berkshire Hathaway: 30 años de aprendizajes de Warren Buffett y Charlie Munger*, de Daniel Pecaut y Corey Wrenn. Son muchas las voces que han ensalzado la figura de Munger. Así, por ejemplo, *The Wall Street Journal* ha dicho de él: «Todo Warren Buffett necesita un Charlie Munger»; y *Business Insider* apuntaba: «Al igual que Buffett, Munger es increíblemente agudo en su ingenio y sabiduría para invertir». No han sido pocas las ocasiones en las que el propio Buffett también ha alabado sus virtudes: «La proeza arquitectónica más importante de Charlie ha sido el diseño de lo que hoy es Berkshire. Me ofreció un plan de trabajo muy sencillo: olvídate de todo lo que sabes sobre comprar empresas correctas a precios maravillosos, y dedícate a comprar empresas maravillosas a precios correctos. Como resultado, Berkshire se ha ido construyendo según los planes de Charlie».

1. **Ser consciente de que no sabes es mucho más útil que ser brillante.**
   Y es así porque las cosas que *no sabemos* superan con creces a las que *sí sabemos*. Por tanto, hay que estar alerta. Un auténtico ganador *sabe que no sabe* y no deja que el ego capitanee su vida. Munger también dice: «Reconocer que no sabes es el amanecer de la sabiduría». Esto es lo que los propietarios de Berkshire Hathaway denominan el «círculo de competencia», que hace referencia, desde el punto de vista de la inversión, a todas aquellas empresas que uno es capaz de entender y valorar porque las conoce bien. El éxito está a nuestro alcance cuando nos ceñimos a actuar dentro de ese «círculo de competencia» —que vamos ampliando gracias a un mayor conocimiento y experiencia— dejando a un lado al resto. La imprudencia de una mala inversión —a menudo producto del ego y el exceso de confianza— puede comerse las ganancias acumuladas de las buenas inversiones. Esto que Munger aplica al ámbito de las inversiones deberíamos aplicarlo al resto de ámbitos de la vida. El «zapatero a tus zapatos» de la sabiduría popular —que no es otra cosa que *sentido común*, aunque *no práctica común*— conviene siempre tenerlo presente. Identifica aquello en lo que eres bueno y trata de ser excelente en eso. Luego, cíñete a ello y mejora desde ahí. Si lo haces así, tienes una oportunidad de impactar, dejar huella y hacer ganancias. Es difícil triunfar en aquello en lo que no eres habilidoso en comparación a la media. No te dejes llevar por la última moda, ten autocontrol y concentra tus energías en aquello que sabes hacer mejor.

2. **Las personas inteligentes no se libran de los desastres profesionales por culpa de su exceso de confianza.**
   El filósofo Edgar Morin apuntaba: «Aprender es navegar por archipiélagos de certezas en un océano de incertidumbre». Una persona que sea inteligente pero arrogante acaba

estrellándose. El mayor aliado —y desafío— para cualquier persona es la humildad. Donde hay humildad, hay sabiduría. La humildad es la base del aprendizaje, el crecimiento y la mejora. Lo contrario nos despoja de todo sentido crítico, y entonces, la desgracia no es difícil de pronosticar. Humildad es capacidad de escuchar, preguntar, dejarse asesorar, seguir estudiando, estar al tanto de las tendencias o cuestionarse creencias, entre otras cosas. La humildad es la esencia de una «buena» autocrítica, y la autocrítica es la materia prima del crecimiento continuo. La Roma Antigua nos enseña muchas cosas, y una de las más importantes de recordar es el *memento mori*. Cuando los emperadores y generales romanos aparecían ante su pueblo enfebrecido y eran aclamados triunfalmente tras sus conquistas por las calles de Roma, un esclavo que sostenía sobre sus cabezas una corona de laurel, les susurraba al oído: «Recuerda que vas a morir». La costumbre servía para que los líderes no se creyeran infalibles y perdiesen la cabeza, una invitación a mantener los pies en la tierra (de ahí viene humildad, de *humus*: tierra). Muchas personas «inteligentes» —con estudios, formación y contactos— han acabado arruinadas, en la cárcel o desprestigiadas, por un ego poco domesticado. Con palabras de Munger: «No ser estúpidos en el día a día es mejor que intentar ser los más listos. Los mejores nadadores son los que se ahogan». Y también: «Todos aprendemos, modificamos o destruimos ideas continuamente. La destrucción rápida de ideas, cuando el momento es el adecuado, es una de las habilidades más valiosas que puedes adquirir». Por último: «Es malo tener una opinión de la que te sientes orgulloso si no puedes plantear los argumentos para defender el punto de vista contrario con más claridad que tus oponentes. Es un gran ejercicio mental».

3. **Esperar es lo que te ayuda como inversor; pero un montón de gente no soporta esperar.**
También dice: «El mayor problema de la gente es la falta de paciencia». El ser humano es adicto al cortoplacismo. Es impaciente por naturaleza, y ésa es su mayor cruz. Quiere mucho y rápido. Blaise Pascal, el matemático francés del siglo XVII, decía: «Todos los problemas de la humanidad emanan de la incapacidad del hombre para sentarse en una habitación solo y en silencio». La estrategia de Charlie Munger y Warren Buffett no es complicada de entender. Cualquiera la puede replicar, aunque pocas personas tienen la disciplina para ejecutarla. Se trata de *esperar* a encontrar que una empresa adecuada (aquella que tiene una ventaja competitiva duradera) se venda a un precio adecuado (por debajo de sus fundamentos) para poder comprarla. Y después, una vez comprada, *seguir esperando* a que el mercado reconozca el valor real de esa empresa. Esta estrategia (sencilla en *teoría*) requiere de mucha paciencia y autocontrol (complicada en la *práctica*). Por eso, como apunta David Clark, autor de *El Tao de Charlie Munger*, «Charlie y Warren nunca se han molestado por el hecho de que nadie haya copiado su estilo de inversión; porque no existe ningún individuo o ninguna institución con la paciencia o la disciplina necesaria para *esperar* tanto como ellos». La paciencia es un gran activo, tanto a la hora de invertir, como en la vida en general. La mayoría de las personas pecan de impacientes, y por este motivo, a menudo, fracasan. Munger apunta: «Tienes que ser muy paciente, tienes que esperar hasta que algo aparezca. Es algo que va en contra de la naturaleza humana; no hacer nada más que estar ahí sentado sin hacer nada, esperando. Es fácil para nosotros; tenemos muchas otras cosas que hacer. Pero para una persona normal y corriente, ¿puedes imaginártela sin hacer otra cosa que esperar cinco años sin hacer nada? No te sientes activo, no te sientes útil, así que acabas haciendo algo estúpido».

4. Si la gente no se equivocara tan a menudo, no seríamos ricos.

La vida es comparativa: algo es bueno o malo respecto a algo. Si todo el mundo fuese muy bueno en alguna faceta, eso dejaría de ser muy bueno y pasaría a ser normal. Las oportunidades existen para algunos porque el resto de gente:

- Hace lo mismo que la mayoría.
- Comete imprudencias y errores.
- No estudia a fondo.
- No es paciente.
- No persevera.
- ...

Sólo puedes encontrar oportunidades si: sabes más que el resto (conocimiento) o tienes más experiencia (*expertise*), y luego dispones del coraje (valentía) para ejecutar lo que hay que hacer sin dudar. Munger y Buffett se han hecho ricos por:

- *Conocimiento*. La gente valora menos un negocio de lo que realmente vale. Saben identificar oportunidades porque ven lo que otros no ven. Y eso es debido a su conocimiento más amplio.
- *Paciencia*. Saben esperar sin prisas a que la oportunidad se presente, a que el precio reflejado por el mercado sea inferior a su valor real. Saben que la economía siempre —repetimos, siempre— es cíclica. No sabemos cuándo el mercado se dará la vuelta, pero lo acabará haciendo.
- *Efectivo*. Tienen efectivo para comprar cuando todo el mundo está invertido. Porque la gente sigue el *efecto rebaño*: compra cuando todos compran y vende cuando todos venden. Así, cuando las oportunidades aparecen no tienen liquidez.

5. **Creo que uno debe admitir la realidad cuando no te gusta; de hecho, sobre todo, cuando no te gusta.**
Ser habilidoso para no engañarse a uno mismo es una de las claves más importantes para el éxito. Negar la realidad o mirar hacia otro lado no la cambia. La gente ganadora mira la realidad a calzón quitado. Otra cosa nos vuelve vulnerables. Sobre esta cuestión Munger nos da tres reflexiones:

- «Uno de los secretos de esta vida es aprender a gestionar errores. La incapacidad para gestionar los procesos de negación psicológica es uno de los motivos más habituales por los que la gente acaba arruinada.»
- «Me gusta la gente que está actuando con una estupidez absoluta. Sé que obtendré mejores resultados si nunca me olvido de mis propios errores. Es un buen truco que vale la pena aprender.»
- «Intento librarme de esas personas que siempre responden con seguridad a preguntas de las que en realidad no tienen ni idea.»

El autoengaño siempre es peligroso y sus consecuencias muy dañinas. Munger lo ilustra con la siguiente anécdota que le contaba su amigo Dean Kendall, de la Universidad de Míchigan: «Cuando era niño me hicieron responsable de una pequeña operación de venta de bombones y caramelos. Mi padre me vio coger un caramelo para comérmelo. Y yo le dije: "No te preocupes, tenía pensado devolverlo". Mi padre me dijo entonces: "Esa forma de pensar va a acabar contigo. Sería mucho mejor que cogieras todos los bombones que quisieras y te dijeras a ti mismo que eres un ladrón cada vez que lo hagas"».

6. **La especialización extrema es la forma de tener éxito. Es mejor especializarse que intentar comprender el mundo.**

La especialización es el secreto de la supervivencia y el éxito. Son los especialistas quienes ganan mucho dinero; el resto sólo gana dinero. La especialización representa una barrera de entrada para nuevos competidores, y para los que están en el mismo mercado, una invitación a abandonar. No luches contra la competencia. Sé tan bueno en lo tuyo y de forma tan consistente que la competencia se agote y abandone ella misma. Las palabras de Munger aportan un poco más de luz: «Nunca he tenido éxito en aquellas cosas en las que no estaba demasiado interesado. Si no eres capaz de encontrar nada que te interese demasiado, no creo que acabes teniendo mucho éxito, incluso si eres bastante inteligente». También señala: «Nunca juegues a juegos que no entiendas, incluso si ves a mucha gente ganando dinero en ellos». En la vida hay muchos juegos, así que mejor jugar a uno que se pueda ganar: aquél en el que puedes tener una diferencia, una ventaja competitiva de verdad, algo que te hace especial y único.

7. **A muy largo plazo, la historia nos ha enseñado que las posibilidades de que una empresa sobreviva en buenas condiciones a sus propietarios son escasas.**
Liderar es gestionar el cambio, y a poder ser, ir por delante de él. Nuevas tendencias, nuevos competidores, cambios políticos, desastres naturales, conflictos bélicos, inflación en las materias primas… pueden dar al traste con cualquier iniciativa empresarial. La adaptabilidad es la base de las empresas duraderas. Munger reflexiona: «Cada año que pasa sin que te hayas deshecho de una de tus ideas más queridas es un año que malgastas». Todo cambia, y cada vez más rápido. Sólo la adaptación y una mirada anticipativa y proactiva aporta beneficios recurrentes. Por poner un ejemplo: en sólo setenta años, Estados Unidos pasó de no tener electricidad a que todo el país se enchufara a la corriente. Este avance destruyó a fabricantes de velas, de luces

de gas y de lámparas de queroseno, que fueron grandes negocios en los siglos XVIII y XIX. Nadie está salvo, ni los más prósperos. Curiosidad, aprendizaje continuo, humildad o flexibilidad, son sólo algunos de los aperos que deberían formar parte del equipaje de cualquier persona para afrontar los retos que vivimos hoy día.

8. **Warren es una de las mejores máquinas de aprender que hay en la tierra.**
El éxito no es otra cosa que aprendizaje. El secreto para triunfar está en aprender, y después, seguir aprendiendo. En general, la gente se limita a aprender lo básico, y luego, una vez acomodada, deja de aprender. La curiosidad intelectual es la base del aprendizaje, y el aprendizaje te lleva a hacer las cosas mejor, y hacer las cosas mejor te lleva a tener mejores resultados. *Si quieres ganar más, aprende más.* Comprométete con el aprendizaje de por vida. En cierta ocasión, Munger dijo sobre su socio Buffett: «La habilidad de Warren para invertir ha mejorado notablemente desde que ha cumplido los sesenta y cinco años. Tras haber observado todo el proceso que ha seguido, puedo decir que, si se hubiera conformado con lo que sabía en sus primeras etapas, sus logros serían una sombra de lo que son hoy». De cada persona que conozcas, mira qué puedes absorber de ella; de cada libro que leas, quédate con las ideas más interesantes que puedas aplicar en tu negocio; de cada documental que veas, mira qué puedes trasladar a tu vida; de cada viaje que realices, observa con curiosidad qué te puedes llevar. La siguiente reflexión de Munger también nos sirve de inspiración: «Una y otra vez, veo a personas que prosperan en la vida que no son las más inteligentes, y que ni siquiera son las más aplicadas, pero que sí son unas máquinas de aprender. Se acuestan cada día sabiendo un poco más que al levantarse por la mañana, y eso es de gran ayuda». Los que siguen *aprendiendo* siguen *creciendo.*

9. **A lo largo de mi vida no he conocido a ninguna persona inteligente que no leyera cada día; ninguna, cero. Te sorprendería ver lo mucho que lee Warren; y lo mucho que leo yo.**
De hecho, dice Munger, «mis hijos se ríen de mí. Creen que soy un libro del que sobresalen un par de patas. Mientras tenga un libro en la mano no siento que estoy perdiendo el tiempo». Si la base del éxito es el aprendizaje, una gran parte de ese aprendizaje está en los libros, con independencia del formato que adopten: papel, *e-book* o audiolibro. No puedes crecer, mejorar y evolucionar sin absorber inputs. El alimento del éxito es el conocimiento, ya sea en forma más teórica o práctica. Sin conocimiento (aprendizaje) no hay evolución posible. Y si quieres destacar sobre la media, y más aún, estar en la élite de tu sector, tienes que estudiar (leer) mucho más. Lo único que necesitas es un poco de disciplina. En uno de los múltiples libros escritos sobre el Oráculo de Omaha se dice: «Warren también se hizo devoto seguidor de la filosofía de Dale Carnegie sobre la forma de relacionarse con las personas. Leyó y releyó docenas de veces el libro *Cómo ganar amigos e influir sobre las personas*, subrayando frases y aprendiéndose de memoria algunos pasajes completos. El libro se convirtió en su biblia a la hora de tratar con las personas, además de una de las piedras angulares de su filosofía de gestión». Gran parte de los secretos de la vida (inversión, emprendimiento, hablar en público…) están en los libros, y a un precio irrisorio. Mucha gente ha plasmado su sabiduría en ellos, aprovéchalo. No hay excusa para no leer, no hay excusa para no triunfar. Lee más, aprende más, gana más.

10. **Los buenos negocios son negocios éticos. Un modelo empresarial que se basa en el engaño está condenado a fallar.**
La historia está repleta de casos en los que la falta ética ha dejado muchos negocios por el camino. Por citar sólo algu-

nos ejemplos de la historia reciente que te pueden sonar: Lehman Brothers, Enron, Worldcom, Freddie Mac y Fannie Mae, Bernie Madoff, Jordan Belfort (el lobo de Wall Street), Jérome Kerviel... Todo lo que se construye sobre materiales frágiles está condenado a venirse abajo antes o después. Conviene saberlo *ex ante* porque las tentaciones siempre existen, y si uno no tiene la cabeza bien fría, es muy fácil sucumbir a ellas. Charlie y Warren citan a menudo a Peter Kiewit, un magnate de la construcción que hizo fortuna en la Omaha del siglo XX, quien decía que él contrataba a personas que fueran inteligentes, trabajadoras y honestas. Pero de las tres, la honestidad era la más importante, porque si no eran honestas, las otras dos cualidades le robarían todo lo que tenía. Ésa es la filosofía que siguen en la casa de Berkshire: «Si no puedes confiar en alguien, no deberías hacer negocios con esa persona»; antes o después, te la va a pegar. Munger apunta: «La forma más elevada que puede alcanzar una civilización es convertirse en una red impecable de merecida confianza». El coste de la desconfianza es muy alto, en los negocios, en la pareja, en el trabajo... en todo. Si la confianza está en entredicho, todo lo demás es secundario.

CHRIS VOSS

Chris Voss (1957) es experto en negociación, formador, conferenciante y escritor. Durante veinticuatro años trabajó para el FBI, siendo el principal negociador internacional de secuestros de la Oficina Federal de Investigaciones, así como el representante de negociación de rehenes del FBI para el Grupo de Trabajo de Rehenes del Consejo de Seguridad Nacional. Con anterioridad se desempeñó como negociador principal de crisis para la División del FBI de la ciudad de Nueva York, y fue miembro durante catorce años de la Fuerza de Tarea Conjunta contra el Terrorismo, también de Nueva York. En 2008 fundó The Black Swan Group, empresa de consultoría que forma y asesora en técnicas de negociación a empresas y directivos. Ha impartido clases en diversas universidades y escuelas de negocios como la USC Marshall School of Business, la Georgetown University's McDonough School of Business, la Harvard University, la MIT Sloan School of Management, la IMD Business School en Lausanne (Suiza) y la Goethe School of Business en Frankfurt (Alemania). Es autor del libro *Rompe la barrera del no*, con subtítulo: *9 principios para negociar como si te fuera la vida en ello*. En él explica su vasta experiencia en crisis internacionales y negociaciones de alto riesgo para desarrollar un programa de aplicación al mundo de los negocios y la vida en general.

1. **La vida es negociar.**
   La mayoría de las interacciones que desarrollamos en el trabajo y fuera de él son negociaciones que al final se reducen a la expresión: «Quiero esto»; es decir:

- Quiero que aumentes mi salario un 20 por ciento.
- Quiero pagar por mi piso un 15 por ciento menos.
- Quiero que liberes a la persona secuestrada.
- ...

La negociación existe porque existe un conflicto (diferencia), y la gente teme negociar porque teme los conflictos. Sin embargo, en la vida el conflicto es la norma, no la excepción. Por eso, el primer paso para llegar a ser un buen negociador es superar el miedo a negociar. La vida es una negociación continua, por tanto, la clave es aprender cuáles son las claves que rigen el juego de la negociación. Saber negociar puede cambiar y transformar tu vida. El punto de partida es entender que las negociaciones, más allá de tácticas y estrategias, son, sobre todo, personas. La negociación tiene mucho que ver con entender la naturaleza humana. Escribe Voss: «Sin una comprensión profunda de la psicología humana, sin aceptar que los seres humanos somos animales irracionales, locos e impulsivos que se dejan llevar por las emociones, toda la inteligencia y toda la lógica matemática del mundo resultan de poca ayuda en la interacción tensa y mudable que supone la negociación entre personas». Expertos como el psicólogo Daniel Kanheman, Premio Nobel de Economía 2002 y autor de *Pensar rápido, pensar despacio*, han demostrado empíricamente que todos los seres humanos sufrimos algún tipo de sesgo cognitivo, una distorsión o interpretación irracional de la realidad que afecta a la toma de decisiones. Nadie es completamente racional, por tanto, las emociones son un elemento intrínseco a las negociaciones que hay que tener en cuenta y no descuidarlo para que no se vuelva en contra. Las personas tomamos muchas decisiones que no son racionales, pero que son humanas. David Ogilvy, uno de los referentes de la historia de la publicidad y autor de *Confesiones de un publicitario*, afirmaba: «La gente no piensa lo que se siente, no dice lo que piensa y no hace lo que dice».

2. **Principio uno: sé un espejo. El inicio de una negociación es sonsacar la máxima información.**
La negociación está al servicio de dos fuerzas vitales: la obtención de información y la influencia en el comportamiento de la otra parte. Ambas patas están íntimamente relacionadas, porque para influir en el comportamiento de otra persona es clave conocerla. Por eso, en una negociación es esencial saber escuchar, el elemento más crítico. Todo parte de una premisa fundamental: la gente quiere ser aceptada y comprendida. Escuchar es la concesión menos costosa y más eficaz de una negociación. El lenguaje de la negociación es el lenguaje de la conversación y el entendimiento mutuo. Y escuchar no es sólo oír lo que la otra parte dice, sino descifrar lo que realmente quiere. No hay que fijarse sólo en las palabras, sino en lo que hay debajo de ellas, las motivaciones que las sustentan. Hay muchas sutilezas ocultas en las interacciones entre las personas. Lo que se dice y pide (superficie) puede ser sólo una forma de llamar la atención sobre algo más profundo (subterráneo). Por otro lado, al escuchar hay que tener cuidado con los prejuicios: las asunciones ciegan y ensucian la percepción. Asimismo, el paso del tiempo es una de las herramientas más útiles con las que cuenta un negociador. Cuando la gente está cansada, presionada por los *deadlines*, se siente más relajada, tiende a desvelar más información acerca de quién es y sus motivaciones. Cuanto más sabes sobre otra persona, más poder tienes sobre ella. Cuanto más habla, más vulnerable se vuelve. El control dentro de una negociación siempre lo tiene quien escucha.

3. **Principio dos: no sientas su dolor, etiquétalo. Las emociones son una de las principales cosas que hacen descarrilar las negociaciones.**

Una vez que la gente se enfada, la lógica salta por los aires. Voss explica: «Quien aprende a estar en desacuerdo sin ser confrontacional y desagradable posee el secreto más valioso de una negociación». Para ello es fundamental la «empatía táctica», que hace referencia a la capacidad para reconocer la perspectiva de nuestro interlocutor. Es una herramienta poderosa, porque como ha demostrado la ciencia, cuando observamos de cerca el rostro, los gestos y el tono de voz de una persona, nuestro cerebro empieza a alinearse con el suyo en un proceso llamado «resonancia neuronal», y eso nos permite conocer de forma más completa lo que piensa y lo que siente. En un experimento con un escáner de imagen por resonancia magnética funcional (IRMF), los investigadores de la Universidad de Princeton descubrieron que la «resonancia neuronal» desaparece cuando la comunicación entre dos personas es pobre. Los investigadores podían predecir cómo de bien se estaban comunicando dos personas sólo con observar la medida en que sus cerebros se alineaban. Incluso hallaron que la gente que presta más atención a su interlocutor —son buenos escuchando— podría anticipar lo que iba decir la otra parte antes de que lo dijera. Cuando escuchas con interés a otra persona y etiquetas sus emociones —dándoles voz de manera verbal—, lo que demuestras es que comprendes cómo se siente esa persona. Se ha demostrado científicamente que etiquetar una emoción hace que se reduzca su intensidad; es decir, la otra parte está más calmada y relajada y, por tanto, más dispuesta a hablar y colaborar. La «empatía táctica» permite bajar la tensión.

4. **Principio tres: cuidado con el «sí»; domina el «no». «No» es el principio de la negociación, no el final.**
Presionar fuertemente a la otra parte a decir «sí» no te acerca a la victoria, y aunque se consiga, abre las puertas para un conflicto en el futuro, porque el resentimiento no va a desa-

parecer. Es un «sí» falso. El «sí» es el objetivo final de una negociación, pero no intentes obtenerlo a toda costa porque pone a la defensiva a la otra persona. La clave es acostumbrarse al «no» y normalizarlo. En algún punto del proceso de negociación, todo negociador tiene que aprender a lidiar con el «no». El «no» es algo normal en cualquier conflicto, el problema es que a menudo la gente se lo toma en sentido literal. Pero ese «no», a menudo, no es definitivo. El cambio da miedo y el «no» ofrece un poco de protección ante ese miedo. Muchas veces un «no» es una forma de ganar tiempo, obtener más información, contrastarlo o hablarlo con otra persona. El «no» por adelantado nos garantiza todo eso: seguridad. El «no» es un espacio para prepararse, una forma de decir «espera» o «todavía no estoy cómodo». Jim Camp, en su libro *De entrada, diga no*, aconseja dar a la otra parte el permiso de decir «no» desde el inicio de la negociación. Lo llama el derecho de veto. Según explica, la gente luchará a muerte por preservar su derecho a decir «no», por tanto, otorgándoles de antemano ese derecho, el ambiente de la negociación se vuelve más constructivo y colaborativo casi de forma inmediata. La explicación psicológica es que al final todo se reduce a la profunda y universal necesidad humana de autonomía. Las personas necesitan sentir que tienen el control y la libertad sobre sus decisiones. A las personas no nos gusta sentirnos forzadas a nada. Cuando la otra parte tiene la garantía de poder decir «no» sin problemas, las emociones se calman. Lo importante cuando alguien nos dice «no», es el análisis que realizamos del mismo. Debemos cambiar nuestra percepción de que es algo negativo a una interpretación más amable donde la otra parte no tiene nada en contra tuya o de tus propuestas; casi nunca es una afrenta, sino que necesita tener el dominio de la situación: ganar tiempo, obtener más información, preguntar a alguien, aclararse más. Como negociadores, la clave es entender la lógica que hay detrás del «no».

5. **Principio cuatro: cómo provocar las dos palabras que transformarán cualquier negociación. Las dos palabras más dulces que se pueden escuchar en cualquier negociación son «eso es» o «así es».**
   El entorno psicológico que se necesita para que se produzca un cambio comportamental es clave. Conducir la conversación hacia el «así es» es una estrategia vencedora para todas las negociaciones. Pero escuchar un «tienes razón» es un desastre. Cuando la otra parte dice «así es», tiene la sensación de que ha sopesado tus palabras y las ha considerado correctas por propia voluntad. Las acepta. La pregunta es: ¿Por qué «tienes razón» es la peor de todas las respuestas posibles? Piensa en el siguiente escenario: cuando estás discutiendo con alguien y ni siquiera escucha lo que tienes que decirle, ¿qué haces para conseguir que se calle y te deje en paz? Decirle «tienes razón». Es una forma de quitarnos a alguien de encima, de que nos deje tranquilos, pero eso no significa realmente que le hayamos dado la razón. Las palabras «tienes razón» nos alejan de la colaboración: no cambian nada; las palabras «así es» permiten avanzar en las negociaciones.

6. **Principio cinco: moldea su realidad. No hacer un trato es mejor que hacer un mal trato.**
   Pongamos un ejemplo: una mujer quiere que su marido se ponga unos zapatos negros con el traje, pero el marido no quiere; él prefiere ponerse unos marrones. ¿Qué hacen entonces? Ambos ceden y llegan a un acuerdo intermedio: el marido acaba poniéndose un zapato negro y otro marrón. ¿Es ésa la mejor solución al conflicto? Claro que no, de hecho, es la peor de todas. Cualquiera de las otras dos alternativas (llevar zapatos negros o zapatos marrones) habría sido mejor que llegar a un acuerdo intermedio. ¿Por qué sucede esto entonces? La explicación es que no hacemos concesiones porque sea lógico, sino porque es lo más senci-

llo y nos hace quedar bien. Nos comprometemos por seguridad. La mayor parte de la gente actúa impulsada por el miedo o para evitar el dolor, y muy poca gente lo hace movida por sus verdaderos objetivos. Así lo ha demostrado científicamente la «teoría prospectiva»: las personas preferimos las certezas a las probabilidades (aunque jueguen a nuestro favor). Al hablar de concesiones, hay que señalar que el tiempo es una de las variables más decisivas en cualquier negociación. La existencia de fechas y plazos límite nos hace creer falsamente que llegar a un acuerdo es mejor que llegar a un buen acuerdo. La presión del tiempo hace que las personas tomen decisiones impulsivas, irracionales y que van contra sus propios intereses. ¿A qué se debe? A la percepción de las consecuencias: la percepción de las pérdidas futuras si no se llega a un acuerdo a tiempo. Pero debes tener en cuenta, como señala Voss, que «los plazos y fechas límite son, con frecuencia, arbitrarios y casi siempre flexibles, y su incumplimiento rara vez desencadena las consecuencias que creemos (o que se nos ha hecho creer) que tendrán».

7. **Principio seis: crea una ilusión de control. No se trata de persuadir a la otra parte para que vea tu punto de vista, sino de colocarla inadvertidamente en ese punto de vista.**
   El secreto para llevarse el gato al agua en una negociación es que la otra parte crea que controla la situación: que sienta que es ella la que tiene la sartén por el mango. El psicólogo Kevin Dutton en su libro *Persuasión instantánea* habla de lo que denomina descreimiento, «una resistencia activa a creer lo que otra persona dice, una actitud de completa desconfianza. Es el punto en el que suelen comenzar las dos partes de una negociación». Si no se rompe esa dinámica, el enfrentamiento es inevitable. El objetivo es suspender la incredulidad del interlocutor para que se aproxime a tu pun-

to de vista. Como explica Dutton, «el descreimiento es la fricción que mantiene la persuasión controlada. Sin él, no habría límites». No se trata de persuadir a la otra parte sino de colocarla indirectamente en el punto que a nosotros nos interesa. Dicho de otro modo: la mejor manera de imponer una idea a los demás es que crean que son ellos los que la han generado. Si eres capaz de que la otra parte suspenda su incredulidad, podrás ir consiguiendo poco a poco que se aproxime a tu punto de vista. El objetivo es que se vaya colocando inadvertidamente ahí mentalmente. Negociar es el arte de dejar que los demás se salgan con la tuya.

8. **Principio siete: garantiza la ejecución. Un «sí» no es nada sin un «cómo».**
Si bien llegar a un acuerdo no está mal, tener un contrato es algo mejor y, todavía lo es aún más, tener un cheque firmado. Los beneficios no se obtienen con el acuerdo, sino con su implementación. Como escribe Voss en *Rompe la barrera del no*: «El éxito no consiste en que un secuestrador diga: "Sí, trato hecho"; el éxito llega después, cuando el rehén liberado te dice en persona: "Gracias"». Saber esto es importante, porque hay acuerdos que se vienen abajo una vez ya cerrados. Todo el mundo se ha visto envuelto en alguna negociación en la que un «sí» inicial ha acabado siendo un «no» final. ¿A qué se debe? A que hay otras partes implicadas en la mesa de negociación a las que no se ha tenido en cuenta. Basta con un actor secundario para fastidiar un acuerdo. En toda negociación hay que analizar el conjunto completo de la negociación, no sólo con quienes estamos tratando directamente. Cuando existen otras personas a las que les pueda afectar lo que se está negociando y pueden ejercer un derecho de veto más adelante, no tiene sentido limitarse a tener en cuenta sólo los intereses de las personas con las que estamos en contacto.

9. **Principio ocho: regatea. El estilo de negociación es una variable crucial para el regateo.**
En algún punto de la negociación puede surgir —y casi seguro que ocurra— un tira y afloja entre las partes. La confrontación es consustancial a las negociaciones. Las discrepancias son normales. Es una de las cosas que a las personas les causa más incomodidad. Debes estar preparado para los golpes, es la mejor manera de encajarlos e incluso devolverlos sin hostilidad. El estilo de negociación es una variable crucial para el regateo. Si desconoces lo que en cada circunstancia el instinto te va a dictar que hagas —o a la otra parte—, tendrás grandes problemas para imaginar estrategias y tácticas eficaces. Tanto tú como tu adversario tenéis hábitos mentales y de comportamiento adquiridos, y una vez que los identifiques podrás hacer uso de ellos de manera estratégica. No trates a los demás como te gustaría a ti ser tratado, sino como les gustaría ser tratados a ellos. Según el tipo de negociador que tengas enfrente —analista, acomodador o asertivo—, así debes manejar la interacción con esa persona. Dice Voss: «El conflicto es a menudo el camino que lleva a los grandes acuerdos. El conflicto acaba sacando la verdad, la creatividad y la resolución». El conflicto saca a la luz cómo son las personas, y como consecuencia de ello, podemos establecer una relación más fructífera porque nos da pista sobre cómo relacionarnos con ellas más eficazmente.

10. **Principio nueve: encuentra el cisne negro. Los cisnes negros son multiplicadores de ventaja.**
La teoría de los cisnes negros dice que a veces ocurren cosas que ni siquiera considerábamos imaginables. El concepto de «cisne negro» fue popularizado por Nassim Nicholas Taleb gracias a su obra *El cisne negro: El impacto de lo altamente improbable*, pero su origen se remonta a tiempo atrás. Hasta el siglo XVII, la gente sólo podía imaginar la existencia de

cisnes blancos porque todos los cisnes que se habían avistado tenían las plumas blancas. En el Londres de la época era habitual referirse a las cosas imposibles como «cisnes negros». Pero entonces, en 1697, el explorador holandés Willem de Vlamingh viajó a Australia y vio un cisne negro. A partir de entonces, aquello que era impensable se convirtió en real. En una negociación siempre pueden surgir «cisnes negros», por tanto, lo mejor es acudir con humildad y prudencia. Lo peor en una negociación es la arrogancia del que cree saberlo todo. La vida siempre sorprende. En una negociación hay:

1. *Certidumbres conocidas*. Por ejemplo, los años de la otra persona, su oferta, nuestra experiencia.
2. *Incertidumbres conocidas*. Como los comodines del póquer, sabemos cuántos hay pero no quiénes los tienen.
3. *Incertidumbres desconocidas*. Los «cisnes negros», cosas que no sabemos que no sabemos.

Ser capaces de desvelar las *incertidumbres desconocidas* (cisnes negros) nos da mucha ventaja: «Cuando las piezas de un caso no encajan habitualmente es porque nuestros marcos de referencia están mal; y nunca encajarán a no ser que nos libremos de nuestras expectativas. Cada caso es nuevo. Debemos dejar que lo que sabemos (*certidumbres conocidas*) nos guíen sin cegarnos hacia a aquello que no sabemos (*incertidumbres desconocidas*); debemos ser flexibles y adaptarnos a cualquier situación; debemos tener siempre mentalidad de principiante; y no debemos sobrevalorar nuestra experiencia ni minusvalorar las realidades informacionales y emocionales que van apareciendo a cada momento en cualquiera de las situaciones a las que nos enfrentamos». Voss añade: «Si la dependencia excesiva de las *certidumbres conocidas* puede dejar a un negociador encadenado a una serie de asunciones que le impiden ver y oír todo lo que ofrece una situación, quizá la receptividad aumentada a las *incertidumbres desconocidas* puede liberar a ese mismo negociador y permitirle ver y oír aquellas cosas que puedan significar avances decisivos». Buscar los «cisnes negros» y actuar en función de ellos exige un cambio de mentalidad abordando las situaciones con una cierta mirada de principiante.

DANIEL COYLE

Daniel Coyle es un autor norteamericano especializado en temáticas de liderazgo y talento. Estudió periodismo en Chicago y allí empezó a trabajar en la revista *Outside*. En 1992 comenzó a escribir acerca de sus experiencias como entrenador de equipos de niños con dificultades. El resultado fue su obra *Hardball*, que fue llevada al cine en 2001, interpretada por Keanu Reeves como actor principal y dirigida por Brian Robbins. En 1996 se mudó a Alaska, donde continuó escribiendo y publicó la novela *Waking Samuel*. Unos años más tarde, en 2004, se trasladó a Gerona para seguir durante un año a Lance Armstrong en el circuito ciclista profesional. De ese trabajo nació su libro *Lance Armstrong's War*, que sería galardonado como el mejor libro del año por *Sporting News*. Años después se descubriría que el ciclista se dopaba, y se le retirarían los siete títulos que había ganado del Tour de Francia. Su vida daría lugar en 2013 al documental *La mentira de Armstrong*. Pero Coyle es sobre todo conocido y reconocido por los títulos publicados en relación al liderazgo, la empresa y el desarrollo personal. Entre ellos destacan *Las claves del talento*, *El pequeño libro del talento*, *Manual práctico de los mejores equipos* y *Cuando las arañas tejen juntas pueden atar a un león*, que alcanzó la lista de los más vendidos de *The New York Times*. También es coautor del libro *Ganar a cualquier precio*, que le valió en 2012 el premio William Hill al mejor libro del año. Coyle ha asesorado a numerosas empresas y organizaciones como: Navy Seals, Microsoft, Google o los Cleveland Guardians, entre otras.

1. **Cuando las arañas tejen juntas pueden atar a un león.** Es un proverbio etíope que da título al libro de Coyle para hacernos entender el poder del equipo, que es el principal factor explicativo del éxito de todas las empresas de referencia. Pocas verdades tan indiscutibles como ésta: los grandes éxitos son siempre el resultado de una labor colectiva. La palabra cultura viene del latín *cultus*, que significa cultivar; y la «cultura de equipo» es una de las mayores fuerzas que existen. Un estudio realizado en Harvard con más de doscientas empresas concluye que una «cultura de equipo» fuerte aumenta los ingresos netos hasta un 765 por ciento a lo largo de diez años. Según Coyle, las «culturas de equipo» aprovechan nuestro cerebro social con el fin de generar interacciones fértiles basadas en tres factores:

    1. *Seguridad*: que genera cohesión y sentido de pertenencia entre sus miembros. Son una especie de familia.
    2. *Vulnerabilidad*: que permite afrontar riesgos y asumir errores. Así es más fácil ir más lejos.
    3. *Propósito*: que define objetivos y valores comunes. Existe un nexo de unión claro hacia el que todos reman.

2. **El rendimiento del grupo depende de un tipo de comportamiento que expresa una idea poderosa: estamos seguros y conectados.** Un equipo de alto rendimiento es un equipo en el que reina la «seguridad psicológica», un concepto que viene a indicar: aquí estás a salvo. No hay peligros en el horizonte. Estás protegido, no tienes por qué preocuparte. Eso se logra cuando hay un fuerte *sentido de pertenencia*, que se manifiesta a través de numerosos indicadores (proximidad física, contacto visual y físico, tono de voz, detalles amables, escucha activa, humor, constantes diálogos breves…) que obedecen a tres características:

1. *Energía*: se proyecta en el ambiente dando lugar a un entorno agradable.
2. *Individualización*: hacen sentir que la otra persona es única y se la valora.
3. *Orientación futura*: sugieren que la relación continuará.

Coyle escribe: «A los humanos se nos da bien interpretar estos indicadores; es increíble lo atentos que estamos a los fenómenos interpersonales. Una parte de nuestro cerebro siempre está preocupada por lo que los demás puedan pensar de nosotros, sobre todo quienes están por encima. En lo que al cerebro respecta, si nuestro sistema social nos rechaza, podríamos morir. Dado que percibimos el peligro de una forma tan instintiva y automática, las organizaciones tienen que hacer cosas inauditas para impedir que salte esa alarma natural». El cerebro está obsesionado con la «seguridad psicológica», de ahí que «no basta con una o dos señales de pertenencia. Estamos hechos para requerir montones de señales, una y otra vez. Por eso, el sentimiento de pertenencia es fácil de destruir y difícil de construir». Con otras palabras: un equipo es algo muy frágil, a la mínima puede desmoronarse. En una relación sentimental, ¿con qué frecuencia le dices a tu pareja que la quieres? Aunque ya lo sepa, es importante recordárselo, ya sea con palabras o gestos, de otro modo la «seguridad psicológica» puede empezar a resquebrajarse. El *sentido de pertenencia* es una llama que hay que alimentar continuamente para que no se apague. No es algo que se hace puntualmente —enciendo el fuego y me olvido—, sino que hay que estar encima de manera constante. La cohesión no se produce cuando los miembros del grupo son más inteligentes, sino cuando reaccionan ante las señales claras y constantes de conexión segura.

3. Una creencia errónea acerca de las culturas de mayor éxito es que en ellas todo es alegría y diversión.

Nada más lejos de la realidad. Son culturas que buscan la cohesión de sus miembros, pero como apunta Coyle, «el fundamento es que sus miembros, más que alcanzar la felicidad, pretenden resolver juntos problemas complejos». Esto implica altos niveles de sinceridad y de verdades incómodas cuando llega el momento de determinar en qué punto se encuentra el grupo y en qué punto debería encontrarse. Es decir, en las «culturas de equipo» se trata a la gente como adultos, no como niños de guardería. Se les quiere, pero no se los infantiliza. Igual que se les da cariño, se les exige en la misma medida. *El afecto sin exigencia es tan inútil como la exigencia sin afecto.* Son culturas de roce y contacto, pero también de firmeza, honestidad y responsabilidad. Marc Randolph, fundador de Netflix, contaba en una ocasión cómo en la empresa que trabajaba con anterioridad, Borland, había todo tipo de privilegios, incluido un jacuzzi. Sin embargo, ni eso era suficiente para contentar a la gente. Así lo relataba: «[Cierto día] vimos a un grupo de ingenieros en remojo en el jacuzzi de la empresa. Cuando paramos a saludar, no pudimos evitar oír estar quejándose de la empresa. Sí, sentados en el jacuzzi lamentándose de su situación. ¿Qué estaba pasando? Si les dábamos a los empleados buena comida, un gimnasio y una piscina y seguían quejándose, ¿cuáles eran los factores que hacían que los empleados estuvieran satisfechos de verdad? O lo que es lo mismo, ¿qué hay que hacer para conseguir que otra gente se apunte a ayudarte con tu sueño y sea feliz al mismo tiempo? Lo que descubrimos fue asombroso y sorprendentemente simple. La gente quiere que se la trate como adultos. Quieren tener una misión en la que creer, un problema que resolver y espacio para hacerlo. Quieren estar rodeados de otros adultos cuyas aptitudes respetan. La gente, en realidad, no quiere jacuzzis. Lo que realmente quiere es libertad y responsabilidad, pero con una conexión estrecha».

4. **Los equipos más exitosos son aquéllos formados por «núcleos de grandes comunicadores».**
Durante la Guerra Fría entre Estados Unidos y la Unión Soviética, los equipos de ingenieros norteamericanos trabajaban duro para resolver problemas complejos relacionados con armas y sistemas satélites. Sin embargo, algunos proyectos resultaban muy fructíferos y otros todo lo contrario. El gobierno norteamericano quería saber a qué se debía y ordenó una investigación. Al frente se puso a un profesor del MIT, Thomas Allen, quien observó un patrón: *los equipos que mejor funcionaban tenían altos niveles de comunicación.* Allen profundizó en los datos para descubrir a qué se debía, y las conclusiones son sorprendentes: «Lo que más importaba a la hora de formar un equipo de éxito no era la inteligencia y la experiencia de sus miembros, sino dónde estaban colocados sus escritorios: la distancia que separaba las mesas». La proximidad funciona como una especie de droga conectora. Si nos acercamos unos a otros, la tendencia a conectar se multiplica. La cercanía propicia las conexiones eficaces. La proximidad facilita conectar, y conectar facilita el sentido de pertenencia. Esta facilidad para conectar también se observa en las comunicaciones digitales: es mucho más habitual que enviemos un mensaje o un correo electrónico y que interactuemos virtualmente con alguien que está cerca físicamente. Un estudio concluyó que los empleados que compartían el mismo lugar de trabajo se enviaban mails entre ellos con una frecuencia cuatro veces superior a los empleados que trabajaban en lugares distintos, y como consecuencia de ello, finalizaban sus proyectos un 32 por ciento más rápidos. Esto tiene una explicación evolutiva, ya que según señalan los científicos, «durante la mayor parte de la historia de la humanidad, la proximidad continua ha sido un indicador de pertenencia; al fin y al cabo, dos personas no se mantienen una cerca de la otra de forma continua a menos que sea seguro para ambas».

5. **En los equipos de éxito hay muchos momentos de cooperación fluida y confianza.**
Ambos indicadores son el resultado de nuestra vulnerabilidad. Sólo cuando nos sentimos vulnerables podemos alcanzar nuestro auténtico potencial. Cuando negamos nuestra fragilidad, nos encerramos en nosotros mismos y renunciamos a crecer. De este modo, tenemos que conformarnos con algo menor que aquello a lo que podríamos aspirar. La vulnerabilidad te lleva a la *cooperación* (pedir ayuda, reconocer que no sabes, preguntar...) y a la *confianza* en otras personas en las que te complementas. Coley cuenta la siguiente historia que es muy ilustrativa: «En Gramercy Tavern, un restaurante de Nueva York, me fijé en el comportamiento de Whitney Macdonald, que estaba a punto de vivir un momento que llevaba mucho tiempo esperando: su primer turno como jefa de sala. Los clientes que iban a entrar a almorzar comenzaban a formar cola fuera, por lo que Whitney estaba emocionada a la vez que nerviosa. Cuando su superior, Scott Reinhardt, se acercó a ella, supuse que era para darle ánimos. Estaba equivocado: "Bien —le dijo Reinhardt—. Lo único de lo que hoy estamos seguros es que no va a ser un día perfecto. Podría ser, pero lo más probable es que no lo sea". Whitney entonces hizo un leve gesto de sorpresa. Llevaba seis meses preparándose para ese día, aprendiéndose a conciencia hasta el último detalle, con el deseo de hacerlo bien. Ahora le estaban diciendo que iba a pifiarla. "Te diré cómo sabremos si te ha ido bien —continuó Reinhardt—. Si pides ayuda diez veces, sabremos que has hecho lo correcto. Si intentas hacerlo todo sola, será un desastre".»

6. **La ciencia nos demuestra que cuando se trata de fomentar la cooperación, la vulnerabilidad no es un riesgo sino un requisito psicológico.**
Jeff Polzer, profesor de comportamiento organizativo en

Harvard, dice: «Tendemos a pensar en la vulnerabilidad como sinónimo de sensiblería, pero lo cierto es que no es así. Se trata de enviar una señal muy clara de que tenemos puntos débiles, de que necesitamos que nos ayuden. Y si ese comportamiento se convierte en un modelo para otros, se pueden dejar a un lado las inseguridades y trabajar en un clima de confianza y ayuda mutuas». No obstante, casi nunca se dan momentos de vulnerabilidad. La gente tiende a disimular y esconder sus debilidades e inseguridades, lo que se traduce en retrasos, trabajos mediocres y asunción de menores riesgos. La vulnerabilidad es esencial para aspirar a cotas atractivas. El «bucle de la vulnerabilidad» en una organización se podía resumir así:

1. La persona A envía una señal de vulnerabilidad.
2. La persona B capta la señal.
3. La persona B responde señalando su propia vulnerabilidad.
4. La persona A capta la señal.
5. Se establece una norma: aumentan la cercanía y confianza.

Steve Jobs, fundador de Apple, comenzaba muchas de sus reuniones diciendo: «Se me ha ocurrido una bobada»; y como señalan algunos directivos de la compañía, muchas veces era una bobada, pero también era una forma clara de quitarse importancia (mostrarse vulnerable) y enviar una señal al resto: «Tienes una función aquí. Te necesito». Daniel Coyle escribe: «Los miembros de los buenos equipos suelen afrontar juntos los proyectos extremos. Un flujo constante de vulnerabilidad les da una idea completa y fiable de sus capacidades, y los une más estrechamente, por lo que pueden asumir mayores riesgos. Es un proceso natural. Los intercambios de vulnerabilidad, que tendemos a evitar, son los ladrillos con los que se construye la cooperación en un clima de confianza». En definitiva: alto grado de vulnerabilidad e interconexión estrecha. Como se dice en la película francesa *Intocable* (2011): «Nunca hay que esconder la fragilidad. La discapacidad no consiste en estar roto, sino en estar solo».

7. **Ser *vulnerables* juntos es la única manera que tiene un equipo de volverse *invulnerable*.**
   La vulnerabilidad no es debilidad, es fuerza, y comienza con identificar y aceptar la verdad. No hay nada más demoledor para el crecimiento que tenerle miedo a la verdad. Ello parte por tener claridad acerca de las carencias, los errores y las limitaciones sin mirar hacia otro lado. Ser conscientes de las debilidades es el camino para corregirlas, compensarlas o mitigarlas. La vida no va de parecer fuertes sino de avanzar y conseguir resultados. Para que la gente se abra y muestre su vulnerabilidad, es necesario crear un clima de confort. Ello tiene mucho que ver con hacer *las preguntas correctas de la manera correcta*. No se trata de un interrogatorio, sino de generar un clima de confianza y conversación natural en el que todo fluya y se tenga un mejor entendimiento de las personas. Se trata de crear las condiciones necesarias para que ocurran cosas positivas. Si la gente se siente juzgada, se encierra en sí misma. El objetivo es generar una atmósfera de conexión en torno al diálogo. En ello ocupa un papel primordial la escucha verdadera, que consiste en estar presente: estar receptivo y preocuparse por la otra parte. Esa presencia activa tiene un poder transformador muy valioso. Carl Marci, neurólogo de Harvard, dice: «Cuando uno escucha de verdad, se deja llevar. Pierde la noción de sí mismo, porque ya no se trata de él; se trata de esa tarea, la de conectar de verdad con esa persona». Según un estudio realizado por una consultora de liderazgo entre 3.942 participantes de un programa de desarrollo directivo, las personas que mejor escuchan se caracterizan por:

1. Interactuar de forma que hacen sentirse segura y apoyada a la otra persona.
2. Adoptar una postura comprensiva y cooperativa.
3. De vez en cuando hacer preguntas de forma amable y constructiva.
4. De vez en cuanto hacer sugerencias que abren vías alternativas.

8. Lo más importante que puede decir un líder es «la cagué».

La vulnerabilidad es importante, pero igualmente de importante es que fluya de arriba hacia abajo. En una organización, el ejemplo se transmite eficazmente en cascada, de otro modo los discursos suenan rancios. Eso fue lo que le sucedió a Daniel Coyle cuando visitó a Ed Catmull —presidente y fundador de Pixar— en sus impresionantes oficinas en California. Mientras paseaban por el recinto, Coyle advirtió a Catmull acerca de la belleza del edificio. Éste se paró, y con voz pausada dijo: «A decir verdad, este edificio fue un error. No propicia el tipo de interacciones que buscamos. Deberíamos haber hecho los pasillos más anchos. Deberíamos haber hecho la cafetería más amplia. Deberíamos haber distribuido las oficinas de otra manera. Así que no es que se cometiera sólo un error. Se cometieron muchos errores, aunque, por supuesto, el más grave de todos fue de no haberlos detectado hasta que ya era demasiado tarde». Como escribía Coyle después de aquel encuentro: «No es habitual que el presidente de una compañía admita algo así. Lo usual es que si felicitas a un directivo por lo bonito que es su edificio de varios millones de dólares, te dé las gracias, de corazón. Muy pocos líderes reconocen haber cometido errores de esta magnitud, porque consideran que la confesión desprendería cierto tufillo a incompetencia». Como se suele decir: una cosa es predicar y otra dar trigo. La mejor manera de lograr un determinado comportamiento en el equipo es marcando el camino, yendo un paso por delante: *to walk the talk*. Los líderes ejemplarizantes generan colaboradores comprometidos.

9. **El propósito no consiste en dejarse llevar por un impulso místico, sino en desplegar balizas sencillas que permiten centrar la atención y el compromiso con el objetivo común.**
Esas balizas tienen que ver con el lenguaje, los símbolos, las métricas, las oficinas… con cada detalle. Hay que intentar que cualquier elemento organizativo respire propósito. De lo que se trata es de inundar el entorno de vínculos narrativos entre lo que las personas están haciendo y lo que significa (su impacto). Como apunta Coyle: «No se trata de enviar una señal bien visible como un puñado de señales constantes y clarísimas que se alinean con un objetivo común. No se trata tanto de inspirar como de ser consistente. Estas señales, más que en los discursos grandilocuentes, se encuentran en los momentos cotidianos en los que la gente puede captar el mensaje: "Ésta es la razón por la que trabajamos; éste es el propósito que queremos cumplir"». Hace algún tiempo la revista *Inc.* preguntó a los ejecutivos de seiscientas empresas qué porcentaje de sus plantillas creían que podrían citar las tres principales prioridades de la empresa. Los ejecutivos predijeron que el 64 por ciento podría citarlas. Cuando *Inc.* pidió a los empleados que citaran las prioridades, sólo el 2 por ciento supo hacerlo. Por desgracia, no es la excepción, sino la regla. Por eso es fundamental comunicar las prioridades sin descanso. Coyle apunta: «Los líderes con los que me entrevisté no tenían el menor reparo en ello. Las prioridades estaban escritas en las paredes, al pie de las firmas de los correos electrónicos, incrustadas en los discursos, filtradas en las conversaciones, y se repetían una y otra vez hasta que se convertían en parte del oxígeno».

10. El mayor desafío que se presenta a la hora de inspirar el sentimiento de propósito es el hecho de que el mundo esté lleno de ruido.

Lo importante es centrarse en lo importante. Sin embargo, siempre existen novedades, siempre existen metas alternativas. Definir un propósito claro y mantenerse fiel a él no es sencillo en un entorno tan complejo que cambia velozmente. Es fácil (muy fácil) distraerse y perder el norte, y sin un propósito claro, uno va dando palos de ciego. El propósito sirve de faro para orientar los comportamientos hacia aquellos valores que nos definen. Un buen ejemplo es el de la empresa Zappos en sus inicios. Tony Hsieh, su CEO durante más de veinte años, observó que a los trabajadores de los *call center* se los medía en función del número de llamadas que atendían por hora. Se dio cuenta enseguida que esa métrica no encajaba con el propósito del grupo y que generaba comportamientos no deseados: prisas y brevedad. Así que sustituyó esta métrica por otra, el sistema de Conexiones Emocionales Personalizadas (CEP), que consistía en establecer un vínculo que trascendía la conversación acerca del producto. Medir el CEP con exactitud no es sencillo, pero el objetivo no era tanto la precisión como concienciar, alinear y orientar el comportamiento de los empleados del *call center* hacia el propósito del grupo. Tony Hsieh dijo cierta vez: «En 2003 pensábamos que éramos una empresa de calzado que ofrecía un gran servicio al cliente. Hoy pensamos en Zappos como una marca con un gran servicio al cliente que casualmente vende zapatos». Uno de los lemas de la compañía es: «Empleados felices crean un mejor servicio al cliente». De ahí que el libro escrito por el propio Tony Hsieh lleve por título: *Delivering Happiness*, y subtítulo: *¿Cómo hacer felices a tus empleados y duplicar tus beneficios?*

ELIOT NESS

Eliot Ness fue un agente de prohibición estadounidense famoso por sus esfuerzos para derrotar a Al Capone y hacer cumplir la Ley Seca en el Chicago de los años treinta dominado por bandas de gánsteres que intentaban hacerse con el control de la ciudad con todo tipo de violencia y sobornos. Lideró un famoso equipo de agentes de la ley, apodado «Los Intocables». La publicación de su autobiografía poco después de su muerte trajo consigo diferentes producciones televisivas y cinematográficas que le dieron fama póstuma como un incorruptible luchador contra el crimen organizado de la época. Sin lugar a duda, la más conocida es el largometraje *Los Intocables de Eliot Ness*, estrenada el 6 de junio de 1987. La dirección corrió a cargo de Brian de Palma y contó con un reparto inmejorable de la mano de Robert de Niro (Al Capone), Kevin Costner (Eliot Ness), Sean Connery, Andy García (George Stone) y Charles Martin Smith (Oscar Wallace). A lo largo de casi dos horas, con un excelente guion, una fantástica banda sonora a cargo de Ennio Morricone y una magnífica ambientación, *Los Intocables* son el reflejo de lo que es un equipo de alto rendimiento, en el que podemos ver personificados valores como la lealtad, la amistad, la ética o la unión, entre otros muchos. La cinta recibió cuatro nominaciones a los Premios de la Academia de Hollywood (mejor actor de reparto, banda sonora, vestuario y dirección artística), y obtuvo una estatuilla en la figura de Sean Connery −interpretando a Jim Malone− como mejor actor secundario.

1. **EJEMPLO. «No se trata de que el alcohol sea o no inofensivo. Puede que lo sea, pero es infringir la ley, caballeros. Y si hemos de hacer que la ley se cumpla, debemos dar ejemplo.»**
   Son palabras de Eliot Ness (Kevin Costner) a los agentes que forman parte del departamento del tesoro para luchar contra Al Capone al poco de tomar posesión de su cargo. En la época de Los Intocables, el alcohol era una sustancia no permitida como consecuencia de la Ley Seca que prohibía su fabricación, transporte, importación, exportación y venta para el consumo. A pesar de ello, existía un importante mercado negro, y muchas personas eran consumidoras, incluidos algunos federales que estaban bajo la tutela de Eliot Ness. Por eso, una de las primeras órdenes que estableció Ness nada más ser nombrado para su puesto fue la de que ningún agente podía beber alcohol. La razón es obvia: sin ejemplo es difícil conseguir el compromiso de la gente para luchar a favor de cualquier causa. La solvencia profesional depende siempre del ejemplo. Decía Séneca que «es difícil llevar a las personas a la bondad con lecciones, pero es fácil hacerlo con el ejemplo». Si quieres que los demás te acompañen, sé ejemplo para ellos y ve un paso por delante marcando el camino.

2. **EQUIPO. «Lo que necesito es un pequeño grupo de personas empezando por usted.»**
   Son palabras de Ness dirigidas a Jim Malone (Sean Connery), un policía veterano desencantado con el Sistema, al que visita en su casa para incorporarle a su lucha. Desde un punto de vista de gestión, la idea es clara: *cuanto mayor es el reto, mayor es la necesidad de trabajar en equipo*. Ness lo sabe, y cuando toma la firme decisión de dejarse la piel en la lucha contra Capone, lo primero que hace es seleccionar a su cuadrilla y crear equipo. En ello hay un factor determinante: la complementariedad de sus miembros. Así son Los

Intocables. Uno aporta experiencia, Malone; otro, juventud e ilusión, Stone (Andy García); el tercero, la labor de *back-office*, el contable Oscar Wallace (Charles Martin Smith); y finalmente, Eliot Ness aporta su capacidad de liderazgo. Todo ello adecuadamente combinado da como resultado un conjunto competente basado en cuatro patas: una *causa* (atrapar a Capone), *complementariedad* (cada uno tiene talento en algo diferente), *valores* (todos son de fiar) y, sobre todo, mucha *unión* (dejando individualidades y egos a un lado). En la película cada uno de ellos tiene su protagonismo de manera más o menos explícita: el tándem Ness-Malone es el que lleva la voz cantante desde el punto de vista del liderazgo, pero a Capone se le consigue imputar por evasión de impuestos gracias a la labor de investigación del contable Wallace; finalmente, Stone juega un papel determinante en el último tramo de la película con su intervención como tirador profesional para la que fue fichado.

3. **LEGALIDAD/ÉTICA. «He jurado quitar a ese hombre de en medio con todos los medios legales que tenga a mi disposición… Y lo haré.»**
Esta escena forma parte de una conversación entre Eliot Ness y Malone, cuando este último le propone coger a Capone con sus mismas armas, la violencia, algo que el primero rechaza de plano. Actuar al margen de la legalidad es rápido y fácil, pero eso es jugar sucio y puede volverse en contra. Así que la alternativa de ganar a la competencia por medios ilegales no parece la mejor opción. Muchas compañías lo han hecho en las últimas décadas y lo han pagado caro: Volkswagen fue castigada a pagar 16 millones de euros por el caso de los vehículos diésel —el «dieselgate»— que incluían un software que alteraba la lectura de las emisiones de algunos automóviles de la empresa; y la justicia europea condenó a Google a pagar 4.125 millones de mul-

ta por abuso de poder al obligar a preinstalar aplicaciones como Google Search o Chrome. Otros muchos casos se podrían citar igualmente. En la película, la escena completa transcurre del siguiente modo:

—Usted dijo que quería coger a Al Capone —señala Malone—. ¿De verdad quiere cogerlo? Compréndame bien, ¿qué está dispuesto hacer?

—Todo lo que esté dentro de la ley —contesta Ness.

Malone prosigue entonces:

—¿Y después qué está dispuesto a hacer? Si abre usted el baile con esa gentuza, señor Ness, debe estar dispuesto a bailar todas las piezas, porque ellos no abandonarán la lucha hasta que uno de los dos haya muerto [...]. Si quiere atraparle sólo hay un sistema: si él saca la navaja, usted la pistola; si él hiere a uno de sus hombres, usted mata a uno de los suyos. Éste es el sistema de Chicago y así atrapará a Capone. Dígame, ¿quiere usted hacer eso? ¿Está dispuesto a hacerlo? Le estoy proponiendo un trato, ¿quiere aceptarlo?

Finalmente, Ness concluye:

—He jurado quitar a ese hombre de en medio con todos los medios legales que tenga a mi disposición, y lo haré.

4. **SOBORNOS. «Señor Ness, usted es un hombre inteligente, permítame hacer honor a ello yendo directamente al grano: hay un negocio muy importante y popular al que usted está causando desaliento, ¿por qué no hace usted la vista gorda y deja que las cosas sigan su curso?»** Así se las gasta el concejal del distrito 41 de Chicago que se presenta en el despacho de Ness para intentar sobornarle haciéndole que mire hacia otro lado después de abortar un cargamento de alcohol que intentaba introducirse de manera clandestina. Ness no se deja intimidar y le planta cara. Dirigiéndose a éste, y en presencia de su equipo, le dice:

—En tiempo de los romanos, cuando se comprobaba que un individuo había intentado sobornar a un funcionario público, le cortaban la nariz, lo metían en un saco con una fiera, cosían el saco y lo arrojaban al río. Dígale a su amo que no somos de la misma calaña.

El concejal, malhumorado, le contesta:

—Todo el mundo tiene un precio.

Ness acaba finalmente echándole de su oficina y le espeta:

—Le veré en el infierno.

Ocupar una posición de poder —como la de Ness— supone, ante todo, capacidad de decisión; y cuando uno tiene capacidad de decisión, algunas personas se afanan en que las decisiones sean a su favor. Para ello no tienen ningún reparo en utilizar indirectas sutiles en algunas ocasiones, y en otras prácticas directas no legales (como el soborno) para conseguir sus objetivos. Por eso es bueno tener unos valores sólidos y bien cimentados, porque quienes están al frente de puestos importantes siempre son tentados a hacer cosas al margen de la ley.

5. **CONFIANZA. «Si tiene usted miedo de coger una manzana podrida, no vaya al cesto, cójala del árbol.»** Es de nuevo el consejo a Ness del experimentado Malone ante la desesperación del primero sobre cómo capturar a Al Capone después de haberse frustrado una operación para detenerle debido al soplo de policías corruptos. En la ciudad de Chicago de principios del siglo xx, la policía, los jueces y otros funcionarios públicos recibían favores económicos a cambio de información sobre las redadas que se iban a llevar a cabo. Malone, en un momento dado, para referirse a la corrupción del Sistema dice:

—Bienvenido a Chicago, esta ciudad apesta como un prostíbulo por la mañana.

Ness quiere crear un equipo competente para luchar contra la ilegalidad del alcohol, pero dada la corrupción interna, no sabe por dónde acudir a reclutar agentes leales. Él mismo reflexiona:

—Si no puedo confiar en nadie, ¿dónde voy a conseguir ayuda?

Finalmente, y gracias de nuevo a la sabiduría de Malone, opta por George Stone (Andy García), un joven cadete que está empezando en el cuerpo y no está corrompido por el Sistema, además de ser un buen tirador, tener carácter y gran potencial.

6. APARIENCIAS. «Lo primero que quiero decirle es que no ha hecho la declaración de la renta desde 1926.» Son palabras de Oscar Wallace, el contable, que es destinado por la oficina de Washington al departamento del tesoro donde trabaja Eliot Ness. En otro momento del metraje le dice:

—¿Sabe que gana más de 3 millones de dólares al año? No ha pagado impuestos. Nada está a su nombre. Si pudiéramos demostrar que ha recibido algún dinero podríamos procesarlo por evasión de impuestos.

A priori, nada pudiera hacer pensar que Wallace podría ser un miembro más de Los Intocables. Sin embargo, la intuición de Malone le hace reclutarlo a pesar de la incredulidad de Ness. A partir de entonces se va a convertir en una figura clave, ya que no deja de descubrir detalles sobre las artimañas de Capone para evadir impuestos, y sugiere insistentemente a Ness seguir esa vía para intentar detenerle. No obstante, éste no está mucho por la labor y le da largas; incluso al inicio de la cinta se mofa de él dando a entender que está ocupado en asuntos más importantes y peligrosos.

La figura de Wallace trae un mensaje muy poderoso: en todas las organizaciones hay personas que hacen una labor silenciosa, discreta, poco visible... pero enormemente eficaz. Su personaje no suscita tanta atención como Stone, Ness o Malone. Él es bajito, feo y un tanto desaliñado; a pesar de ello, su labor resulta determinante para detener a Capone, que no es imputado finalmente por delito de contrabando —como pretendía Ness—, sino por evasión de impuestos. Cuidado con las apariencias y con despreciar de primeras a nadie, porque la vida siempre es caprichosa y da sorpresas.

7. **MIEDO/PODER. «Todo el mundo sabe dónde está el alcohol. El problema no es encontrarlo. El problema es encontrar a quien quiera traicionar a Capone.»**
El miedo tiene mucha fuerza, sobre todo en aquellas personas que tienen obligaciones adquiridas: hipotecas, hijos u otros compromisos y dependencias. Por eso, los poderosos a menudo se aprovechan de las debilidades de terceros, sabedores de que están necesitados. Pero siempre hay gente que es capaz de ponerse la capa de héroe y plantarles cara, incluso si puede costarles la vida, como en la película en la que dos de los colaboradores de Ness son asesinados. Los Intocables son esa clase de tipos que están dispuestos a luchar por su causa hasta el final. La conquista de los derechos sociales, civiles e igualitarios ha sido siempre el resultado de personas valientes que han estado dispuestas a dar un paso al frente, exponerse y jugárselo todo a una carta. Así avanzan las sociedades a mejor. Pensemos en Martin Luther King, Rosa Parks, Desmond Tutu, Nelson Mandela... y otros muchos más. Sus vidas son siempre ejemplo e inspiración gracias a su coraje y valentía.

8. **PERSEVERANCIA. «No hay más remedio que tirar la toalla.»**

Tras la muerte de Wallace y el sobreseimiento del caso para imputar a Capone por evasión de impuestos (la corrupción también campea entre los jueces), Ness se viene abajo en un momento de debilidad:

—No hay más remedio que tirar la toalla.

De nuevo Malone, más sereno y con más temple, le hace desistir de sus pensamientos y plantea un contraataque. Ness, otra vez más siguiendo su consejo, le hace caso y, finalmente, no sin pocos contratiempos, acaba sentando en el banquillo a Capone, que es condenado. Llegados a este punto es importante recalcar algo: *tu estado de ánimo no importa, lo que importa es lo que haces a pesar de tu estado de ánimo*. Permítete momentos de dudas, bajón, tristeza, desesperación... pero no te des el permiso de abandonar tu lucha. No temas a las dificultades y el sufrimiento, teme a la resignación. Como dice una máxima latina: *Vincit qui patitur* ('La perseverancia siempre gana'). La perseverancia es la mejor aliada de cualquier reto. Cuando tengas momentos difíciles, pregúntate siempre por qué empezaste. Tener muy presente por qué empezaste te da fuerza para seguir.

9. **EXPERIENCIA. «Algo se aprende después de veinte años vigilando la calle y soportando la lluvia.»**
Es la reflexión de Malone una vez más. Como afirma la sabiduría popular: «Cuanto más viejo, más pellejo». Sin duda alguna, la veteranía es un factor desequilibrante en cualquier batalla. Aunque Eliot Ness es la figura central en el metraje y encarna los valores del liderazgo y el empuje, Malone es un tipo con mucha calle que representa ese segundo líder en la sombra, discreto, que hace de contrapeso y que constituye una pieza esencial en el proyecto de Los Intocables. Ness se apoya en él tanto a nivel profesional como

emocional. Siempre es bueno dejarse asesorar y aconsejar por aquellos que acumulan canas. La historia, aunque cambie el contexto, tiende a repetirse en muchos aspectos, y hay personas que ya han pasado por aquello que a nosotros nos toca vivir. Por tanto, escucharles con atención nunca resta.

10. **RELAJACIÓN. «Muchas cosas son media batalla, pensemos en la batalla entera.»**
En una de las redadas para detener la llegada de un cargamento de whisky canadiense, Ness y su equipo necesitan la colaboración de otros agentes. En un momento dado, uno de los oficiales sugiere a Ness:

—Atacaremos desde el lado canadiense del puente, los cogeremos por sorpresa desde atrás. Como usted sabrá, el factor sorpresa equivale a media batalla.

La respuesta de Ness, en tono irónico, es contundente:

—El factor sorpresa es media batalla. Muchas cosas son media batalla, perder también lo es, pensemos en la batalla entera.

Así sucede con frecuencia. Los partidos no se ganan hasta que el árbitro pita el final, o como se dice coloquialmente, «hasta el rabo, todo es toro». Conviene ser prudente y no vender la piel del oso antes de cazarlo, porque cuando eso sucede, a menudo el resultado es el contrario al esperado. Relajarse es perder por anticipado: las euforias adelantadas no suelen tener final feliz.

ELIZABETH GILBERT

Elizabeth Gilbert (1969) es una escritora estadounidense conocida por sus novelas, ensayos, historias cortas, biografías y memorias. Estudió en la Universidad de Nueva York donde se doctoró en Ciencias Políticas en 1991. Antes de dedicarse a tiempo completo como escritora desempeñó todo tipo de trabajos. En el mundo de la literatura comenzó su carrera escribiendo para *Harper's Bazaar*, *Spin*, *The New York Times Magazine* y *GQ*. Como escritora ha sido tres veces finalista de los National Magazine Awards; además, su colección de relatos *Pilgrims* fue finalista del premio PEN/Hemingway; su novela *The Last American Man* fue finalista del National Book Award y del National Book Critics Circle Award; y su libro *Comprometidas* alcanzó rápidamente el número uno de *The New York Times*. Por otro lado, su novela *La firma de todas las cosas* fue considerada como mejor libro de 2013 por *O Magazine*, *The Washington Post*, *Chicago Tribune* y *The New Yorker*. También ha publicado relatos cortos para *Esquire*, *Story* y *The Paris Review*. Pero sin duda alguna, su libro más aclamado, por el que se hizo conocida internacionalmente, es *Come, reza y ama*, en el que relata su propia transformación personal, emocional y espiritual. La trama es la siguiente: tras varios fracasos sentimentales, una mujer decide encontrarse a sí misma a través de un viaje por Italia, India, Bali e Indonesia. La protagonista tenía todo lo que una mujer puede soñar: un marido, una casa y una brillante carrera, pero se encontraba perdida, confusa e insatisfecha. Una vez divorciada, y tras un periodo de reflexión, decide abandonar su acomodada vida y emprende un viaje alrededor del mundo. Su éxito entre el gran público hizo que Columbia Pictures comprase los derechos de la obra para llevarla a la gran pantalla. La cinta se estrenó en 2010 y fue dirigida por Ryan Murphy con Julia Roberts como protagonista y otros nombres reseñables como Javier Bardem. También es autora de otro libro de gran éxito internacional, *Libera tu magia*, con subtítulo: *Una vida creativa más allá del miedo*. En esta obra explica las claves para vivir creativamente (una existencia auténtica), en la que se habla del fracaso, el ego, las dudas o el perfeccionismo, entre otros temas.

1. **Vivir creativamente es vivir una vida que esté guiada por la curiosidad antes que por el miedo.**
   Ésta es, para Gilbert, la cuestión central alrededor de una existencia creativa, aquella que de verdad merece la pena. La idea le nace a la escritora norteamericana a raíz de estudiar la vida y obra del poeta y profesor Jack Gilbert. Cierto día, el maestro había llamado a una estudiante para hablar con ella. Tras alabar su trabajo le preguntó qué quería hacer el resto de su vida. La chica, algo tímida, contestó que tenía pensado ser escritora. Entonces Jack Gilbert sonrió a la chica con una mirada de complicidad y le dijo: «¿Tienes el valor? ¿Tienes el valor de sacar esa obra que llevas dentro? Los tesoros que están escondidos en tu interior confían en que digas que "sí"». El profesor de la Universidad de Tennessee sobre todo «les pedía a sus alumnos que fuesen valerosos. Sin valor, les enseñaba, nunca serían capaces de desarrollar sus habilidades al máximo. Sin valor no llegarían a conocer el mundo con la profundidad con que éste ansía ser conocido. Sin valor sus vidas seguirían siendo pequeñas, mucho más pequeñas probablemente de lo que querían». Todo el mundo alberga tesoros en su interior, pero no se manifiestan por casualidad. Vivir de forma creativa (sacar lo que llevamos dentro) es vivir una vida guiada por la valentía en lugar de por el miedo. La escritora de *Libera tu magia* nos dice: «La búsqueda para desenterrar esas

joyas: eso es vivir creativamente. El valor de emprender esa búsqueda: eso es lo que diferencia una existencia anodina de una especial. A los a menudo sorprendentes resultados de esa búsqueda es lo que yo llamo Gran Magia». También escribe: «Una vida creativa es una vida amplificada. Es una vida más grande, más feliz, más extensa y, te lo aseguro, más interesante. Vivir de este modo —obstinándose en desenterrar los tesoros que tenemos escondidos en nuestro interior— es un arte en sí mismo. Porque una vida creativa es donde reside la Magia con mayúsculas».

2. **Estoy convencida de que la creatividad es una fuerza encantada, de origen no enteramente humano.**
Para Gilbert, el proceso creativo es mágico y la creatividad es la relación entre un ser humano y los misterios de la inspiración. Así lo explica: «Creo que nuestro planeta está habitado no sólo por animales, plantas, bacterias y virus, sino también por ideas. Las ideas son una forma de vida energética. Son algo completamente independientes de nosotros, pero capaz de interactuar con nosotros, si bien de maneras extrañas. Las ideas no tienen forma material, pero sí consciencia. Y desde luego tienen voluntad. A las ideas les mueve únicamente un impulso: manifestarse. Y la única manera en que puede manifestarse una idea es mediante la colaboración con un socio humano. Hace falta un esfuerzo humano para que una idea salga del éter y entre en la esfera de lo real. Por tanto, las ideas se pasan la eternidad girando a nuestro alrededor, buscando socios disponibles y dispuestos. Cuando una idea cree que ha encontrado a alguien —por ejemplo, a ti— capaz de traerla al mundo, te visitará. Tratará de llamar tu atención [...]. La idea intentará que le hagas caso (durante unos instantes quizá, tal vez meses, o incluso varios años), pero cuando se dé cuenta de que ignoras su mensaje, se irá en busca de otra persona». En nuestras manos está —según el grado de receptividad que tenga-

mos— hacerle caso o no. La escritora continúa su explicación: «En ocasiones —muy pocas, aunque maravillosas— estarás lo bastante receptivo y relajado para que te llegue algo. Es posible que tus defensas bajen, que tus miedos se apacigüen, y entonces la magia pueda entrar. La idea, al detectar tu receptividad, empezará a actuar. Te enviará las señales universales de inspiración tanto físicas como emocionales [...]. La idea hará que se crucen en tu camino coincidencias y presagios para mantener vivo tu interés. Empezarás a percibir todo tipo de señales que te orientan hacia la idea. Todo lo que veas y toques te recordará a ella. La idea te despertará en plena noche y te distraerá de tu rutina diaria. La idea no te dejará tranquilo hasta que no tenga toda tu atención. Y entonces, en un momento de tranquilidad, te preguntará: "¿Quieres trabajar conmigo?"».

3. **No necesitas el permiso de nadie para vivir una vida creativa.**
Para vivir creativamente —tener una existencia auténtica y única— no tienes que pedir permiso a nadie ni seguir los consejos de nadie. Tienes que hacer lo que sientas. La creatividad nace de ser diferente en algún aspecto, y esa diferencia a menudo emana de ser fiel (auténtico) a uno mismo. Esta lección la aprendió Liz Gilbert de sus padres. De su progenitor escribe: «Cuando a mi padre le entraba la curiosidad por algo, se dedicaba a ello [...]. Mi padre no siente demasiado respeto ni por los manuales de instrucciones ni por los expertos [...]. A mi padre no le gusta nada que le digan lo que tiene que hacer [...]. Una vez, cuando estaba en la marina, su capitán le ordenó que pusiera un buzón de sugerencias. Mi padre construyó obedientemente el buzón, lo clavó a la pared, a continuación escribió la primera sugerencia y la metió por la ranura. La nota decía: "Sugiero eliminar el buzón de sugerencias"». La propia Liz, refiriéndose a su labor como escritora que tanto éxito le ha proporciona-

do decía: «Nunca se me ocurrió pedir permiso para ser escritora a una figura de autoridad. Nunca he visto a nadie de mi familia pedir permiso a nadie para hacer nada. Se limitaban a hacer cosas. Así que eso decidí yo: hacer cosas». Así mismo apunta: «Aunque no soy en absoluto belicosa, sí soy muy obstinada. Esta obstinación resulta de ayuda cuando se trata de vivir creativamente». Para expresar lo que sientes (vivir creativamente), lo único que necesitas es permitírtelo.

4. **La creatividad es la marca de nuestra especie.**
Todos, absolutamente todos, somos creativos porque pertenecemos al género humano: si estás vivo, eres una persona creativa. Además, todos somos creativos de forma diferente porque cada uno de nosotros es único. Lo único que hay que hacer es darse el permiso para que esa creatividad se manifieste. ¿Cómo? Dejando que la inspiración te lleve donde quiera llevarte. Permitiéndote seguir tu instinto. Llevar una vida creativa (auténtica) es una decisión personal; es algo que siempre nos pertenece. Se trata de hacer aquellas cosas que se sienten sin reprimirse: «Hacemos cosas porque nos gusta hacer cosas —dice Liz—. Buscamos lo interesante y nuevo porque nos gusta lo interesante y nuevo». Y añade: «No quiero que me den miedo los colores brillantes, los sonidos nuevos, el amor con mayúsculas, las decisiones arriesgadas, las experiencias desconocidas, las empresas estrafalarias, los cambios repentinos… Ni siquiera el fracaso». Tienes el permiso (voz y visión propias) para cultivar aquello que anhelas. Este derecho a existir (expresarse) es fundamental cultivarlo para interactuar más intensamente con la vida. Este impulso divino te saca de ti mismo —de tu seguridad— y te permite entregarte a la vida de una manera más auténtica e intensa. El miedo siempre va a existir, somos humanos, de lo que se trata es de que no te anule: «Si no aprendes a estar cómodo con tu miedo, no podrás hacer nada interesante», concluye Gilbert.

5. **Cuanto más mayor me hago, menos me impresiona la originalidad y más me conmueve la autenticidad.**
La gente tiene miedo a ser auténtica por miedo a no ser original. Se olvidan de que gran parte de las cuestiones y temas se repiten a lo largo de los siglos. Lo importante es que estén tratados con nuestro sello que es único e impersonal. El escritor William Shakespeare ya abordaba en sus obras prácticamente todos los asuntos humanos: envidia, rencor, odio o venganza, y tiempo atrás, lo hicieron igualmente otras personas. Cuando Picasso vio por primera vez las pinturas rupestres de Lascaux, al parecer dijo: «En doce mil años no hemos aprendido nada». Tampoco es un problema, porque siendo las temáticas las mismas, el enfoque y tratamiento personal son genuinos: «Una vez que pones tu expresión y tu pasión detrás de una idea —dice Liz—, esa idea se convierte en tuya». La autenticidad siempre emociona por su carácter singular. No existen dos personas iguales. Y ahí es donde debemos poner nuestro empeño, en expresar aquello que viene de dentro. Gilbert escribe: «Di lo que quieras decir y dilo de corazón. Comunica todo lo que te sientas impulsado a comunicar. Si es lo bastante auténtico, créeme, resultará original. No tienes la obligación de salvar al mundo con tu creatividad. Tus razones para crear son razón suficiente. Dedicándote a lo que amas es posible que, sin darte cuenta, termines ayudando a otros. Así pues, dedícate a lo que te haga sentir vivo. Déjate llevar por lo que te fascina. Crea algo que siembre la revolución en tu corazón. El resto vendrá solo».

6. **Son muchas las buenas razones para dejar de quejarte si quieres llevar una vida más creativa.**
En cierta ocasión, un cineasta independiente al que no le iban muy bien las cosas decidió escribirle una carta al director de cine alemán Werner Herzog. En aquella carta básicamente el artista se quejaba de todo: de que a nadie le

gustaban sus películas, de lo difícil que se había puesto rodar, de la escasez de dinero para la cultura, de los gustos del público… Pero lejos de encontrar un hombro ajeno en el que llorar, Herzog se tomó la molestia de contestarle, y su respuesta probablemente no fue la esperada por el joven cineasta. Este decía: «Deje de quejarse. El mundo no tiene culpa de que usted decidiera ser artista. El mundo no tiene la obligación de disfrutar de las películas que usted hace y desde luego no tiene la obligación de financiar sus sueños. A nadie le interesa oírle. Robe una cámara si es preciso, pero deje de lloriquear y vuelva al trabajo». Este tipo de recordatorios pueden ser molestos de escuchar, pero con frecuencia son una patada en el trasero que nos sacan del atontamiento infantil y nos hacen poner en marcha, quitando el foco de otros y poniéndolo en nosotros mismos. Quejarse resulta molesto para los demás, demuestra inmadurez y ahuyenta la inspiración. Además, caer en la culpa, las excusas y el victimismo es una forma segura de seguir con un problema. Liz Gilbert escribe: «Es un acto de amor muy poderoso recordarle a alguien que puede conseguir cosas por sí mismo, que el mundo no le debe automáticamente ninguna recompensa y que no es tan débil ni está tan indefenso como cree». Haz cosas. Trabaja. Reflexiona. Corrige. Sigue con la inercia. No te quejes.

7. **Si la gente disfruta con lo que has creado, fantástico. Si lo ignora, mala suerte. Si lo malinterpreta, no te estreses.**
Vivir creativamente es exponerse, y cuando uno se expone, eso provoca una reacción en los demás, ya sea positiva o negativa. La gente necesita opinar sobre los demás y sus creaciones. Forma parte de la naturaleza humana. Liz Gilbert es contundente en este aspecto: «Que los demás te encasillen como mejor les convenga. No tiene la más mínima importancia. Deja que las personas tengan sus propias opiniones». Así pues, te llamarán genio, mediocre, un quiero y

no puedo, venido a menos, aficionado, segundón, joven maestro o maestro de la reinvención. Es posible que te digan que no eres más que un simple escritor, un simple ilustrador, un simple fotógrafo, un simple actor secundario, un simple cocinero, un simple profesor, o lo que sea. En cualquier caso, y como Liz Gilbert reflexiona: «Deja que las personas se enamoren de sus opiniones lo mismo que tú estás enamorado de las tuyas». Los juicios que otros hagan sobre ti no son asunto tuyo, son de ellos. Sólo tienes que seguir un principio: disfruta de tu creatividad. Cuando la escritora norteamericana escribió su obra *Come, reza y ama*, no buscaba crear un bestseller internacional, sino simplemente ver si era capaz de plasmar sus experiencias emocionales en papel. Cuando el libro se convirtió en un éxito mundial, el público comenzó a opinar, y como ella misma señala, «las emociones iban desde el odio más absoluto a la adulación ciega. Recibía cartas que me decían: "No te soporto"; y otras que decían: "Has escrito mi biblia"». La reacción de los demás no nos pertenece, tenerlo en cuenta es la única manera de sentirnos libres y crear. Lo mejor es no tomarse la vida demasiado en serio. Quizá el mejor ejemplo es John Lennon, quien refiriéndose a los Beatles decía: «No éramos más que una banda». Fíjate qué forma más sencilla de quitarse importancia y presión. El mundo no se acaba por unas cuantas opiniones en contra. Nada es para tanto, así que relájate. La expresión creativa debe ser lo más importante para ti, no para el resto. Si sientes la vocación de hacer cosas, tienes que hacerlas, con independencia de las posibles alabanzas o críticas.

8. **Juré al universo que escribiría siempre, con independencia del resultado.**

Igual que una monja hace votos y se compromete, también para que la expresión creativa sea fértil tenemos que comprometernos con algo. Cuando te comprometes, las ideas surgen más fácilmente y todo se materializa de manera más armónica. La expresión artística fluye mejor cuando existe compromiso. De lo que se trata es de practicar tu arte y mantenerte cerca de él. Liz Gilbert se comprometió con la escritura con diecisiete años. Y siempre ha respetado sus votos, incluso en la época que tenía veinte años dominada por la irresponsabilidad y la inmadurez: «Entre los veinte y los treinta —manifestaba—, escribí todos los días». También decía: «Una de las reglas más sencillas y generosas de la vida es que si practicas, mejoras. Sea lo que sea». Por último: «A lo largo de años de abnegado trabajo, sin embargo, descubrí que si insistía en el proceso y no me dejaba llevar por el pánico, era capaz de superar cada etapa de ansiedad y pasar al nivel siguiente. Me daba ánimos recordándome que esos temores eran reacciones completamente humanas a la interacción con lo desconocido. Si lograba convencerme a mí misma de que se esperaba de mí que estuviera allí, de que se espera de nosotros que colaboremos con la inspiración y de que la inspiración quiere trabajar con nosotros, entonces por lo general conseguía atravesar el campo de minas de mis emociones y terminar el proyecto sin saltar por los aires». Aprender a sobrellevar la decepción y la frustración es parte del proceso creativo. Liz Gilbert lo explica con nitidez: «Uno no pasa de un momento de inspiración a otro. Cómo gestionas los intervalos entre esos momentos de inspiración, cuando las cosas no van tan bien, da la medida de tu compromiso con tu vocación y también dice hasta qué punto estás preparado para las peculiares exigencias de vivir creativamente. El verdadero trabajo es superar con entereza todas las fases de la creación». Cuando te permites vivir creativamente te vas a encontrar con «marrones» por el camino. La pregunta es: ¿qué es lo que te apasiona lo bastante como para aguantar los aspectos más desagradables de tu pasión? Toda pasión tiene uno o varios «marrones» de acompañantes.

9. Tienes que aprender a convertirte en alguien «mediocre», pero profundamente disciplinado.

Expliquémoslo con un poco más de detalle para no quedarnos en la literalidad del mensaje. El novelista Robert Stone dijo en broma una vez que tenía las dos peores cualidades imaginables que podían existir en un escritor: era perezoso y era perfeccionista. Y así es. Son dos fuentes de letargo y sufrimiento. Ni una cosa ni la otra te interesan para llevar una vida creativa, aquélla en la que te atreves a hacer lo que sientes:

1. *Perfección.* Detrás del perfeccionismo, lo que hay es miedo: miedo al fracaso, al rechazo o a la decepción. Por eso, a menudo, los perfeccionistas no empiezan las obras, y si lo hacen, no las terminan. Como aceptar nuestra vulnerabilidad no es algo por lo que se destaque el ser humano, la gran trampa del perfeccionismo es que se disfraza de virtud: si no hago algo impoluto, prefiero no hacer nada. Y así la persona queda bien, como alguien exigente y dotado de gran sensibilidad. Pero es falso, una trampa de la mente para quedarse tranquila. La escritora Rebecca Solnit lo explica bien: «Somos muchos los que creemos en la perfección y eso estropea todo lo demás, porque lo perfecto no es sólo el enemigo de lo bueno; también de lo realista, lo posible y lo divertido». Para crear, en algún momento hay que dar por terminado el trabajo y soltarlo: «Haces lo que puedes, lo más competentemente posible y en un plazo de tiempo razonable, y luego paras», dice Liz. La perfección es inalcanzable. Incluso de un tipo como Beethoven algunos dicen que sus sinfonías son «algo estridentes». Sólo abrazando nuestra verdadera fragilidad (vulnerabilidad) podemos alcanzar nuestro auténtico potencial. La perfección es un lastre. Entre las bambalinas del perfeccionismo, lo que hay es angustia existencial: «No soy lo suficiente bueno y nunca lo seré».

2. *Pereza.* Está claro que si sólo haces lo que te apetece y cuando te apetece, no puedes aspirar a mucho. No siempre vas a estar de buen ánimo, pero siempre debes tener disciplina. La gente «ganadora» hace lo que tiene que hacer, tanto si le apetece como si no. Eso es la disciplina. Gilbert nos aporta claridad en esta cuestión: «El éxito entendido a la manera convencional depende de tres factores: talento, suerte y disciplina, y sabía que dos de ellos no estarían nunca bajo mi control. Lo único que podría controlar yo era mi disciplina. Cuando me di cuenta de eso, me pareció que lo mejor sería matarme a trabajar. Era la única carta que podía jugar, así que la jugué a conciencia».

10. No pierdas el valor en el momento en que las cosas dejen de ser fáciles o gratificantes. Porque ése es el momento en que empieza lo *interesante*.

El pastor Rob Bell dice: «No pases corriendo por las experiencias y circunstancias que mayor capacidad tienen de transformarte». A menudo, cuando las cosas se ponen difíciles, es cuando mayor oportunidad tenemos de estirarnos, de ensanchar nuestra zona de comodidad y crecer. También es ahí cuando la mayoría de gente da un paso al costado. La monja budista Pema Chödrön, autora de *Tal como vivimos, morimos*, dice que el principal problema que detecta en las prácticas de meditación de sus alumnos es que abandonan cuando las cosas se ponen «interesantes». Lo que equivale a decir que abandonan cuando las cosas dejan de ser fáciles, se vuelven dolorosas, o aburridas, o perturbadoras. Abandonan en cuanto ven algo que les asusta o hace daño. De esta forma, se pierden la parte «transformadora», aquélla gracias a la cual superas las dificultades y descubres un universo nuevo. Para Liz Gilbert, «lo que separa una vida creativa atormentada de otra apacible no es más que la diferencia que existe entre las palabras *interesante* y *horroroso*.

—Y añade—: Los resultados *interesantes* no son más que resultados *horrorosos*, pero sin dramas». Tomarse la vida como un juego (sin demasiada seriedad) es la estrategia más recomendable. Cualquier cosa que ocurra tienes que verla como «interesante»… y jugar. Eso tiene un nombre y se llama curiosidad. Deja que la curiosidad te sorprenda. De cada situación pregúntate qué puedes aprender, qué te está diciendo. Convierte en hábito añadir valor a cada circunstancia. El director de cine Mike Nichols decía que siempre le habían interesado mucho sus fracasos. Cada vez que echaban uno por televisión lo veía entero, cosa que no hacía con sus éxitos. Lo veía con curiosidad, pensando: «¡Qué interesante! Ahora me doy cuenta de por qué esa escena no funcionó». Ni vergüenza ni desesperación, sólo la sensación de que todo es muy interesante: «¿Qué es lo que te gusta tanto hacer que las palabras fracaso y éxito se vuelven, en esencia, irrelevantes?».

EL PRINCIPITO

El Principito es el protagonista de la obra homónima de Antoine de Saint-Exupéry, que narra las vivencias de un niño —el Principito— a modo de conversación con un piloto al que se le ha averiado su avión en el desierto del Sahara. A lo largo de la historia el Principito le va contando al aviador su periplo por diferentes planetas en los que va encontrando a múltiples personajes singulares con los que se relaciona (rey, vanidoso, bebedor, hombre de negocios, farolero, anciano, rosa...), y fruto de su interacción con ellos van emergiendo temas como la vanidad, la amistad, el orgullo, el amor, el egoísmo o la avaricia, entre otros; un libro en clave infantil que es una crítica a la ignorancia humana sobre las grandes cuestiones de la vida. *El Principito*, que incluye las ilustraciones del propio autor en la obra original, se ha dicho que está escrito «para dormir a los niños y despertar a los adultos»; un libro en clave simbólica en el que al autor vuelve a su añorada infancia: «Soy de mi infancia como se es de un país», dejó escrito Antoine de Saint-Exupéry. *El Principito* es un fenómeno editorial mundial y el libro no religioso más traducido de la historia, a más de trescientos idiomas. Cada año se venden en el mundo más de cinco millones de ejemplares. Ha sido adaptado a múltiples formatos: obras de teatro, películas, ballets, ópera e incluso una película animada producida en 2015 y dirigida por Mark Osborne. Antes, en 1974, también se llevó a la gran pantalla otra producción dirigida por Stanley Donen. Existen muchas curiosidades en torno a la figura del «pequeño príncipe», se han realizado numerosas celebraciones conmemorativas del autor y de la obra, existe un parque temático en la localidad de Ungersheim (Alsacia) y Google también le dedicó un *doodle*.

Su autor, Antoine de Saint-Exupéry (1900-1944), fue un aviador y escritor francés. Nacido a principios del siglo XX en una familia aristocrática compuesta por cinco hermanos, quedó huérfano de padre a los cuatro años, y al poco tiempo también falleció su hermano, que era para él una especie de amigo. El pequeño Saint-Exupéry dio muestras desde temprana edad de una gran sensibilidad; tan pronto bullía de imaginación y alegría, como se mostraba melancólico y callado. Volar y escribir fueron sus dos grandes pasiones. Para él pilotar era un acto poético. Ya muy joven empezó a interesarse por la aviación. Siendo un niño intentó construir un ingenio volador colocando un mástil y una vela a una bicicleta, y se lanzaba a toda velocidad con la esperanza de elevarse y volar. Con doce años hizo su bautismo en el aire después de convencer a un piloto para que le permitiese ir con él. Entró en el ejercito con diecisiete años, en el 34.º Regimiento de Aviación, donde aprendió a pilotar oficialmente. Algunos años después encontró trabajo en las Líneas Aéreas Latécoère, compañía en la que ejerció como piloto civil. Posteriormente se trasladó a Buenos Aires donde conoció con veintiocho años a la que se convertiría en su esposa, Consuelo Suncín. En 1935 sufrió un grave accidente en el desierto de Libia que casi le cuesta la vida. En España fue corresponsal de guerra durante la Guerra Civil. Posteriormente, durante la Segunda Guerra Mundial decidió exiliarse en Nueva York. Sin embargo, y a pesar de su espíritu pacifista, cuando Estados Unidos entró en guerra, volvió a alistarse en el ejercito como piloto. Precisamente en un vuelo de reconocimiento sobre la zona de Córcega, el 31 de julio de 1944, murió abatido por un avión alemán. Fue autor de diferentes éxitos editoriales como *Piloto de guerra*, *Tierra de los hombres* o *Vuelo nocturno*, está última llevada también al cine en 1933 con Clark Gable como actor protagonista, pero sin duda, la obra que le ha dado fama internacional es *El Principito*, que sigue tan vigente hoy día como entonces.

1. **«Sólo se conocen las cosas que se domestican.»**
En la obra se da un interesante «mano a mano» entre el zorro —uno de los principales protagonistas de la obra— y el Principito. El primero le dice:

—¡Por favor… domestícame!

A lo que el Principito contesta:

—Me gustaría, pero no tengo mucho tiempo. Tengo que encontrar amigos y conocer muchas cosas.

—Sólo se conocen las cosas que se domestican —dice el zorro—. Los hombres ya no tienen tiempo de conocer nada. Compran cosas hechas en los mercados. Pero como no existen mercaderes de amigos, los hombres ya no tienen amigos. Si quieres un amigo, ¡domestícame!

La amistad, como cualquier otra realidad en la vida (la familia, los proyectos, el ocio…), florece o se desvanece en función del tiempo y cuidado invertido en ella. La superficialidad —pasar por encima de las cuestiones someramente— no permite dar frutos jugosos. No es posible cultivar una amistad verdadera si no le dedicamos tiempo de valor: presencia e intimidad. Y lo mismo es aplicable al resto de las cosas. Al poco de conocerse, el zorro le dice al Principito:

—Para mí no eres más que un muchachito semejante a cien mil muchachitos. Y no te necesito. Y tú tampoco me necesitas. No soy para ti más que un zorro semejante a cien mil zorros. Pero si me domesticas tendremos necesidad el uno del otro. Serás para mí único en el mundo. Seré para ti único en el mundo…

2. **«Fue el tiempo que pasaste con tu rosa lo que la hizo tan importante.»**
Rosas —como personas— hay muchas, y cada rosa (persona) puede convertirse en especial cuando la cuidas, la mimas y la atiendes. Cada persona por sí misma es una más, pero el

cariño y la complicidad recíprocos la convierten en única. Lo mismo pasa con las mascotas (perros, gatos, pájaros...): las hay de todos los colores, pero la nuestra nos resulta diferente por la conexión que desarrollamos con ella. Las cosas adquieren valor en la medida que les prestamos atención. Y esto es aplicable a todo: las personas, los proyectos o los negocios. Para algunas personas los patios de Córdoba pueden ser unos simples tiestos colgados en una pared, para sus propietarios son un tesoro que cuidan y miman todo el año con esmero y que reflejan la belleza de la naturaleza. Para ellos, «sus» patios tienen alma y magia. El Principito nos abre los ojos con sus palabras al relatar en voz alta sus vivencias con un florido jardín de rosas con el que se topa:

—No sois en absoluto parecidas a mi rosa; no sois nada aún. Nadie os ha domesticado y no habéis domesticado a nadie. Sois como mi zorro. No era más que un zorro semejante a cien mil otros. Pero yo lo hice mi amigo y ahora es único en el mundo.

Un poco después dice:

—Sois bellas, pero estáis vacías. No se puede morir por vosotras. Sin duda que un transeúnte común creerá que mi rosa se os parece. Pero ella sola es más importante que todas vosotras, puesto que es ella la rosa que he regado. Puesto que es ella la rosa que puse bajo un globo. Puesto que es ella la rosa cuyas orugas maté. Puesto que es ella la rosa a la que escuché quejarse, o alabarse, o aun, algunas veces, callarse. Porque ella es mi rosa.

3. «Lo que embellece al desierto es que esconde un pozo en cualquier parte.»

Son palabras del Principito en su periplo por el desierto. La felicidad tiene mucho que ver con ilusionarse, con encontrar razones para levantarse de la cama y tener cosas entre manos. No es cuestión de grandes hazañas, sino de sentirse vivos, de tener ganas de descubrir y crecer. Lo importante es el camino y las vivencias. Uno de los rasgos que mejor definen a las personas más felices es la curiosidad que muestran. La capacidad para asombrarse distingue a las personas más vitalistas. La vida siempre sorprende a quienes están dispuestos a dejarse sorprender, pero para ello hace falta una chispa de curiosidad, de estar abiertos a lo que suceda y a no encerrarse en uno mismo. Quienes creen que están de vuelta de todo, que nada les queda por aprender, que son escépticos respecto a todo y todos… están más amargados y con peor actitud para ser felices. Las ganas de seguir aprendiendo, mejorando y explorando nuevos horizontes nos ayuda en la aventura de vivir. Un nuevo viaje, profundizar en una disciplina, el próximo curso a realizar, una nueva relación… son sólo algunos ejemplos sencillos de ello. La curiosidad siempre nos permite estar vivos.

4. **«A los mayores les gustan mucho las cifras.»**
Quien vive para los números, muere por los números. Claro que las cifras son importantes, pero siempre como una consecuencia y no como un fin en sí mismo. Si no disfrutas del proceso o te olvidas de otros aspectos (amistad, descanso, familia, belleza…), te pierdes por el camino. Poner todas nuestras energías en lo material, lo cuantitativo y lo racional, es suicidarse vitalmente. Gran parte de las cosas importantes de la vida tienen que ver con el mundo de las emociones, con aquello que nos toca el alma y nos hace sentir. Así, el Principito nos recuerda:

—Conozco un planeta en el que vive un señor muy colorado. Nunca ha olido una flor. Nunca ha contemplado una estrella. Nunca ha amado a nadie. Nunca ha hecho otra cosa que sumas. Se pasa el día diciendo: «Soy un hombre serio, soy un hombre serio», lo que le hace hincharse de orgullo. ¡Pero eso no es un hombre, es un hongo!

En otro momento de la obra, se nos dice:

—Las personas mayores aman las cifras. Cuando ustedes les hablan de un nuevo amigo, nunca preguntarán lo esencial. ¿Cuáles son los juegos que prefiere? ¿Colecciona mariposas? En cambio, preguntarán: ¿cuántos años tiene? ¿Cuántos hermanos tiene? ¿Cuánto pesa? ¿Cuánto gana su padre?

Finalmente, también el aviador, el compañero de conversación del Principito, apunta:

—Nosotros, que comprendemos la vida, nos burlamos de los números.

5. **«Los hombres se meten en los "rápidos", pero no saben dónde van ni lo que quieren. Entonces se agitan y dan vueltas.»**
Hay gente que no sabe lo que quiere y es capaz de cualquier cosa para conseguirlo. Hay gente que va muy rápido a ninguna parte. Mucho del sinsabor de muchas personas reside en que están desorientadas existencialmente: confunden lo sustancial con lo irrelevante, lo principal con lo secundario, lo importante con lo intrascendente. La felicidad, como decía Matthieu Ricard, autor de *Memorias de un monje budista*, «es una sensación profunda de serenidad y plenitud». La felicidad tiene mucho que ver con la presencia, con estar aquí y ahora. No hay ningún sitio al que llegar, sólo sentir y vivir el momento. El escritor Isaac Asimov, uno de los referentes de la ciencia ficción, afirmaba: «Tal vez la felicidad sea esto: no sentir que debes estar en otro lado, haciendo otra cosa, siendo alguien más». A lo largo del relato, el «pequeño príncipe» hace otra interesante reflexión sobre esta cuestión:

—Sólo los niños saben lo que buscan. Pierden el tiempo por una muñeca de trapo y la muñeca se transforma en algo muy importante, y si se les quita la muñeca, lloran.

En distintas ocasiones se hace referencia a los más pequeños como ejemplo de lo que es la verdadera sabiduría: estar presentes. Así, se nos dice: «Las personas mayores nunca comprenden nada por sí solas, y es agotador para los niños tener que darles siempre y siempre explicaciones». También se apunta: «Los niños tienen que ser muy indulgentes con las personas mayores». Por último, el Principito, en una conversación con su amigo el aviador, le reprocha su actitud adulta:

—Hablas como las personas mayores. ¡Confundes todo! ¡Mezclas todo!

6. **«He aquí mi secreto. Es muy simple: sólo se ve bien con el corazón. Lo esencial es invisible a los ojos.»**
Son palabras del zorro al Principito. En un mundo de apariencias, con frecuencia, *lo que parece no es, y lo que es no parece.* Empleamos demasiado tiempo y ponemos demasiada energía en cuestiones menores, descuidando del mismo modo lo más trascendente. El sentido a la vida tiene mucho que ver con el mundo de las relaciones y los afectos. El siguiente pasaje de la obra de Antoine de Saint-Exupéry también es estimulante:

—En tu tierra —dijo el Principito— los hombres cultivan cinco mil rosas en un mismo jardín… Y no encuentran lo que buscan…

—No lo encuentran nunca —respondí.

—Y, sin embargo, lo que buscan podían encontrarlo en una sola rosa o en un poco de agua.

—Seguramente —respondí.

> Y el Principito agregó:
> —Pero los ojos son ciegos. Hay que buscar con el corazón.

7. **«Siempre he amado el desierto. Puede uno sentarse sobre un médano de arena. No se ve nada. No se oye nada. Y, sin embargo, algo resplandece en el silencio.»**
El silencio siempre forma parte de una buena conversación con uno mismo. En el silencio se encuentran muchas respuestas. Los enemigos de la plenitud son el ego, las expectativas, la comparación, el ruido o las prisas, entre otros. Sin embargo, el mundo nos empuja a ello y a menudo nos dejamos llevar y arrastrar. Por eso, la soledad siempre es fértil cuando se gestiona oportunamente; porque ahí es donde nos encontramos con nosotros mismos, con nuestra esencia más pura sin abalorios ni lentejuelas. Volvemos a nuestro centro (ser) y vemos las cosas con más claridad. La luna se refleja con más nitidez en el mar cuando las aguas están calmadas. Es muy difícil estar en un determinado contexto sin verse arrollado por él. La perspectiva (claridad) vital la da, a menudo, la distancia, una cierta soledad buscada donde el silencio es fértil. Kankyo Tannier, en su libro *La magia del silencio*, nos dice: «Un minuto de silencio arrancado a un día ajetreado es como un riachuelo que empieza a bajar por una colina». También Erling Kagge, en *El silencio en la era del ruido*, escribe: «El silencio es una cualidad, algo exclusivo, un lujo. Una llave que puede abrirnos a muchas formas nuevas de pensar».

8. **«Si vienes, por ejemplo, a las cuatro de la tarde, comenzaré a ser feliz desde las tres.»**
Y prosigue el zorro en su conversación con el Principito:

> —Cuanto más avance la hora, más feliz me sentiré. A las cuatro me sentiré agitado e inquieto; ¡descubriré el precio de la felicidad!

Nuestra calidad de vida depende, en gran medida, de la calidad de nuestras relaciones. Cuando se les pregunta a las personas qué es lo que más felices les hace, siempre aparece en primer lugar la familia y los amigos. Está demostrado científicamente que las personas más felices tienden a tener relaciones personales más sólidas. Cuidan los vínculos afectivos y emocionales con quienes tienen cerca y, al mismo tiempo, cultivan otros para agrandar su círculo de amistades. Además, hay evidencia empírica que constata que las relaciones no sólo *ponen vida a los años, sino años a la vida.* Las personas con mejores relaciones personales no sólo son más felices, sino que son más longevas. Luis Rojas Marcos, psiquiatra y autor de *Optimismo y salud*, dice: «El sentimiento de soledad es muy destructivo. Es muy importante tener amigos». Elsa Punset, autora de *Brújula para navegantes emocionales*, también señalaba en una entrevista: «La soledad mata como el tabaco, pero es más nociva».

9. «Es preciso que soporte dos o tres orugas si quiero conocer a las mariposas. ¡Parece que es tan hermoso!»

Estas palabras forman parte del bello pasaje entre la flor y el Principito. Para conquistar montañas elevadas, hay que aprender a sufrir. La gente quiere resultados (lo que se ve), pero sin pasar por el proceso necesario para conseguirlos (lo que no se ve). Las personas se fijan metas ambiciosas, pero no demuestran compromiso con ellas. Cuando toman conciencia de lo arduo de la tarea, habitualmente dan un paso al costado. El 30 de enero de 2022, el tenista Rafa Nadal ganaba en Melbourne el Open de Australia en un partido épico que remontó después de ir perdiendo dos sets a cero contra el ruso Daniil Medvedev, convirtiéndose así en el mejor jugador de la historia con veintiún Grand Slam. Tras ello, muchas plumas escribieron acerca de su éxito y se preguntaban cómo podía tener esa capacidad de sufrimiento ante la adversidad. Por su parte, la persona que mejor lo conoce, su tío Toni —más de veinte años como entrenador—, escribía en un periódico un artículo titulado *La imprescindible escuela de dificultad*. Allí decía: «¿Por qué actúa así Rafael? Sencillamente porque se acostumbró. Aceptó la exigencia. Yo presupongo que cuando uno toma una decisión y asume un reto, estará interesado en hacer todo lo necesario para alcanzarlo. De ahí mi sorpresa cuando constato que eso no sucede de forma habitual, y se da en todos los ámbitos, no sólo en el tenístico o deportivo». Tienes que ser consecuente con lo que decidas. La vida no te da nada sin demostrar compromiso: para conseguir lo que quieres debes merecer lo que deseas.

10. «Me pregunto si las estrellas están encendidas a fin de que cada uno pueda encontrar la suya algún día.»
Nadie está en esta vida por azar. Cada uno de nosotros tenemos una misión por cumplir, y en la medida que la encontramos, nos sentimos más plenos y felices y contribuimos mejor a nuestro paso por el mundo. Ello tiene mucho que ver con mirar hacia dentro y conectar con nuestra esencia. Ya decía el escritor Hermann Hesse, autor de la novela *Siddhartha*: «La verdadera profesión del hombre es encontrar el camino hacia sí mismo». La vida siempre nos da señales acerca de dónde encaminar nuestros pasos, pero si nos resignamos y perdemos la fe, las señales se van volviendo cada vez más difusas hasta desaparecer. No lo olvides: *los sueños no caducan, son las personas las que ponen fin a sus sueños*. Escucha a tus sueños porque ellos saben lo que quieres. Luego actúa y ten fe (confía). Hay algo en ti que el mundo necesita. Tienes que descubrirlo y que luego se convierta en tu propósito de vida.

ERIC RIES

Eric Ries (1978) es un empresario, inversor, autor y conferenciante estadounidense, especialista en metodologías ágiles. Ha fundado diferentes *start-ups* y ha asesorado en materia de estrategias de negocio y producto a *start-ups*, sociedades de capital riesgo y grandes corporaciones, entre ellas General Electric, empresa con la que se asoció para la creación del programa FastWorks. También ha sido emprendedor residente en la Escuela de Negocios de Harvard, IDEO y Pivotal, y es fundador y consejero delegado de Long-Term Stock Exchange. Es autor de uno de los libros de más éxito de los últimos años y manual de referencia para muchos emprendedores y *start-ups*, *El método Lean Startup*, con subtítulo: *Cómo crear empresas de éxito utilizando la innovación continua*, del que se han vendido más de un millón de ejemplares y ha sido traducido a más de treinta idiomas. El Lean Startup fusiona el saber de Steve Blank sobre la metodología de Customer Development ('Desarrollo de clientes') y el sistema de Lean Manufacturing popularizado por Toyota en el siglo pasado. El método Lean Startup se basa en varios principios como: la experimentación y *feedback* del mercado; poner al cliente en el centro de todo; la minimización del riesgo; la tolerancia al fracaso, y la flexibilidad. Entre los principales beneficios de este método están que: disminuye los costes, fomenta la innovación y la creatividad, y permite una mayor cercanía al cliente mejorando la propuesta de valor. El método Lean Startup se articula en torno a tres fases: *Crear* (un producto mínimo viable), *Medir* (probarlo en el mercado) y *Aprender* (hacer cambios). Es también autor del libro *El camino hacia el Lean Startup*, con subtítulo: *Cómo aprovechar la visión emprendedora para transformar la*

cultura de tu empresa e impulsar el crecimiento a largo plazo. En esta obra intenta aplicar los principios del Lean Startup a empresas más grandes y tradicionales del tipo General Electric o Toyota.

1. **Una *start-up* es institución humana diseñada para crear un nuevo producto o servicio bajo condiciones de *incertidumbre extrema.***
   El método Lean Startup es un conjunto de prácticas pensadas para ayudar a los emprendedores a incrementar las probabilidades de crear una *start-up* de éxito. Es una filosofía empresarial innovadora que busca escapar de las trampas del pensamiento tradicional empresarial —basado en previsiones, planes e inversiones en situaciones de mayor estabilidad— y busca el éxito a través de la *experimentación* en condiciones de incertidumbre extrema (como el contexto actual), ya que, con sus palabras, «bajo esas condiciones las herramientas tradicionales de *management* no pueden funcionar bien». El objetivo de la metodología Lean Startup es minimizar los riesgos y reducir al máximo los costes de emprender, y al mismo tiempo ser más creativos, innovadores y flexibles. La *experimentación* en las *start-ups* —elemento central del método— se basa en probar estrategias para saber qué es válido y qué hay que descartar. Los experimentos siguen el método científico, testeando y validando hipótesis. En la metodología Lean Startup, el *feedback* es el oro puro y está basado en el circuito: Crear-Medir-Aprender. El aprendizaje es la unidad esencial para medir el progreso de una *start-up* y así saber qué quieren realmente los consumidores y qué descartar.

2. **La función más importante de una *start-up* es aprender qué quieren realmente los consumidores y qué llevaría a un negocio sostenible.**

La metodología Lean Startup es un proceso «clientecéntrico», cuyo objetivo es trabajar el producto desde la perspectiva del cliente, buscando el contacto constante con él y así obtener su *feedback*. La verdad está fuera, no dentro de la organización. El origen de la metodología surge de la propia experiencia personal de Eric Ries con su *start-up* IMVU. Según explica, perdieron seis meses de trabajo ya que una vez lanzado un prototipo se dieron cuenta que lo que quería el mercado era otra cosa. De haber utilizado la metodología Lean Startup se habrían ahorrado una gran cantidad de tiempo y de dinero. El objetivo es evitar lanzar un producto que no le interesa a la gente. Peter Drucker, «padre del *management* moderno», decía que «la prueba de una innovación no es su novedad, ni su contenido científico, ni el ingenio de la idea... es su éxito en el mercado». Es lo que justifica la creación de una empresa, el aportar valor a un *target* determinado. El problema hoy día es que el riesgo es superior a tiempos pretéritos: la fidelidad de los clientes es menor, las alternativas son mayores y el cambio es más rápido. Por eso se necesitan metodologías *ágiles* que permitan: anticiparse (a lo que quieren), no llegar tarde (en el lanzamiento) y reaccionar rápido (ante los cambios); todo ello basado en el proceso «hipótesis-testeo-análisis-aprendizaje» y así lograr el menor consumo de recursos: tiempo, esfuerzo y dinero.

3. **La metodología Lean Startup ve el hecho de construir una *start-up* como ciencia (aprendizaje validado).**
El Lean Startup es «aprendizaje validado»: un proceso con *disciplina de aprendizaje* que se basa en la *experimentación* según el circuito Crear-Medir-Aprender:

- *Crear*. Establecer hipótesis que deberían girar en torno al problema más importante de una *start-up*: cómo construir un negocio sostenible alrededor de tu visión. La experimentación de la *start-up* se guía por su visión.

- *Medir*. Diseñar un experimento para testar esas hipótesis. Llevar a cabo el experimento y reunir datos.
- *Aprender*. Reflexionar sobre los datos: ¿validan o rechazan tu hipótesis?

La *experimentación* es el eje central de la filosofía Lean Startup porque:

- La mejor forma de entender las preferencias de la gente no es preguntarles directamente a ellos, ya que muchas veces: no saben conscientemente lo que quieren, o no saben expresarlo, o mienten por cuestiones de aceptación social. La mejor forma de saberlo es observar sus comportamientos.
- Permite de manera rápida y barata (a pequeña escala) validar las hipótesis antes del lanzamiento real sin tener que hacer grandes inversiones ni tener que esperar todo el tiempo que lleva un lanzamiento real. Es una forma de diseñar y crear negocios cuando aún son un experimento.

Experimentar es la forma más eficiente de operar en entornos de «incertidumbre extrema». El método Lean Startup crea empresas eficientes porque les permite reconocer pronto las equivocaciones, consiguiendo un menor despilfarro de recursos: tiempo, esfuerzo y dinero.

4. **Existen las hipótesis de *creación de valor* y las hipótesis de *crecimiento*. Estas dos hipótesis representan las dos cuestiones más importantes a las que se enfrenta una *start-up*.**
Las hipótesis son predicciones (asunciones de fe) sobre lo que supuestamente puede pasar, que luego se comprueban empíricamente para contrastarlas. Existen dos tipos de hipótesis:

1. Hipótesis de *valor*: prueba si un producto o servicio aporta *valor* a los clientes cuando lo usan. Sin valor no hay negocio.
2. Hipótesis de *crecimiento*: prueba cómo los nuevos clientes *descubren* el producto y servicio. Sin crecimiento no hay ganancias interesantes.

Un ejemplo de metodología Lean Startup es la empresa Zappos, cuyo fundador, Nick Swinmurn, tuvo la idea de montar una tienda online de zapatos. Su hipótesis era que los consumidores querrían comprar zapatos online. Para validar la idea fue a algunas tiendas y sacó fotos de los zapatos que tenían en su inventario. Una vez alguien compraba, él iba personalmente a la tienda a comprar ese zapato y hacía el envío. De este modo pudo ver que sí tenía demanda antes de montar grandes almacenes, comprar stock, y todos los gastos asociados a su lanzamiento. En 2009 Zappos fue adquirido por Amazon por 1.200 millones de dólares.

5. Un Producto Mínimo Viable (PMV o MVP, en inglés) ayuda a los emprendedores a empezar con el proceso de aprendizaje lo más rápidamente posible.

El PMV (Producto Mínimo Viable) es aquella versión del producto que permite dar una vuelta entera al circuito de Crear-Medir-Aprender con un mínimo esfuerzo y con el mínimo tiempo de desarrollo. El PMV es la forma más rápida y barata de entrar en el circuito de *feedback* del mercado. Al contrario que con el tradicional desarrollo de productos —que normalmente requiere un periodo de incubación y reflexión largo para alcanzar la perfección del producto—, el objetivo del PMV es empezar el proceso de aprendizaje, no acabarlo. A diferencia de un prototipo o una prueba de concepto, un PMV no sólo está diseñado para responder a las cuestiones técnicas y de diseño. Su objetivo es probar las hipótesis fundamentales del negocio:

¿existe un negocio sostenible alrededor de tu visión? El PMV no debe perseguir la perfección, lo que queremos es aprender tan rápido como nos sea posible. Quizá por eso Reid Hoffman, fundador de LinkedIn, decía de una manera llamativa: «Si cuando lanzas el producto no te avergüenzas de él, es que lo has lanzado demasiado tarde». Algunas consideraciones (y miedos) a tener en cuenta en el testeo del PMV:

- No dejes que tu orgullo profesional te impida lanzar un producto de baja calidad, la rapidez vale más.
- No te asustes que un mal PMV pueda perjudicar tu reputación e imagen de marca, el número de usuarios es pequeño.
- No seas perfeccionista en el sentido de que un resultado negativo inicial haga que pierdas la fe.
- No te intimides por la competencia, que pueda enterarse de tus intenciones y copiarte.
- No temas por la idea de que si tu producto tiene características mínimas no pueda mostrar todo el potencial de tu visión.

El PMV es sólo un primer paso en un proceso de aprendizaje; un proceso continuo que a través de muchas iteraciones permite descubrir si hay que dar un giro drástico (pivotar) o seguir haciendo iteraciones (perseverar) para alcanzar la visión. El método Lean Startup está diseñado para ayudar a *conducir* una *start-up* a través de la *experimentación* y así poder hacer ajustes a través del *volante* del circuito de *feebdack*, de la misma manera que con la conducción de un coche. Si te equivocas en un desvío, reajustas (das la vuelta) siempre con el destino (visión) en mente. El PMV es el punto medio entre la planificación excesiva (propia de las empresas tradicionales) y el salir al mercado directamente (actitud temeraria propia de la impaciencia).

6. **En la fase de Medir, el mayor reto será determinar si los esfuerzos de desarrollo del producto están produciendo un progreso real.**
Dicho de otra manera: «Si estamos creando algo que nadie quiere —dice Ries—, no importa si lo hacemos a tiempo y dentro del presupuesto». En las empresas que están funcionando en el mercado, los errores que pueden existir son de *planificación* o de *ejecución*, algo que no sucede en el lanzamiento de una *start-up*, que lo que busca es validar unas hipótesis a través de un PMV sobre la posible puesta en marcha de un negocio. La pregunta es ¿qué indicadores hay que medir para saber que ese PMV está en el buen camino? Cada negocio tiene un modelo de negocio asociado que requiere unos indicadores particulares rigurosos de medición, pero de manera generalista hay dos tipos de indicadores:

1. *Vanidosos*. Sirven para alimentar e inflar el ego, pero llevan a falsas conclusiones; ofrecen una lectura errónea del negocio; son apetecibles pero insustanciales.
2. *Accionables*. Permiten desechar o modificar lo que no funciona; proporcionan un verdadero conocimiento; muestran de forma clara una relación causa y efecto.

Imagina que eres CEO de una *start-up* con un producto basado en una *app* móvil. Cada mes inviertes en publicidad en social media para adquirir usuarios. La gráfica que representa la evolución de tus usuarios registrados es ascendente y parece que los datos son excelentes. Sin embargo, esos usuarios tienen un coste muy alto de adquisición y tras completar el registro no hacen nada más con la *app*, no hay conversión y perdemos dinero. Las métricas *vanidosas* se fijan en los fuegos artificiales, las *accionables* se fijan en la rentabilidad (coste-beneficio).

7. **La «contabilidad de la innovación» permite a las *start-ups* demostrar objetivamente que están aprendiendo a construir un negocio sostenible.**
Eric Ries acuña el concepto de «contabilidad de innovación» para hacer referencia a todo el proceso de registro de lanzamiento de una *start-up* que se articula en torno a tres pasos:

1. Reconocer el punto de partida.
2. Optimizar el motor de crecimiento.
3. Decidir si pivotar o perseverar.

Uno de los desafíos más grandes en el proceso de Crear-Medir-Aprender es decidir entre dos alternativas: *perseverar* (continuamos con la dirección que habíamos tomado) o *pivotar* (necesitamos cambiar nuestras hipótesis fundamentales sobre nuestro negocio). Este punto es importante porque las *start-ups* no tienen dinero ilimitado, lo que hace necesario *pivotar* rápidamente antes de que la liquidez se agote: si no pivotas pronto, mueres. Dos señales pueden ser indicativas de que es necesario *pivotar*:

1. Las *métricas* no son buenas: lo que impide testar rigurosamente las hipótesis a validar.
2. Las *hipótesis* son falsas: los experimentos realizados nos llevan sucesivamente a menos progresos, lo que significa que el negocio parece que no tiene futuro.

No hay nada peor que perseverar en lo incorrecto. El lema es siempre el mismo: *si no progresas, pivota.* Los que no cambian a partir del *feedback* del mercado se pueden quedar atascados. Los principales *pivotes* son:

1. *Acercamiento*: donde una característica se convierte en el producto.

2. *Alejamiento*: donde un producto se convierte en característica de otro mayor.
3. *Segmento*: donde se resuelve algo para un cliente distinto.
4. *Necesidad*: donde se solucionan nuevos problemas en base al conocimiento del consumidor.
5. *Arquitectura de negocio*: donde se pasa de la venta a empresas a la venta a consumidores o al revés.
6. *Captura de valor*: donde se modifica el modelo de ingreso.
7. *Motor de crecimiento*: donde se cambia entre el crecimiento viral, el pegajoso y remunerado.
8. *Canal*: donde cambia la forma de llegar al cliente.
9. *Tecnología*: donde se consiguen mejores resultados gracias a un cambio tecnológico.

8. Cuanto más rápido te muevas en este circuito «Crear-Medir-Aprender», más rápido aprendes.

La *experimentación* es importante, pero todavía lo es aún más la rapidez a la hora de experimentar: cuanto más rápido aprendes, más valor puedes aportar al cliente, más puedes ganar. La lentitud es un serio problema hoy día e implica dos inconvenientes fundamentales: primero, que otros te adelanten y te roben la cartera; y segundo, que te copien y se aprovechen de ti al ofrecer tu propuesta mejorada. Además, la lentitud tiene un coste de oportunidad para nuestra vida personal (profesional). Así que la agilidad es crítica. Salim Ismail, autor de *Organizaciones Exponenciales*, apunta: «La regla moderna de competición es: quien aprende más rápido, gana». Y añade: «En la mayor parte de los mercados digitales, el que gana se queda con todo». Pensemos en Google o Amazon, dominan sus mercados y además no dejan de experimentar y aprender continuamente con la vista puesta en el cliente: «Tenemos obsesión por el cliente», dijo en una ocasión Jeff Bezos.

9. **En una empresa *moderna* los empleados pueden experimentar para crear nuevos negocios.**
En *El camino hacia el Lean Startup*, la obra continuación de *El método Lean Startup*, Eric Ries se propone explicar cómo esa forma de crear y hacer crecer negocios de las *start-ups* (experimentar, ser ágiles y gestionar la incertidumbre extrema) puede ser la energía que necesitan las empresas *tradicionales* para mantenerse jóvenes, protagonistas y vivas. Las empresas, todas, antes o después, se oxidan, se burocratizan, se vuelven menos ágiles. Ése es el comienzo de la decadencia si no se hace algo para remediarlo. La anticipación y la adaptabilidad son aspectos críticos hoy día, y ahí es donde el método Lean Startup puede ser de gran ayuda. Con sus palabras: «Una empresa *moderna* siempre trata de crecer y evolucionar a través de productos superiores, con un servicio superior a sus clientes. La palabra clave es "superior". Cuando lo miras desde esa arista es difícil encontrar empresas *modernas*, de verdad, debido a que se requieren nuevas ideas que rompan con una tradición. Pero el viaje de crear una empresa *moderna* es muy poderoso». ¿Cuáles son básicamente las diferencias entre una empresa *tradicional* y una empresa *moderna*?

- En una empresa *tradicional*, la estructura la componen los llamados expertos y, sobre todo, las jerarquías. Existen los especialistas funcionales en finanzas, marketing o ingeniería, y a ellos se recurre para resolver dudas. Existe una mentalidad jerárquica.
- En una empresa *moderna*, existe una estructura de colaboración multifuncional; un verdadero equipo operando como una *start-up*: se recurre a la experiencia dentro de un grupo, con mezcla de funciones y capacidades. Son empresas abiertas y horizontales donde no prima la jerarquía.

No es difícil sospechar que la transición de una empresa *tradicional* a una *moderna* exige un cambio cultural, empezando por los que están arriba con su ejemplo y liderazgo. Como es evidente, en todo cambio cultural existen barreras (resistencias) que hay que superar que tienen que ver con: los *equipos* (las jerarquías desaparecen), las *personas* (que prefieren lo conocido) y la *rendición de cuentas* (autorresponsabilidad).

10. En una empresa *moderna* el papel del líder es crear las plataformas adecuadas para que sus empleados puedan experimentar, puedan descubrir por sí mismos qué ideas vivirán y cuáles morirán.

De esta manera, añade, «para cuando se le pide al líder que tome una decisión sobre una idea, ya tiene una evidencia preliminar sobre su calidad, cómo responden los clientes, y cómo de valiosa podría ser. Es en ese momento cuando estás ante una empresa *moderna*, cuando empujas, con las decisiones adecuadas, a toda la organización para que sorprenda, para que aprenda algo nuevo de forma continua». La *experimentación* es el camino hacia el éxito a largo plazo y el único futuro para los modelos de negocio. En las empresas *tradicionales*, para explicar su funcionamiento, a Eric Ries le gusta usar una analogía que utiliza Scott Cook, fundador de Intuit: «En una compañía anticuada, el papel de los líderes es interpretar al *César*, como si fuera un emperador romano. Tú dices: "Oh gran líder, tengo una idea. Por favor, fináncielа". Y el *César* te levanta el pulgar con la respuesta. El líder decide si tu idea vivirá o morirá, porque él es el gran y poderoso emperador». Así, hoy día, las garantías de éxito son prácticamente nulas en la mayor parte de las industrias. Las organizaciones preparadas para triunfar hoy día son aquéllas más planas y horizontales, en las que sus miembros pueden experimentar, existe una mayor interacción entre ellos y cada uno asume la responsabilidad de sus resultados.

FORREST GUMP

Forrest Gump es un joven con un leve retraso mental y algunos problemas en las piernas y la espalda que le obligan a usar ortopedia durante la infancia. En cada etapa de su crecimiento tendrá que enfrentarse a numerosos desafíos que irá afrontando con positividad y buen humor. A través de un relato en primera persona, Forrest será también testigo privilegiado de algunos de los episodios más relevantes de la historia de Estados Unidos durante la segunda mitad del siglo XX, de 1945 a 1982. A lo largo de la cinta aparecen personajes como Richard Nixon, John Lennon, Elvis Presley o John F. Kennedy, entre otros. Con una duración de algo más de dos horas, el personaje de Forrest Gump va cautivando al espectador por su humanidad y los valores que encarna como la amistad, la lealtad, la generosidad, la humildad, el optimismo o el amor, por citar sólo algunos. Dirigida por Robert Zemeckis, el largometraje es la adaptación de la novela de Winston Groom publicada en 1986, aunque con algunas variaciones. Interpretada por Tom Hanks, su brillante actuación le valió una estatuilla de los Óscar de la Academia de Hollywood. La cinta fue galardonada en total con seis premios (mejor película, director, actor, guion adaptado, efectos especiales y mejor montaje) además de con tres Globos de Oro. Con un presupuesto de 55 millones de dólares, fue estrenada el 6 de julio de 1994 y se convirtió en un éxito de taquilla, siendo la segunda película con más recaudación del año en Norteamérica, sólo detrás de *El Rey León*. Estuvo en los cines más de diez meses y sólo en Estados Unidos y Canadá recaudó 329,7 millones de dólares, una cifra que la situó en el cuarto lugar de la lista de las películas más taquilleras de la historia del cine hasta ese momento, sólo por detrás de *E.T., el extraterrestre*; *Star Wars: Episodio IV –Una nueva esperanza–*, y *Parque Jurásico*. Fuera de Norteamérica, la película recaudó otros 347,7 millones de dólares, lo que hizo ascender sus ganancias en todo el mundo hasta los 677,4 millones de dólares. *Forrest Gump* es un clásico del séptimo arte y una de las películas favoritas de muchas personas por su sensibilidad, las enseñanzas que transmite y el carácter entrañable de su protagonista. Cuando fue su estreno, muchos críticos elogiaron la cinta; así, Roger Ebert, del periódico *Chicago Sun-Times*, escribió: «No me he encontrado a nadie como Forrest Gump en ninguna película anterior, de hecho no había visto un filme como *Forrest Gump*. Cualquier intento de describirlo tendrá el riesgo de hacer que la película parezca más convencional de lo que en realidad es, pero lo voy a intentar. Es una comedia, creo. O quizá un drama. O un sueño... El guion de Eric Roth tiene la complejidad de una ficción moderna. La actuación de Hanks es un equilibrio impresionante entre la comedia y la tristeza, en una historia rica en humor y verdades silenciosas. Es una película mágica». En 2011, la Biblioteca del Congreso de Estados Unidos seleccionó a *Forrest Gump* para ser preservada en el *National Film Registry* por ser «cultural, histórica y estéticamente significante».

1. **TALENTO. «Tienes que aprovechar muy bien lo que Dios te ha dado.»**

Son palabras de la madre de Forrest (Sally Field), su mayor referente. La vida, en general, tiende a repartir: a quien es guapo le falta simpatía; quien tiene sentido del humor carece de disciplina; a quien es creativo le falta orden... Nadie lo tiene todo, nadie lo sabe todo, y nadie lo hace todo bien. El éxito, por tanto, consiste en sacar el máximo partido a nuestros dones. Cualquier persona tiene talentos únicos, la clave está en enfocarse ahí y explotarlos. A pesar de su discapacidad intelectual y de sus problemas físicos en la infancia, Forrest Gump (Tom Hanks) tenía grandes virtudes, pero quizá la más notable era su gran velocidad corriendo y de la que sabe sacar buen partido. Él mismo dice en un momento de la cinta: «Cuando corro soy como el viento». Su habilidad le impresiona al entrenador de fútbol americano Bear Bryant, lo que le permite ingresar en la Universidad de Alabama: punto para Forrest. Posteriormente formaría parte de la selección nacional universitaria, lo que le permite conocer en persona en la Casa Blanca al presidente John F. Kennedy: punto para Forrest. No fueron los únicos réditos. También formaría parte del ejército de Estados Unidos y sería enviado a la guerra de Vietnam. Allí, cuando su pelotón cae en una emboscada, consigue salvar a varios de sus compañeros gracias a su veloz carrera, lo que le vale para ser reconocido con una medalla de honor: punto para Forrest. Hay una frase que está presente durante todo el metraje y que es un alegato a su figura y talento: «¡Corre Forrest! ¡Corre!». Para triunfar *haz aquello que sabes hacer mejor*; luego, no dejes de mejorar. En un momento del metraje se dice con tono despectivo y burlesco sobre él: «Es el imbécil más grande del mundo, pero hay que ver cómo corre». Todos tenemos carencias, pero también virtudes: ésas son a las que tenemos que sacar brillo.

2. **AMOR. «Nunca dejes que nadie te diga que es mejor que tú. Si Dios hubiese querido que todos fuésemos iguales nos habría puesto aparatos a todos.»**
De nuevo son palabras de la señora Gump. No hay nada mejor en esta vida que tener modelos de referencia que sirvan de inspiración. La influencia (positiva) de la progenitora —que había que tenido que criar a Forrest sola después de que su marido los abandonase— es tal, que son continuas las referencias de Forrest a ésta con su habitual «Mamá siempre decía…», para continuar con su relato acerca de lo que quiere explicar. A menudo, uno da lo que recibe (no es

posible otra cosa), y el amor incondicional que la señora Gump da a su hijo —ese amor que genera autoestima, confianza en uno mismo e independencia— es precisamente el amor que Forrest da a sus amigos, compañeros y jefes, y que es un reflejo de su amor por la vida en general. Así, en una escena dice: «Yo no soy muy listo, pero sé lo que es el amor».

La actriz Sally Field, que interpreta a la madre de Forrest, diría sobre su papel: «Es una mujer que ama a su hijo incondicionalmente... Muchos de sus diálogos con su hijo suenan como consignas, que es lo que ella quiere».

3. APARIENCIAS. «Mamá dice que tonto es el que hace tonterías.»

Con demasiada frecuencia, las personas juzgamos a otros por las apariencias externas. Tenemos prejuicios que representan un obstáculo para la interacción humana y eso nos hace perdernos muchas cosas. Hay que saber ver más allá de lo evidente para descubrir el tesoro que todo ser humano oculta si uno se propone hallarlo. La ortopedia de Forrest en sus piernas —debido a que tenía la columna muy inclinada— y su pequeño retraso mental —un coeficiente de 75— eran motivo de bofa y burla por parte de muchos de los chicos del colegio que le consideraban «tonto». Casi nadie era capaz de ver más allá de eso obviando las grandes bondades que escondía su figura. Por eso, para él «tonto es el que hace tonterías», y él no las hacía, ya que cada una de sus acciones tenían una gran motivación, siempre inspiradas por grandes valores humanos: generosidad, humildad, lealtad, amistad o compromiso. Forrest Gump, al que se le califica como «un tonto del pueblo», estudió en la universidad, montó un negocio, ingresó en el ejército, salvó a compañeros en el frente de batalla, formó parte de la selección nacional de ping-pong, ganó mucho dinero y salió como portada en la revista *Fortune*, entre otros logros. Pocos fueron capaces de anticipar su porvenir, sólo veían con los ojos. Ya lo decía el Principito, como recogíamos páginas atrás: «Lo esencial es invisible a los ojos, sólo se ve bien con el corazón».

4. **ADVERSIDAD. «Mamá dice que la vida es como una caja de bombones, nunca sabes lo que te va a tocar.»**
Los acontecimientos que golpean la vida de una persona aparecen, a menudo, de manera inesperada, poniéndola patas arriba. Nadie está a salvo: una enfermedad, una guerra, una pandemia, un despido, un accidente o una quiebra, son sólo algunos ejemplos. En cualquier momento y en cualquier circunstancia pueden ocurrir. Sin embargo, ello no debe desanimarnos sino ayudarnos a abrir los ojos para aprovechar y darle intensidad a cada momento, porque cuando uno menos se lo espera cambia el viento. Forrest Gump, que ya desde sus primeros años tuvo una vida nada fácil, tiene que lidiar con múltiples contratiempos a medida que va creciendo: la muerte de su amigo Bubba, las calabazas de su amor platónico Jenny (Robin Wright) después de pedirle matrimonio, la posterior enfermedad de ésta que le hace perderla, las burlas de unos y otros por su retraso mental, y así podríamos continuar. En esos momentos lo que toca es apretar los dientes, no perder nunca la actitud —lo único que está siempre bajo nuestro control— y tirar para adelante. El inocente chico de Greenbow es, sobre todo, un ejemplo de eso, de actitud: actitud ante la decepción, la derrota y la adversidad, que siempre afronta con serenidad y buen humor.

5. **GENEROSIDAD. «Mamá decía que un hombre sólo necesita una cantidad para vivir, y que el resto es sólo para presumir.»**
Y añade en otra de las escenas memorables:

—Así que di un montón de dinero a la iglesia evangélica de los cuatro cuadrados, y di otro montón de dinero para el hospital de pescadores de Bayou La Batre, y aunque Bubba había muerto y el teniente Dan decía que yo estaba loco, yo le di a la mamá de Bubba la parte de Bubba, y ya no tuvo que cocinar para nadie.

Y prosigue:

—Y como era supermillonario y me gustaba hacerlo, cortaba la hierba gratis.

Forrest, tras hacer fortuna con la Bubba Gump Shrimp Company, lejos de convertirse en un huraño, aprovecha los beneficios para ayudar a terceros. Acumular por acumular no sirve para nada. Si uno tiene la fortuna de contar con un buen caudal de dinero, qué mejor forma de canalizarlo a través de proyectos de inversión, con fines filantrópicos o compartiéndolo con los más cercanos. La generosidad nos humaniza. Además, tampoco conviene olvidar que eso del *self-made man* no existe; somos la suma de todas las personas que nos han ayudado a llegar donde hemos llegado: familiares, amigos, profesores, compañeros, socios o parejas, por ejemplo. Algunos lo han hecho de una manera más explícita y otros de forma menos evidente, pero no hay duda de que es mucha la gente que contribuye a lo largo de la vida de una persona a ser quien es, ya sea por su cariño, su ayuda económica, su amistad, su tiempo, o cualquier otra cosa. Por tanto, como todos somos beneficiarios, también deberíamos ser benefactores.

6. **PASADO/DEJAR IR. «Mamá siempre decía que tienes que dejar atrás el pasado antes de seguir adelante. Creo que por eso corrí tanto.»**

Si hay algo que representa Forrest con toda su plenitud es

el «aquí y ahora». No piensa demasiado en el futuro, ni tampoco se lamenta con el pasado. Esté donde esté (en el ejército, pescando, jugando al ping-pong o al fútbol americano...) está presente. Ése es otro de los secretos de la existencia: lo más importante es siempre lo que vivimos a cada instante. Hay una bonita escena en la que después de pasar un tiempo con Jenny (su amor desde la infancia), ésta le vuelve a abandonar sin dar explicaciones. Aquel día, para desahogarse, Forrest empieza a correr sin parar:

—Aquel día, sin ningún motivo, decidí salir a correr un poco. Corrí hasta el final del camino, y cuando llegué allí, pensé que podía correr hasta el final del pueblo. Y cuando llegué allí, pensé que podría cruzar todo el condado de Greenbow. Y luego pensé, ya que he llegado hasta aquí, también podría cruzar el gran estado de Alabama. Y eso hice, cruzar todo el estado de Alabama. Y sin ningún motivo seguí corriendo. Y llegué hasta el océano. Y cuando llegué allí pensé, ya que he llegado hasta aquí podría dar la vuelta y seguir corriendo. Y cuando llegué hasta otro océano pensé, ya que he llegado hasta aquí, podía dar la vuelta y seguir corriendo. Cuando me cansaba, dormía; cuando tenía hambre, comía; y cuando tenía que ir... ya sabe, iba.

Una señora que estada junto a él y que escucha con atención, le pregunta:

—¿Así que sólo corría?

Y contesta:

—Sí.

Más adelante señala:

—Nadie podía creer que pudiera correr sin un motivo especial... Tenía ganas de correr.

Tal vez ése sea el sentido de la vida: vivir. Después de 3 años, 2 meses, 14 días y 16 horas, dice:

—Estoy muy cansado, creo que iré a mi casa.

Y con la misma naturalidad apostilla:

—Y así, sin más, mis días de correr acabaron. Y me fui a mi casa, a Alabama.

Todo un ejemplo de «presencia», sin dudas.

7. **FE. «Mamá siempre decía que hay milagros todos los días. Alguna gente no se lo cree, pero es verdad.»**
Eso lo comenta Forrest al inicio del metraje, cuando sus compañeros de colegio le hacen una emboscada para darle una buena tunda, y de repente, se quita el aparato ortopédico de las piernas y comienza a correr como una bala. Aquel «milagro» —el descubrimiento de su enorme talento para correr— marcaría toda su vida. Louise Hay, autora de *Tu poder está dentro de ti*, decía que «los milagros son sólo la consecuencia de lo que nos atrevemos a creer». No se puede explicar mejor. Ser positivo y esperar milagros son rasgos que definen a los grandes triunfadores. El factor número uno para cualquier logro es la fe (creer). Tener la convicción de un resultado cierto sin contar con evidencia sobre ello. Cero dudas. Cómo y cuándo se materializará nunca lo sabemos. Esa labor le corresponde al universo (inteligencia divina/dios/poder supremo) que tiene formas de actuar que escapan a nuestro entendimiento. Por eso, Forrest dice: «Mamá siempre decía que Dios es misterioso».

8. **COMUNICACIÓN. «Mamá siempre explicaba las cosas de forma que yo las entendiera.»**
De nuevo, la madre de Forrest es protagonista en sus reflexiones, en este caso en un tema que es vital: la comunicación. La comunicación es el canal a través del cual

nos interrelacionamos con los demás y, por tanto, la forma para conseguir impactar (influir) en otros. Ahí es donde nos la jugamos de verdad. Una comunicación efectiva (con la pareja, los clientes, los medios de comunicación, el público...) siempre produce rendimientos positivos. Los padres lo saben muy bien: cuando quieren trasladar un mensaje a sus hijos siempre buscan la forma de hacérselo llegar de la forma más oportuna para que lo entiendan, lo asuman y lo interioricen como propio. El *quid* de la cuestión está en ser muy pedagógicos buscando siempre transmitir el *porqué* de las cosas. Todo juicio exige ser entendido (explicado), de otro modo es complicado cautivar a nuestro interlocutor. Por ello, a la hora de explicar cualquier asunto, siempre es bueno dedicar tiempo a pensar cómo las piezas del puzle se engarzan o es probable que nuestros mensajes caigan en saco roto. No le tocó un papel fácil a la señora Gump, pero aun así, con esa sabiduría discreta propia de muchas madres, es capaz de dirigir la conversación con naturalidad de tal manera que su hijo tome conciencia de las cosas y las asuma. Forrest, en otro momento, señala: «Mamá era una persona muy lista».

9. **MUERTE. «Mamá siempre decía que la muerte era parte de la vida.»**

Hacia el final de la cinta, cuando la señora Gump está gravemente enferma, se da un diálogo íntimo entre madre e hijo que nos aporta claridad acerca de lo que es la vida. Cuando Forrest se entera que su progenitora está enferma, regresa rápidamente a casa a verla:

—¿Qué te pasa, mamá? —dice Forrest.

—Me muero, Forrest. Ven, hijo, siéntate a mi lado —responde la madre.

—Y, ¿por qué te mueres, mamá? —pregunta de nuevo Forrest.

—Llegó mi hora. No es nada más que eso. ¡Oh!, no, no tengas miedo, tesoro. La muerte forma parte de la vida. Es el destino de todos nosotros. Yo no lo sabía, pero estaba destinada a ser tu mamá. Lo hice lo mejor que pude.

De nuevo, más allá de hacernos sentir tristes, es una llamada para aprovechar la existencia al máximo. «La muerte —como bien descubrió Elizabeth Kübler-Ross que trató toda su vida con moribundos— nos enseña el arte de vivir». La muerte es poderosa, porque cuando la vemos de cerca, nos ayuda a espabilarnos, a no aletargarnos, a exprimir nuestro paso por la Tierra al máximo y así evitar tener que arrepentirnos en nuestras últimas horas. El escritor Antonio Machado apuntaba: «La muerte es algo que no debemos temer porque, mientras somos, la muerte no es, y cuando la muerte es, nosotros no somos». La muerte es eso, otro momento más cuando llegue.

10. **LEALTAD. «Una promesa es una promesa [...]. Siempre intento cumplir mis promesas.»**
Ser una persona de palabra es algo esencial en las relaciones personales, aunque no suele ser habitual y mucho menos cuando hay intereses crematísticos de por medio. Durante su estancia en el ejército, Forrest le hace una promesa a su amigo Bubba (Mykelti Williamson): cuando acabe la guerra de Vietnam se dedicará junto a él al negocio de la pesca, por la que sentía pasión su compañero y era un verdadero experto. Sin embargo, la vida tenía otros planes y Bubba muere en el frente en un ataque enemigo. A pesar de ello, y fiel a su palabra, Forrest sigue adelante con lo prometido: compra un barco en Bayou La Batre, y junto al teniente Dan Taylor (Gary Sinise), montan la Bubba Gump Shrimp Company. Aquella aventura daría pingües beneficios, y Forrest se convierte en un gran empresario. Gana fama y fortuna, pero lejos de quedarse con toda ella, su sentido

de justicia le hace darle la parte proporcional a la familia de Bubba, ya que todo lo que había aprendido acerca del negocio de las gambas era gracias a su «más mejor amigo», quien afirmaba con orgullo e insistencia a Forrest: «Yo sé todo lo que hay que saber sobre el negocio de las gambas».

GUIDO OREFICE

Guido Orefice es el protagonista de la película *La vida es bella* (1997), una de las producciones cinematográficas más conmovedoras de las últimas décadas repleta de valores y enseñanzas para la vida. En vísperas de la Segunda Guerra Mundial, un joven italiano de origen judío llamado Guido (Roberto Benigni) llega a Arezzo, un pequeño pueblo de la Toscana italiana, con la intención de abrir una librería. Mientras tanto, y gracias a la ayuda de su tío Eliseo (Giustino Durano), consigue un empleo como camarero en el Grand Hotel. Guido conoce entonces a Dora (Nicoletta Braschi), una joven y bella profesora de la escuela Francesco Petrarca, de la que se enamora y con la que, tras una dura conquista, consigue casarse y tener un hijo, Giosuè (Giorgio Cantarini). Sin embargo, con la llegada de la guerra, los tres son internados en un campo de concentración nazi donde Guido tendrá que valerse de su ingenio para poder salvar la vida de su primogénito. *La vida es bella* se convirtió en la auténtica revelación cinematográfica de la gala de los Óscar de 1998, que escribió, dirigió y protagonizó el propio Roberto Benigni, y en la que le acompañó como compañera de reparto su esposa en la vida real. Como actor, Roberto Benigni había participado con anterioridad en cintas como *La voz de la luna* (1989), de Federico Fellini; *Bajo el peso de la ley* (1986) y *Noche en la tierra* (1991), ambas de Jim Jarmush; o *El hijo de la pantera rosa* (1993) de Blake Edwards. Como director realizó su primer trabajo con *Tu mi turbi* (1983), al que siguieron otras producciones como *Soy un pequeño diablo* (1988), *Johnny Palillo* (1991) o *El monstruo* (1994). Detrás de esta película se encuentran también el fotógrafo Tonino Delli Colli y el diseñador Danilo Donati, dos veteranos en el séptimo arte reconocidos por sus aportaciones al cine de Federico Fellini, Pier Paolo Pasolini o Sergio de Leone. La banda sonora, a cargo de Nicola Piovani, es otro de los grandes logros de este largometraje de casi dos horas de duración. Siete fueron las candidaturas a los Premios de la Academia americana y tres, las categorías que finalmente se llevó: mejor actor, mejor banda sonora y mejor película de habla no inglesa. Además, obtuvo el Premio del Jurado en el Festival de Cannes y el de Mejor Película y Mejor Director de los Premios del Cine Europeo. El tema del holocausto ha sido abordado desde diferentes puntos de vista a lo largo de la historia del cine como en *El gran dictador* (1940) de Charles Chaplin o *Casablanca* (1942) de Michael Curtiz, y en épocas más recientes en *La Lista de Schindler* (1993) de Steven Spielberg o *El Tren de la Vida* (1998) de Tim Blake Nelson, aunque en esta ocasión destaca por la originalidad con la que Benigni aborda el tema; una película que, como su título dice, es un canto a la vida a pesar de la adversidad y la dificultad.

1. **RESILIENCIA. «Ésta es una historia sencilla, pero no es fácil contarla. Como en una fábula, hay dolor, y como en una fábula, está llena de maravillas y de felicidad.»**

Con estas palabras en *off* comienza el largometraje de *La vida es bella*, una historia conmovedora donde conviven el amor y la crueldad, la alegría y la tristeza, la ilusión y el dolor, la pasión y la injusticia, la risa y el llanto. Ésa es la dualidad de la vida, y así aparece reflejada en la cinta en dos tramos diferenciados. En un primer tramo —los primeros cuarenta y cinco minutos—, somos testigos de grandes momentos entre Guido Orefice (Roberto Benigni) —el protagonista de la cinta— y su amada Dora (Nicoletta Braschi); y en un segundo tramo —el resto—, asistimos al sufrimiento que padecen ambos junto a su hijo Giosuè (Giorgio Cantarini) en un campo de concentración nazi durante la Segunda

Guerra Mundial. Desde un punto de vista cinematográfico, ambas partes están bien diferenciadas, como una metáfora de la propia vida: en la primera abunda el color (alegría) y en la segunda los tonos grises y azules plomizos (tristeza). A lo largo de la existencia, las circunstancias favorables y desfavorables se van alternando, tanto en lo profesional como en lo personal. Por eso, la clave está en disfrutar al máximo los buenos momentos y soportar con estoicismo los acontecimientos menos agradables. La resiliencia es esencial, otra cosa nos deja muy desamparados. Vivir no resulta siempre sencillo. El escritor japonés Haruki Murakami, autor de *Tokio Blues*, decía: «Lo que yo deseo, la fuerza que yo busco, no es aquella que te lleva a perder o a ganar. Tampoco quiero una muralla para repeler las fuerzas que lleguen del exterior. Lo que yo deseo es una fuerza que me permita ser capaz de recibir todo cuanto proceda del exterior y resistirlo».

2. **ACTITUD. «Debemos lograr mil puntos. Quien haga mil puntos gana el carro blindado de verdad.»**
Guido es ejemplo de muchas cosas, pero es un líder, sobre todo, en actitud; un ejemplo es cómo hace ver a su hijo que su cruda experiencia en el campo de concentración no es más que un juego en el que simplemente hay que ir sumando puntos: quien más resista, más puntos acumula. La conversación padre e hijo, nada más llegar al recinto, transcurre así:

—Dime, ¿qué juego es papá? —pregunta Giosuè.
—Si ganas te dan el primer premio.
—Pero dime, ¿qué premio es? —insiste el pequeño.

Entonces, es Eliseo (Giustino Durano), tío de Guido, el que interviene:

—Es un carro blindado.

—Yo ya tengo un carro blindado —dice Giosuè.

—Un carro blindado de verdad, nuevo, nuevo… —concluye Guido.

El chico, que es un apasionado de los tanques y que va con uno de juguete a todas partes, se muestra entonces entusiasmado ante el desafío. Decía Wayne W. Dyer que «la esencia de la grandeza humana radica en la capacidad de optar por la propia realización personal en circunstancias donde otros optan por la locura». A menudo, la diferencia entre unas personas y otras no reside tanto en los problemas con los que tenemos que lidiar (todos tenemos problemas), sino en la forma de encararlos. La actitud es lo único que tenemos bajo nuestro control, por tanto, es recomendable que sea positiva, de otro modo, la existencia se hace demasiado cuesta arriba. Una buena actitud no resuelve las dificultades, pero sí nos predispone a afrontarlas de otra manera, y eso ya es mucho. Gracias a la actitud de Guido, cuyo final es trágico, Giosuè consigue salvarse y es recogido por un tanque de las tropas aliadas que cree ser su premio. La película acaba también con una voz en *off*, en la que se oye decir al chico: «Ésta es mi historia, éste es el sacrificio que hizo mi padre, éste fue su regalo».

3. **COMUNICACIÓN. «Empieza el juego, quien no haya llegado ya no juega. Se precisan mil puntos. El primer clasificado ganará un carro blindado nuevo.»**
Así transcurre el inicio de una magistral escena en la que Guido se ofrece como voluntario para traducir del alemán las órdenes y reglas que rigen en el campo de concentración de boca de uno de los mandos de las SS (Schutzstaffel), momento que éste aprovecha para fingir que esas reglas tienen que ver con el juego que le ha explicado a su hijo para ganar mil puntos y conseguir el tanque. Merece reproducir

completa la traducción de Guido, todo un canto al ingenio y el humor:

—Empieza el juego, quien no haya llegado ya no juega. Se precisan mil puntos. El primer clasificado ganará un carro blindado nuevo. Menuda suerte. Cada día leeremos la clasificación por ese altavoz de allí, al último clasificado le colgaremos un cartel que dirá: Asno. Aquí en la espalda. Nosotros estamos en el equipo de los supermalos que gritan sin cesar. Quien tenga miedo pierde puntos. En tres casos se pierden todos los puntos: los pierden, uno, los que empiezan a llorar; dos, los que quieren ver a su mamá; tres, los que tienen hambre y piden la merienda. ¡Nada de eso! Es muy fácil perder puntos, porque hay hambre. Yo mismo ayer perdí cuarenta puntos porque no pude aguantar y pedí un panecillo de mermelada. De albaricoque. Y él de fresa. Y nada de chucherías porque nosotros no os vamos a dar, nos las comemos todas nosotros. Yo ayer me comí veinte. Me duele la barriga. Pero estaban buenas. Os lo aseguro. Perdonad que me vaya enseguida pero estamos jugando al escondite y si no, me tocara parar.

En cualquier proceso de comunicación —más aún cuando hay menores implicados de por medio— no todo el mundo tiene que saberlo todo. La recomendación es siempre la misma: se trata de transmitir lo que hay que comunicar, a quien sea necesario, en el momento oportuno y del modo más conveniente. No hay que trasladar los problemas a quienes nada pueden hacer por resolverlos, eso sería inquietarlos innecesariamente acerca de una realidad sobre la que poco pueden influir. Las crisis siempre aparecen en cualquier proyecto, personal o profesional, y cuando uno está al frente de un equipo es clave transmitir serenidad para que no cunda el pánico, y así poder pensar con mayor claridad y ejecutar con mayor precisión. Transmitir tensión a nuestros colaboradores no hace sino generar más caos.

4. **SENCILLEZ. «¿No has comprendido que para hacerme feliz hace falta muy poco? Un buen helado de chocolate, quizá dos, un paseíto...»**
Son palabras de Dora a su prometido Rodolfo (Amerigo Fontani), un funcionario del ayuntamiento que sólo está preocupado por su puesto y dorarle la píldora al prefecto de la ciudad, dejándola a ella en un segundo plano. La felicidad tiene mucho menos que ver con los focos, los fuegos artificiales y el confeti, y más con tener relaciones afectivas sólidas a las que dispensamos tiempo y atención. En el fondo, son las relaciones las que dan sentido a la vida. Quizá, por ello, Dora, a pesar de los convencionalismos sociales, no duda en abandonar a Rodolfo e irse con Guido, que es un tipo mucho más sencillo y normal, pero le ha demostrado una y otra vez que está muy enamorado de ella y le hace sentir especial en cada encuentro, además de hacerla reír con sus ocurrencias. No todo se soluciona con dinero, bienes materiales, estatus o fama. Unos mínimos son necesarios, pero luego son esenciales otros factores o las relaciones tienen un dudoso futuro.

5. **EMPRENDER/BUROCRACIA. «Quiero abrir una librería, ¿tomará mucho tiempo?»**
Peter Drucker, padre del *management* moderno, decía: «La función de la empresa es crear clientes —y añadía—: Dado que su objetivo es crear clientes, una empresa tiene dos funciones básicas, y sólo dos: el marketing y la innovación. El marketing y la innovación producen beneficios, lo demás son costes». Los emprendedores deberían estar centrados al cien por cien en dos cosas: *aportar valor* (innovación) y *vender* (marketing). Lo que justifica la creación de una empresa es satisfacer una necesidad o reducir un dolor; y luego hay que diseñar un modelo de negocio para que el *target* compre. Todo lo que suponga burocracia detrae recursos (tiempo, energía y dinero) para aplicarlos a lo real-

mente importante. Desde el punto de vista administrativo, crear una empresa debería ser algo ágil para así estar operando cuanto antes, de tal manera que todo el mundo gane: clientes (valor), empresa (beneficios), empleados (trabajo) y administraciones (impuestos). Por desgracia, no es algo que abunde, y las trabas, a menudo, suelen ser arduas. En la película se ve con claridad cuando Guido acude al ayuntamiento a realizar los trámites pertinentes para abrir una librería. La escena transcurre así:

—Quiero abrir una librería, ¿tomará mucho tiempo?

—Años —le contesta con desgana la funcionaria.

—Entonces será mejor que vayamos abriendo el expediente.

—Primero debe firmar una solicitud y la firmará el jefe de sección.

—Escriba —dice Guido—: «Yo Guido Orefice solicito…»

—No puede firmarla ahora.

Instantes después es el jefe de sección el que aparece en escena:

—Necesito una firma suya para abrir una librería —le dice Guido.

—Ahora mismo no puedo. Mi sustituto llegará. Pídasela a él.

—Sólo le pido una firma.

—A la una se cierra aquí.

—Faltan diez minutos.

6. CREATIVIDAD. «La cocina está cerrada… La cocina está abierta.»

La creatividad permite abrir puertas donde aparentemente sólo hay candados. La creatividad es la capacidad para encontrar soluciones. Es una cualidad especialmente relevante en entornos de incertidumbre como el actual, donde lo importante no es tener respuestas sino la habilidad para inventarlas. Guido es capaz de encontrar siempre alternativas a los múltiples inconvenientes que van apareciendo por el camino: a la hora de conquistar a su mujer, en su actividad como camarero o en su obligación como padre. Son numerosas las escenas donde su ingenio le ayuda a sortear los obstáculos y le salva de situaciones comprometidas. Especialmente destacable es la escena en la que entra en el hotel a última hora del día un huésped que quiere cenar algo cuando la cocina está ya cerrada. A pesar de ello, y dado que le sugieren una suculenta propina, se las apaña para pasar la comida de un cliente al que se le han quitado las ganas de cenar al nuevo comensal recién llegado. Su ingenio para dirigir la conversación y que el cliente elija lo que ya tiene preparado (salmón, ensalada y una copa de vino blanco) no tiene desperdicio. La habilidad para convertir amenazas en oportunidades es propia de las personalidades más espabiladas, ésas que habitualmente se llevan el gato al agua.

7. **FAMILIA. «¡Buenos días, princesa! Anoche, soñé contigo.»**
   Viktor Frankl, que también estuvo preso en un campo de concentración, decía que «la vida no se vuelve insoportable por las circunstancias, sino por la falta de sentido y propósito». Cuando uno tiene a su cargo familia e hijos, es capaz de soportar las adversidades con más dignidad sin venirse abajo. Acordarse de la familia en los momentos menos gratos es una de las sugerencias más recomendables para no dejarse derrocar por los acontecimientos. Cuando el propósito guía nuestros pasos, nos volvemos más fuertes. Son memorables los momentos en los que Guido es capaz de despistar a los soldados alemanes y dirigirse a Dora por medio de los altavoces del campo de concentración al grito de:

—¡Muy buenos días, princesa! Anoche, soñé contigo, íbamos al cine, llevabas ese vestido rosa que tanto me gusta.

Luego es su hijo Giosuè el que se dirige a ella:

—¡Mamá! ¡Mamá! Papá me lleva en la carretilla y ya sabe conducir. Y me hace morir de risa. Vamos ganando. ¿Cuántos puntos llevamos, papá?

Más adelante, ya casi al final de la cinta, sucede algo parecido cuando Guido pincha en una gramola el dulce canto de la barcarola «Belle nuit, ô nuit d'amour» ('¡Bella noche, oh, noche de amor!') de *Los cuentos de Hoffmann* de Jacques Offenbach, misma composición que ambos habían escuchado en el teatro la primera noche que se conocieron formalmente y que fue el preludio de su relación. Una máxima latina dice: *Omnia vincit amor* ('Todo lo vence el amor'). Al final, el amor (a la familia, a los amigos, a la vida…) es lo que nos salva cuando las circunstancias se vuelven insoportables. El escritor ruso León Tolstói nos recordaba: «Lo más difícil de todo, aunque lo más importante, es amar la vida; amarla incluso cuando se sufre, porque la vida lo es todo. La vida es Dios y amar la vida significa amar a Dios».

8. **VOCACIÓN DE SERVICIO. «Acuérdate de los girasoles. Se inclinan ante el sol, pero si se inclinan demasiado es que están muertos. Tú sirves, pero no eres un sirviente.»**
Son palabras de Eliseo a Guido, quien le da este consejo en sus primeros días como camarero. El *servant leadership* (liderazgo de servicio) —término acuñado por Robert K. Greenleaf hace más de setenta años— es un tema que no deberían olvidar quienes ocupen puestos de mando. El liderazgo es, sobre todo, vocación de servicio: crear un con-

texto donde el talento pueda florecer; pero el término *servicial* no es sinónimo de *servilismo*. El *servilismo* implica una actitud de inferioridad, mientras que el *servant leader* (líder de servicio) lo que busca es el empoderamiento de su gente, generar libertad y responsabilidad. Eliseo también le dice a Guido: «Servir es el arte supremo. Dios es el primer servidor. Dios sirve al hombre, pero no es sirviente de hombres».

El concepto de *servant leadership* le surgió a su autor a raíz de leer el libro *Viaje a Oriente*, de Hermann Hesse. En la novela —la segunda más importante tras *Siddartha*—, se relata a modo de alegoría la historia del viaje de un grupo a Oriente. En un momento dado, el personaje de Leo, aparentemente un simple criado, desaparece, haciendo que el grupo se desoriente, cayendo en la ansiedad y la duda. Nadie le había prestado demasiada atención hasta ese instante, pero desde entonces, el grupo comienza a pelearse y separarse. Lo mismo sucede con los grandes líderes: cuando están presentes, pasan desapercibidos; cuando están ausentes, se les echa en falta.

9. VALENTÍA/PERSEVERANCIA. «Lo viste, ¿no es bella? Le gusta que nos encontremos de improviso.»

Para que las cosas ocurran hay que ser proactivos y dar pasos al frente. Esperar a que se alineen todos los astros para que suceda aquello que deseamos no parece la opción más interesante. Guido está loco por Dora, pero ésta, aunque le parece un tipo simpático, no le echa muchas cuentas. Sin embargo, él tiene las cosas claras, apuesta fuerte y no ceja en su empeño de conquistarla. En un «encuentro casual», ella le dice:

—Seguimos encontrándonos siempre así de improviso.

—Bueno, es cierto, pero podríamos organizarnos. ¿Hoy a las ocho? —contesta Guido.

—No, es más bello así… Espero encontrarlo otra vez de improviso.

—Hasta el siguiente encuentro, princesa.

Las largas de Dora, sin embargo, no parecen desanimarle, sino que le sirven de acicate para provocar nuevos «encuentros casuales» como en la escuela Francesco Petrarca (donde ella da clases) o en el teatro para escuchar ópera. Su constancia, al final, acaba dando frutos y Dora termina enamorándose de él —de su alegría, sentido del humor, ingenio y admiración que le muestra—, y dejando a su anterior pareja.

10. DECEPCIÓN. «Ayúdame Guido, por el amor del cielo. Ayúdame, no logro dormir.»

En general, pocas personas están interesadas en los problemas de los demás. El doctor Lessing (Horst Buchholz) —el médico de los nazis— hizo en su día buenas migas con Guido cuando éste trabajaba en el Grand Hotel; sin embargo, cuando Guido solicita sus favores en el campo de concentración, su única preocupación es resolver una adivinanza que le obsesiona. ¡Cuántas veces quienes más esperamos que acudan a nuestro auxilio son los que al final menos predispuestos están a echarnos una mano! A lo largo de la vida, las decepciones siempre existen, de amigos, familia, compañeros o parejas. Poner demasiadas expectativas en los demás no es la estrategia más recomendable. El ser humano es egoísta por naturaleza, siempre busca aquella alternativa que le produce más beneficio o el menor inconveniente. Cuando surgen problemas, son muchos los que abandonan el barco y no quieren saber nada. Guido, ingenuo en un primer momento, dice refiriéndose a él: «Quizá me quiere ayudar a salir de aquí».

Nada más lejos de la realidad. A pesar de la dura situación por la que atraviesa, con su mujer e hijo sufriendo los horrores nazis, el doctor Lessing sólo le quiere para que le ayude a resolver un pasatiempo que le trae de cabeza desde hace tiempo. Así le dice: «Ayúdame, Guido, por el amor del cielo. Ayúdame, no logro dormir».

JAMES CLEAR

James Clear (1986) es un consultor y autor norteamericano, especialista en formación de hábitos. Su web, <jamesclear.com>, recibe más de dos millones de visitas mensuales, y su curso online «Habits Academy» es seguido por miles de estudiantes en todo el mundo. En estos espacios explica el arte y ciencia de la formación de hábitos para tener mejor calidad de vida, y su experiencia y conocimientos están basados en los estudios de ciencias como la biología, la neurociencia, la psicología o la filosofía. Considerado un referente mundial en este ámbito, es conferenciante en universidades de todo el mundo, orador habitual en empresas del *Fortune* 500, y consultor para equipos de la NFL, NBA y MLB. Asimismo, colabora regularmente en medios como *Time*, *Entrepreneur*, *Business Insider* y *Lifehacker*. Es autor del bestseller internacional *Hábitos atómicos*, con el subtítulo: *Cambios pequeños, resultados extraordinarios*, del que se han vendido más de siete millones de ejemplares y ha alcanzado el número uno entre los libros más vendidos de *The New York Times*. En esta obra Clear señala que el cambio real proviene del resultado de cientos de pequeñas decisiones: hacer dos flexiones al día, levantarse cinco minutos antes o hacer una corta llamada telefónica. A estas decisiones las denomina «hábitos atómicos»: *tan pequeños como una partícula, pero tan poderosos como un tsunami*. También es autor de *Diario de hábitos*, en el que, como él mismo apunta, «surge tras muchos meses de investigación acerca de qué factores hacen que un diario sea efectivo y qué tipo de notas son útiles para construir hábitos. He probado docenas de diarios y de métodos, y éste resuelve los problemas más comunes que tienen la mayoría de los diarios que existen en el mercado».

1. **Los hábitos que pueden parecer pequeños y poco significativos se transforman en resultados extraordinarios si tienes la voluntad de mantenerlos.**
Todos nos enfrentamos a retos a lo largo de nuestra vida, y la mejor forma de superarlos es gracias a nuestros *hábitos atómicos*. De manera más concreta:

- *Hábito*: rutina o práctica que se realiza de manera regular. Una respuesta automática a una situación específica.
- *Atómico*: una cantidad extremadamente pequeña de una cosa. La unidad más pequeña e irreductible que forma parte de un sistema mayor.

Como apunta James Clear: «Si mejoras tus hábitos, cualquier cosa es posible». La calidad de tu vida depende de la calidad de tus hábitos. Lo mejor de los hábitos es que te dan la sensación de tener el control de tu vida. La clave está en conseguir pequeños triunfos y modestos avances que con el tiempo acaban haciendo una notable diferencia. No es cuestión de grandes acciones, sino de pequeñas mejoras cotidianas: «Así como los átomos son los ladrillos que conforman las moléculas —apunta Clear—, los hábitos son los ladrillos de los resultados extraordinarios. Los hábitos son como los átomos de nuestra vida».

2. **Los hábitos son el interés compuesto de la superación personal.**
Los efectos de tus hábitos se multiplican en la medida que los repites cada día. Cada día suma, cada día importa: *pequeños cambios, grandes resultados*. Sin embargo, esto resulta poco atractivo desde el punto de vista de la motivación. La explicación es sencilla: si ahorras un poco, no te conviertes en millonario de manera instantánea. Igual que si vas durante un par de meses a clases de chino no eres bilingüe en mandarín. El ritmo lento de los hábitos hace que

su proceso sea descorazonador y sea muy fácil volver a la mala vida. Esa lentitud a la hora de transformar hábitos favorece seguir instalado en viejas prácticas: si comes poco saludable hoy, la báscula no lo va a notar inmediatamente. Por eso es crítico estar mentalmente preparado por anticipado, sabiendo que el éxito nunca es producto de transformaciones drásticas que se hacen una vez en la vida, sino de pequeñas acciones insignificantes continuadas que con el tiempo acaban marcando una gran diferencia. James Clear nos lo cuenta con un ejemplo muy ilustrativo: «El impacto creado por un cambio en nuestros hábitos es similar al efecto que provoca alterar la ruta de un avión apenas unos grados. Imagina que estás volando de Los Ángeles a Nueva York. Si el piloto en el despegue ajusta la dirección 3,5 grados al sur, llegaría a Washington en lugar de a Nueva York. Ese pequeño cambio apenas se notaría en el despegue. La punta del avión apenas se movería un par de metros, pero si se mantuviera durante el vuelo, llegaría a un lugar a cientos de kilómetros del destino original». En definitiva, no importa el éxito (fracaso) que tengas en este momento —es inapreciable—, sino si tus hábitos te están conduciendo a donde quieres ir. Más importante que la velocidad es la dirección: obtienes lo que repites. Tus hábitos actúan de manera acumulativa, tanto a favor como en contra. El tiempo magnifica la diferencia entre el éxito y el fracaso.

3. **No te elevas al nivel de tus *metas*, desciendes al nivel de tus *sistemas*.**
   Más importantes que las metas son los sistemas. Las *metas* son los resultados que quieres conseguir; los *sistemas* son los procesos que tienes que seguir para lograrlos. Las *metas* son apropiadas para establecer una dirección; los *sistemas* son adecuados para lograr progresos. Los buenos (malos) resultados son la consecuencia de los buenos (malos) *sistemas*. O como apunta Bill Walsh, tres veces campeón de la Super Bowl:

«El marcador se encarga de sí mismo». Las *metas*, a diferencia de los *sistemas*, tienen cuatro problemas:

1. *Los ganadores y perdedores comparten las mismas metas*: por tanto, tener metas no es suficiente para lograrlas.
2. *Alcanzar un meta es un cambio momentáneo*: puedes limpiar y tener la habitación ordenada hoy, pero mañana regresa el polvo y hay que barrer de nuevo.
3. *Las metas restringen la felicidad*: si tu felicidad depende de un resultado, vivirás en un estado de infelicidad continuo. Las metas son una estación de llegada, el resto es camino. Hay que enamorarse del proceso.
4. *Las metas no coinciden con el progreso a largo plazo*: hay personas que cuando alcanzan un objetivo (bajar peso) se relajan y vuelven a las andadas. La clave está en la consistencia.

James Clear escribe en *Hábitos atómicos*: «Si tienes problemas para cambiar tus hábitos, el problema no eres tú. El problema es tu sistema. Los malos hábitos se repiten no porque tú no los quieres cambiar, sino porque tienes un sistema que no funciona».

4. Existen cuatro leyes del cambio de conducta que se asocian a los cuatro pasos del ciclo de los hábitos.

El proceso de construir un hábito puede dividirse en cuatro pasos que se enmarcan dentro de un marco de referencia (reglas): las cuatro leyes del cambio de conducta. En concreto:

1. Hazlo *obvio* (señal).
2. Hazlo a*tractivo* (anhelo).
3. Hazlo *sencillo* (respuesta).
4. Hazlo *satisfactorio* (recompensa).

Cada regla es una palanca que ejerce influencia en la conducta humana. Cuando las palancas están en la posición apropiada, la creación de hábitos buenos requiere menos esfuerzo; cuando están en una posición incorrecta, es prácticamente imposible lograrlo. Como escribe Clear: «Si alguna vez te has hecho las siguientes preguntas: ¿por qué no logro hacer lo que me propongo? ¿Por qué no bajo de peso o dejo de fumar o ahorro para mi jubilación o empiezo un negocio adicional? ¿Por qué digo que algo es importante pero nunca logro dedicarle el tiempo necesario? Las respuestas a estas preguntas pueden encontrarse dentro de estas cuatro leyes. La clave para crear buenos hábitos y eliminar los malos es comprender cómo funcionan estas leyes fundamentales. Cualquier meta está destinada a fracasar si va contra la esencia de la naturaleza humana. Tus hábitos son moldeados por los sistemas que hay en tu vida». Por eso, las cuestiones a responder cuando queramos cambiar nuestros hábitos son cuatro:

1. ¿Cómo puedo hacerlo *obvio*?
2. ¿Cómo puedo hacerlo *atractivo*?
3. ¿Cómo puedo hacerlo *sencillo*?
4. ¿Cómo puedo hacerlo *satisfactorio*?

Este patrón de cuatro pasos representa la columna vertebral de los hábitos, y es como un circuito de retroalimentación. Mediante este ciclo de hábitos, la mente analiza continuamente el ambiente que le rodea, prediciendo lo que va a ocurrir después, tratando de ensayar distintas respuestas y aprendiendo de los resultados.

5. **Primera ley: *hazlo obvio* (señal).**
Para promover un cambio, lo primero es identificar una *señal* que indique que algo merece la pena. Continuamente buscamos *señales* en el entorno que nos abren los ojos

sobre el camino a seguir para mejorar nuestra vida a nivel personal y profesional. Cuando leemos, viajamos, escuchamos pódcast, vemos vídeos, observamos a otras personas o nos relacionamos con amigos y compañeros, siempre estamos alerta para captar pistas que nos indiquen sobre los caminos para conseguir más y de manera más eficiente. La *señal* nos despierta del letargo. James Clear escribe: «La *señal* desencadena el proceso en tu cerebro que inicia una determinada conducta. Se trata de una pequeña porción de información que anticipa la recompensa. Nuestros ancestros prehistóricos se mantenían atentos a las *señales* que indicaban la localización de recompensas primarias como alimento, agua y sexo. En nuestros días, pasamos la mayor parte del tiempo esperando *señales* que anticipen recompensas secundarias como dinero y fama, poder, estatus, reconocimiento y aprobación, amor y amistad o un estado de satisfacción personal. Por supuesto, al perseguir estas recompensas secundarias, también incrementamos, aunque sea de manera indirecta, nuestras posibilidades de supervivencia y reproducción, que en última instancia son el motivo principal de todo lo que hacemos. Tu mente continuamente analiza tu ambiente interno y externo para localizar pistas de dónde se localizan las recompensas».

6. **Segunda ley: hazlo *atractivo* (anhelo).**
Hay muchas *señales* que nos indican cómo podemos conseguir más y de forma más eficiente, pero no todas nos interesan de la misma manera. Observando a algunas personas trabajando en sus negocios online podemos ver una señal de cómo generar ingresos pasivos, pero no sentir anhelo por esa actividad porque no forma parte de nuestras motivaciones profundas. Los *anhelos* son la fuerza motivadora que hay detrás de cada hábito. Sin una cierta motivación (deseo) —sin anhelar el cambio—, no hay razones para ac-

tuar. Las *señales* carecen de significado hasta que son interpretadas. Los pensamientos, sentimientos y emociones del observador son lo que transforma una *señal* en *anhelo*. Los *anhelos* dan sentido a las *señales* y difieren de unas personas a otras porque las motivaciones de cada individuo son distintas. Los seres humanos no anhelamos un hábito en sí, sino el cambio de estado (recompensa) que trae: no anhelas fumar un cigarrillo, sino el estado de relajación que produce fumar ese cigarrillo. El *anhelo* es el que dota de importancia a la *señal*.

7. **Tercera ley: hazlo *sencillo* (respuesta).**
La *respuesta* es justamente el hábito que realizas. Que la *respuesta* ocurra o no, depende de cuán motivada está una persona y cuánta resistencia está asociada a la conducta.

- *A mayor motivación, más tendencia a hacer el hábito*: el grado de anhelo por algo incide decisivamente en nuestros comportamientos.
- *A mayor resistencia, menos tendencia a hacer el hábito*: si una acción requiere más esfuerzo del que se está dispuesto a invertir, no se realizará.

Por decirlo de otra manera, el *anhelo* (deseo) es importante, pero siempre va asociado a un precio que hay que pagar que no todo el mundo está dispuesto a asumir. Sacarse una oposición para a funcionario como abogado del Estado puede ser deseado (anhelo) por muchas personas, pero pocas están dispuestas a hacer el sacrificio (respuesta) de pasarse cinco o seis años estudiando entre ocho y diez horas diarias. Para el ser humano, el cambio es ideal cuando hay un gran deseo y baja resistencia, si bien cuanto mayor es el deseo más dispuesto se está a soportar las dificultades asociadas a un cambio de conducta.

8. **Cuarta ley: hazlo *satisfactorio* (recompensa).**
La *respuesta* conduce a la *recompensa.* Es la meta final de cada hábito. La *señal* es darse cuenta de cuál será la recompensa; el *anhelo* consiste en desear obtener la recompensa; la *respuesta* consiste en obtener la recompensa; y la *recompensa* persigue dos propósitos:

1. *Satisfacer tu anhelo*: el deseo se ve materializado gracias a la recompensa. Objetivo cumplido.
2. *Enseñarnos qué acciones son útiles*: gracias al ensayo y error descubrimos cuál es la mejor forma de hacer las cosas.

Estos cuatro pasos del ciclo de los hábitos se pueden dividir en dos fases: la fase del *problema* (señal y anhelo) y la fase de la *solución* (respuesta y recompensa). La fase del *problema* acontece cuando nos damos cuenta de que es necesario cambiar algo; la fase de la *solución* sucede cuando decides pasar a la acción y logras el cambio que deseas. Si una conducta resulta insuficiente en cualquiera de las cuatro etapas, no se convertirá en hábito:

- Si desaparece la *señal,* tu hábito nunca va a comenzar.
- Si reduces el *anhelo*, no encontrarás suficiente motivación para actuar.
- Si la *conducta* es demasiado difícil, no serás capaz de realizarla.
- Si la *recompensa* es incapaz de satisfacer tu deseo, no habrá una razón para que la repitas en el futuro.

En resumen: sin los tres primeros pasos (señal, anhelo, respuesta), la conducta no ocurrirá; sin el cuarto paso (recompensa), la conducta no se repetirá. La *señal* desencadena el *anhelo*, el *anhelo* motiva la obtención de una *respuesta* y la *respuesta* nos brinda una *recompensa.* Estos cuatro pasos no son algo que suceda puntualmente, sino que es un circuito de retroalimentación que está activo permanentemente. Clear explica: «El cerebro está escaneando constantemente el ambiente, prediciendo lo que va a acontecer a continuación, experimentando con diferentes respuestas y aprendiendo de los resultados. El proceso entero se completa en una fracción de segundo, y hacemos uso de él una y otra vez sin darnos cuenta conscientemente».

9. **El verdadero cambio de conducta es un cambio de identidad.**
Dice Clear: «Puedes iniciar un hábito porque tienes la motivación para adquirirlo, pero la única razón por la que lo mantienes y cultivas es porque se convierte en parte de tu identidad». Cualquiera puede tener la motivación suficiente para ir al gimnasio o comer sano un par de días por semana, pero si no se cambia el sistema de creencias que hay detrás de esa conducta, es muy complicado desarrollar hábitos a largo plazo. Dicho de otra manera:

- No se trata de leer un libro, sino de convertirse en lector.
- No se trata de correr una maratón, sino de ser corredor.
- No se trata de aprender un instrumento, sino de convertirse en músico.

Tus conductas son un reflejo de tu identidad. La persona que incorpora el ejercicio físico a su identidad (soy una persona sana), no tiene que convencerse a sí misma de entrenar. Hacer lo correcto es sencillo. Después de todo, cuando tu conducta y tu identidad están completamente sincronizadas, ya no intentas lograr cambios de conducta. Simplemente lo haces, estás actuando como la persona que tú crees que eres. La persona para la que la belleza es parte de su identidad (soy atractivo), no tiene que convencerse a sí misma para prestar atención a los cuidados estéticos. Lo hace de manera natural. Una vez que has adoptado una identidad, es más fácil que tu lealtad hacia ella influya en tu conducta. Por eso, lo más importante es identificarte (y empezar a actuar) como la persona en quien quieres convertirte.

10. La mejor manera de cambiar *quién* eres, es cambiar lo que *haces*.

La mejor forma de cambiar tu identidad es a través de tu conducta: tu identidad surge a partir de tus hábitos. Cuanto más repites una conducta, más refuerzas la identidad asociada a esa conducta. De hecho, la palabra identidad procede de los términos en latín: *essentitas*, que significa ser o existir, e *identidem*, que significa repetidamente. Eso es, literalmente, la *repetición del existir*. Por tanto, si quieres cambiar tu identidad poco a poco, lo mejor es empezar a comportarte poco a poco como la persona en que te gustaría convertirte. Todas las cosas importantes provienen de comienzos modestos:

- Cada vez que escribes, te vuelves un poco más escritor.
- Cada vez que entrenas, te vuelves un poco más atleta.
- Cada vez que viajas, te vuelves un poco más viajero.
- Cada vez que hablas en público, te vuelves un poco más orador.
- ...

Tus hábitos no son las únicas acciones que influyen en tu identidad, pero debido a su frecuencia, suelen terminar siendo las más importantes. Cada acción (experiencia) moldea *parcialmente* tu identidad. Y esas acciones acumuladas acaban moldeando tu identidad *totalmente*. A su vez, el cambio de identidad refuerza la confianza en uno mismo que empuja a seguir con esas acciones. De manera resumida: *tus hábitos moldean tu identidad y tu identidad moldea tus hábitos*. Es un círculo virtuoso que se retroalimenta. Con palabras de Clear: «El cambio de identidad es la estrella polar que guía el cambio de hábitos». Por eso, el primer y más importante paso de este proceso no es *qué* o *cómo* sino *quién*. Necesitas saber quién quieres ser. Puedes elegir la identidad que quieras reforzar hoy mismo con los hábitos que escojas hoy. Los hábitos no consisten en *obtener algo*, sino en *convertirte en alguien*. Tus hábitos importan porque te ayudan a convertirte en el tipo de persona que deseas ser. Son el canal principal a través del cual desarrollas y cultivas las creencias más profundas acerca de ti mismo. Son el mejor camino para ayudarte a construir una nueva identidad. De manera literal: te conviertes en tus hábitos.

JAY SHETTY

Jay Shetty (1987), nacido en la India y criado en Londres, es un exmonje budista, escritor y coach. Pasó tres años en la India tras conocer al monje Gauranga Das en unas charlas sobre estilo de vida minimalista en la Cass Business School de la Universidad de Londres, donde estudiaba. Tras seguir al guía espiritual por todo Reino Unido, Shetty decidió alternar las finanzas con la túnica y viajar durante sus vacaciones a la India para devorar los textos sagrados. Una vez graduado, se mudó a Bombay para formarse como monje en un *ashram*, un lugar de enseñanza y meditación hinduista en el que se vive con muy poco y se duerme en el suelo. Tres años después, bajo la recomendación de su maestro, dejó la austeridad absoluta para volver a la capital británica con la misión de compartir su experiencia y sabiduría con el mundo. A su vuelta empezó a trabajar en el campo de la estrategia digital y consiguió un trabajo para llevar las redes sociales de la firma Accenture, desde donde llamó la atención de Arianna Huffington, que lo contrata para producir vídeos para el *Huffington Post*, en Nueva York. En poco tiempo, su fama creció como la espuma hasta convertirse en el presentador del podcast *On Purpose*, el número uno del mundo en temática de salud y bienestar (con más de sesenta millones de descargas) por el que han desfilado numerosas personalidades de renombre como Ray Dalio, Alicia Keys, Khloe Kardashian, Kobe Bryant, Gisele Bundchen, Rob Lowe, Gwyneth Paltrow y Matthew McConaughey, entre otros muchos. Sus enseñanzas y experiencia las plasmó en el bestseller *Piensa como un monje*, con subtítulo: *Entrena tu mente para la paz interior y consigue una vida plena*. En el libro relata sus vivencias y aprendizajes durante su estancia en la

India. Shetty fue incluido en la lista de *Forbes* de las treinta personas menores de treinta años más influyentes del mundo.

1. Un monje es simplemente un viajero, sólo que el viaje es hacia dentro.

¿Por qué el título del libro de Shetty es *Piensa como un monje*? Porque los monjes son especialistas en el arte de vivir: cómo ser más felices y tener una vida más plena. Shetty nos dice: «Si quisieras saber cómo dominar una cancha de baloncesto, recurrirías a Michael Jordan. Si anhelaras innovar, quizá te fijaras en Elon Musk. Para aprender a interpretar podrías estudiar a Beyoncé. ¿Y si quisieras entrenar tu mente para hallar paz, tranquilidad y un propósito de vida? Los monjes son expertos en la materia». Los científicos que estudiaron el cerebro del monje budista Matthieu Ricard, lo consideraron «el hombre más feliz del mundo» después de hallar en él el nivel más elevado de ondas gamma —las asociadas a la atención, la memoria, el aprendizaje y la felicidad— registrado en la historia de la ciencia. No fue el único caso. Otros veintiún monjes a los que les escanearon el cerebro durante distintas prácticas de meditación mostraron unos picos de ondas gamma más altos y más largos que los de las personas que no meditaban. Shetty nos dice: «Los monjes pueden resistir las tentaciones, abstenerse de criticar, lidiar con el dolor y la ansiedad, acallar el ego y llevar una vida llena de propósito y sentido. ¿Por qué no aprender de las personas más tranquilas, felices y centradas del mundo?».

2. Un monje no nace, se hace. Son personas con orígenes de todo tipo que han decidido transformarse.

Tenemos la idea de que los monjes son personas que desde bien pequeñitas tenían clara su vocación espiritual. Pero no es así. Si bien algunos podrían tener ya una fuerte orientación espiritual a edades tempranas, no es el caso de otros muchos. Matthieu Ricard (al que hemos citado antes) era biólogo en su vida anterior; Andy Puddicombe (creador de la aplicación para meditar Headspace) se formó como artista circense; otros proceden del mundo de las finanzas o son artistas de rock. Los hay de todo tipo. Se han criado en colegios, pueblos y ciudades normales como la mayoría de la gente. Como es el caso del propio Jay Shetty: «No hace falta que enciendas velas en casa, te pasees descalzo ni que publiques fotos de ti haciendo la postura del árbol en la cima de una montaña. Convertirse en monje es una actitud que cualquiera puede adoptar». Todas estas personas variopintas, sin embargo, eran personas inquietas espiritualmente, que sentían un profundo deseo de cambio, de crecer como personas y tener una mentalidad diferente. También Shetty apunta: «Un laico que aspira conscientemente a vivir siempre el *ahora* es un monje».

3. **Si yo puedo aprender a pensar como un monje, cualquiera puede.**
Cualquiera puede transformarse a sí mismo, si toma conciencia de su situación actual, es valiente para atreverse a iniciar el camino, y tiene una fuerte determinación para sufrir y aguantar el proceso de mejora. No es fácil, ni inmediato, ni gratuito... pero es posible, y eso es lo importante. Cada cual debe decidir si le merece la pena o no. Jay Shetty era un chico como cualquier otro. Rebelde en un primer momento —que había coqueteado con las drogas y el alcohol— y más centrado después. La visita del monje Gauranga Das, que más tarde sería su maestro, para dar una charla en Londres sobre el estilo de vida minimalista —a la que fue por insistencia de un amigo— marcaría un antes y un después en su periplo vital. Dejaría a un lado el traje y la corbata propios de la *City* británica y se instalaría en un *ashram* —el lugar de meditación y enseñanza budista— en

Bombay, donde leía y estudiaba textos antiguos, meditaba y trabajaba de voluntario. Poco a poco, las enseñanzas de los monjes se fueron filtrando en su mentalidad y estilo de vida hasta interiorizarlas. Tendemos a sobrevalorar los grandes logros de otras personas y a infravalorar nuestro potencial, y eso es erróneo. Cualquier meta es factible si la troceamos en pequeños pasos, somos consistentes en su camino y tenemos paciencia.

4. **Lo que más me llamó la atención cuando estudié la filosofía de los monjes es que en los últimos tres mil años los humanos no hemos cambiado realmente.**
Las grandes cuestiones humanas son hoy las mismas que antaño. La vida cambia, pero los principios fundamentales que la rigen son siempre los mismos: son eternos. Odio, rencor, venganza, envidia, poder, ego, perdón o compasión, son sólo algunas cuestiones trascendentales que se repiten sistemáticamente siglo tras siglo. Existe una sabiduría intemporal —una sabiduría de vida— que es aplicable con independencia de las coordenadas de espacio y tiempo. Por ejemplo, el Bhagavad Gita (literalmente Canción de Dios) —que se basa en los Upanishads, unos escritos realizados entre el 800 y el 400 a. C.— es una especie de manual de vida universal e intemporal. De hecho, Eknath Easwaran, escritor espiritual que ha traducido muchos textos sagrados, lo ha denominado como «el regalo más importante de la India al mundo». Los textos clásicos nunca mueren, y si han pervivido durante tanto tiempo es por algo, así que conviene estudiarlos, reflexionar sobre ellos e interiorizarlos.

5. **La ciencia respalda en buena parte la sabiduría de los monjes.**
De ello ya hemos hablado en otras ocasiones, por ejemplo, al referirnos a la felicidad, una de las grandes cuestiones hu-

manas. Los filósofos siempre se han preocupado por este tema, que no es otra cosa que la práctica de la virtud, pero hoy día existe una «ciencia de la felicidad», es decir, sabemos empíricamente aquello que nos hace felices. Las investigaciones científicas han confirmado lo que muchos textos antiguos —Bhagavad Gita, la Biblia, el Kybalión...— ya nos enseñaban hace miles de años. En *Piensa como un monje*, el autor escribe: «Durante milenios, ellos han creído que la meditación y la conciencia son beneficiosas, que la gratitud es positiva o que la voluntad de servicio te hace más feliz. Ellos desarrollaron prácticas en torno a estas ideas mucho antes que la ciencia moderna pudiese desarrollarlas o validarlas. Cada día descubro que la actitud de los monjes da resultado, que la sabiduría antigua sigue teniendo una vigencia increíble hoy». El objetivo de *Pensar como un monje* es «tener una vida libre de ego, envidia, avaricia, ansiedad, ira, amargura y lastre», apunta Shetty. Y añade: «En mi opinión, adoptar su actitud no sólo es posible, es necesario. No tenemos otra alternativa. Debemos hallar calma, sosiego y paz». La filosofía de los monjes nos sirve para superar la negatividad, encontrar nuestro propósito, evitar la comparación con otros, usar el miedo a nuestro favor o tener desapego del resultado, entre otras muchas cuestiones: «La felicidad —se nos dice— consiste en sentirse bien con uno mismo, tener relaciones estrechas y hacer del mundo un lugar mejor». La felicidad no tiene nada que ver con llevar una vida estridente, sino con un estado de tranquilidad interior; o como apunta la escritora Isabel Allende, «la felicidad no es exuberante ni bulliciosa, como el placer o la alegría. Es silenciosa, tranquila, suave, es un estado interno de satisfacción que empieza por amarse a sí mismo».

6. **La actitud del monje nos saca de la confusión y la distracción y nos ayuda a encontrar claridad, sentido y orientación.**

La actitud del monje poco tiene que ver con el ruido, la velocidad y el tumulto, y sí mucho con la calma, la tranquilidad y una cierta distancia. Sólo en esos espacios es posible un diálogo fructífero con uno mismo. La claridad y la perspectiva la proporcionan a menudo una cierta soledad que permite el recogimiento: «Si estás siempre rodeado de ruido o pendiente de lo que pasa en el mundo, nunca sabrás lo que está bien o mal para ti», señala Shetty con agudeza. Si no te detienes a escucharte, los factores externos te llevarán a un propósito que no es el tuyo. En el silencio diferencias tu voz del ruido. Desconectarse del mundo permite encontrarse consigo mismo. Pero claro, una cosa es saber lo que hay que hacer y otra es hacerlo, y en la sociedad en que vivimos no es sencillo encontrar ratos de silencio en el día a día para estar con nosotros. Por eso, para conseguirlo, Shetty recomienda «cambiar un poco los hábitos, acostarse más temprano o levantarse antes, por ejemplo», ya que «sólo así podrás escuchar tu voz interior, saber qué es lo realmente importante para ti y aprender a seguir tu corazón». *Hacer lo correcto con la intención incorrecta* es tan peligroso como *hacer lo incorrecto con la intención correcta*. La clave es tener un propósito adecuado —el nuestro, único e intransferible— y ejecutarlo oportunamente. El sentido de la vida es personal, y tú debes encontrar el tuyo: «Cuestiónate por qué tus metas están ahí y si están alineadas con lo que quieres manifestar en el mundo. Libérate de las ideas externas de éxito y crea intenciones con significado».

7. **Cuando intentes llevar una vida lo más auténtica posible, algunas de tus relaciones correrán peligro.**
No puedes llevar una vida auténtica sin decepcionar a algunas personas. La autenticidad, como todo, no es gratuita. También implica un peaje, a veces el del distanciamiento de alguna gente, pero «perderlas es un riesgo que vale la

pena asumir», nos recuerda Shetty. Tenemos demasiado miedo a «dejar ir», a soltar lastre, a desapegarnos de lo conocido... pero ése es el verdadero camino de la realización personal: «Tu nueva vida te costará la anterior», enfatiza Shetty. No es fácil, no lo vamos a negar; descubrir quiénes somos es un proceso duro y complejo. La siguiente metáfora es un buen ejemplo de lo que queremos transmitir, enseñanza que el monje Gauranga Das le transmitió a Shetty. Así lo relata él mismo:

> Estamos en un almacén repleto de libros abandonados y cajas llenas de trastos. A diferencia del resto del *ashram*, siempre ordenado y barrido, este sitio está cubierto de polvo y telarañas. El monje superior me lleva hasta un espejo y me dice:
>
> —¿Qué ves?
>
> A través de la gruesa capa de polvo, no puedo ver mi reflejo. Se lo digo y el monje asiente con la cabeza. Entonces limpia el cristal con la capa de su túnica. Una nube de polvo me viene a la cara y me irrita los ojos y me llega a la garganta.
>
> —Tu identidad es un espejo cubierto de polvo —dice el monje—. La primera vez que te miras en él, la verdad sobre quién eres y lo que valoras está oculta. Puede que limpiarlo no sea agradable, pero sólo cuando no haya polvo podrás ver tu verdadero reflejo.

Actuar con autenticidad no es otra cosa que conectar con tu esencia. Escribe Shetty: «Cuando nos desconectamos de las opiniones, expectativas y obligaciones del mundo que nos rodea, empezamos a escucharnos a nosotros mismos». Y también: «Cuanto más nos definimos en relación a las personas que nos rodean, más perdidos estamos». Su fuente de inspiración, el Bhagavad Gita, así también lo señala: «Más vale cumplir con tu propio deber, aunque sin mérito, que el deber ajeno con toda perfección». El problema, a menudo, es que nuestros esfuerzos por crecer no tienen otra intención que acercarnos al ideal de persona que los demás tienen sobre nosotros. Hacer que las expectativas de otros tengan más importancia que tus valores sólo produce frustración. Liberarse de la herencia social libera espacio para crecer. La independencia de la valoración ajena es una señal de madurez emocional.

8. **Cuando aprendes a gestionar y controlar tu respiración, puedes afrontar cualquier situación de la vida.**
El primer día que Shetty llegó al *ashram* en Bombay ya recibió su primera lección; y del «maestro» más inesperado, un niño de diez años. Le vio dando clase a otros chavales más pequeños, y se dirigió a él:

—¿Qué haces? —le pregunté.

—Acabo de darles la primera lección —dijo, y acto seguido me inquirió—. ¿Qué aprendiste tú en tu primer día de clase?

—Empecé con el alfabeto y los números. ¿Qué han aprendido ellos?

—Antes que nada les enseñamos a respirar.

—¿Por qué? —le pregunté.

—Porque tu respiración es lo único que está contigo desde el día que naces hasta que mueres. Los amigos, la familia, el país en que vives… todo eso puede cambiar. Lo único que no te abandona es ella.

Entonces el niño de diez años añadió:

—¿Qué cambia cuando te estresas? Tu respiración. ¿Y cuando te enfadas? Tu respiración. Experimentamos cada emoción con un cambio en la respiración. Cuando aprendes a gestionarla y controlarla, puedes afrontar cualquier situación en la vida.

Todos, cuando sentimos rabia o nos enfadamos, podemos experimentar cómo nuestra respiración se altera. Y esa alteración trastoca nuestros procesos mentales: pensamos con menos claridad. La amígdala ha sido secuestrada, no atiende a razones y sólo quiere ajustar cuentas. Cuanto más complicadas sean las situaciones, más necesidad de afrontarlas con tranquilidad. En situaciones de tensión, la persona más tranquila es la que tiene más poder. La respiración ayuda mucho a ello. De hecho, uno de los libros de mayor impacto durante los últimos años lleva por título *Respira*, con subtítulo: *La nueva ciencia de un arte olvidado*. Su autor es James Nestor y escribe: «Tu salud depende esencialmente de cómo respiras».

9. **Cuando una persona te hace sufrir es porque sufre. Y esa persona necesita auxilio.**
La gente feliz no hace daño a nadie, ni siquiera tiene intención de ello. Cuando se acerca a los demás es con la finalidad de ayudarles, inspirarles y animarles con buenas intenciones. La gente feliz no basa su felicidad en el grado de infelicidad de los demás. Por desgracia, hay gente que actúa siguiendo la filosofía irónica de Groucho Marx: «Lo mejor de ganar es que alguien pierde». Hay personalidades que disfrutan del sufrimiento ajeno. Son gente enferma. No soportan la alegría, el entusiasmo, la pasión y la bondad de los demás. Y no lo soportan porque ellos no son nada de eso, pero les gustaría serlo, así que promueven y se regodean en el dolor ajeno para no asumir sus carencias emocionales. Tratan de compensar el sufrimiento propio con el sufrimiento ajeno. Pero como dice el refranero: «Mal de muchos, consuelo de tontos». Quienes actúan así son personalidades con deficiencias afectivas significativas que necesitan ayuda profesional para curarse. No hay otra alternativa. Ya lo apuntaba Wayne W. Dyer: «Si pudiésemos leer la historia secreta de nuestros enemigos hallaríamos penas y sufrimientos para desarmar nuestra hostilidad». En uno de sus relatos, el escritor Anthony de Mello nos regala el siguiente diálogo entre maestro y pupilo:

—¿Por qué aquí todo el mundo es feliz menos yo?

—Porque han aprendido a ver bondad y belleza en todas las partes —contestó el maestro.

—¿Por qué yo no veo bondad y belleza en todas partes?

—Porque no puedes ver fuera de ti lo que no que no logras ver dentro de ti.

10. Si conoces tus valores, dispones de indicaciones hacia lo que más te conviene.

Los valores guían nuestros comportamientos. Ellos hacen que sea más fácil rodearse de la gente adecuada, tomar decisiones profesionales difíciles, utilizar el tiempo más sabiamente y centrar la atención en lo importante. Sin ellos, las distracciones nos arrastran. Prácticamente todas las tradiciones monásticas se basan en la eliminación de las distracciones que nos alejan de nuestros valores. Pregúntate qué valores son importantes para ti: ¿la libertad? Entonces a lo mejor no puedes aceptar un trabajo por cuenta ajena que te ata, salvo que no te quede más remedio; ¿la flexibilidad? Entonces a lo mejor no puedes trabajar siempre físicamente en el mismo lugar; ¿el tiempo libre? Entonces a lo mejor no puedes trabajar en una multinacional. Shetty nos abre los ojos: «No sabes lo que necesitas en tu vida hasta que descubres quién eres». Conocer tus valores te hace ser más efectivo en tus decisiones. Muchas frustraciones proceden de tomar decisiones que contravienen nuestros valores. Pregúntate siempre de dónde vienen tus valores, porque algunos profundamente arraigados pueden proceder del Sistema que quiere que asumas ciertas ideas en beneficio de otros. Para ello sigue cuatro pasos:

1. Identifica qué valores guiaron tu vida.
2. Decide si quieres mantenerlos o actualizarlos.
3. Observa si tus acciones los respaldan.

4. Determina si se alinean con las personas con las que pasas más tiempo.

Shetty escribe: «La mayoría de nosotros no nos detenemos a pensar en los valores. Hacer autoexamen te hace ver qué valores se han colado en tu vida por defecto». Observa cuánto dinero gastas y en qué; qué haces en tu tiempo libre; cuántas horas pasas en redes sociales. Para cada cosa, analiza si está alineada con tus valores, con aquello que es más importante para ti. Luego, actúa en consecuencia.

JIM COLLINS

James C. Collins (1958) es un consultor de negocios estadounidense, además de profesor, escritor y conferenciante sobre gestión empresarial. Es uno de los pensadores del *management* más respetados. Licenciado en Administración de Empresas y Matemáticas por la Universidad de Stanford, posee títulos honoríficos de doctorado por la Universidad de Colorado y la Peter F. Drucker School of Management. Collins comenzó su carrera profesional como investigador y profesor en la Graduate School of Business de Stanford, donde recibió el premio Distinguished Teaching en 1992. Tres años más tarde, fundó un laboratorio sobre gestión empresarial en Boulder, Colorado, donde dirige a su equipo de investigación e imparte seminarios a ejecutivos de grandes compañías y a instituciones públicas. Es autor de diferentes bestsellers de los que se han vendido millones de ejemplares y se han traducido a múltiples idiomas como *Empresas que perduran*, *Empresas que sobresalen*, o *Empresas que caen*. En la primera obra, *Empresas que perduran*, un proyecto de investigación de seis años realizado en la Stanford Business School a principios de los noventa, da respuesta a la pregunta de qué se necesita para crear y desarrollar desde cero una empresa extraordinaria que perdure. Son empresas que desde su origen tienen un ADN ganador. *Empresas que sobresalen* es una obra complementaria que pretende responder a la siguiente cuestión: ¿qué ocurre con las empresas que no han nacido con un ADN extraordinario? ¿Cómo pueden las compañías normales dar el salto y convertirse en referentes? Por último, en *Empresas que caen* explica qué es lo que hace que empresas de éxito se vuelvan insignificantes o incluso acaben desapareciendo. Según Collins las fases del declive en las empresas son éstas: la arrogancia nacida del éxito (fase 1), la persecución indisciplinada del crecimiento (fase 2), la negación del riesgo y el peligro (fase 3), la búsqueda desesperada de la salvación (fase 4), y ser insignificante o morir (fase 5). Otras de sus obras son: *Great by choice* y *BE 2.0* (*Beyond Entrepreneurship 2.0*). Jim Collins escribe habitualmente en revistas como *Fortune*, *Business Week*, *The Economist*, *USA Today* y *Harvard Business Review*. En 2017 la revista *Forbes* le eligió como una de las cien mejores mentes del mundo de los negocios.

1. **Lo bueno es enemigo de lo extraordinario.**
Dice Collins: «Poca gente consigue tener una vida extraordinaria, en gran parte porque es muy fácil conformarse con una vida medianamente buena». Las personas y las empresas tienden a acomodarse. Está incrustado en la naturaleza humana. La especie humana tiene una tendencia natural a no complicarse demasiado la vida. Para la mayoría de gente, suficiente gana a bueno y bueno gana a extraordinario. Conformarse, ése es el problema. Conformarse no convierte a nadie en un referente. Tim Grover, autor de *Implacable*, escribe: «Ser el mejor significa diseñar tu vida para no parar nunca hasta conseguir lo que quieres. Y luego seguir adelante hasta conseguir lo siguiente. Y entonces se va a por más». La palabra éxito proviene del latín *exitus*, que entre otras cosas, significa *término* o *fin*. Por eso las personas «extraordinarias» renuevan ese *término* o *fin* por otro nuevo una vez que el anterior se ha alcanzado. Es la evolución y el crecimiento lo que da sentido a la vida, porque cuanto más creces y evoluciones más valor puedes aportar a los demás e impactar en sus vidas. La consecuencia es evidente: mayor satisfacción personal y mayores beneficios económicos. Ser «extraordinario», a nivel personal u organizativo, es una elección. Dice Collins: «Casi cualquier or-

ganización puede mejorar sustancialmente su tamaño y su rendimiento, e incluso llegar a ser extraordinaria. Los buenos colegios pueden convertirse en colegios extraordinarios; los buenos periódicos pueden convertirse en periódicos extraordinarios. Lo mismo sucede con las iglesias, los gobiernos y las compañías».

2. **Cuando haces un esfuerzo para determinar la verdad de una situación, las decisiones correctas que hay que tomar suelen venir solas.**

No podemos tomar buenas decisiones si primero no hacemos frente a los hechos sin negarlos ni maquillarlos. Por desgracia, el miedo imperante en muchas empresas hace que las personas estén más preocupadas por la reacción de sus superiores que por transmitirles la verdad de la realidad. Por otro lado, quienes están en la cúspide tampoco están muy interesados en conocerla. Muchos líderes cegados por su ego se niegan a aceptar que se han equivocado, que las tendencias del mercado han cambiado o que todos padecemos de sesgos cognitivos. Un ejemplo de liderazgo fue Winston Churchill durante la Segunda Guerra Mundial. El primer ministro británico quería derrotar a toda costa al nazismo: «Estamos decididos a acabar con Hitler y con cualquier vestigio del régimen nazi. Nada nos hará cambiar. ¡Nada! Nunca jamás negociaremos con Hitler, ni con ninguno de sus hombres. Lo combatiremos por tierra, mar y aire hasta que, con la ayuda de Dios, hayamos librado al mundo de estas tinieblas». A pesar de esa gran visión —rasgo de los grandes líderes— no se dejó cegar por sus ambiciones. Temía que su carismática personalidad disuadiera a los suyos de comunicarles malas noticias. Por eso, al inicio de la guerra, creó un departamento totalmente independiente (la Oficina de Estadística), ajeno a la jerarquía de mando formal, cuya misión era proporcionarle continuamente información sobre la realidad, actualizada y sin ningún filtro: a calzón quitado. Churchill confió plenamente en esa unidad especial durante toda la guerra a la que permanentemente estaba pidiendo datos y le permitía conocer de primera mano la situación real de la guerra. La verdad nos hace libres; la verdad despeja el camino para la mejora. Acepta la verdad sin reproches. Churchill decía: «Los hechos reales valen más que los sueños». Los grandes líderes buscan insaciablemente la verdad.

3. **El éxito no es una *revolución*, sino una *evolución*.**
Las grandes transformaciones casi siempre son el resultado de un proceso acumulativo orgánico. Cuando uno tiene claro su propósito, hace de la excelencia su modo de vida y no cae en la autocomplacencia, las piezas se van encajando hasta formar un puzle armónico. No es algo inmediato, pero sucede. Un caso es el del equipo de baloncesto de los UCLA Bruins de la década de los sesenta y principios de los setenta del siglo pasado. Los Bruins ganaron diez veces la liga NCAA (National Collegiate Athletic Association) en doce años con el legendario entrenador John Wooden. Lo que poca gente sabe es que antes de ganar su primera liga, Wooden había entrenado a los Bruins durante quince años. Año tras año Wooden fue sentando las bases de lo que sería un éxito legendario que continúa recordándose. Como escribe Collins en *Empresas que sobresalen*: «Aunque desde fuera pareciera que el éxito se había conseguido de repente, lo cierto es que desde dentro se veía de una manera totalmente diferente. Se trataba más de un proceso evolutivo, tranquilo y deliberado, de averiguar lo que tenían que hacer para producir los mejores resultados en el futuro y después ir dando pasos, uno detrás de otro». Las transformaciones, empresariales y personales, nunca son repentinas, sino la consecuencia de un proceso acumulativo bien cimentado. Se trata de dar pequeños pasos, constantes y consistentes. Sam Walton, fundador de Wal-Mart que dominó el nego-

cio *retail* en el siglo pasado, en su libro *Made in America: Mi historia*, escribe: «En cierta manera, a lo largo de los años la gente ha tenido la impresión de que Wal-Mart era [...] simplemente una gran idea que de la noche a la mañana se convirtió en un éxito. Pero [...] fue el resultado de todo lo que llevábamos haciendo desde 1945 [...]. Y, como la mayoría de los éxitos, tardamos veinte años en conseguirlo».

4. **El tipo de liderazgo que se necesita para llevar a una empresa a la excelencia es un liderazgo de nivel 5.**
Los líderes de nivel 5 (el más alto en la jerarquía del liderazgo) combinan una extrema humildad personal con una fuerte voluntad profesional. La humildad lleva a preguntar, escuchar, respetar, seguir aprendiendo o no pecar de imprudente; la determinación empuja a seguir remando con estoicismo sean cuales sean las circunstancias. Jim Collins reflexiona sobre este aspecto, que habitualmente pasa desapercibido para la gente y los medios de comunicación: «A diferencia de los altos perfiles y de personalidades apabullantes que han inspirado tantos titulares y que se han hecho famosos, los líderes de las empresas que han logrado sobresalir parece que hayan venido de Marte. Son modestos, tranquilos, reservados e incluso tímidos; son líderes que combinan la modestia y la humildad extrema con una intensa determinación profesional». Además, a diferencia de otros líderes que tienen una trayectoria de resultados que les avala (líderes de nivel 4), la influencia de los líderes de nivel 5 no se limita a lo que consiguen con su *presencia*, sino a lo que se logra en su *ausencia*. Los líderes de nivel 5 preparan su sucesión con rigor con el deseo de que la compañía siga creciendo y sea aún más exitosa. Los líderes mediocres, más preocupados por su lucimiento personal, eligen sucesores débiles, ya que como apunta Collins, «¿qué mejor testimonio de tu propia grandeza personal puedes

dejar que el que la empresa se venga abajo cuando tú te vayas?». En el estudio de *Empresas que sobresalen* sobre compañías que pasaron de ser buenas a extraordinarias, los datos son esclarecedores: «En más de tres cuartas partes de las compañías que no consiguieron ser excelentes encontramos directivos que eligieron a sus sucesores para el fracaso». Y se dice: «En más de dos tercios de esas empresas encontramos la presencia de un ego personal descomunal que contribuyó a la desaparición o a la mediocridad continuada de las compañías». Los líderes de nivel 5 canalizan las necesidades de su ego hacia un objetivo más amplio: crear una compañía extraordinaria. Para la humildad, el trabajo tiene importancia por lo que construye, crea y aporta; para el ego, el trabajo es importante por lo que obtiene de él: fama, reconocimiento, poder.

5. **Primero *quién* y luego *qué*. En caso de duda, no contrates.**
Los mejores talentos son, a menudo, los que tienen mejor actitud: flexibilidad (se adaptan), responsabilidad (hacia los resultados), autonomía (no hay que estar encima de ellos), sinceridad (no tienen miedo a la verdad) y compromiso con la excelencia (hacer lo mejor). La gente adecuada hace siempre las cosas adecuadas porque su código moral no les permite otra cosa. No pueden conformarse con menos. Mucho más importantes que los conocimientos o las habilidades son los rasgos de carácter. Una de las leyes del *management* más conocidas es la «ley de Packard», denominada así por David Packard, cofundador de Hewlett-Packard. Esta ley sostiene que ninguna empresa puede aumentar sus ingresos a mayor velocidad que su capacidad para conseguir el personal adecuado que sostenga ese crecimiento. Por eso, las empresas extraordinarias no escatiman tiempo y energía en sus procesos de selección. El coste de fichar gente inadecuada es elevado en tiempo, energía, recursos e

imagen. Por el contrario, fichar bien es la inversión más rentable que se puede hacer. No es sencillo contratar gente buena: a veces por la premura del tiempo, otras por la escasez de talento y, en ocasiones, porque hay gente que es experta en venderse y su imagen no se corresponde con la realidad. En cualquier caso, es algo a lo que debe prestarse especial cuidado y ser rigurosos para garantizar el éxito y la supervivencia empresarial. Si selecciona rigurosamente, gran parte de los problemas que puedan surgir se irán diluyendo gracias a contar con las personas adecuadas. Y si uno se equivoca en la selección, se deben tomar medidas de inmediato. Contratar siempre es una apuesta, despedir no. Como apunta Collins: «Las personas no son el activo más importante de una empresa. Las personas adecuadas sí lo son». La filosofía del primero el *quién* y luego el *qué* responde a tres verdades simples:

1. Primero, si empezamos por el *quién* en lugar de por el *qué* es más fácil adaptarse a un mundo cambiante.
2. Segundo, si en el autobús va la gente adecuada, el problema de cómo motivarla y dirigirla desaparece. Las personas adecuadas no necesitan que se las anime y controle continuamente.
3. Tercero, tener una visión excelente no sirve de nada si no tienes a la gente adecuada.

Las palabras de Collins dan sentido a lo explicado: «Cuando iniciamos el proyecto de investigación esperábamos encontrar que el primer paso que una empresa debería tomar para convertirse en extraordinaria sería establecer una nueva dirección, una nueva visión y una nueva estrategia, para conseguir que el personal se implique y siga esa nueva dirección. Sin embargo, nos encontramos algo diferente. Los ejecutivos que habían iniciado las transformaciones de bueno a extraordinario no descubrieron primero adónde conducir el autobús para que luego la gente condujera hasta allí. No, primero eligieron a la gente adecuada para subirse al autobús —dejando que se bajaran las personas inadecuadas— y luego averiguaron adónde querían llegar».

6. **La paradoja de Stockdale es un sello distintivo de todos los que han logrado la excelencia.**
La paradoja de Stockdale debe su nombre a Jim Stockdale, oficial militar norteamericano de mayor rango prisionero durante la guerra de Vietnam, ampliamente torturado durante su periodo de encarcelamiento de 1965 a 1973. Y tiene dos características:

   1. Mantener la fe de que sobrevivirás a pesar de las dificultades.
   2. Saber afrontar la realidad con disciplina.

Durante su estancia en la cárcel y a pesar del panorama desalentador, Stockdale no se hundió: «Asumió la carga del mando haciendo todo lo que pudo por crear unas condiciones que incrementaran el número de prisioneros que sobrevivían, mientras libraba una guerra interior contra sus captores y sus intentos de usar a los prisioneros como propaganda», escribe Collins. Ahora pensemos en Nelson Mandela, Gandhi, Viktor Frankl, Winston Churchill... Son personalidades que nunca perdieron la fe de que todo iría a mejor. La esperanza formaba parte de su equipo vital. Ese espíritu acerca del futuro es esencial para lidiar con el presente, pero todos ellos al mismo tiempo se remangaban y hacían lo que tocase en ese momento para cambiar las cosas. Tener fe (esperanza) no debe ser un descuido para relajarse y dejarlo todo en manos de la providencia divina. El optimismo vital es un rasgo de las personalidades de éxito, pero como reza el dicho: «A Dios rogando y con el mazo dando». Es saber que, si uno no se derrumba y sigue luchando, antes o después, verá la luz al final del túnel. Siempre que llueve, escampa. Pero no basta saberlo, hay que aguantar entre medias. Como escribe Collins: «Gente disciplinada, pensamiento disciplinado, acción disciplinada».

7. **Las empresas excelentes se aferran a lo que conocen y dejan que sean sus habilidades, y no sus egos, las que determinen qué pretenden.**
El profesor de Princeton Marvin Bressler decía cierta vez: «¿Quieres saber qué diferencia a aquellos que logran tener un mayor impacto de los demás que son igual de inteligentes? Que son erizos». Pensemos en Einstein y la relatividad, en Darwin y la selección natural, en Freud y el subconsciente, en Adam Smith y la división del trabajo. Esta reflexión está basada en el ensayo *El erizo y el zorro* de Isaiah Berlin. Los zorros persiguen muchas metas al mismo tiempo y ven el mundo en toda su complejidad. Los erizos, en cambio, simplifican un mundo complejo en una idea organizativa muy simple que lo unifica y guía todo. Para un erizo, cualquier cosa que no esté relacionada con las ideas de un erizo no tiene ninguna relevancia. En el mundo empresarial, en el que no es difícil dejarse arrastrar por la última tendencia o moda, ser erizo no es sencillo. Las empresas mediocres dan muchos palos de ciego, se dispersan en exceso, caen en la fanfarronería, en lugar de centrarse en aquello que puedan ser las mejores. Quizá suena aburrido, pero la empresa no va de ser algo divertido o aburrido, sino de generar resultados. Céntrate en lo que sabes hacer mejor y hazlo excelente: no te puede ir mal. Collins escribe: «A todas las empresas les gustaría ser las mejores en algo, pero pocas saben en qué tienen posibilidades y en qué no tienen ninguna posibilidad. Y aquí radica el quid de la cuestión: descubrir en qué podemos ser los mejores es absolutamente crucial».

8. **Elabora una lista de cosas que debes de dejar de hacer.** Escribe Jim Collins: «Una oportunidad única en la vida podría ser irrelevante si se trata de una mala oportunidad». Una mala oportunidad es aquella que no está relacionada con nuestra área de *expertise*: el concepto de erizo. Se necesita disciplina para decir «no» a las grandes oportunidades, pero es absolutamente crítico hacerlo para centrarse en lo importante. Las energías deben dirigirse allí donde se puede aportar más valor, que es donde está la rentabilidad, y eso tiene que ver con nuestro *core business*, aquel ámbito donde podemos marcar una diferencia. No se puede pretender hacer de todo, y encima, hacerlo bien. ¿Para qué se elaboran los presupuestos? Para decidir la cantidad de recursos que hay que destinar a cada actividad, o para controlar los gastos, o ambas cosas a la vez. Pero ésa no debería ser su utilidad. Como apunta Collins, «el proceso de elaboración de presupuestos no consiste en averiguar cuántos recursos destinar a cada actividad, sino en determinar qué actividades respaldan mejor nuestro *core business* y cuáles deber ser eliminadas». Y concluye: «Es muy importante dejar de gastar energía en cosas que no interesan».

9. **Malgastar energías tratando de motivar a la gente es básicamente una pérdida de tiempo.** Collins añade: «La verdadera pregunta es cómo dirigir para no desmotivar al personal». Las claves de la motivación se resumen en una sola idea: si tienes o no tienes a las personas adecuadas. Si las tienes, la cuestión es no desmotivarlas, ellas ya se encargan de empujarse a sí mismas. La motivación es uno de los conceptos peor entendidos en el mundo del *management*. Por ejemplo, pensar que la retribución es un factor motivador es desconocer la naturaleza humana. Puede tener un efecto a corto plazo, pero una empresa no es un esprint, sino una maratón. La gente adecua-

da hace las cosas adecuadas y consigue los mejores resultados posibles, independientemente del sistema de incentivos. No es que la compensación sea algo irrelevante, pero una vez estructurado un sistema de incentivos razonable y lógico, las remuneraciones dejan de ser una variable clave para movilizar a la gente y transformar una compañía. El propósito de un sistema de compensación no debería ser conseguir los *comportamientos adecuados* de las *personas inadecuadas*, sino de lograr que las *personas adecuadas* se suban a tu barco y continúen viajando en él. Si el sistema de compensación no es razonable, simplemente no se subirán, pero ése no es el factor motivador de la gente talentosa. La gente adecuada hace lo que debe porque siente que debe hacerlo.

10. Si estás haciendo algo que de verdad te importa y crees fervientemente en su propósito, entonces es imposible que no intentes hacerlo de una manera excelente.

Ésa es la ventaja de tener un propósito claro y estar alineado con él: la excelencia está intrínsecamente unida a tu vida y emerge con naturalidad. La excelencia es el resultado natural de tu propósito. Cuando estás comprometido con lo que haces, la excelencia no es un asunto del que preocuparse, surge espontáneamente. Cuando estás comprometido con una misión (propósito), lo normal es que las cosas funcionen bien con el tiempo. Define tu para qué (propósito) y, a partir de ahí, enfócate en aportar valor (contribución) como un proceso acumulativo de mejora constante. Si te enfocas en la excelencia, la excelencia llega; entonces, el éxito también llega. Las «mejores empresas» siempre se configuran en torno a un propósito motivador y trascendente desde el que emana todo. Cuanto más estimulante es el propósito, más sencilla la atracción y fidelización del talento, así como su compromiso. Todo nace de ahí, de un *para qué* atractivo y retador que anima a subirse al proyecto.

Como dice Collins: «Es imposible tener una gran vida a menos que ésta tenga un gran sentido. Y es muy difícil tener una vida con sentido sin un trabajo con sentido». El propósito da sentido al trabajo y a la vida.

JOHN WHITMORE

John Whitmore (1937-2017) es una de las principales referencias mundiales en temas de coaching. Nacido en Inglaterra, se educó en Eton College, la Royal Military Academy Sandhurst y el Cirencester Agricultural College, todo ello antes de que se convirtiera en piloto de coches de carreras. En 1961 ganó el British Saloon Car Championship y en 1965 el European Touring Car Championship. Además, compitió durante cinco años (1959-1966) en las 24 horas de Le Mans. En 1966 se retiró para dedicarse a diferentes negocios, y dos años más tarde se fue a Suiza y después a Estados Unidos a estudiar ciencias, psicoterapia y psicología deportiva. En 1978 volvió a Inglaterra para enseñar los principios del «juego interior» (*inner game*) de Timothy Gallwey a deportistas del mundo del tenis, el golf y el esquí. Pronto comenzó a desarrollar sus conocimientos en el campo de los negocios, y creó a principios de los años ochenta la empresa Performance Consultants International, sentando las bases del coaching y aplicando su experiencia al mundo empresarial. Su reconocimiento le viene por ser pionero del coaching, y después de más de treinta años de profesión, ha sido catalogado como la persona con mayor impacto e influencia en la profesión de coaching en el mundo. Es el autor del bestseller *Coaching*, con subtítulo: *El método para mejorar el rendimiento de las personas*, del que se han vendido más de un millón de ejemplares, ha sido traducido a veintitrés idiomas, y es considerado una referencia imprescindible en la materia. Otros de sus libros, en inglés, son: *Need, Greed or Freedom*, o *Superdirver*. John Whitmore ha sido galardonado en diferentes ocasiones por su trabajo: en 2007, con el President's Award de la ICF (International Coaching Federation), por el avance de la profesión del coaching, y en 2013, con el Lifetime Achievement Award de la IAC (International Association of Coaching).

1. **Somos similares a una bellota que contiene en su interior todo el potencial para convertirse en un majestuoso roble.**
   Y añade: «Necesitamos alimento, estímulo y luz para crecer, pero el roble ya se encuentra en nuestro interior». Tú eres tu potencial. Tú eres tus posibilidades. Un potencial y unas posibilidades enormes: «Las personas normales y corrientes somos capaces de lo más extraordinario si es menester», dice Whitmore. Eso siempre está ahí intacto. Tal vez soterrado, callado, amedrantado por una educación o un entorno represor. Pero está ahí, incondicional. Lo que hay que hacer es desempolvarlo, desbloquearlo, activarlo. Y ése es precisamente, como apunta Whitmore, el objetivo del coaching, «liberar el potencial de las personas para que puedan llevar su rendimiento al máximo». El coaching busca el despliegue de las posibilidades presentes en toda persona. Y continúa: «Los coaches han de tener el coraje de aceptar la grandeza de ser intermediarios del futuro». Esto es, entre lo que la persona es y lo que puede llegar a ser. Los coaches son facilitadores de un mundo mejor. Los coaches son palancas de impulso de una vida más estimulante. Casi siempre, lo que nos impide avanzar en la vida no tiene que ver tanto con resistencias *externas* como *internas*. El objetivo del coaching es ayudar a desintegrar todas esas resistencias *internas* que nos limitan e impiden alcanzar nuestros objetivos. Porque cuando eso se logra, cualquier resistencia *externa*, tarde o temprano, se acaba sorteando. Por eso, el primer y primordial reto de cualquier persona es la conquista de uno mismo. Con confianza en uno mismo, todo lo demás se vuelve secundario: «El objetivo

subyacente y omnipresente del coaching —dice Whitmore— es potenciar la seguridad de los demás en sí mismos». El resto: ganas de aprender, una buena actitud y determinación.

2. **No es necesario saber hacer algo para ser capaz de hacerlo.**
   Y prosigue: «Aprendimos a caminar, correr, a ir en bicicleta y a jugar a la pelota sin que nos dieran instrucciones». La capacidad de aprender es innata al ser humano, y el aprendizaje se alimenta de curiosidad. Basta observar a un niño. Su infinita (innata) curiosidad le lleva a querer saberlo todo, tocarlo todo, aprenderlo todo; y así crece y va evolucionando. Lo que conecta dónde estás con dónde quieres llegar a estar es el aprendizaje; aprendizaje de todo tipo: conocimientos, habilidades y herramientas (técnicas y de gestión emocional). Pero con frecuencia, el aprendizaje debe comenzar con el desaprendizaje. No es tanto lo que desconocemos, lo que nos frena en la vida, como lo que creemos que sabemos y es falso. ¿Qué es lo más importante para crecer y avanzar en la vida? Creer que puedes, confiar en tus posibilidades (potencial); lo demás se aprende por el camino. Creer posible algo es, en gran medida, empezar a hacerlo cierto. Creer posible algo te moviliza a ir a por ello. Nada influye tanto en nuestro comportamiento como la creencia sobre nuestra capacidad para hacer algo: *la cuestión no es poder, sino creer que se puede*. No es nuestra incapacidad la que nos limita, sino la creencia de que no somos capaces. Cada persona vive a la altura de sus creencias. Pero tú no eres tus creencias, eres mucho más que eso. De ahí que, en última instancia, la misión de un coach es ayudar a otros a creer en sí mismos. Coaching no es otra cosa que creer en el ser humano y en su grandeza, en las posibilidades que atesora cada individuo en su interior.

3. **Sólo soy capaz de controlar aquello de lo que soy consciente. Pero aquello de lo que no soy consciente me controla a mí. La consciencia me capacita.**
La potencialidad existe en cada persona, pero uno debe ser consciente de esa potencialidad. Si las personas creen que no son capaces de influir en su futuro (algo que uno hace que ocurra y no que sucede), todo lo demás es inútil. Por eso, «el coaching no consiste en enseñar, sino en crear las condiciones necesarias para aprender y crecer», nos recuerda Whitmore. Y profundiza en esta cuestión: «El coaching no es una mera técnica que hay que desempolvar y aplicar rígidamente en ciertas circunstancias concretas. Es una manera de gestionar, de tratar a las personas, de pensar, de ser y estar». El coach ayuda a aprender sin enseñar. Y en ello las preguntas juegan un papel protagonista. Pocas cosas son tan poderosas como las buenas preguntas. Las buenas preguntas nos desafían, nos abren la mente, nos hacen descubrir nuevos horizontes y nos sacan de nuestras miserias. Tener miedo a hacer(se) preguntas es tener miedo al cambio, a crecer, al futuro. Y cuando hablamos de preguntas, nos referimos, sobre todo, a preguntas abiertas: «Las preguntas cerradas evitan que la persona se vea obligada a pensar —dice Whitmore—; por el contrario, las preguntas abiertas obligan a pensar por uno mismo». Por eso, «el coaching genera un pensamiento proactivo y centrado, atención y observación».

4. **Si no cambiamos de dirección es muy probable que terminemos allí donde nos dirigimos.**
La gente quiere cambiar de vida, pero no quiere cambia su vida. Y así es complicada cualquier transformación. Quiénes somos se traduce en qué logramos. Nuestras vidas son siempre un reflejo de nuestro propio desarrollo personal. Por tanto, si no nos gusta lo que vemos *externamente*, necesitamos realizar cambios *internamente*. Para que tu vida

cambie, tú tienes que cambiar. Si no te gusta tu vida y no cambias, no te mereces nada mejor. Eso sí, *toda mejora implica cambio, aunque no todo cambio implica una mejora*. Cambiar por cambiar no cambia nada. Son los cambios inteligentes, metódicos, constantes y pacientes, los que nos conducen a puertos soñados. Para eso existe el coaching, para aportar metodología de cambio, para hacer un acompañamiento sólido. Un buen coach es una de las mejores alternativas para impulsar nuestras vidas y lograr cambios fructíferos y duraderos. *Coaching es mejorar, mejorar es cambiar.*

5. **Debemos ver a las personas en términos de su *potencial futuro*, no de su *rendimiento pasado*.**
El coaching busca centrarse en las *posibilidades* que existen dentro de cada individuo. Tu futuro no tiene que ser igual a tu pasado, a menos que tú así lo decidas. La potencialidad, como hemos visto, siempre existe, es innata. *No puedes cambiar muchas cosas en la vida, pero siempre puedes cambiarte a ti mismo*. El coaching no ve a las personas como lo que son, sino como lo que pueden llegar a ser. Sólo cuando así lo hacemos podemos extraer lo mejor de ellas. Un buen coach es aquel que inspira a los demás a ir más allá de sus dudas, de sus miedos, de su pasado. Un buen coach es alguien que desafía, reta, impulsa y ayuda a las personas a ver un futuro más ilusionante. Un buen coach es alguien que te exige más de lo que tú te exigirías de ti mismo. Un buen coach es alguien que consigue que creas más en ti mismo. John Quincy Adams, diplomático y político estadounidense que llegó a ser el sexto presidente de Estados Unidos, apuntaba: «Si tus acciones inspiran a los demás a soñar, aprender y hacer más, eres un líder». Lo mismo podríamos decir de un buen coach. Todo coach, como persona, no es perfecto, pero hay algo que es inadmisible: un coach no puede ser una persona derrotista,

pesimista y gris: «El optimismo psicológico —dice Whitmore— es esencial si queremos adoptar plenamente el coaching como el estilo de liderazgo».

6. **Cuando lo deseo rindo más que cuando es una obligación. El deseo es mío, el deber es de los demás.**
Para obtener un rendimiento óptimo, debemos sentir que lo que realizamos tiene un sentido. «La motivación interna es una cuestión de elección», dice Whitmore. Cada cual debe encontrar la suya. No es algo que se pueda delegar en otras personas: que venga otro y me motive. Tú debes ser capaz de mirar en tu interior, tener la valentía para seguir tu instinto y dar pasos en esa dirección con actitud y determinación. Otra cosa es una vida insípida. «La gente no es perezosa —nos recuerda Tony Robbins—, simplemente tienen metas impotentes, metas que no les inspiran.» Cuando las metas no nos inspiran, la motivación se resiente y los resultados dejan mucho que desear. El activador de la motivación siempre es interno, y el coaching también nos ayuda a ello: nos provoca y nos sacude con sus preguntas a encontrarnos con nosotros mismos, sin tapujos, sin máscaras, sin excusas, sin nada. Tú ante ti mismo sin escapatoria. El coaching ayuda a tomar consciencia de uno mismo, y a partir de ahí, tomar mejores decisiones. Hay mucha gente fuera de lugar, y así el rendimiento no puede ser el mejor.

7. **El modelo GROW es una estrategia de coaching que fomenta el uso de preguntas abiertas y la escucha activa.**
El modelo GROW, desarrollado por Whitmore y ampliamente utilizado por muchos coaches por su sencillez y efectividad, pretende, a través de un método estructurado —basado en preguntas/respuestas—, definir qué objetivo persigue el *coachee*, determinar qué le impide conseguirlo en el momento presente, descubrir opciones y alternativas que hasta ese momento no había contemplado, y diseñar

un plan de acción para lograrlo. De manera más concreta se articula en cuatro fases:

- *Goals* (metas): *qué quiero*. Para conseguir un objetivo, hay que tener un objetivo. Para dar en la diana hay que saber dónde disparar. ¿Qué quiero realmente? ¿Por qué lo quiero? ¿Es razonable?
- *Reality* (realidad): *dónde estoy*. Para llegar a un sitio, hay que saber de dónde se parte. La realidad tiene muchas caras, y a menudo, debido a nuestra percepción limitada, sólo vemos una o pocas. Cuando una persona es capaz de ver su problema desde distintos puntos de vista, es capaz de encontrar más de una solución. El coaching aumenta su visión del mundo. Esa realidad hace referencia al entorno (contexto), la conducta (lo que hace), las capacidades (conocimientos y habilidades), las creencias (lo que se cree) y la identidad (quién soy).
- *Obstacles/Options* (obstáculos/opciones): *qué puedo hacer*. La vida siempre es una cuestión de alternativas. A mayor número de alternativas, más posibilidades de conseguir algo. De lo que se trata es de ser consciente de cuáles tenemos a nuestra disposición, cuáles podemos desarrollar y cuáles son inalcanzables (*a priori*).
- *Will* (camino): *qué haré*. Hace referencia al plan de acción, traducir a acciones concretas el proceso: lo que se va a hacer, cuándo, cómo y con quién. Para conseguir cosas hay que hacer cosas. Sin acción no hay resultados.

En definitiva, el coaching es cambio y transformación, hacer que las cosas sucedan, y el modelo GROW busca: *decidir qué quieres, ver qué te lo impide, descubrir alternativas y hacer cosas para lograrlo.*

8. Los principios del coaching mejoran el rendimiento en cualquier actividad.

Dice Whitmore: «El coaching consiste en ayudar a alguien a pensar por sí mismo, a encontrar sus respuestas, a descubrir dentro de sí su potencial, su camino al éxito... sea en los negocios, en las relaciones personales, en el arte, el deporte, el trabajo». Coaching es ayudar a conseguir mejores resultados y tener una vida más plena, por tanto, es aplicable en cualquier ámbito. Tres aspectos son básicos a tener en cuenta: consciencia-libertad-responsabilidad, esto es:

1. *Consciencia.* Nadie puede cambiar lo que desconoce. Es descubrir nuestra realidad como seres humanos: somos potencialidad pura. La consciencia nos libera.
2. *Libertad.* El cambio es una puerta que se abre desde dentro. Nadie cambia a nadie, sólo uno puede cambiarse a sí mismo. Tenemos el poder de decidir hacia dónde dirigirnos. Somos nuestras elecciones.
3. *Responsabilidad.* Es poner la causa del cambio en uno mismo. Otra cosa nos deja a merced de las excusas, la culpa y el victimismo.

En definitiva: *sé cómo son las cosas* (consciencia), *decido cambiar* (libertad) y *asumo mis resultados* (responsabilidad): soy consciente, soy libre, soy responsable.

9. El buen coaching es una habilidad, incluso un arte, que exige una comprensión profunda y mucha práctica para poder liberar su asombroso potencial.

Cualquier profesión, y también el coaching, puede convertirse en un arte. Para ello se requiere una profunda comprensión de los fundamentos (principios teóricos), mucha práctica (la experiencia la dan las horas de vuelo), el compromiso con lo que uno hace (entrega incondicional), tiempo (paciencia) y una actualización (mejora) continua para seguir ampliando conocimientos, habilidades, herramientas y metodologías. La ciencia, en sus diversos ámbitos (psicología, biología, sociología, tecnología...), nunca deja de evolucionar. Por tanto, si queremos seguir creciendo y mejorando, debemos evolucionar al mismo ritmo que lo hace el entorno. Otra cosa es volverse obsoleto y quedarse atrás. Los referentes nunca dejan de estudiar, mejorar y aprender, y eso exige una actualización constante. Como es lógico, también implica pagar un precio que poca gente está dispuesta a pagar, por eso lo excepcional no abunda. Nada que merece la pena es *fácil* (las cosas cuestan), ni *rápido* (nada se construye en dos días), ni *gratuito* (hay que sacrificar cosas).

10. **El coaching ofrece una triple victoria: para las personas, para el planeta y para los beneficios económicos.**
Lo que viene a ser la triple cuenta de resultados. De manera más concreta:

- Para las *personas*. Ya en las líneas anteriores ha quedado puesto de manifiesto cómo el coaching ayuda a las personas a alcanzar su máximo potencial, a estrechar el *gap* entre lo ordinario y lo extraordinario. El coaching ayuda a la gente a tener un futuro más atractivo. El verdadero coaching produce cambios en las personas, aumentando su eficacia, productividad, bienestar y felicidad.
- Para el *planeta*. La mayor parte de las personas trabaja en las empresas, por tanto, las empresas son «una fuerza potencial para el bien, así como impulsoras de la evolución», dice Whitmore. Cuanto más potencial aporten las personas a las empresas, más se beneficiará el planeta de ese potencial en forma de productos, servicios, alianzas y desarrollo.
- Para los *beneficios económicos*. Un riguroso estudio de Manchester, Inc. concluye que hay una rentabilidad del 600 por ciento respecto a la inversión (coste del tiempo dedicado por el directivo al proceso y coste de contratar

un coach) en coaching. Por cada euro invertido se obtienen seis. Otra investigación de Performance Consultants señala que el coaching consigue un rendimiento de la inversión promedio del 800 por ciento, por el impacto que el cambio de conducta produce en la cuenta de resultados. Como apunta Whitmore: «Fomentar una cultura de coaching genera un alto rendimiento».

KOBE BRYANT

Kobe Bryant (1978-2020) es un jugador de baloncesto norteamericano que desarrolló sus veinte años de carrera profesional en los Lakers de la NBA. Considerado uno de los mejores jugadores de todos los tiempos, debutó el 3 de noviembre de 1996, con dieciocho años, siendo el jugador más joven en participar en un partido de la competición americana hasta ese momento. Entre los años 2000 y 2002, junto a otra celebridad en el equipo como Shaquille O'Neal, ganaría tres anillos consecutivos bajo la batuta de Phil Jackson. El 22 de enero de 2006 consiguió anotar 81 puntos en un partido contra los Toronto Raptors, la segunda mejor anotación de la historia de la competición por detrás de los 100 puntos de Wilt Chamberlain en 1962. Ganó los Juegos Olímpicos de Pekín 2008 con la selección de Estados Unidos, que revalidaría en Londres 2012. En 2009 y 2010 ganó su cuarto y quinto anillo, respectivamente. El 14 de diciembre de 2014 se convirtió en el tercer mejor anotador de la historia de la NBA, sólo superado hasta ese momento por Karl Malone y Kareem Abdul-Jabbar. En su carrera en la liga norteamericana acumuló 33.643 puntos. El 29 de noviembre de 2015 anunció su retirada de las canchas, y el 13 de abril de 2016 jugó su último partido profesional en casa de los Utah, anotando la friolera de 60 puntos. El 18 de diciembre de 2017 sus camisetas con los dorsales 8 y 24 fueron retiradas por Los Lakers, siendo la primera vez en la historia de la NBA que un equipo retira dos números distintos a un mismo jugador. Ese mismo día se presentó su corto *Dear Basketball* dirigido por Glen Keane. Entre sus reconocimientos destacan, entre otros muchos, el de ser MVP (Most Valuable Player) de las finales de la NBA (2009 y 2010) y MVP de la temporada regular.

Kobe falleció el 26 de enero de 2020 a la edad de cuarenta y un años, víctima de un accidente de helicóptero en el que también murió su hija Gianna Maria de trece años. En 2020 fue incluido de manera póstuma en el Salón de la Fama del Baloncesto y también en 2021 en el equipo del 75 aniversario de la NBA. Escribió el libro *Mentalidad mamba* (Alienta, 2019) en el que revela los secretos de su éxito, tanto en la pista como fuera de ella.

1. **Madrugar me ayudó a conciliar el baloncesto y la vida. No estaba dispuesto a sacrificar mi juego, pero tampoco quería sacrificar el tiempo de mi familia.**
   Por mucho que queramos hay cosas que no se pueden cambiar. Una de ellas es que el día tiene veinticuatro horas, y salvo que ocurra algo no previsible, así va a seguir siendo. Si quieres lograr algo grande vas a tener que entregarte en cuerpo y alma. Por tanto, para conciliar tu vida profesional y personal tienes que: primero, ganar horas al día; y segundo, ser más efectivo cada hora. Kobe lo describe con una claridad meridiana: «Siempre pensé que si madrugaba podría entrenar más cada día. Al comenzar más temprano, me preparé para un entrenamiento adicional cada día. Además, comenzar temprano me ayudó a conciliar el baloncesto y la vida. Cuando mis hijas se levantaban por la mañana, ahí estaba yo, y ellas ni siquiera sabían que acababa de terminar mi primera rutina en el gimnasio. Por la noche, podía acostarlas y volver luego a entrenar, en mi tiempo, no en el suyo».

2. **Siempre me ha divertido mirar, estudiar… y hacer la pregunta clave: ¿por qué?**
   Todo tiene un porqué (causa) y hay que buscarlo. Y quien busca, encuentra. Nada sucede por azar. Nada es casual.

Vivimos en un mundo de causas y efectos. Cuando conoces las causas (porqués) puedes cambiar los efectos (resultados). Kobe nos da pistas: «Desde joven devoraba grabaciones y vídeos, y miraba todo lo que caía en mis manos. El principal cambio que experimenté con el tiempo fue el de ver lo que allí había, a detectar lo que faltaba y lo que debería haber estado allí. Pasé de ver lo que sucedió a lo que podía y debía haber sucedido. El estudio de vídeos se convirtió en imaginar alternativas, opciones, así como los detalles que explican por qué unas acciones funcionan y otras no». Si quieres llegar lejos, investiga las causas de por qué las cosas son como son: ¿por qué unos tienen éxito y otros se quedan a mitad de camino? ¿Por qué unos ganan mucho dinero y otros muy poco? ¿Por qué unas personas consiguen mejores condiciones en sus negociaciones y otras simplemente se conforman? Estudia a los referentes y pregúntate siempre por el *porqué* de sus resultados. Tendrás las claves para avanzar y conseguir tus metas si luego tienes la disciplina para aplicarlas y la determinación suficiente para no abandonar.

3. **Mi filosofía siempre fue la misma: si algo ha funcionado para otros grandes en el pasado y a ti te funciona, ¿por qué cambiarlo?**
Hay dos formas de conseguir el éxito: de manera *lenta* o de manera *acelerada*. Hay muchas maneras de hacer las cosas y de conseguir los mismos objetivos, pero unas son más eficientes que otras. El mejor camino es el más eficiente, el que te permite conseguir lo que deseas con el menor coste de tiempo, energía, dinero y otros recursos. Aprovecharse del conocimiento y experiencia de aquellos que han llegado donde tú también quieres llegar —los mejores— es el mejor camino para acelerar la curva de aprendizaje y la consecución de metas. Un plan de acción viene definido por tres variables:

1. *Tamaño*: a mayor *tamaño* (transformación) del cambio, más interesante el plan.
2. *Velocidad*: a mayor *velocidad* (celeridad) del cambio, más interesante el plan.
3. *Inversión*: a menor *inversión* (energía, esfuerzo, dinero) en el cambio, más interesante el plan.

Por tanto, un plan de acción es más interesante cuando mayor transformación nos permite, de la manera más rápida posible y con el menor consumo de recursos. Kobe lo explica de forma nítida al hablar de sus movimientos en la pista, que mejoró notablemente gracias a un plan de acción eficiente basado en el estudio y la reflexión: «El juego de piernas es una cuestión de eficiencia. Necesitaba poder llegar a mis puntos de ataque en uno o dos botes. También necesitaba poder lanzar desde distintas posiciones. Al hacerlo, limitaba la cantidad de tiempo que daba a los defensas para reaccionar, conservaba mi energía y les forzaba a detenerme a gran distancia de la canasta».

4. **Se sabe perfectamente cuando una persona ama lo que hace.**

Si quieres tener éxito, haz de tu profesión un arte. No existe profesión pequeña, existe el trabajo hecho con desgana. Cualquier actividad profesional hecha con exquisitez, excelencia, compromiso y detalle es algo artístico. Hasta en las profesiones aparentemente más «normales» hay arte, cuidado y mimo si se pone pasión. Es indiferente a lo que te dediques, hazlo con ganas, diligencia y actitud de mejora continua y marcarás una diferencia. Y si marcas una diferencia —en lo que sea— el mercado te premiará. De ello habla Kobe al referirse a Gary Vitti —una figura clave en su carrera—, la persona que le hacía los vendajes antes de los partidos: «Gary era un virtuoso con la cinta. Hacía verdadero arte con ella. Él amaba su oficio. Independientemente de dónde colocara la cinta —ya fuera en el dedo o en el tobillo—, siempre conseguía darle un aspecto precioso. Si la cinta tenía burbujas o protuberancias, Gary la desenrollaba y empezaba de nuevo. Todo tenía que estar completamente listo, tenía que ser perfecto. Era un maestro». Poner una cinta (vendaje) puede parecer algo secundario, poco glamuroso y aparentemente insignificante. Nada más lejos de la realidad, cualquier disciplina es un arte para quien lo vive así; como Gary, que era un «maestro del vendaje», y gracias a ello los jugadores salían con más confianza y mejor ánimo a la cancha. Ya lo decía Rumi, poeta persa: «Deja que la belleza de lo que amas se convierta en lo que hagas». Sólo entonces es posible dejar nuestra huella en este mundo.

5. **Los grandes del juego no se te acercarán si no tienes la misma pasión que ellos.**
El talento atrae al talento. Es un círculo virtuoso que vibra en la misma frecuencia. Nadie quiere regalar sin más su tiempo, conocimiento, experiencia y prestigio. Todo ello se facilita con agrado a aquel que uno percibe que tiene el potencial y la humildad para aprovecharlo de manera fértil. Si quieres atraer a personas de primer nivel a tu vida: trabaja duro, demuestra compromiso, aporta, pregunta, agradece y haz equipo. Las cosas se atraen cuando las energías convergen. Si no estás en la misma onda, no aparecerán las personas idóneas en tu vida. La buena acogida a un imberbe como Kobe en su aterrizaje en Los Lakers en el año 1996 tiene una explicación, y él mismo la desvela: «Yo sólo tenía diecisiete años cuando entré en el equipo y me sentí como uno más de la familia desde el primer día. Creo que me aceptaron tan rápidamente porque todo el mundo vio lo duro que trabajaba, lo mucho que deseaba cumplir mi destino y hacer que Los Lakers volviera a sus victorias de antaño». El jugador también nos dice: «No puedo relacionarme

con la gente perezosa. No hablamos el mismo idioma. No los entiendo. No quiero entenderlos».

6. **Si quieres ser mejor jugador tienes que seguir preparándote, preparándote y preparándote.**
Nunca se sabe todo. Nunca se deja de aprender y mejorar. Siempre hay cosas que se nos escapan y que están ahí a la espera de ser exploradas y explotadas. Una pasión por el oficio que en cierto modo se mezcla con lo obsesivo. Así lo refleja la siguiente anécdota y explica por qué Kobe Bryant decía que «leer es vital» para ir un paso por delante del resto. Ojo a sus palabras que son muy reveladoras: «Me propuse leer el manual de los árbitros. Una de las reglas que descubrí en él fue que cada árbitro tiene un lugar asignado en el que situarse en la cancha. Si el balón está en el punto W, los árbitros X, Y, y Z tienen un área en la cancha asignada para ellos. Esta manera de proceder genera zonas muertas, áreas en la cancha en las que ellos no pueden ver ciertas cosas. Aprendí dónde estaban esas zonas y las aproveché. Conseguí eludir faltas por agarrones, pasos y todo tipo de infracciones menores, simplemente porque me tomé el tiempo para estudiar las limitaciones de los árbitros». En todos los negocios hay ineficiencias, y quien las conoce las puede aprovechar a su favor para ganar. Ello requiere estudiar, analizar y reflexionar para encontrar fisuras y sacar tajada de ellas. La mayoría simplemente no lo hace porque es víctima de la *perecitis*. No hace falta talento para trabajar duro, cualquier puede hacerlo, pero eso es ya por sí mismo un factor diferencial, porque gran parte de la gente es *vaguilla*, se limita a cubrir el expediente.

7. **Mis zapatillas no tenían que ser sólo cómodas, tenían que ayudarme a jugar mejor.**
Es sólo un ejemplo de cómo cada detalle importa, cada detalle suma, cada detalle puede marcar una pequeña diferen-

cia. Y pequeñas diferencias acumuladas pueden hacer una gran diferencia en el resultado final. La excelencia no es otra cosa que la atención cuidada a los detalles: a todos y cada uno de ellos sin excepción. Kobe explica cómo se implicó personalmente en el diseño de sus zapatillas Nike: «Para algunos jugadores, las zapatillas de deporte eran todo forma y color. Para mí siempre fue una cuestión de rendimiento óptimo. Lo importante era que yo estaba de pie 48 minutos cada noche y dependía de ellas para hacer mi trabajo». Luego continúa: «Era un perfeccionista consumado en lo que respecta a la tecnología de las zapatillas que firmaba. Me tomé muy en serio el diseño de mis Nike. Me preocupé de todos y cada uno de los detalles. Me importaba el peso, su distribución, los materiales, el corte, la tracción, la durabilidad. Era meticuloso sobre cada curva, cada contorno, cada puntada. No quería dejar ningún cabo suelto. No quería que mi pie resbalara en el zapato. No quería que nada me distrajera del suelo, aunque sólo fuera por un instante. Mis zapatillas no tenían que ser sólo cómodas, tenían que ayudarme a jugar mejor. Nike, por fortuna, amaba este tipo de retos. Cada zapatilla mejoraba la anterior. Siempre estábamos mejorando, siempre luchando por la innovación y la excelencia. Siempre mirando hacia delante». Pau Gasol, que compartió vestuario con Kobe en Los Lakers entre 2008 y 2014, escribe en el prólogo de *Mentalidad mamba*: «Una de las cualidades que ha hecho que Kobe tenga tanto éxito es su atención al detalle». Las palabras del propio Kobe son suficientemente elocuentes: «Tienes que abordar cada actividad, todas y cada una de las veces, con el deseo y la necesidad de hacerlo siempre lo mejor posible».

8. **Siempre me ha gustado la paz y la tranquilidad de los estadios antes de que llegara la gente.**

Todo el mundo es consciente de la importancia de la mentalización (preparación mental) ante cualquier desafío. La mentalización te permite ponerte en una situación antes de que se produzca para cuando ésta ocurra realmente, estar preparado: con calma, serenidad y con los cinco sentidos puestos en la acción. Un artista debe estar mentalizado de dónde tiene que actuar y ante quién; un conferenciante debe estar mentalizado acerca del lugar y audiencia de su *speech*; un jugador debe estar mentalizado de la cancha y el tipo de partido que tiene que afrontar. Kobe Bryant siempre estaba mentalizado antes de cualquier partido. El jugador de Los Lakers nos regala esta reflexión: «Hay algo en estar en un gran estadio cuando no hay nadie. Me produce una suerte de nirvana y también me prepara para el partido. Cuando salía del túnel entre los gritos de la afición, el ruido no me impactaba. Mentalmente podría recordar la quietud del momento anterior y llevar eso conmigo». Prepárate mentalmente para cualquier reto (entrevista, conferencia, partido, reunión, negociación…) para que cuando llegue el *partido* sentirte más cómodo, poder fluir y reaccionar ante los imprevistos. La persona más preparada es la que a menudo se lleva el gato al agua. Muchas personas van a las reuniones, negociaciones, visitas… a ver qué pasa; con frecuencia, se ven desbordados por las circunstancias y quedan en fuera de juego.

9. **La grandeza requiere que tus seres queridos se sacrifiquen, por lo que tienes que tener un círculo familiar y de amigos que sea comprensivo.**
La grandeza no es fácil de conseguir. Requiere mucho tiempo, muchos sacrificios y muchas decisiones difíciles. Y también un entorno que te comprenda, te acompañe, te dé estabilidad y se sacrifique por ti. A la grandeza nadie llega solo, es una labor de equipo en la que hay mucha gente implicada, y una parte de ese equipo es la familia y los amigos que están dispuestos a hacer renuncias —a menudo de manera callada y discreta— para que tú triunfes. Por

eso, igual que ellos se sacrifican por ti, tú debes estar dispuesto a sacrificarte por ellos cuando corresponde, dedicándoles tu atención, tiempo y cariño. Kobe no elude la dificultad para conseguirlo: «Hay un delicado equilibrio entre obsesionarte con tu oficio y estar ahí para tu familia. Es como caminar por una cuerda floja. Sientes cómo te tiemblan las piernas mientras tratas de encontrar tu centro. Cada vez que te inclinas demasiado en una dirección, corriges el rumbo y acabas inclinándote demasiado en la otra. Así que corriges volviendo a inclinarte hacia el otro lado. Ése es el baile. No puedes conseguir la grandeza caminando en línea recta». El equilibrio nunca es estático, es dinámico, y ahí está el reto. Conviene tenerlo siempre en la cabeza para ir ajustando sobre la marcha, de otro modo, si nos descuidamos, puede ser que cuando queramos rectificar ya sea demasiado tarde y sin margen de maniobra.

10. **Las emociones son un elemento clave del baloncesto.** En la vida hay muchas cosas que no se pueden controlar: ¿una pandemia, por ejemplo? Lo que sí está en nuestras manos es decidir cómo reaccionar a lo que sucede, y tomar las medidas oportunas para revertir la situación. Las lesiones en el baloncesto son un claro ejemplo de ello. Son algo que, antes o después, siempre sucede y constituyen el mayor enemigo para cualquier deportista de élite, ya que le alejan de la dinámica de la competición. A partir de ahí lo que toca es ver cómo darle la vuelta a lo ocurrido con la mejor actitud posible: «El juego está lleno de altibajos: buenos momentos, momentos malos y todo lo que hay entremedias —dice Kobe—. Cuando me lesionaba nunca me obsesionaba con lo que había pasado. En el transcurso de veinte temporadas sufrí mi buena dosis de lesiones graves. Lo primero que pensaba en dichas situaciones era: "¿Qué necesito hacer para volver a estar al cien por cien?". Ésa era mi mentalidad. Nunca dejé que el miedo o la duda penetrara

en mi psique. Nunca me quejé y nunca protesté, ¿de qué serviría?». El pasado no se puede modificar, pero sí tenemos libertad de elección sobre cómo afrontarlo y qué acciones tomar para redirigir nuestra vida hacia donde deseamos. La gestión de las emociones, con *inteligencia* o *negligencia*, es uno de los aspectos más determinantes cuando uno aspira a cimas altas, ya que de manera permanente se vive en medio de grandes tensiones emocionales. Así nos lo cuenta el deportista: «Con todo lo que estaba pasando a mi alrededor, tuve que descubrir cómo fortalecer mi mente para mantener la calma y la concentración. No quiero decir con esto que mis emociones no se dispararan o desplomaran de vez en cuando, pero estaba lo suficientemente consciente como para reequilibrarlas y evitar que las cosas se me fueran de las manos. Podía hacer eso de una manera que otros no podían, y eso fue realmente clave para mí».

LYNDA GRATTON

Lynda Gratton (1955) es una profesora, consultora, conferenciante y autora británica, considerada una autoridad mundial en temas relativos a la gestión de talento y el futuro del trabajo. Psicóloga de formación, es profesora de Management Practice en la London Business School, donde lleva veinte años colaborando con compañías de todo el mundo para dibujar las líneas que marcarán los nuevos entornos laborales. Asimismo, lidera el Future of Work Research Consortium, plataforma colaborativa que anticipa los cambios que se van a producir en el mercado laboral. Es miembro del Foro Económico Mundial, y desde 2017 participa como asesora en GoogleOrg, una iniciativa que ayuda a las personas a prepararse para la naturaleza cambiante del trabajo. Participó en el World Business Forum Madrid (WOBI 2020) donde desgranó las principales variables que impactarán en el nuevo escenario laboral que surgirá tras la pandemia. Fue elegida por *The Times* como una de las veinte pensadoras más importantes del mundo de los negocios, y por el *Financial Times* como la especialista en temas empresariales más innovadora e influyente. Es autora de diferentes libros de gran éxito como *Prepárate: El futuro del trabajo ya está aquí*, *La vida de 100 años*, *La nueva longevidad* o *Redesigning work*. Ha impartido varias charlas TED: *How to be ready for your future, now*, en 2012; y *Redesigning Your Work Is Important Because...*, en 2023.

1. El futuro del trabajo viene marcado por la tecnología, la longevidad y la caída de la natalidad.

Veamos estas variables una por una:

1. *Tecnología*. Desde hace tiempo la tecnología ha ido tomando un papel protagonista en la sociedad y también en el mundo empresarial, pero la pandemia lo ha acelerado de manera muy acentuada. Durante los meses de confinamiento, el teletrabajo, así como la robótica y la automatización supusieron el despegue de lo que ha venido después.
2. *Longevidad*. Durante más de un siglo, la esperanza de vida ha aumentado a un ritmo de dos a tres años cada década. Esto implica que, en promedio, cada generación vive de seis a nueve años más que la generación anterior. Las personas nacidas en el siglo XXI podrían llegar hasta los cien años de vida.
3. *Caída de la natalidad*. En 1950, las mujeres daban a luz en promedio a 4,7 niños; este número caerá por debajo de 1,7 para 2100, según un estudio del Instituto de Métricas y Evaluaciones de Salud (IHME) de la Universidad de Washington publicado en la revista *The Lancet*. En veintitrés países, entre los que se encuentran España, la población se reducirá a la mitad para 2100.

Todo ello condiciona el mercado de trabajo de la siguiente manera:

1. *El trabajo en remoto aumenta*. Uno de los mejores estudios sobre trabajo virtual se realizó en China hace una década. Se trataba de un experimento en el que un grupo de empleados de un *call center* trabajaba desde casa y otro desde la oficina. Se analizaron las tendencias de productividad y descubrieron que quienes estaban en su domicilio eran un 30 por ciento más productivos y registraban un 50 por ciento menos de posibilidades de abandonar el trabajo, además del ahorro que eso suponía en gastos de oficina.

2. *La gestión del talento cambia.* Desde el punto del *management*, por un lado, cada vez hay que prestar más atención a la gente de más edad porque van a ser imprescindibles en la nueva economía; por otro lado, las carreras profesionales lineales se han acabado, por lo que se necesitan modelos organizativos flexibles para satisfacer las necesidades del talento.

2. Las empresas deberían mostrar mayor sensibilidad hacia la edad y lo que significa envejecer.

Si la natalidad cae y la longevidad aumenta, los más mayores son una parte muy relevante de la sociedad y del mercado laboral. Hoy por primera vez en la historia de la humanidad hay más personas vivas mayores de sesenta y cinco años que menores de cinco años. La consecuencia de este cambio piramidal es evidente: si antes la edad de jubilación estaba en los sesenta y cinco años, el nuevo marco en el que vivimos obliga a retrasar forzosamente esa edad. Varios son los motivos:

1. *Factores estatales* (dudosas pensiones): las pensiones se sostienen gracias a la población activa, con lo que, si el número de nacimientos cae, hay que incrementar el número de personas en edad de trabajar para que las personas jubiladas puedan recibir su pensión.
2. *Factores económicos* (ahorro): las cuantías de las pensiones cada vez van a ser menores, y dado que la capacidad de ahorro de muchas personas es escasa, la forma de llevar una vida más digna es continuar trabajando.
3. *Factores laborales* (escasez de mano obra): en ciertos empleos es complicado encontrar talento. Si el talento es más escaso, hay que buscar fórmulas para aumentar la disponibilidad de profesionales.
4. *Factores personales* (buena salud): La mejora de la salud de las personas permite seguir rindiendo a un buen ni-

vel con mayor edad. Como señalan desde el SCL (Stanford Center on Longevity), «hay que dejar de asociar la segunda parte de la vida a jubilación, menopausia y muerte».

No es casual que uno de los libros de Gratton lleve por título *La vida de 100 años*, con subtítulo: *Vivir y trabajar en la era de la longevidad*. A pesar de ello, muchas empresas no tienen en cuenta a las personas a partir de una cierta edad en sus procesos de selección, y a las que están dentro de la organización, no les sacan todo el partido que podrían. Uno de los motivos es la idea que se tiene del concepto de edad. Al hablar de edad se puede hablar de edad cronológica, biológica, sociológica y subjetiva. La edad cronológica (la del DNI) no tiene en cuenta lo que más importa: la salud y el comportamiento; sin embargo, socialmente metemos a las personas de la misma edad en la misma saca del envejecimiento. Esa norma social de proceder está desactualizada y causa muchos problemas en el mercado laboral. Las empresas tienden a asumir que todas las personas de cincuenta y sesenta años están amortizadas, pero estos estereotipos basados en la edad, dice Gratton, «no son sólo un prejuicio contra los demás, también son un prejuicio contra tu propio futuro. Esto inevitablemente limitará tus oportunidades a largo plazo». El mundo cambia y debemos cambiar con él; o como decía Peter Drucker: «El mayor peligro en tiempos turbulentos no es la turbulencia; es actuar con la misma lógica que antes».

3. **La vida en tres etapas (educación, trabajo, jubilación) es muy inflexible.**

En el pasado, la vida de las personas era bastante similar: una vida compuesta por tres etapas (sota, caballo y rey) en la que todo el mundo hacía lo mismo al mismo tiempo:

- A los veinte años, la *educación* dominaba la vida: gran parte de la población estaba estudiando.
- A los cuarenta años, el *trabajo* dominaba la vida: gran parte de la población estaba desempeñando una actividad a tiempo completo.
- A los sesenta y cinco años, el *ocio* dominaba la vida: gran parte de la población estaba jubilada disfrutando.

Pero esa vida de *sota, caballo y rey* no sólo es inflexible, sino que es totalmente inadecuada a los tiempos que vivimos, marcados por una variable clave: el incremento en la esperanza de vida (*the new long life*). Por eso, uno de los libros de Gratton se titula precisamente *La nueva longevidad*, y con subtítulo: *Cómo adaptarse a los desafíos de una vida más larga*. Asimismo, las personas más mayores tienen una salud más robusta que en siglos pasados. Es decir, hoy se *vive* más (vidas más largas) y *mejor* (vidas más saludables). Por tanto, una vida con tres etapas no tiene mucho sentido:

1. *Educación*. En tiempos pretéritos, más estables, la educación te preparaba para tu profesión. Hoy día no, hay que estar formándose continuamente, estar en beta permanente para no quedarse desactualizado. El *lifelong learning* ('aprendizaje toda la vida') es esencial. Por tanto, ¿por qué no dedicar un tiempo a formarse en ciertas materias o habilidades que mejoren nuestra empleabilidad y marca personal?
2. *Trabajo*. El edadismo, la discriminación por motivos de edad, está muy extendido y se estima que es la tercera causa de discriminación en el mundo, después de la discriminación racial y la discriminación por razón de género. Sin embargo, dado que actualmente se vive más y con mejor salud, una persona con cincuenta años está en plenitud de facultades y además con experiencia, por

tanto, gran parte de la población puede seguir trabajando más allá de los sesenta y cinco años.

3. *Jubilación*. ¿Por qué esperar a la edad de jubilación para hacer aquellas cosas que realmente nos interesan? ¿Por qué no dedicar un tiempo (un trimestre, seis meses, un año...) a aquellas actividades que nos producen más placer: viajar o explorar una actividad?

4. El futuro es: una vida, múltiples etapas flexibles.

Frente a una vida con tres etapas (educación, trabajo, jubilación), vamos a un modelo vital *multietapa* que viene definido por:

- Múltiples *actividades*: las personas realizan muchas más *actividades*; es decir, cada actividad ya no está vinculada a una edad. Las personas funcionan de una manera mucho más autónoma, pudiendo hacer cualquiera de esas tres cosas (formación, empleo, ocio) en un momento diferente de la vida. Antaño eran común escuchar a muchas personas decir: «Cuando me jubile...». El problema es que cuando uno se jubila, la energía, las ganas y la salud no son las mismas, y hoy día, además, la edad de jubilación cada vez se retrasa más, con lo que tener que esperar a la jubilación para hacer ciertas cosas es frustrante.
- Múltiples *transiciones*: las personas realizan muchas más transiciones; es decir, antes te lo jugabas todo a una carta acerca de lo que querías ser en la vida (trabajar por cuenta ajena, empresario, funcionario...), mientras que ahora puedes pasar de tener tu propio negocio a volver a trabajar por cuenta ajena a tiempo completo, o viceversa, o incluso sacarte una oposición. Por ejemplo, el perfil del opositor ha variado notablemente en los últimos años, de personas jóvenes sin experiencia a personas más mayores con experiencia laboral y mujeres. La inestabilidad

del contexto hace que muchas personas busquen una mayor seguridad además de poder conciliar mejor su vida personal y profesional.

5. **Todos lastrábamos malos hábitos laborales. Estamos ante una oportunidad única para cambiarlos y restablecer nuestra forma de trabajar.**
La pandemia ha dejado al descubierto carencias importantes y vicios adquiridos en la forma de trabajar: exceso de reuniones, demasiados viajes, poco tiempo para la familia o problemas de agotamiento y desapego destacables. Pero esos hábitos estaban tan profundamente arraigados que era difícil cambiarlos. Por tanto, dentro de lo malo que hemos vivido, tenemos una ocasión única para sacar tajada de la crisis sanitaria que hemos tenido que capear. Todos nos hemos visto forzados a cambiar nuestros hábitos, pero sólo algunos serán capaces de mirar al futuro (oportunidad: hábitos nuevos) mientras que la mayoría querrán volver al pasado (seguridad: hábitos viejos). Como siempre, hay organizaciones proactivas y reactivas. Evidentemente, los resultados de unas y otras son desiguales. Anticiparse e ir un paso por delante del mercado es clave como garantías de supervivencia a medio y largo plazo. Es lo que diferencia a un líder de un simple gestor. Otra cosa nos deja fuera de mercado. Dice Gratton: «La vida multietapa es una de las fuerzas que va a hacer que el trabajo híbrido sea mucho más difícil de abandonar de lo que algunos CEO tal vez esperan; y va a modificar cómo trabajamos de manera determinante».

6. **Lo mejor de la pandemia es que ha aumentado significativamente la flexibilidad del trabajo, tanto en términos de *lugar* (dónde) como de *tiempo* (cuándo).**
Con la pandemia de la COVID-19 todos tuvimos que adaptarnos a un entorno laboral diferente. Sin embargo,

con la vuelta a la nueva normalidad, la pregunta es: ¿Volveremos a seguir los mismos patrones que antes? El sentido común nos dice que no. De hecho, buena parte de lo que se conoce como la *Great Resignation* (Gran Renuncia), movimiento social de muchos trabajadores norteamericanos que han dejado su empleo por desapego, es debido a que con la pandemia mucha gente empezó a darse cuenta de que no quiere trabajar como lo venía haciendo —sin tener control del *dónde* y el *cuándo*—, y menos aún si van a tener que hacerlo hasta una edad avanzada. Demasiada rutina para una persona que va a vivir hasta los cien años y con una vida laboral estimada por encima de los setenta años. La gente quiere sentirse libre y autónoma, y eso lo proporciona la flexibilidad para decidir *cuándo* y desde *dónde* trabajar. La flexibilidad te da opciones, y tener más opciones es ser más libre, y ser más libre es ser más feliz.

7. **La flexibilidad es la clave para integrar significado y trabajo.**
Tras la pandemia, Lynda Gratton ha realizado numerosos seminarios y talleres en los que pregunta a los asistentes cómo les ha cambiado la vida este hecho. Una de las preguntas que realiza es: «*What is important to you now?*» ('¿Qué es importante para ti ahora?'). Aquello que es más importante para nosotros da más sentido a nuestra vida. Cuando nuestras vidas están alineadas con nuestros valores, nos sentimos más felices, y cuando sucede lo contrario, el estrés y la ansiedad toman el control de nuestra vida. Entre las respuestas podemos encontrar las siguientes:

- «Mis padres se están haciendo mayores, y aunque no me necesitan, quiero pasar el mayor tiempo posible con ellos» (valor de la familia).
- «La relación con mis dos principales amigos se había debilitado, y quiero recuperarla» (valor de la amistad).

- «Quiero convertirme en un coach en dos años, así que necesito desarrollar las habilidades necesarias y ganar experiencia» (valor de vocación profesional).
- «Quiero mentorizar a la gente más joven para ayudarla a crecer y desarrollarse» (valor de sentido de propósito de vida).
- ...

Sea lo que fuere, la pandemia, a la mayoría de personas les ha hecho tomar consciencia de que hay vida más allá del trabajo; que el trabajo es un medio para crecer y desarrollarse, pero no lo único. La gente quiere explorar otras actividades, dedicar tiempo a viajar o cuidar más de su gente. Por tanto, ayudar a los empleados y colaboradores a que sus vidas estén más alineadas con sus valores (lo que más les importa) es ayudarles a ser más felices, y eso redunda en mayor creatividad, productividad y conexión con los equipos. Ello se consigue en buena medida a través de la flexibilidad para que puedan disponer de su tiempo y agenda de la manera que más se adecue a sus intereses personales. Una encuesta realizada en 2022 por Atlassian entre 1.710 trabajadores de Estados Unidos y Australia concluía que el 36 por ciento de las personas que no tenían ninguna flexibilidad laboral en cuanto a dónde realizaban su trabajo, mostraban síntomas de *burnout*, comparado con el 14 por ciento de los que sí tenían alguna flexibilidad laboral en este sentido. Y aunque el 47 por ciento de los que no tenían flexibilidad mostraban una opinión positiva hacia la cultura de la empresa, en el caso de los que sí tenían flexibilidad esa opinión positiva ascendía hasta el 83 por ciento.

8. **La salud va a ser cada vez más importante en nuestra vida. Para hacer todo lo que queremos (tener múltiples identidades), hay que cuidarse y estar sanos.**

En el pasado prestábamos muy poca atención a la salud debido a que la esperanza de vida era muy corta. Si vamos a vivir muchos años, lo ideal es cuidarse para llegar a la vejez lo más sanos posibles, porque vivir muchos años con dolores y enfermedades es frustrante. Con independencia de la edad que tengamos, sin salud, la vida se hace cuesta arriba. Sabemos que una buena parte de nuestra salud en las edades adultas depende de cómo hayan sido nuestros hábitos en las edades más jóvenes. La forma en que vivimos determina cómo envejecemos. El cuerpo pasa factura a los excesos y a los descuidos. Por eso la salud cada vez va a ocupar un lugar más importante en nuestras agendas. Cuidarse también requiere tiempo: dormir más, hacer ejercicio, ir al médico, hacer una buena compra, preparar una buena alimentación, hacer meditación/yoga, ir a terapia o diseñar escapadas para resetearse. Nos dice Gratton: «De media, la nueva forma de trabajar generada como consecuencia de la COVID-19 permite ahorrar hasta dos horas en desplazamientos. Ese tiempo que antes pasábamos viajando de casa a la oficina y viceversa, ahora lo dedicamos fundamentalmente a dos acciones: trabajar —algo que ha incrementado la productividad— y cuidarnos. Si algo ha quedado claro es que la gente quiere estar sana y tener flexibilidad respecto a *dónde* y *cuándo* trabaja, porque cuidarse requiere tiempo».

9. **La flexibilidad es la variable más valorada por las personas en las organizaciones.**
La vida cambia y con ello también las prioridades y las necesidades de las personas. A raíz de todo lo comentado, está claro que los empleados quieren más que nunca un entorno laboral *saludable*, que les permita conciliar y trabajar de la forma más eficiente, y *orientado al futuro*, que no venga predeterminado de antemano para toda su carrera profesional. Esto quiere decir que para afrontar una vida *multieta-*

pa, las personas necesitan más autonomía, por lo que no es casual que la variable que más valoran a la hora de trabajar en una empresa sea la flexibilidad. Flexibilidad sobre *dónde* y *cuándo* trabajar. Flexibilidad que se manifiesta de muchas maneras:

- Flexibilidad para explorar otras actividades.
- Flexibilidad para colaborar con una ONG.
- Flexibilidad para emprender.
- Flexibilidad para viajar.
- ...

En definitiva, flexibilidad para hacer aquello que más les apetece según la etapa de la vida en la que se encuentren o sus necesidades personales. Las empresas con una estructura organizativa más flexible tienen una ventaja competitiva sobre aquéllas más rígidas. Sheryl Sandberg, ex directora de operaciones de Facebook, ya lo apuntaba hace algunos años: «Estoy convencida de que las empresas que ofrecen más flexibilidad atraen a los mejores profesionales».

10. Mi consejo para los líderes empresariales es que brinden flexibilidad a su gente y que usen esas dos ideas, *tiempo* (cuándo) y *lugar* (dónde), para pensar en cómo sería el trabajo híbrido.

El liderazgo no es otra cosa que la capacidad de convertir una visión (sueño) en una realidad (hecho). Para ello es necesario aglutinar a un conjunto de personas y movilizarlas hacia un destino común. Todo lo que ocurre en una organización —directa o indirectamente— se produce a través de las personas. Sin las personas nada sucede. Por eso, los mejores líderes tienen una fuerte orientación a las personas, lo que implica estar en mejor posición para atraer al talento y para fidelizarlo. Y ello supone anticiparse y gestionar el nuevo entorno laboral y social en el que estamos inmersos.

El objetivo de *Redesigning Work*, otro de los libros de Gratton, no es otro que facilitar que la empresa acepte el cambio que vivimos, aumentar la productividad empresarial y prosperar hacia un mundo laboral más flexible que mejore el compromiso y bienestar de los empleados. Gratton apunta: «Como líder puedes construir un propósito y unos valores que realmente ayuden a las personas a imaginar cómo serán los próximos años para ellos». Ello no debe hacerse de manera unilateral sino con la implicación del equipo: «Involucrar a las personas directamente para que participen sobre las opciones y los beneficios, escuchar y compartir ideas que reflejen sus dilemas, y participar en un proceso más amplio de cocreación del futuro del trabajo son algunas propuestas».

MARC RANDOLPH

Marc Randolph (1958) es un emprendedor, inversor y mentor ejecutivo estadounidense, fundador de Netflix. Estudió en la Hamilton College de Nueva York, donde se tituló en Geología, y una vez graduado comenzó a trabajar en Cherry Lane Music Company. Posteriormente, en 1984, Marc dio un giro a su carrera profesional convirtiéndose en emprendedor al fundar la firma de ordenadores por pedido MacWarehouse y MicroWarehouse. Entre 1988 y 1995 trabajó para la empresa de software Borland International. Un año después, en 1996, fundó con otros colegas Integrity QA, empresa que sería comprada por la compañía Pure Atria, cuyo CEO y fundador era Reed Hastings, que le nombró director de marketing. Tan sólo un año después empezaría a gestarse Netflix junto a su socio, el propio Hastings. Durante su etapa en la firma fue director general, presidente y productor ejecutivo, y posteriormente miembro de la junta directiva hasta su jubilación en 2004. Desde entonces, ha continuado activo como fundador de diversas *start-ups*, ha sido mentor de cientos de jóvenes, inversor y conferenciante en múltiples foros. Marc Randolph es autor del libro *Eso nunca funcionará*, con subtítulo: *El nacimiento de Netflix y el poder de las grandes ideas*. En 1997, de camino en coche al trabajo, Randolph le propuso a su colega Reed Hastings la idea de montar un negocio de alquiler de DVD por correo aprovechándose del auge de internet. Fue una de las muchas ideas que Randolph lanzaba al aire en su periplo al trabajo cada mañana. Pero ésta captó el interés de Hastings. Así empezó Netflix, hoy una empresa con más de doscientos millones de suscriptores que ha revolucionado la industria del entretenimiento. Randolph también es uno de los miembros de la organización sin ánimo de lucro *National Outdoor Leadership School* y del grupo medioambiental *One Percent for the Planet*.

1. **La idea de crear Netflix no fue perfecta, útil, clara y acertada, no surgió en un momento de inspiración divina, no nos vino en un fogonazo.**
Las historias que conectan con el público y que les gustan a los medios de comunicación surgen de algo inesperado que ocurre en un momento concreto (epifanía) que precipita todo en una determinada dirección. Es lo que vende, pero pocas veces es así, y el nacimiento de Netflix tampoco lo fue. La idea surgió a partir de mucho esfuerzo y tras muchas malas ideas: «Por cada buena idea, hubo miles que eran malas. Y, a veces, resulta difícil diferenciarlas», dice Randolph. Tanto él como su socio, Reed Hastings, hacían juntos el trayecto en coche al trabajo cada mañana. Trabajaban en esa época en Pure Atria. Randolph, que quería montar algo por su cuenta, bombardeaba a Reed con sugerentes ideas de negocio, la mayoría de las cuales acababan con una frase: «Eso nunca funcionará». Pero una de ellas llamó su atención: montar un negocio de alquiler de DVD por correo a través de internet: «Yo no tenía ni idea de lo que iba a funcionar y lo que no. En 1997, lo único que sabía era que quería fundar mi propia empresa y que quería que el negocio se basara en la venta por internet. Y ya está. Parece absurdo que una de las compañías de comunicación más grandes del mundo haya surgido de esos deseos, pero así fue». Desde que surgió la idea inicial hasta convertirse en lo que es hoy día Netflix —un modelo de suscripción de películas escalable— han pasado muchas cosas, además de muchas dificultades financieras hasta la salida a Bolsa en 2002. Él mismo relata: «Si me hubieran preguntado el día del lanzamiento cómo sería Netflix un tiempo después, nunca se me habría ocurrido decir que sería un servicio de

suscripción mensual». Para el fundador de Netflix todo se resume en tres palabras: «Nadie. Sabe. Nada»; una idea prestada de William Goldman, guionista de cine, según el cual nadie sabe *a priori* si una película de Hollywood funcionará o no: «Nadie sabe nada —escribe Randolph— no es una crítica, sino un recordatorio, unas palabras de ánimo. Porque si nadie sabe nada, entonces cualquier idea puede ser la que acabe triunfando. Si nadie sabe nada, tienes que confiar en ti mismo. Tienes que ponerte a prueba. Y tienes que estar dispuesto a fallar». Y añade: «A veces, las malas ideas pueden convertirse en buenas ideas». Por último: «Planear y diseñar en exceso las cosas suele ocurrir cuando le das demasiadas vueltas a algo o, directamente, cuando estás posponiendo hacerlo. Cuando se trata de ideas, es más eficiente probar diez malas que pasarse días intentando crear una perfecta».

2. **Las *start-ups* son un poco solitarias. Trabajas en algo en lo que nadie cree, en algo que te han dicho una y otra vez que no funcionará. Eres tú contra el mundo.**
El mundo *start-up* presenta algunas peculiaridades. Una *start-up* es una empresa de nueva creación que, gracias a su modelo de negocio escalable y al uso de las nuevas tecnologías, tiene grandes posibilidades de crecimiento. Suelen estar vinculadas a ideas muy novedosas y algo revolucionarias, lo que hace que en su etapa de gestión no sean fácilmente comprensibles para la mayoría de la gente. Sin embargo, para sacarla adelante es necesario ser capaz de *seducir* a otras personas para que se incorporen al proyecto, lo que hace que el reto sea aún más complicado. Como dice Randolph, «la realidad es que no puedes triunfar solo. Necesitas refuerzos. Tienes que convencer a los demás. Tienes que conseguir que compartan tu entusiasmo. Tienes que darles las gafas mágicas que les harán ver tu visión de futuro». Para que el proyecto prospere se necesitan so-

cios, inversores, empleados, prescriptores y muchas más personas. La pregunta que surge es: ¿cómo conseguir que se incorporen a algo tan novedoso y con tan poca certeza de éxito? Dos cosas son fundamentales:

1. *Confianza en uno mismo*: en la idea que se tiene entre manos y en los beneficios que aporta al mercado. Si uno duda de sí mismo, el resto también lo hará. Uno debe creer fervientemente en lo que se está cociendo y en cómo puede ayudar a la gente.
2. *Capacidad de persuasión*: la presentación de nuestras ideas a los demás, con gran pasión y mucha pedagogía acerca de las bondades del modelo de negocio, son clave para impactar y seducir. Y cuanto mayor sea la novedad de nuestras ideas, más resistencias encontraremos y más importante será la capacidad de comunicación.

3. En una presentación, el objetivo no es siempre la perfección, sino la proyección.

Lo importante no es lo que un negocio es, sino lo que puede llegar a ser: su potencial. Ningún negocio en sus orígenes es perfecto. Entre el surgimiento de una idea como proyecto y su aceptación final por el mercado puede haber una diferencia abismal. Lo importante es la capacidad para encontrar soluciones, ser flexibles y adaptables, reflexionar continuamente, no dejar de hacerse preguntas, investigar, tener resiliencia y gran capacidad de liderazgo para ir ajustando el tiro e ir encajado con nuestro *target*. Todo eso es producto del equipo y las personas que lo forman. Netflix se creó con una financiación inicial de 2 millones de dólares que había aportado Hastings y otros 250.000 dólares de Rick Schell, antiguo compañero de Randolph en su anterior empresa. A medida que la empresa iba operando, se fueron necesitando nuevas rondas de financiación. Para ello acudieron a IVP (International Venture Partners), una sociedad de capital riesgo de Silicon Valley. Pero las cifras y el plan de negocios no eran muy creíbles. Pidieron 4 millones de euros. Como cuenta Randolph: «La presentación no fue especialmente bien [...]. Al final decidieron financiarnos, pero eso tuvo menos que ver con la presentación que con la presencia de Reed. Era un personaje reconocido, todo un cebo para los inversores de capital riesgo. Había orquestado grandes acuerdos, había aparecido en la portada del *USA Today* con su Porsche. La gente con dinero confiaba en él porque tenía antecedentes de hacerles ganar dinero. Ya en 1998, llevaba alrededor de la cabeza una aureola de éxito en Silicon Valley. Y lo más importante: tenía antecedentes de resolver problemas aparentemente irresolubles. Los inversores y las sociedades de capital riesgo lo sabían ya en aquel momento. Y no hay duda de que lo saben hoy. Por eso, en el momento que entra en la sala, la gente empieza a sacar el talonario de cheques». Randolph concluye: «No has de tener todas las respuestas si pareces el tipo de persona que, tarde o temprano, las tendrá». La gente, mucho más que confiar en algo, confía en alguien; en su credibilidad, que no es otra cosa que el resultado de sus resultados, su *background*, su *track record*.

4. **Centrarse. Ésa es el arma secreta de un emprendedor.** Randolph explica: «Una de las mayores lecciones que aprendí de Netflix fue que no sólo hace falta tener ideas creativas o rodearse de la gente adecuada, sino que también hace falta centrarse». Asimismo, señala: «En una *start-up*, ya es muy difícil que algo salga bien, así que aún lo es más que salgan bien muchas cosas». ¿La clave? Centrarse es imprescindible. Tienes que saber cuál es tu ventaja competitiva, cuidarla y mejorarla al máximo para poderla explotar oportunamente. No se puede llegar a todo y pretender hacerlo de manera exquisita. Es estúpido. Cuando Netflix nació, vendía y alquilaba DVD por internet. Los ingresos por

alquileres de DVD apenas representaban el 3 por ciento. Sin embargo, decidieron deshacerse de la parte del negocio de la venta de DVD, que no tenía un futuro muy halagüeño, y quedarse exclusivamente con el alquiler que era la pata que prometía una rentabilidad sostenible a largo plazo. No fue la única vez que hicieron eso, también cuando pasaron de un modelo de negocio doble (por suscripción y a la carta) a uno único (por suscripción, el actual). Randolph dice: «Reed tenía razón, si sabíamos que el modelo de suscripciones era el futuro, no tenía sentido seguir trabajando con el modelo de carta del pasado. Sólo estábamos desviando energía, dinero y talento a un modelo que se nos había quedado pequeño». Por último, el empresario de Silicon Valley escribe: «Una y otra vez a lo largo de la historia de Netflix —cuando abandonamos la venta de DVD, los alquileres a la carta y, con el tiempo, dejamos de contar con muchos miembros del equipo original de la empresa—, habíamos tenido que estar dispuestos a dejar atrás partes del pasado en pos del futuro. A veces, centrarse con tanta intensidad parece despiadado y lo es un poco, pero es más que eso: es casi valiente».

5. **Da igual lo bueno que sean los anuncios si los perros no se comen la comida para perros.**
Es una buena reflexión desde el punto de vista del marketing y la publicidad. El marketing hace que lo bueno parezca mejor, pero no hace que lo malo parezca bueno, y si lo consigue, es a corto plazo. Algo malo, por mucha visibilidad que tenga, sigue siendo malo. Una buena idea es la base de cualquier inicio empresarial, y luego, evidentemente, habrá que venderla bien. Pero si la base —la idea— hace aguas, eso no lo saca adelante nadie. Si la comida para perros es horrible y el perro no le hinca el diente, por mucho marketing que se haga, todo se volverá en contra. Por el contrario, si la base es buena, pero el marketing no funcio-

na —todo es cuestión de ensayo y error—, se puede cambiar la estrategia de marketing. Randolph se refiere a esta idea al hablar del rediseño web que habían realizado para hacer unas pruebas y medir si los cambios funcionaban: «Al final, lo que importaba no era lo bonita que quedaba la web para una prueba; podía haber enlaces que no funcionaran, podían faltar fotos, podía haber faltas de ortografía y lo que fuera. Lo que importaba era la idea. Si era mala idea, no iba a convertirse en buena por mucha atención que prestáramos a los detalles. Y, si era buena idea, la gente se esforzaría por sacarle provecho a pesar de las chapuzas y los obstáculos con los que se encontraran. Si se encontraban con un problema en la web, intentaban conseguir lo que querían una y otra vez: cerraban y volvían a entrar, intentaban esquivar el problema o nos llamaban para hacer sus pedidos». También señala: «Si la gente quiere algo que tienes, echará abajo la puerta, se saltará los enlaces rotos y te suplicará que se lo des. Si no quiere lo que le ofreces, cambiar la paleta de colores no servirá para nada».

6. **El éxito genera problemas. El crecimiento está muy bien, pero trae consigo una serie completamente nueva de dificultades.**
Una empresa es un ente vivo, y como tal, evoluciona y necesita adaptarse al medio, de otro modo se queda en fuera de juego. Hacer cambios en la tecnología, en las oficinas o en el diseño corporativo es llevadero, aunque haya resistencias, pero los cambios más dolorosos tienen que ver cuando hay que hacer despidos. Netflix estaba creciendo a buen ritmo (generación de clientes), pero había pérdidas (la captación era muy costosa). Sólo había una forma de que aquello fuera sostenible: reduciendo gastos. Al final, lo que daña seriamente una empresa son los costes fijos y, a menudo, los gastos de personal son una de las partidas más importantes. Con todo el dolor del mundo, se tenía que despedir

a gente para garantizar la supervivencia empresarial, y había personas que habían estado desde el principio en la aventura y que ahora quedarían fuera. Randolph explica: «Ésta es una de las realidades de la vida *start-up*. Cuando creas algo de cero, te apoyas en personas generalistas, apasionadas y con talento: gente que puede hacer un poco de todo, que hace suyo el objetivo de la empresa y a quien confías tu tiempo, tu dinero y tus ideas. Sin embargo, cuando has pasado del cero al uno y la semilla que has plantado está empezando a germinar, ocurren algunos cambios. A menudo, la persona que era adecuada para un trabajo al principio, más adelante ya no lo es. A veces, traer a gente con décadas de experiencia y conocimientos de las instituciones es necesario».

7. **«No» no siempre significa «no».**
Un «no» en un momento determinado —atendiendo las circunstancias— puede ser un «sí» más adelante: «Una y otra vez en la historia de Netflix —dice Randolph— había escuchado a la gente decirnos que no y, luego, había visto cómo, poco a poco, cambiaban de opinión. O veían que no tenían razón». La pregunta es inmediata: ¿qué hay que hacer cuando nos dan calabazas? El empresario norteamericano nos da la respuesta desde su experiencia: «He aprendido lo siguiente: cuando se trata de hacer realidad tu sueño, una de las armas más poderosas que tienes a mano es la insistencia obstinada y cabezota. Compensa ser la persona que no acepta un "no" por respuesta, porque, en los negocios, "no" no siempre significa "no"». Desde los orígenes de Netflix, la compañía se enfrentó a numerosos «no» que se fueron diluyendo por el camino, como cuando ofrecieron a Blockbuster comprarles por 50 millones de dólares y se negó (y hasta se rio de ellos). Hoy Blockbuster, que llegó a tener en el año 2000 unos 60.000 empleados, unos ingresos de 6.000 millones de dólares y que abría un videoclub

nuevo cada día, ya no existe, mientras que Netflix obtuvo en 2021 un beneficio neto de 5.116,2 millones de dólares (4.512 millones de euros).

8. **La empresa era un sueño y dirigirla, otro. Y, si quería que la empresa tuviera éxito, tenía que afrontar con franqueza mis limitaciones.**
La vida de una empresa pasa por diferentes etapas, y no en todas se requiere lo mismo. Hay que adaptarse. Y adaptarse es cambiar. Una cosa es crear una empresa, y otra hacerla crecer y desarrollarse. Eso también le ocurrió a Netflix tras su primer año en el mercado. En ese momento Reed Hastings —hasta entonces al margen de la gestión— le propuso a Randolph incorporarse a la empresa como director general pasando él a ser el presidente, tras ver que el negocio no estaba funcionando bien e iría a peor a medida que creciese. Tras una dura exposición de los hechos de Hastings a Randolph, éste sabía que estaba en lo cierto. Randolph escribe: «Tenía que aceptar que a mí se me daba bien construir, que era lo suficientemente creativo como para reunir un equipo, crear una cultura, catapultar una idea. Pero estábamos saliendo de la etapa inicial. Íbamos a tener que crecer —y deprisa— y eso requería unas habilidades diferentes». Y añade: «Sabía que Reed era mejor que yo en esa etapa. Tenía más seguridad, estaba más centrado y era más valiente». Dar un paso al costado para que un sueño se haga realidad, en lugar de ser víctima del ego buscando un triunfo personalista errático, es de personas inteligentes. Y eso fue lo que dice Randolph: «El acuerdo director-presidente daría a la empresa el liderazgo que se merecía. Aumentaría enormemente las probabilidades de éxito. Crearía una empresa de la que podríamos estar orgullosos el resto de nuestros días». Igualmente reflexiona: «Puede que Netflix hubiera sobrevivido si yo hubiera seguido siendo el único al mando, pero uno no escribe un libro sobre una empresa que

simplemente ha sobrevivido. No me cabe duda de que, si él no hubiera asumido el papel de líder, Netflix no se habría convertido en la empresa que es hoy».

9. **Desde el principio, decidí tratar a todas las personas que trabajaban en Netflix como adultos.**
«La cultura de libertad y responsabilidad de la mano de la sinceridad radical funcionaba de maravilla», dice Randolph. Ésa es la cultura de Netflix. Veamos punto por punto:

- *Libertad.* Pocas cosas satisfacen más a las personas como sentir que lideran su trabajo y su vida. Nadie con talento quiere sentirse como un autómata. A la gente «ganadora» hay que plantearle retos ambiciosos y luego darles la libertad para que encuentren soluciones. No se puede estar encima de ellos todo el tiempo: «La cultura de Netflix —dice Randolph— había nacido directamente de la forma en que nos tratábamos Reed y yo. No nos dábamos una lista de tareas que esperábamos que hiciera el otro y, luego, comprobábamos con frecuencia que el otro las iba haciendo. Simplemente, nos asegurábamos de que los dos entendíamos los objetivos de la empresa y los aspectos de los que era responsable cada uno. A cada uno le correspondía averiguar qué hacía falta para cumplir esos objetivos».
- *Responsabilidad.* Íntimamente relacionada con la libertad está la responsabilidad. Te doy tu espacio autónomo, pero tráeme soluciones y resultados. Tú decides, tú haces, tú consigues. En una ocasión un programador le pidió a Randolph salir los viernes pronto para coger un avión a San Diego y poder pasar el fin de semana con su pareja, trabajar allí los lunes y volver el martes. Randolph le contestó: «Me da igual desde dónde trabajes. Por mí, como si trabajas desde Marte. Si lo único que me estás preguntando es cuándo y dónde trabajar: me da igual.

Pero si lo que me pides es que baje las expectativas que tengo de ti y del grupo a tu cargo para que puedas pasar tiempo con tu novia, la respuesta también es fácil: no».

- *Sinceridad radical.* Los debates acalorados eran algo común en Netflix. El crecimiento nace del enfrentamiento de ideas: «La discrepancia era un elemento básico de nuestra sinceridad radical. Esperábamos que hubiera discrepancias porque incentivábamos el debate vigoroso. En las reuniones de Netflix, no importaba la antigüedad y ninguna opinión era más valiosa por el puesto, la edad o el salario de quien la expresara. Se esperaba que todo el mundo defendiera su punto de vista hasta que se alcanzara el consenso», apunta Randolph.

En definitiva, las tres cosas son un reflejo de la madurez (emocional) de las personas: «La gente quiere que se les trate como adultos. Quieren tener una misión en la que creer, un problema que resolver y espacio para hacerlo. Quieren estar rodeados de otros adultos cuyas aptitudes respetan». También el fundador de Netflix apunta: «En una *start-up*, la verdadera innovación no surge de dictámenes que vienen de arriba y tareas delimitadas con mucha precisión, sino de haber encontrado gente innovadora, centrada en el conjunto del proyecto, que sabe orientarse sin ayuda cuando hay un problema y solucionarlo sin tener que ir de la mano de nadie todo el tiempo. A eso le llamamos no estar atados, pero tener una conexión estrecha».

10. No quería ser uno de esos emprendedores de éxito que van por su segunda o tercera *start-up*, pero también por su segundo o tercer matrimonio.

El mundo de la empresa, ya sea como directivo o emprendedor, es muy exigente en cuanto a las horas y energía que demanda. Por eso, es clave tener claras ciertas prioridades desde el minuto uno o es fácil verse arrollado por el tsunami empresarial. Desde que Randolph era ejecutivo en primera línea en Borland, y luego cuando inició Netflix, tenía marcada en su agenda pasar los martes con su mujer y «siempre me iba de la oficina a las cinco —señala—. Instauré la cita semanal en Borland, donde no era raro que los trabajadores se quedaran hasta las siete u ocho de la noche con frecuencia. Al principio, no me importaba trabajar hasta tan tarde, pero, tras unos pocos meses, me dio miedo quemarme y también me preocupé por no estar priorizando la relación con mi mujer, especialmente cuando tuvimos hijos. Quería asegurarme de que nosotros dos siguiéramos conectados. —Y añade—: Al principio, esto generó un poco de conflicto, pero, finalmente, cuando a la gente le llegó a circular y yo me mantuve firme ante numerosos desafíos, mis compañeros aprendieron a no programar nada que entrara en conflicto con aquella hora límite. La respetaban y se adaptaban a ella». Dicho de otra manera: *O marcas los límites a los demás o los demás te imponen los suyos.* Lo que no cuidas y alimentas se va desvaneciendo poco a poco hasta desaparecer: «Por más alto que hubiera subido o por muchos escalones que viera por delante, los martes siempre me iba de la oficina a las cinco. Reservar una noche para mi mujer nos mantenía cuerdos a los dos y conectados con el otro». No todo es dinero, ventas y crecimiento, también familia, amigos y descanso son importantes y hay que establecerlos como prioridades en la agenda.

MARIE KONDO

Marie Kondo (1984) es una japonesa fundadora del método KonMari (KonMari es su apodo resumen de su apellido y nombre) que aúna la filosofía oriental, el feng shui y el coaching inspiracional. El método KonMari lo que pretende es transmitir una forma sencilla, inteligente y efectiva de deshacerte del desorden para siempre (sí, para siempre), y no sólo temporalmente hasta que todo vuelve otra vez al caos. Su misión, como ella misma confiesa, «es hacer feliz al mundo a través de la limpieza». Es autora del libro *La magia del orden*, con subtítulo, *Herramientas para ordenar tu casa y tu vida*, que ha sido número uno en la lista de bestsellers de *The New York Times*, traducido a treinta y cinco idiomas y con seis millones de ejemplares vendidos en todo el mundo. También es autora de la obra *El método Kurashi*, inspirado en el concepto japonés del mismo nombre, que significa literalmente «forma de vivir», que nos ayuda a definir nuestro estilo vida ideal y a tomar conscientemente mejores decisiones alineadas con ese estilo de vida. El periódico *The Times* ha dicho de ella: «Marie Kondo es una gurú del orden, una princesa guerrera que lucha contra el caos. Algo que lleva haciendo desde los cinco años». El impacto mundial del método KonMari ha inspirado una serie documental de Netflix con el título *¡A ordenar con Marie Kondo!*, la cual fue nominada en 2019 a los Emmy a mejor presentadora y mejor programa *reality* estructurado. Tras su éxito, en 2021, se lanzó también el *reality ¡Sé feliz con Marie Kondo!*, en el que aplica fundamentos del método KonMari a empresas y negocios, relaciones personales y otro tipo de comunidades.

1. **Tras haber dedicado más del 80 por ciento de mi vida a este tema, sé que la organización también transformará tu vida.**
El orden tiene implicaciones en todos los demás aspectos de nuestra vida. Una vida ordenada nos afecta positivamente a nivel emocional. El orden tiende a relajarnos y a incrementar nuestra sensación de armonía. «Lo que aprendemos en el proceso de ordenación de la casa —dice Kondo— nos servirá después para lograr un mayor bienestar vital.» No cabe duda de que la mayoría de las personas preferimos vivir en un espacio limpio y ordenado en lugar de hacerlo en un espacio sucio y desordenado. Cualquiera que haya organizado un espacio, aunque sólo haya sido una vez, ha deseado conservarlo así. El orden nos produce bienestar. Por eso, como ella misma señala, «una reorganización drástica del hogar provoca cambios proporcionalmente drásticos en tu estilo de vida. Cuando hayas acabado de poner en orden tu casa, tu vida cambiará drásticamente. Cuando experimentes tener una casa verdaderamente ordenada, sentirás cómo se ilumina todo el mundo. Esto es lo que llamo la *magia* de la organización». El mantra que hay detrás de la filosofía de Kondo es: *organiza tu espacio, mejora tu vida.*

2. **Nunca podrás organizar si no has aprendido cómo.**
A la hora de abordar una tarea, mucho más si es ambiciosa, no basta la voluntad (querer), también es necesario contar un método (*know how*) para hacerla correctamente, o los resultados serán deficientes. Hay muchas formas de hacer las cosas, pero unas son mejores que otras. Las malas generan estrés, ineficiencias y conflictos. Las buenas resuelven estos inconvenientes. Sin embargo, nadie nos ha enseñado un método de organización. En este tema somos autodidactas… y casi siempre para mal: funcionamos según lo que creemos que está bien o mal. Un estudio realizado so-

bre este asunto concluía que sólo el 0,5 por ciento de los encuestados respondía afirmativamente a la cuestión: «¿Has estudiado un método para organizar las cosas?». En la vida todo tiene un método que responde a una lógica y a un porqué, que nos permite alcanzar resultados (eficacia) con el menor consumo de recursos de tiempo y energía (eficiencia). A la hora de organizar nuestros espacios, estudiar y aplicar el método KonMari es una garantía para conseguir resultados de manera consistente.

3. **Organiza una sola vez y hazlo bien. La organización es un suceso especial: no la hagas todos los días.**
El método KonMari se basa en desechar y organizar tu casa por completo (toda) y de un tirón (una vez). Es la estrategia más adecuada para no volver al desorden. Así señala: «Si ordenas tu casa en un solo intento titánico, la habrás organizado por completo. El rebote (vuelta al desorden) ocurre porque la gente cree erróneamente que ha organizado a fondo cuando, en realidad, sólo ha ordenado y guardado una parte de las cosas». Si organizas sólo un poco cada día, nunca acabarás. Tampoco tendrá un gran impacto en tu vida. Pero si cambias de enfoque, entonces sí notarás un impacto sustancial en tu vida. Una organización total (no a medias) produce resultados muy visibles que tienen un efecto inmediato en nuestra manera de pensar (mentalidad). Y esto conviene subrayarlo porque, como apunta Kondo, «la gente no cambia de hábitos si primero no cambia su manera de pensar». Lo más importante es experimentar (sentir) el efecto de unos resultados sorprendentes: «Cuando la gente vuelve al desorden sin importar cuánto haya organizado, lo que está mal no es su habitación ni sus pertenencias, sino su manera de pensar. Aunque se hayan sentido inspirados al principio, les cuesta seguir motivados y sus esfuerzos se desvanecen. Esto se debe a que no se pueden ver los resultados ni sentir los efectos. Por eso el éxito depende de que

experimentemos resultados inmediatos y tangibles». No hay mayor fuerza motivadora que unos resultados sorprendentes. Kondo es contundente: «Busca la perfección de una sola vez. Por experiencia sé que nunca podrás tener tu casa en orden si sólo la limpias a medias. Si no has realizado la tarea única e irrepetible de poner tu casa en orden, cualquier intento de organizar tu espacio a diario está condenado al fracaso». Un proceso gradual nunca tiene el mismo impacto que un suceso especial contundente.

4. **Tan pronto como comienzas a organizar, te sientes obligado a reajustar tu vida.**
Es curioso observar cómo muchas personas (tal vez tú mismo también) cuando están presionadas antes de un examen o un proyecto, necesitan limpiar su habitación o espacio de trabajo. No es que les apetezca hacerlo, es que «sienten» que organizar su espacio de trabajo o su habitación les va a permitir concentrarse mejor y trabajar más productivamente. El orden les permite enfocarse en la tarea que tienen entre manos: el examen o proyecto. Cuando el examen (proyecto) ha pasado, curiosamente esa necesidad de limpiar y organizarse se ha disipado. El caos y el desorden ayudan a evadirse de los problemas, porque ver los problemas con claridad nos empuja a solucionarlos. No tenemos escapatoria. Por eso, tan pronto empiezas a organizar tu casa (estancia), de manera similar empiezas a ver las cosas con más claridad y a reajustar tu vida en la dirección que anhelas. *La calidad de nuestros resultados es proporcional a la claridad de nuestra visión.* El desorden nos evita tener claridad, con lo que no es complicado que nuestra vida sea más caótica. La claridad te permite afrontar los problemas más importantes. Como escribe Kondo, «la organización es sólo un instrumento, no el destino final. El verdadero objetivo debe ser que establezcas el estilo de vida que quieres cuando hayas puesto tu casa en orden». Muchas personas, gracias a

este proceso, han mejorado la confianza en sí mismas, han tenido más nitidez acerca de sus pasiones y talentos, les ha servido para tomar decisiones con mayor facilidad e incluso han mejorado, aunque parezca chocante, su salud a nivel físico.

5. **La organización debe empezar por la eliminación.**
Los métodos de almacenamiento no resuelven el problema de cómo deshacerse del desorden. Es sólo una estrategia superficial (aparente): nos hace sentir mejor (temporalmente) pero no soluciona el problema de fondo. Kondo estudió todos los métodos (eficientes) de almacenamiento (separadores, revisteros, cajoneras…) para organizar y ordenar su espacio. Y los puso en práctica, pero sentía que su casa seguía desordenada. ¿El motivo? No necesitaba la mayoría de cosas que había en ellas. Kondo lo explica de manera nítida: «Aunque creí haber organizado, en realidad sólo había perdido el tiempo guardando cosas, ocultando bajo una tapa los objetos que no necesitaba. Guardar las cosas crea la ilusión de haber resuelto el problema del desorden. Pero, tarde o temprano, todas las unidades de almacenaje se llenan, la habitación vuelve a rebosar de cosas, surge la necesidad de métodos de almacenamiento nuevos y "fáciles", y todo esto crea una espiral negativa». Resistirse a guardar cosas y ELIMINAR (con mayúsculas) es el comienzo de una buena organización duradera.

6. **Organiza en el orden correcto.**
La organización efectiva implica sólo dos acciones: eliminar cosas y decidir dónde guardarlas. Y por ese orden. La perfección se logra con la organización eficiente. Dice Kondo: «Crees que has organizado perfectamente, pero a los pocos días tu habitación vuelve a estar desordenada. Con el paso del tiempo acumulas más cosas y antes de que te des cuenta tu espacio ha retrocedido a un estado ante-

rior. Esto es debido a métodos ineficaces que sólo abordan la organización superficialmente». Toda buena organización empieza primero por desechar y, sólo después, guardar: «Asegúrate de concluir la primera tarea antes de empezar con la siguiente. Ni siquiera pienses en guardar tus cosas antes de haber terminado el proceso de eliminación. No seguir este orden es una razón de que mucha gente nunca logre un avance permanente. Apenas llevan media eliminación y ya empiezan a pensar dónde poner las cosas». Dicho en román paladino, el secreto del éxito para organizar de un solo tirón, de la manera más rápida y completa posible, es empezar por *e-li-mi-nar*.

7. **Antes de desechar, visualiza tu estilo de vida ideal.** Cuando se habla de estilo de vida ideal, lo primero de todo es tomar consciencia de que todo estilo de vida tiene pros y contras. Ninguno lo tiene todo. Recuerda: *vivir es elegir y elegir es descartar*. Tomar una alternativa significa renunciar a otras cosas. Tu estilo de vida debe regir todas las decisiones de tu vida —no sólo las de organización— porque eso será lo que te permita avanzar, al dirigir todas las energías en la misma dirección, y te hará sentir bien, al ver que estás alineado con tus valores (lo que quieres). Cuanto menos claro tienes lo que quieres y más retrases esa decisión, más frustrado te sentirás y más retrasarás los avances. Como dice el escritor británico Stuart Wilde: «Descubrir lo que realmente quieres te ahorra una confusión interminable y una pérdida de energía». No es lo mismo apostar por un estilo de vida *knowmad* digital que busca ir lo más ligero de equipaje haciendo de la tecnología su herramienta fundamental, que la de un escritor intelectual asentado en una ciudad que necesita su biblioteca por una cuestión práctica y emocional. Cuanto más concreto y detallado sea tu *lifestyle*, más sencillo tomar decisiones. Y cuanto más claros sean tus motivos (porqués) de ese *lifestyle*, mucho mejor.

No es sólo lo *que* quieres, sino *por qué* lo quieres. Tener claros tus *porqués* (motivos) facilita mucho cualquier decisión. Hay gente que dice que quiere cosas (porque están de moda) pero realmente no las quiere, no tiene motivos. Tienes que mirar hacia dentro y encontrar tus motivaciones profundas o nunca estarás satisfecho.

8. **La razón para desechar: ¿esto me hace feliz?**
El método KonMari es explícito: «La mejor manera de elegir qué guardar y qué desechar es sostener cada objeto en la mano y preguntarte: "¿Esto me hace feliz?". Si es así, consérvalo; si no, deséchalo. La cuestión de cogerlo en la mano es que cuando tocas algo, tu cuerpo reacciona emocionalmente. Me hace o no me hace feliz, ésa es la cuestión. ¿Qué sentido tiene organizar si no es para que nuestro espacio nos aporte felicidad y armonía? Otra cosa no tiene sentido. El propósito de tu vida no es organizar sino ser feliz: ¿te hace feliz ponerte ropa que no te gusta? ¿Te alegra estar rodeado de montones de libros que no te llegan al corazón? ¿Crees que poseer accesorios que nunca usarás puede hacerte feliz? Las respuestas a estas preguntas deberían ser "no"». La organización es una especie de diálogo con uno mismo y debería hacerse cuando uno está fresco mentalmente (mejor por la mañana que uno está despejado) y se puede discernir con mejor criterio. La felicidad es el fin último de toda persona y a ella deberíamos dirigir nuestros pasos. Todo lo que no nos acerca a ella, mejor descartarlo. Una vida sencilla es una vida más feliz. La sencillez aporta bienestar.

9. **Ordena por categorías, no por estancias, y una categoría a la vez.**
Decidir qué conservar según lo que nos hace feliz es el paso más importante de la organización. Pero ¿qué pasos se necesitan para eliminar eficazmente? El más importante: no seleccionar y desechar por ubicación (estancia). Una razón

importante del fracaso de nuestros intentos de organización es que tenemos demasiadas cosas. Este «exceso» es causado por nuestro desconocimiento de cuántas cosas tenemos en realidad. Uno de los principales errores de la mayoría de las personas es que guardan los mismos objetos (categorías) en diferentes lugares (estancias). Si guardamos los mismos objetos (categorías) en varios lugares (estancias), y organizamos por estancias en lugar de por categorías, además de repetir el proceso en varios sitios (lo que daña la energía y la motivación), nunca podremos saber el volumen total de objetos de una categoría que tenemos, y así es complicado desechar, que es el punto de partida de una buena organización. Kondo pone un ejemplo: «Un día estaba ordenando el contenido de un cajón en el armario del recibidor cuando me detuve sorprendida: "Éste parece el mismo armario que limpié ayer". No lo era, pero los objetos que había dentro eran los mismos (muestras de maquillaje, jabones, cepillos de dientes y cuchillas). Los ordené, los puse en cajas y los volví a meter en el cajón, tal y como había hecho la noche anterior. Fue entonces cuando caí en la cuenta: organizar por ubicación es un error fatal». En resumen, antes de decidir qué conservas, junta todo lo que pertenezca a la misma categoría en el mismo sitio a la vista. Y a partir de ahí procede a eliminar.

10. **El proceso de decidir qué conservar y desechar es más sencillo si empiezas por objetos sobre los que es menos difícil decidir.**
Lo que hay que evitar a toda costa en las primeras fases de ordenación es el desánimo, que es producto del desgaste de tiempo y energía que lleva elegir qué guardar (desechar). Para empezar bien, empieza por lo sencillo. Debes tener en cuenta que además del valor *físico* de las cosas, tres factores añaden valor a las pertenencias: *función*, *información* y *apego emocional*: «A la gente le cuesta trabajo deshacerse de co-

sas que aún podrían usar (valor *funcional*), que contienen información útil (valor *informativo*) o con lazos sentimentales (valor *emocional*). Cuando estas cosas son difíciles de conseguir o restituir (rareza), se vuelven aún más difíciles de desechar. En el proceso de ordenación, la labor de desechar (eliminar) algunos objetos es la que más cuesta. Una regla sencilla es que cuando te topes con algo de lo que te cuesta desprenderte, piensa con cuidado su verdadero propósito en tu vida. Tal vez ya lo cumplió y es el momento de "dejar ir", una de las claves más importantes de la existencia: si, por ejemplo, tienes ropa que nunca usas, examínala prenda por prenda. ¿Dónde compraste esa prenda y por qué? Si la compraste porque te gustó en la tienda, entonces ya cumplió su función de darte emoción cuando la compraste. Pero ¿por qué nunca la usaste? ¿Fue porque te diste cuenta de que no te sentaba bien cuando te la probaste en casa? Si es así y si ya no compras ropa de ese mismo estilo, entonces ya cumplió otra función: te enseñó lo que no te va bien. Esa prenda ya cumplió su papel. Déjala ir con gratitud. Libérala de la prisión a la que la has relegado. Si esas cosas tuvieran sentimientos, seguramente no estarían felices. Cada objeto tiene un papel diferente que desempeñar. No toda la ropa llega a ti para que la uses hasta que se conviertan en harapos. Lo mismo ocurre con las personas. No cada persona que conozcas en tu vida se convertirá en amigo íntimo y se quedará para siempre». «Dejar ir» no hay que verlo con tristeza, sino también como una celebración. Las posesiones cumplen la función de ser útiles y, cuando ya no lo son, la conclusión es obvia. Hay algo bello (muy bello) en «dejar ir», hacia ti y hacia los demás. Despide con gratitud (cosas, lugares, personas) y libera(te) la carga de «ya no ser».

MATTHEW WALKER

Matthew Paul Walker (1974) es un científico inglés y doctor en Neurociencia por el Medical Research Council de Londres (Inglaterra). Fue profesor de Psiquiatría de la Facultad de Medicina de Harvard y actualmente es profesor de Neurociencia y Psicología en la Universidad de Berkeley (California). Su investigación se centra fundamentalmente en estudiar el impacto del sueño en la salud. Es director del Center for Human Sleep Science (Centro de Ciencias del Sueño Humano), una organización que utiliza métodos de imágenes cerebrales, grabaciones de electroencefalografía de sueño de alta densidad, genómica, proteómica, fisiología autonómica, estimulación cerebral y pruebas cognitivas para investigar el papel del sueño en todos los ámbitos de la vida de las personas. Es autor del libro *Por qué dormimos*, con subtítulo: *La nueva ciencia del sueño*, que se ha convertido en un bestseller internacional en los últimos años. Dormir es uno de los aspectos más importantes en nuestra salud, sin embargo, hasta hace muy poco la ciencia no tenía respuesta a la pregunta de por qué dormimos, para qué sirve o por qué sufrimos consecuencias tan demoledoras cuando está ausente. El profesor Matt Walker da una explicación a muchas de estas cuestiones desde un punto de vista científico y con un carácter divulgativo, mostrándonos cómo afecta el sueño a nuestro bienestar físico y mental. Asimismo, ha publicado más de cien estudios de investigación y ha aparecido en numerosos medios de televisión y radio como *60 Minutes*, *Amanpour & Company*, *National Geographic*, *NOVA scienceNOW*, *The Joe Rogan Experience*, *NPR*, *The Drive* y la BBC. Desde octubre de 2017, trabaja como científico del sueño en Google Life Sciences (Verily), una organización de investigación de Alphabet Inc. dedicada al estudio de las ciencias de la vida. El profesor Walker ha recibido numerosos premios para financiar sus proyectos por parte de la National Science Foundation, y es miembro de fundación Kavli que apoya el avance de la ciencia para la mejora de la humanidad. También ha participado con una charla TED (abril de 2019) con el título *Dormir es tu superpoder*.

1. **No parece existir ningún órgano principal dentro del cuerpo ni ningún proceso cerebral que no mejore gracias al sueño.**
Lo contrario también se puede decir: «No parece existir ningún órgano principal dentro del cuerpo ni ningún proceso cerebral que no se vea perjudicado cuando no dormimos lo suficiente». Dormir de forma habitual menos de seis o siete horas erosiona el sistema inmunitario multiplicando por más de dos el riesgo de sufrir cáncer. La insuficiencia de horas de sueño es un factor clave en el desarrollo de la enfermedad de Alzheimer; asimismo altera los niveles de azúcar en sangre que pueden conducir a la diabetes; aumenta las probabilidades de que las arterias coronarias se bloqueen y se vuelvan frágiles dando lugar a alguna enfermedad cardiovascular; y tiene una repercusión notable en trastornos psiquiátricos como la depresión, la ansiedad o el suicidio. Por otro lado, dormir bien mejora los procesos de aprendizaje, memoria, toma de decisiones y lógica. Jeff Bezos, fundador de Amazon y entre las diez personas más ricas del mundo, decía cierta vez: «Dormir ocho horas es primordial: no puedes tomar decisiones importantes si estás cansado. Pienso mejor, tengo más energía y mi estado de ánimo también es más bueno. ¿De qué te sirve dormir cuatro horas si luego no vas a tomar decisiones acertadas?».

2. **La razón por la que la falta de sueño es tan catastrófica y deteriora nuestra salud tan rápido es porque los seres humanos somos la única especie que se priva del sueño de forma deliberada, sin razón aparente.**
Desde el punto de vista evolutivo, la función del sueño no parece aportar mucho. Cuando estás dormido no puedes buscar alimento. No puedes socializar. No puedes encontrar a un compañero/a para reproducirte. No puedes alimentar ni proteger a tu descendencia. Es más, el sueño te deja vulnerable a la depredación. A pesar de todos estos inconvenientes, el sueño no ha desaparecido en la historia de la evolución. Debe haber, pues, alguna explicación importante: «Si el sueño no cumple una función absolutamente vital —decía un científico—, entonces es el mayor error que el proceso evolutivo ha cometido nunca». Sólo en fechas recientes la comprensión científica —como hemos visto en el apartado anterior— ha conseguido llegar a conclusiones relevantes. Sin embargo, y a pesar de las evidencias empíricas sobre las bondades del sueño, en las sociedades desarrolladas dominadas por un ritmo de vida acelerado, la reducción voluntaria de las horas de sueño se ha acrecentado de manera acusada y con ello el aumento de las enfermedades por este motivo. El profesor Walker explica al respecto: «A lo largo de la evolución, la madre naturaleza no ha tenido que afrontar este desafío, por lo que nunca desarrolló un modo de solucionarlo. Por eso, cuando dormimos poco, los efectos negativos se producen de manera muy rápida en el cerebro y en el cuerpo».

3. **El descanso mejora la capacidad del aprendizaje y ayuda a proteger y consolidar mejor los recuerdos.**
En la última década, la ciencia ha demostrado dos cosas importantes sobre la importancia del sueño desde el punto de vista cognitivo:

- *Mejora el aprendizaje*: ha constatado que es necesario dormir antes del aprendizaje para preparar al cerebro, como si se tratara de una esponja seca que absorbe toda la información nueva. Si no se duerme, los circuitos cerebrales de la memoria se anegan y no son capaces de absorber nuevos recuerdos. Hace algunos años se hizo un estudio para probar cómo influye en el aprendizaje pasar toda la noche despierto. Para ello se crearon dos grupos: unos durmieron y los otros no. Los primeros lo hicieron durante ocho horas, y los otros se mantuvieron despiertos toda la noche. Al día siguiente se les colocó a todos los participantes un escáner magnético y se les hizo aprender un listado de cosas nuevas mientras se registraba la actividad cerebral para comprobar la efectividad del aprendizaje. La conclusión fue que la capacidad cerebral de los integrantes del grupo que no había dormido mostraba un déficit del 40 por ciento en el aprendizaje respecto a los que sí habían dormido.
- *Mejora los recuerdos*: dormir bien no sólo sirve para aprender cosas nuevas mejor, sino para poder almacenarlas y retenerlas también mejor: «Cuando colocamos los electrodos en la cabeza de las personas que habían dormido ocho horas —cuenta Walker—, descubrimos grandes y potentes ondas cerebrales durante los estadios más profundos del descanso. La calidad combinada de estas ondas cerebrales del sueño profundo actúa como mecanismo de transferencia de información al dormir, haciendo que los recuerdos pasen de la frágil memoria a corto plazo a la memoria a largo plazo, que es más permanente». Dormir bien permite que el aprendizaje no se olvide tan fácilmente.

4. **Al envejecer, la capacidad de aprendizaje y memoria se deteriora. Hemos descubierto que cuando envejecemos el sueño empeora, sobre todo el sueño profundo y de calidad.**

No es la edad la que afecta al aprendizaje y la memoria, sino la falta de sueño como consecuencia de la edad: *mayor edad, peor sueño, peor aprendizaje, peor memoria.* La perturbación del sueño profundo es un factor que contribuye al deterioro cognitivo y de la memoria durante el envejecimiento y también al alzhéimer. Un estudio ha revelado que personas privadas de sueño durante una noche experimentan un aumento inmediato y significativo de beta amiloide, una proteína que tiende a acumularse y está relacionada con el desarrollo del alzhéimer y otras demencias. La pregunta es: ¿existe alguna alternativa científica para revertir esta situación? Matthew Walker nos lo explica: «Es posible modificar el sueño para recomponer el rompecabezas explicativo del envejecimiento y el alzhéimer. Las pastillas para dormir no son una solución, porque no producen sueño natural. Estamos desarrollando un innovador método llamado "estimulación del cerebro con corriente continua" que consiste en aplicar un pequeño —casi imperceptible— voltaje en el cerebro que tiene un impacto tremendo en el sueño. Si se aplica este estímulo mientras se duerme se puede amplificar el tamaño de las ondas cerebrales y casi duplicar el beneficio que la memoria obtiene del sueño».

5. **El sueño afecta al aprendizaje y a la memoria, y también al cuerpo y la salud.**
Por ejemplo, la privación del sueño influye en el sistema reproductivo. Los hombres que duermen únicamente cinco horas al día tienen testículos significativamente más pequeños que quienes duermen siete horas o más. Además, su nivel de testosterona equivale al de una persona diez años mayor, lo que impacta en su virilidad y su capacidad reproductiva. Es decir, desde el punto de vista de la reproducción, la falta de sueño hace a los hombres diez años más viejos. Los deterioros en la fertilidad son similares en el caso de las mujeres. Por otro lado, dos veces al año millones de personas de seten-

ta países cambian el reloj para adaptarse al «horario de verano». En primavera, cuando perdemos una hora de sueño, los casos de infarto aumentan un 24 por ciento al día siguiente. En otoño, cuando ganamos una hora de sueño, los infartos disminuyen un 21 por ciento. Y lo mismo ocurre con los accidentes de tráfico e incluso con las tasas de suicidio.

6. **Dormir poco predice altas tasas de mortalidad.**
El sueño también afecta al sistema inmunológico. Los seres humanos contamos con unas células asesinas naturales (células NK, *natural killers*) —una especie de agentes secretos del sistema inmunológico— cuya misión es identificar elementos peligrosos para la salud y eliminarlos del cuerpo, como por ejemplo la masa cancerosa de un tumor. Cualquier persona necesita contar con un conjunto potente de este tipo de «asesinos inmunológicos», pero que desafortunadamente desaparecen si no se duerme las horas suficientes. Un experimento llevado a cabo por el equipo del doctor Matthew Walker limitó el descanso de los participantes a cuatro horas durante una sola noche, y comprobó que la actividad de las células inmunitarias disminuyó un alarmante 70 por ciento. Se trata de un aspecto preocupante de inmunodeficiencia. Existen vínculos significativos entre la falta de sueño y el riesgo de desarrollar determinados tipos de cáncer como el de colon, próstata o mama. La relación entre la privación del sueño y el cáncer es tan fuerte, que la OMS (Organización Mundial de la Salud) ha señalado como potencial carcinógeno cualquier tipo de trabajo nocturno, ya que interrumpe los hábitos normales de sueño. Durante el sueño se recargan las armas de nuestro arsenal inmunitario, ya que estimula la producción de numerosos factores que fortalecen el sistema inmune.

7. **No hay ningún aspecto de la salud que, al verse afectado por la privación del sueño, permanezca ileso.**

La falta de sueño no sólo puede incentivar el desarrollo de enfermedades como el cáncer, el alzhéimer, los accidentes cardiovasculares o provocar infertilidad, sino que también se ha descubierto que socaba el tejido de la vida biológica: el código genético del ADN. Un estudio de Sleep & Genes seleccionó un grupo de adultos saludables que limitaron su sueño a seis horas por noche durante una semana. Al comparar la actividad genética de los individuos con los resultados de cuando dormían ocho horas por noche se obtuvieron dos conclusiones impactantes: 711 genes habían distorsionado su actividad normal debido a la privación del sueño, y aunque la mitad de esos genes presentaban mayor actividad, la otra mitad tenían una actividad inferior. Los genes que disminuyeron su actividad por la privación del sueño eran genes asociados al sistema inmunológico. Por el contrario, los que aumentaron su actividad por la privación del sueño eran aquellos asociados al desarrollo de tumores, inflamación crónica a largo plazo del organismo, estrés y, por ende, enfermedades cardiovasculares. Como dice el profesor Walker: «Al igual que una tubería de agua rota, la pérdida del sueño afecta a cada rincón de la fisiología humana».

8. **Todos podemos mejorar la cantidad y calidad del sueño. Seis consejos probados científicamente: regularidad, temperatura, oscuridad, salir de la habitación, no beber alcohol ni cafeína, mantener una rutina relajada.**
Veamos una por una estas recomendaciones, a las que habrá que prestar más o menos atención según cómo afecten de manera particular a cada persona:

- *Regularidad*: acostarse y levantarse a la misma hora. El cerebro está acostumbrado a la rutina y funciona mejor en condiciones de regularidad. De igual modo que no nos sentamos a la mesa y esperamos a tener hambre, no deberíamos meternos en la cama cuando tenemos sueño.

Mucha gente usa la alarma para despertarse pero pocos para acostarse.

- *Temperatura*: la habitación debe estar algo fría. El cerebro y el cuerpo deben disminuir su temperatura unos 2 o 3 grados para conciliar y mantener el sueño. Una temperatura de 18 grados es la óptima para favorecer el sueño de la mayoría de las personas. Parece frío, pero es lo más aconsejable.
- *Oscuridad*: la necesitamos específicamente por la noche para la producción de la hormona de la melatonina, que ayuda a regular el horario adecuado para dormir. La melatonina le indica al cuerpo que se duerma. Una hora antes de ir a la cama conviene no mirar pantallas de móvil, tablets u ordenador; poner las luces más tenues para provocar un estado de somnolencia, o usar cortinas opacas. Todo ello facilita la producción de melatonina.
- *Salir de la habitación*: si estamos en la cama y no podemos dormirnos, lo recomendable es levantarse, ir a otra habitación y hacer algo diferente para evitar que nuestro cerebro asocie la habitación con un lugar donde es imposible dormir. La regla general es hacer esto si no te has podido dormir después de 25 minutos o te has despertado y no te has podido volver a dormir en ese periodo. Así rompemos la asociación.
- *Evitar el alcohol y la cafeína*: ambas sustancias nos alteran si las consumimos a lo largo de la tarde. Su ingesta dificulta la continuidad del sueño, dando lugar a un sueño más fragmentado que no es beneficioso.
- *Mantener una rutina relajada*. La mayoría queremos irnos a la cama, acostarnos y dormirnos. Pero el sueño no funciona así. Hay que prepararse para ello. El sueño es un proceso fisiológico que se parece al aterrizaje. La actividad del cerebro debe descender de manera gradual hasta llegar a un estado óptimo para dormir. Media hora o una hora antes conviene apagar aparatos electrónicos,

darse un baño, bajar la luz, leer u otra rutina que nos relaje para «prepararnos» para dormir.

9. **¿Podemos decir que la falta de sueño puede matarte? En realidad, sí, al menos de dos formas.**
Hemos visto cómo no dormir lo suficiente afecta al organismo, y como consecuencia de ello nacen enfermedades que acaban dando como resultado la muerte. Pero hay dos casos en los que la falta de sueño incide directamente en el fallecimiento de la persona:

- Primero, la *genética*: existe un trastorno genético muy extraño que se inicia con un insomnio progresivo que aparece a la mitad de la vida. Poco después, el paciente deja de dormir por completo, algo para lo que no existen medicamentos a fecha de hoy. Después de permanecer insomne entre doce y dieciocho meses, la persona afectada muere.
- Segundo, la *conducción*: ponerse al volante con sueño es la causa de cientos accidentes de tráfico con muertes todos los años. En Estados Unidos cada hora una persona muere en accidente de tráfico a causa del cansancio. Dormirse al volante producto de la falta de sueño mata muchas vidas.

10. **Dormir no es un lujo opcional, sino una necesidad biológica no negociable.**
Matthew Walker lo tiene claro: «Dormir es tu superpoder», título que da nombre a su charla TED en Vancouver (Canadá) en 2019. Dos tercios de los adultos de países desarrollados no llegan a las ocho horas de sueño recomendadas, lo que tiene un efecto devastador en la salud y el bienestar de las personas, pero también en la seguridad y educación de los niños. La pérdida de sueño se ha convertido en una epidemia silenciosa y en uno de los principales desafíos a

los que se enfrenta el sistema sanitario. Los países en los que el tiempo de sueño se ha reducido más drásticamente durante el siglo pasado como Estados Unidos, Reino Unido, Japón, Corea del Sur y varios países de Europa occidental, son los que sufren el mayor aumento en las tasas de enfermedades físicas y trastornos mentales. Tal es así que algunos científicos recomiendan a los médicos que receten «dormir más». Así, tal cual. El sueño es un sistema esencial para la vida: «Es hora —dice Matt Walker— de ejercer nuestro derecho a dormir con normalidad y sin dejarnos avergonzar por los estigmas asociados a la pereza. Si lo hacemos, podremos retomar el elixir más potente de la vida, la navaja suiza de la salud». Y añade: «El sueño es el sistema de respaldo de la vida y lo más cercano a la inmortalidad que nos brinda la madre naturaleza».

MIGUEL RUIZ

Miguel Ruiz (1952), nacido en una familia de sanadores y criado en el México rural por una madre curandera y un abuelo *nagual* ('brujo', en náhuatl), parecía destinado a mantener la tradición familiar y seguir transmitiendo el conocimiento esotérico tolteca. Sin embargo, atraído por la vida moderna prefirió estudiar medicina y se convirtió en cirujano, hasta que, a comienzos de los años setenta, una experiencia de casi muerte abrió en su vida una etapa de introspección que le condujo de nuevo a la antigua sabiduría ancestral. Actualmente, el doctor Miguel Ruiz enseña y armoniza su conocimiento en talleres, conferencias y seminarios. Entre su bibliografía, su libro más conocido es el bestseller internacional *Los cuatro acuerdos*, con subtítulo: *Un libro de sabiduría tolteca*. Desde mucho antes de la conquista española, los toltecas son conocidos en todo el sur de México como «mujeres y hombres de conocimiento». Los antropólogos han definido a los toltecas como una nación o una raza, pero de hecho eran científicos o artistas que formaron una sociedad para estudiar y conservar el conocimiento espiritual y las prácticas de sus antepasados. Formaron una comunidad de maestros (naguales) y estudiantes de Teotihuacán, la ciudad de las pirámides en las afueras de Ciudad de México, conocida como el lugar en el que «el hombre se convierte en Dios». A través de este libro, Miguel Ruiz, un *nagual* del linaje de los Guerreros del Águila, divulga las poderosas enseñanzas de los toltecas. Otras de sus obras son: *La voz del conocimiento*, *Oraciones* y *La maestría del amor*.

1. **Lo que realmente somos es puro amor, pura luz.** Sin embargo, existen muchas ideas (creencias) que son muros de niebla que nos impiden ver esa luz. Nuestro sistema de creencias —producto de la domesticación de la sociedad y la educación— es como el «Libro de la Ley» que gobierna nuestra mente y nuestra vida. Las creencias son *acuerdos* que hemos aceptado; tal vez no los hemos elegido, pero sí los hemos aceptado, aunque no nos hayamos dado cuenta (así es cuando somos niños). Esa «aceptación de creencias» (acuerdos) es la que nos da alas o nos reprime. A menudo, más lo segundo que lo primero. La siguiente reflexión de Miguel Ruiz no tiene desperdicio: «No vemos la verdad porque estamos ciegos. Lo que nos ciega son todas esas falsas creencias que tenemos en la mente. Necesitamos sentir que tenemos razón y que los demás están equivocados. Confiamos en lo que creemos y nuestras creencias nos invitan a sufrir». El cantante John Lennon lo expresó así: «Es fácil vivir con los ojos cerrados interpretando mal todo lo que se ve». La verdad (consciencia) nos hace libres, porque entonces podemos cambiar. Ése es el camino del tolteca, en el que te conviertes en dominador de tu sueño (deseo). Tu vida se convierte en una manifestación de tu sueño, y puedes cambiar tu vida en cualquier momento si no disfrutas de tu sueño. Miguel Ruiz nos dice: «Los maestros del sueño crean una vida que es una obra de arte; controlan el sueño a través de sus elecciones». Y una de las elecciones es poner en práctica los Cuatro Acuerdos. De este modo uno consigue la transformación. Siempre es más fácil ser infeliz (vivir como hasta ahora) que cambiar (vivir la vida que queremos), porque *el cambio asusta, duele y lleva tiempo*: *asusta*, porque genera incertidumbre; *duele*, porque implica hacer cosas diferentes, y *lleva tiempo*, porque las cosas no suceden de un día para otro. A pesar de todo, siempre merece la pena.

2. **Primer Acuerdo:** ***Sé impecable con tus palabras.*** Las palabras representan el poder para crear. Mediante las palabras expresas tu poder creativo. Tu intención se expresa a través de las palabras. «Lo que sueñas, lo que sientes y lo que realmente eres, lo muestras por medio de las palabras», dice Miguel Ruiz. Las palabras son fuerza, pero una fuerza que puede ser constructiva o destructiva; o con palabras del autor, «pueden crear el sueño más bello o destruir todo lo que te rodea». Las palabras (hacia uno mismo y hacia los demás) son semillas que plantas; y lo que siembras, recoges. Las palabras tienen un efecto «mágico» (de doble sentido) sobre quienes alcanzan. Todos somos magos porque todos hablamos, con mayor o menor fortuna. O lanzamos un hechizo a alguien (sembramos miedos y dudas) o lo liberamos de un hechizo (sembramos confianza). Las palabras (sobre todo cuando somos pequeños) captan nuestra atención, entran en nuestra mente y nos modelan germinando hacia fuera en forma de comportamientos. La palabra «impecable» procede del latín *in* ('sin') *pecatus* ('pecado'); esto es, *sin pecado*. Pecar es hacer algo que te perjudica o que perjudica a los demás. Pecas cada vez que con tus palabras vas contra los demás o contra ti mismo siendo víctima del rencor, la envidia, los celos o el odio, por ejemplo. Pecas cuando juzgas o culpas —a otros o a ti mismo— con severidad, aniquilando el potencial (luz) tuyo y del resto. Ser *impecable* con tus palabras significa utilizar tu energía correctamente. Si llegas a un *acuerdo* contigo mismo para ser *impecable* en tus palabras, eliminas todo el veneno emocional que anida en tu interior. Dice Miguel Ruiz: «La cantidad de amor que sientes por ti es directamente proporcional a la calidad e integridad de tus palabras. Cuando eres *impecable* con tus palabras, te sientes bien, eres feliz y estás en paz».

3. **Segundo Acuerdo:** ***No te tomes nada personalmente.*** Gran parte de nuestra libertad personal procede de poner en práctica este Segundo Acuerdo. Cuando las personas y las circunstancias modelan tu estado de ánimo, te conviertes en esclavo de los acontecimientos; cuando eres tú quien decide conscientemente cómo reaccionar ante las personas y los hechos, eres libre y tienes el control. Cuando alguien te hiere con sus comentarios es porque te sobrevaloras, te das una importancia personal extrema. Dice Miguel Ruiz: «La importancia personal, o el tomarse las cosas personalmente, es la expresión máxima del egoísmo, porque consideramos que todo gira alrededor nuestro. Durante el periodo de nuestra educación (o de nuestra domesticación), aprendimos a tomarnos las cosas de forma personal. Creemos que somos responsables de todo. ¡Yo, yo, yo y siempre yo!». Las personas se comportan lo mejor que pueden según los recursos de los que disponen. Sus reacciones son producto de su sistema de creencias (*acuerdos*), nada más. Cuando alguien te envía su veneno y te lo tomas como algo personal, te lo tragas y se convierte en tuyo. Simplemente déjalo ir. Dice Miguel Ruiz: «Cuando eres inmune a las opiniones y acciones de los demás, no serás víctima de un sufrimiento innecesario». Y también: «Tomarte las cosas personalmente te convierte en una presa fácil de los depredadores. Les resulta fácil atraparte con una simple opinión, después te alimentan con el veneno que quieren, y como te lo tomas personalmente, te lo tragas sin rechistar. Te comes toda su basura emocional y te conviertes en su propia basura». Pero eres tú quien te haces daño a ti mismo dando importancia a la opinión de otros. En definitiva: lo que pienses de mí no es importante para mí y no me lo tomo personalmente. Tu verdad no es mi verdad, y si me duele es porque entonces la estoy dando por cierta. Si te enfadas con alguien es porque estás enfadado contigo mismo. Y ya tienes coartada (excusa) para echarle el muerto a otro de tus

propias miserias. Las personas buscan una justificación a su sufrimiento. Pero el otro es sólo un espejo. Cuando te enfadas es porque tienes miedo, miedo a enfrentarte a tus sombras. Cuando no hay miedo, no hay enfado. Simplemente ignoras (no lo tomas como algo personal). Cuando te sientes bien contigo mismo, todo lo que te rodea está bien. No tomarte nada personal te ahorra muchos disgustos que se expresan en forma de rencor, tristeza, odio o venganza. Cuando lo consigues, te has conquistado a ti mismo. Eres libre. Cuando no te tomas nada personalmente, no necesitas depositar tu confianza en lo que hagan o digan otras personas. Las palabras de Miguel Ruiz son sanadoras: «Si mantienes este *acuerdo*, viajarás por todo el mundo con el corazón abierto por completo y nadie te herirá. Dirás: "Te amo", sin miedo a que te rechacen o te ridiculicen. Pedirás lo que necesites. Dirás sí o dirás no —lo que tú decidas— sin culparte ni juzgarte. Siempre puedes seguir a tu corazón. Si lo haces, aunque estés en medio del infierno, experimentarás felicidad y paz interior. Permanecerás en tu estado de dicha y el infierno no te afectará en absoluto».

4. **Tercer Acuerdo: *No hagas suposiciones.***
El problema cuando hacemos suposiciones es que a menudo las convertimos en certezas. En este Tercer Acuerdo se nos dice: «Hacemos una suposición, comprendemos las cosas mal, nos lo tomamos personalmente y acabamos haciendo un gran drama de nada». Como tenemos miedo a pedir una aclaración —el conflicto siempre es incómodo—, confabulamos con suposiciones que damos por ciertas; después, las defendemos de todas las maneras posibles: «Siempre es mejor preguntar que hacer una suposición, porque las suposiciones crean sufrimiento», aclara Miguel Ruiz. Gran parte de nuestras tristezas y dramas proceden de las suposiciones que hacemos (Tercer Acuerdo) y de tomarnos las cosas personalmente (Segundo Acuerdo). Las

suposiciones son realidades que inventamos sin tener toda la información. Hacemos suposiciones porque la mente necesita entender (justificar) la realidad. La incertidumbre nos mata. Da igual si la suposición es cierta o falsa, nos basta para sentirnos seguros. Si los demás dicen algo, hacemos suposiciones; y si no dicen nada, también hacemos suposiciones. Las suposiciones nos evitan el mal trago de comunicarnos y así poder eludir una situación que nos incomoda. Apunta Miguel Ruiz: «Hacemos todo tipo de suposiciones porque no tenemos el valor de preguntar. La manera de evitar suposiciones es preguntar. Una vez escuches la respuesta, no tendrás que hacer suposiciones porque sabrás la verdad». Casi siempre, hacer suposiciones en nuestras relaciones significa buscarse problemas: malentendidos y conflictos. Y la peor suposición que podemos hacer es «que todo el mundo ve la vida del mismo modo que nosotros». Entonces suponemos que los demás deben saber lo que queremos, pensamos y esperamos de ellos, y cuando no responden a nuestras expectativas, nos defraudamos y suponemos que no nos quieren, o que nos quieren traicionar, o cualquier otra cosa. Así se nos dice en *Los cuatro acuerdos*: «El día que dejes de hacer suposiciones, te comunicarás con habilidad y claridad, libre de veneno emocional. Cuando ya no hagas suposiciones, tus palabras se volverán impecables. Con una comunicación clara, todas tus relaciones cambiarán. No será necesario que hagas suposiciones porque todo se volverá muy claro. Esto es lo que yo quiero y esto es lo que tú quieres».

5. **Cuarto Acuerdo: *Haz siempre lo máximo que puedas.*** Si vives a cada momento según tus posibilidades (potencial), siempre estarás satisfecho. El peor dolor que puedes sufrir es el del arrepentimiento, algo así como una mezcla de nostalgia y frustración por no poder echar marcha atrás y haberle dado más intensidad a la vida. Si das lo mejor de ti a

cada instante, ni tú ni nadie podrá reprocharte nada. No habrá juicios ni culpas ni arrepentimientos. Y algo que es importante subrayar: da lo mejor de ti por el mero hecho de hacerlo, más allá de las futuras recompensas. Las recompensas llegarán de todos modos, pero no estarás apegado a ellas. Haz del desapego del resultado tu forma natural de vida. Céntrate en el proceso dando lo mejor de ti y generando una contribución en los demás. La mejor manera de sentir gratitud por el regalo de la vida es echando el resto, poniendo plenamente tus talentos en acción al servicio de otras personas. El Cuarto Acuerdo no significa ser perfecto, sino estar en crecimiento continuo. No siempre se gana, también se pierde (aprende), pero se sigue luchando (mejorando) en el proceso de crecimiento (transformación) personal.

6. **Cuando honres estos Cuatro Acuerdos juntos, ya no vivirás más en el infierno. Los Cuatro Acuerdos son un resumen de la maestría de la transformación.**
Así se nos dice: «El objetivo del guerrero es trascender este mundo, escapar de este infierno y no regresar jamás a él. Tal como nos enseñan los toltecas, la recompensa consiste en trascender la experiencia humana del sufrimiento, y convertirse en encarnación de Dios. Ésa es la recompensa». Las creencias —que determinan nuestras experiencias— pueden ser ciertas o falsas; el problema es que muchas de ellas son mentiras y condicionan nuestra vida para mal. Pero no hay ninguna razón para sufrir. Si eres consciente de ello, puedes rebelarte y decir: «¡Ya basta!». El cielo y el infierno son la misma cosa, nuestra mente, donde se almacena todo aquello que creemos. ¿Quién nos impide ser realmente libres? Nosotros mismos, nuestras creencias. Un guerrero es aquel que lucha por conquistarse a sí mismo; aquel que no deja que las creencias limitantes dirijan el curso de vida. Se rebela contra ellas y les planta cara: «La decisión de adoptar los Cuatro Acuerdos es una declaración de

guerra para recuperar la libertad. Te ofrecen la posibilidad de acabar con el dolor emocional, y de este modo te abren la puerta para que disfrutes de tu vida». La práctica de los Cuatro Acuerdos te da el control sobre tu vida, y como consecuencia de ello, menos poder tiene el entorno y las circunstancias sobre ti. «La libertad que buscamos —dice Ruiz— es vivir nuestra propia vida en lugar de la vida de nuestro sistema de creencias. Sin embargo, si observamos nuestra vida, veremos que, en lugar de vivir para complacernos a nosotros mismos, la mayor parte del tiempo sólo hacemos cosas para complacer a los demás, para que nos acepten. Esto es lo que le ha ocurrido a nuestra libertad.» La verdadera libertad está relacionada con el espíritu humano: la libertad de ser nosotros mismos. Entonces, ya no hay necesidad de justificarse, ni de aparentar, ni de encajar en los moldes sociales, ni de sentir culpa. Te has dado el permiso de ser feliz y disfrutar.

7. **En la mente existen muchas creencias tan resistentes que pueden hacer que este proceso parezca imposible. Es necesario que avances paso a paso y que seas paciente contigo mismo, porque se trata de un proceso lento.**
La paciencia es una forma de ser amable contigo mismo. El problema de exigirte demasiado en poco tiempo es que la frustración siempre hace acto de presencia. El modo en que vives ahora es el resultado de muchos años de «domesticación». No puedes pretender que tu vida cambie de la noche a la mañana, pero hoy mismo lo que sí puedes hacer es dar un primer paso para empezar a cambiarla. La cantidad de esfuerzo a realizar es proporcional a la solidez de la creencia arraigada, y algunas de ellas exigen mucho pico y pala para tirarlas abajo porque están fuertemente enraizadas: «Para cambiar un *acuerdo* (creencia), necesitamos la misma cantidad de poder. Es imposible cambiar un *acuerdo* con un poder menor del que utilizamos para establecerlo, e inverti-

mos la mayor parte de nuestro poder personal en mantener los *acuerdos* que tenemos con nosotros mismos. Esto sucede porque, en realidad, nuestros *acuerdos* son una fuente de adicción. Somos adictos a nuestra forma de ser». Siempre es más fácil seguir igual que cambiar. El cambio siempre es incómodo. Así se nos dice: «Sufrir hace que te sientas seguro porque es algo que conoces a la perfección. No hay razón para sufrir. La única razón por la que sufres es porque así tú te lo exiges. Si observas tu vida encontrarás muchas excusas para sufrir, pero ninguna razón válida. Lo mismo es aplicable a la felicidad. La única razón por la que eres feliz es porque tú decides ser feliz. La felicidad es una elección, como también lo es el sufrimiento». La elección y adopción de los Cuatro Acuerdos sólo es posible a través de la repetición. Al llevar a la práctica una y otra vez los nuevos *acuerdos* en tu vida, cada vez podrás hacer más y mejor, y sentirte más pleno y feliz. La solidez del cambio depende de la práctica; la práctica depende de la repetición. La repetición (práctica) hace al maestro.

8. **Los seres humanos tenemos una enfermedad mental llamada «miedo».**
   Los síntomas de esta enfermedad son todas las emociones que nos hacen sufrir: rabia, odio, tristeza, envidia y desengaño. Cuando el miedo es grande, intentamos evitar el contacto con el exterior (otras personas) para no sufrir. Porque del contacto con los demás surgen estas emociones. Es un mecanismo de protección. Las corazas protegen, pero inevitablemente, también aíslan. Por tanto, ése no es el camino. ¿Cuál es la solución entonces? Sólo hay una: el perdón. Las siguientes palabras son esclarecedoras: «Hemos de perdonar a los que creemos que se han portado mal con nosotros, no porque se lo merezcan, sino porque sentimos tanto amor por nosotros mismos que no queremos continuar pagando por esas injusticias. El perdón es la única

manera de sanarnos. Podemos elegir perdonar porque sentimos compasión por nosotros mismos». Sabes que has perdonado a alguien cuando lo ves y no te provoca ninguna reacción emocional. El perdón es verdadero cuando alguien te toca lo que antes era una herida y ya no sientes dolor. Entonces has sanado, eres dueño de ti mismo.

9. **La manera en que ves el mundo depende de las emociones que sientes.**
Y añade: «Cuando estás enfadado, todo lo que te rodea está mal, nada está bien. Le echas la culpa a todo, incluso al tiempo; llueva o haga sol, nada te complacerá». En la vida sólo hay dos opciones: *o controlas tus emociones o tus emociones te controlan a ti*. Y si tus emociones te controlan, eres esclavo de ellas. Cuando perdemos el control emocional, decimos cosas que no queremos decir y hacemos cosas que no queremos hacer. Debemos aprender a controlar nuestras emociones a fin de tener el suficiente poder personal para cambiar los *acuerdos* basados en el miedo, escapar del infierno y crear nuestro cielo personal. Pero controlar nuestras emociones no significa tampoco reprimirlas. Ni pecar por exceso (caos) ni por defecto (represión): «La gran diferencia entre un guerrero y una víctima es que ésta se reprime y el guerrero se refrena. Las víctimas se reprimen porque tienen miedo de mostrar sus emociones, de decir lo que quieren decir. Refrenarse no es lo mismo que reprimirse. Significa retener las emociones y expresarlas en el momento adecuado, ni antes ni después. Ésta es la razón por la que los guerreros son impecables. Tienen un control absoluto sobre sus emociones, y por consiguiente, sobre su propio comportamiento». La serenidad (madurez) emocional es la clave de la vida en todo.

10. **Al convertirte en sabio, te aceptas a ti mismo tal cual eres y esa aceptación completa se convierte en la aceptación completa de todos los demás.**

En *Los cuatro acuerdos* se nos dice: «El abuso de uno mismo [maltrato] nace del autorrechazo, y éste de la imagen que tenemos de lo que significa ser perfecto y de la imposibilidad de alcanzar ese ideal. Nuestra imagen de perfección es la razón por la cual nos rechazamos; es el motivo por el cual no nos aceptamos a nosotros mismos tal como somos y no aceptamos a los demás como son». La aceptación (incondicional) de uno mismo —que no significa resignación— es el punto de partida de una vida plena. Y la aceptación nace de la compasión, de una mirada más amable de nosotros mismos. El propio Miguel Ruiz también apunta: «Todo el drama que sufres en tu vida personal es el resultado de creer en mentiras, principalmente sobre ti». Grábatelo a fuego: *ser humano no significa ser de una manera determinada*. Lo mejor de todo es que la aceptación de uno mismo conduce a su vez a la aceptación de los demás: sólo es posible aceptar a otros como son cuando te aceptas a ti mismo. Y viceversa: cuando te juzgas con demasiada severidad, también lo haces con el resto. El propio escritor manifiesta: «Juzgamos a los demás según nuestra propia imagen de la perfección, y naturalmente no alcanzan nuestras expectativas». Y también: «El amor verdadero es aceptar a los demás tal como son sin tratar de cambiarlos. Si intentamos cambiarlos significa que, en realidad, no nos gustan».

MUNGI NGOMANE

Mungi Ngomane es autora, conferenciante y activista por los derechos sociales, además de nieta del arzobispo de Ciudad del Cabo (Sudáfrica), Desmond Tutu (1931-2021), que adquirió fama internacional por su lucha contra el *apartheid* –basado en el *ubuntu*– y que fue galardonado con el Premio Nobel de la Paz en 1984. Mungi Ngomane es patrona de la Fundación Tutu del Reino Unido y ha trabajado en la resolución de conflictos en Oriente Medio, así como en la mejora de la situación de las mujeres y de las niñas a través de diversas ONG y otras instituciones. También ha sido coordinadora de la campaña Millions of Conversations, con el objetivo de combatir la islamofobia y la discriminación en Estados Unidos. Tiene un máster en Estudios Internacionales y Diplomacia de la Escuela de Estudios Orientales y Africanos (SOAS) de la Universidad de Londres, y es autora del libro *Ubuntu*, con subtítulo: *Lecciones de sabiduría africana para vivir mejor*. En él explica catorce lecciones basadas en el *ubuntu* –la filosofía vital característica de África– para aplicar en el día a día, vivir en armonía, desarrollarnos y ser más felices.

1. **El *ubuntu* es una forma de vida y engloba todas nuestras aspiraciones sobre cómo vivir bien y en armonía con los demás.**
   Dice Desmond Tutu, Premio Nobel de la Paz en 1984, que «el *ubuntu* es uno de lo de los mejores regalos que África le ha hecho al mundo». El término podría ser resumido de la siguiente manera: «Una persona es persona a través de los demás». Todo lo que aprendemos y experimentamos es

a través de las relaciones con otros. Podríamos decir que es un concepto 360º que aglutina muchas ideas: solidaridad, cordialidad, compasión, generosidad, amabilidad o respeto, por citar sólo algunas. Cualquier interacción con otro ser humano es una posibilidad, a través de nuestra actitud, de mejorar (empeorar) nuestro entorno de manera constructiva (destructiva). Todo lo que hacemos tiene un impacto en otros, ya sea directa o indirectamente. En la cultura africana, cuando se quiere elogiar a alguien se le dice: «*Yhu, u nobuntu*» ('¡Vaya, él/ella tiene *ubuntu*!'). *Ubuntu* es la clave para vivir de manera armónica en una sociedad. Una persona con *ubuntu* es una persona que merece la pena ser «imitada». Existe *ubuntu* cuando la gente se une por un bien común. Desmond Tutu lo resume así: «Mi humanidad está unida a la tuya, profundamente conectada a ella». Nuestra humanidad se manifiesta a través de nuestros comportamientos hacia los demás. El *ubuntu* consiste en conectar con las demás personas.

2. **Búscate en los demás: si miramos a los demás y nos vemos reflejados en ellos, los trataremos mejor.**
Ubuntu es reconocer el valor intrínseco de cada individuo: todos somos uno. El *ubuntu* guio la lucha contra el *apartheid*, el sistema de segregación racial vigente hasta 1994 en Sudáfrica, que obligaba a blancos y negros a vivir separados. El *antiapartheid* nunca fue un movimiento «antiblancos», sino una lucha para que todos los sudafricanos (blancos y negros) fueran tratados igual. La soberbia (creer ser superior a otros) nos aleja del resto de personas. Y si nos alejamos de los demás, renunciamos a crecer. El *ubuntu* enseña que somos lo que somos gracias a los demás. De una u otra manera, cada interacción con otra persona suma a nuestra vida. Nos hace ver que todos los seres humanos valemos lo mismo, porque cada persona aporta algo desde un ángulo vital distinto. El *ubuntu* facilita ver a los demás como

iguales y rechaza la idea de que una persona pueda hacerse a sí misma: el mito del *self-made man*. Como escribió el poeta inglés John Donne, «nadie es una isla». La base del *ubuntu* es: «Yo soy porque tú eres». La antítesis del *ubuntu* es la creencia de que el egoísmo, la avaricia y el individualismo pueden proporcionarnos todo lo que necesitamos para avanzar en la vida. Nadie solo puede aspirar a mucho. El *ubuntu* ejemplifica que cada persona que se cruza en tu camino puede ser tu *aliado* (del latín *alligare*, que significa atar), es decir, convertirse en algo positivo y poderoso. Como explicaba Nelson Mandela en una entrevista, «el *ubuntu* no significa que hemos de dejar de lado nuestro propio bienestar. La cuestión es: ¿qué puedes hacer tú para apoyar a tu comunidad y ayudar así a mejorar?». No lo olvides: si la marea sube, todos los barcos suben.

3. **La unión hace la fuerza: el *ubuntu* reside en el poder de un colectivo para hacer el bien común.**
Todos los movimientos que han triunfado a lo largo de la historia (sociales, políticos, empresariales, económicos...) han sido gracias a la fuerza del grupo. Es la unión de muchas fuerzas individuales en torno a una gran causa, la que provoca cambios. El grupo (el poder de muchos) actúa de «factor apalancamiento». Nadie solo tiene el poder suficiente para generar ningún cambio de gran impacto. La cooperación es la base de la supervivencia, sobre todo, en situaciones adversas. Hoy día, gracias a las redes sociales, las posibilidades de generar movimientos sociales de impacto (contra el cáncer, la violencia, el cambio climático, la corrupción, las estafas...) resulta más sencillo que nunca. Es muy fácil e inmediato «unirse a una causa» y hacer presión. Por ejemplo, en 2017, la campaña #MeToo contra la violencia sexual y el acoso contra el productor de cine Harvey Weinstein, se hizo viral recibiendo una atención masiva que movilizó a todo Hollywood y tuvo un gran impacto

mundial. Pero la unión no es sólo una cuestión práctica o funcional, sino también de bienestar y felicidad. Son las relaciones (con familiares, amigos, parejas…) las que dan un gran sentido a la vida. Los momentos más estimulantes de la existencia son siempre en compañía. Somos seres sociales por naturaleza. Un estudio de la Universidad Brigham Young (Estados Unidos) descubrió que la soledad aumenta el riesgo de mortalidad en un 26 por ciento. A pesar de ello, en el Reino Unido más de nueve millones de personas, una quinta parte de la población, afirman que se sienten solas siempre o casi siempre. No es casual que, en 2018, Theresa May, la por entonces primera ministra, crease el Ministerio de la Soledad para combatir esta lacra social. El grupo hace de alivio (factor *consuelo*) en los momentos difíciles e incrementa nuestra alegría (factor *potenciador*) en los momentos de satisfacción. El *ubuntu* anima a celebrar lo bueno (para agradecer al resto) y a unirse en la desgracia (para obtener su apoyo). Es una forma de decir «somos uno» y «no estás solo». Es sencillo de entender: cualquier persona con otros es más fuerte. La autosuficiencia nos condena a la mediocridad. Las soluciones no tienen por qué venir siempre de ti, muchas veces puede ser a través de otros. Pedir ayuda y dejarse ayudar es sanísimo tanto a un nivel funcional (práctico) como emocional (bienestar).

4. **Ponte en el lugar del otro: la compasión y la empatía siempre tienen consecuencias positivas.**
Es muy difícil construir «comunidad» si no somos capaces de ver las cosas desde el punto de vista del otro. Nuestros mayores enemigos son, sin duda, los juicios, las etiquetas y los prejuicios. Emitir juicios bloquea nuestra capacidad para sentir compasión y nos aísla de los demás. Cuatro más ocho son doce, pero seis más seis también. Atticus Finch, el protagonista de la novela *Matar a un ruiseñor*, de la escritora estadounidense Harper Lee, lo resumió así: «Si aprendes

este truco tan sencillo, Scout, te llevarás mejor con toda clase gente. Nunca acabamos de entender a los demás hasta que consideramos las cosas desde su punto de vista, hasta que nos metemos en su pellejo y vamos por ahí enfundados en él». Esa visión del mundo evita sacar conclusiones precipitadas acerca de otras personas. Y lo primero para entender a alguien es tener voluntad (querer) de hacerlo; mostrar interés por saber su intrahistoria, de dónde viene, cuál es su educación, en definitiva, por qué dice, hace y siente lo que dice, hace y siente. Ian Mclaren, teólogo escocés, lo expresó así: «Sé amable, porque cada persona con la que te cruzas está librando su propia batalla». Evidentemente, ponerse en el lugar del otro (ver las cosas desde ahí) no es compartir su visión, sino escucharla e intentar comprenderla. Eso es *ubuntu*. Nunca está justificada la violencia u otros actos, pero si uno se pone en el lugar del otro, puede comprender por qué se producen ciertos comportamientos (entorno, educación, circunstancias...), y eso ya es mucho. Uno da lo que tiene, y exigir a quien no puede dar, no parece lo más humano. El *ubuntu* nos ayuda a entender a los demás.

5. **Adopta siempre la perspectiva más amplia: cuanto peor es la situación, más amplia debe ser la mirada.**
Contemplar la vida desde una perspectiva amplia supone no limitarse a lo que uno ve o a lo que uno cree, que es lo fácil y cómodo. Además, cuanto más dramática sea una situación, más necesario es ensanchar la mirada para no caer en conclusiones simplistas que pueden tener consecuencias devastadoras. Dice Mungi Ngomane: «Es muy fácil que nos quedemos estancados en nuestra propia visión del mundo, pero si elegimos buscar una *perspectiva más amplia*, ganamos en libertad». Libertad para buscar alternativas y soluciones. Por ejemplo, muchas personas tienen ideas preconcebidas acerca de la gente que vive en la calle. Un estudio de 2018 encargado por el Museo de los Sin Techo en

Reino Unido, revelaba que los participantes del estudio cuando pensaban en los *homeless* ('sin techo'), los relacionaban con términos como la «criminalidad» o la «desesperación». Creían que lo que les ocurría era «responsabilidad suya» y que si estaban en su situación «era por algo». Esa *visión limitada* de la realidad impide encontrar soluciones y alternativas. Indagar más en las causas de la situación de estas personas, con una *perspectiva amplia*, facilita mucho, sin duda, encontrar mecanismos para mejorar su situación. Es mucho mejor hablar de «personas en situación de indigencia» que de «indigentes». En cualquier contexto, siempre debemos preguntarnos *por qué* una persona toma una decisión y no otra, en lugar de sacar conclusiones aceleradas. Ese *porqué* nos permite verlo todo desde una *perspectiva más amplia*. La única forma de salir de la espiral del pensamiento único es hacernos preguntas compasivas para intentar comprender la situación que tenemos delante. Una persona siempre es más que lo que *se ve* de ella o de lo que *se dice* de ella. Las etiquetas, aunque todos las utilizamos, nos distancian de los demás y nos deshumanizan.

6. **Ten dignidad y respeto por ti mismo y por los demás: la dignidad es empoderadora y nos permite reconocer la humanidad del otro.**

El desprecio (por uno mismo) nace de la falta de aceptación; una mirada de escasez que sólo es capaz de observar las sombras dejando a un lado las luces. Sólo eres capaz de aceptar a los otros si eres capaz de aceptarte a ti mismo. Cuando eres incapaz de apreciar lo propio, resulta muy complicado apreciar lo bueno de los demás. Una persona que no se soporta a sí misma siempre está en guerra contra el mundo. Por eso, para construir «comunidad» hay que empezar por aceptarse y quererse a uno mismo. Cuando te aceptas y quieres, resulta más fácil aceptar y querer a otras personas. En los aviones, antes de despegar las azafatas dan las instrucciones de vuelo. Una de las cosas que siempre recuerdan es que en caso de despresurización de cabina hay que utilizar las mascarillas de oxígeno. Y avisan: «Pónganse sus mascarillas antes de ayudar al resto de los pasajeros». Antes de insertarse en la comunidad conviene trabajarse a uno mismo. Sólo desde ahí podemos construir con otros. Cuando tienes dignidad por ti, muestras respeto por los demás. Dignidad y respeto van de la mano. La dignidad, el valor de cada ser humano único, nos permite ser nosotros mismos y respetar al mismo tiempo a los demás. Obsérvate cómo te tratas a ti mismo: ¿con amabilidad o con crueldad?

7. **Cree en el bien que todos llevamos dentro: el *ubuntu* consiste en elegir lo bueno.**
La base de las relaciones es la confianza. El problema de la confianza es que no es una cuestión de dos días, hay que trabajarla. Por eso, un buen punto de partida para construir confianza son los «intereses comunes», aquello que nos une y nos hace afines: un equipo de fútbol, un hobby, un lugar de vacaciones, el mismo origen, la misma universidad de estudio o cualquier otro factor. Es el espíritu del *ubuntu*: miramos a nuestro alrededor, descubrimos aquello que nos une y lo utilizamos para tender puentes, crear lazos y superar las diferencias. Quien busca, encuentra: busca lo bueno y encontrarás lo bueno. Hace falta voluntad para ver el bien en los demás —es más fácil lo contrario— y no dejarnos arrastrar por los prejuicios. Mungi Ngomane escribe: «[Mi abuelo] estaba convencido de que las cosas malas que hacemos no nos definen como personas y de que nadie nace para odiar. Todos somos capaces de hacer el mal, todos tenemos cosas buenas (luz) y malas (oscuridad); el *ubuntu* consiste en elegir lo bueno». Abordar las relaciones desde esa óptica nos beneficia y nos permite crear lazos con otras personas. Además, sabemos científicamente que debido a lo que los psicólogos llaman el SAR (Sistema de Acti-

vación Reticular), que entre otras cosas dirige nuestra atención, vemos aquello en lo que ponemos nuestra atención: si te centras en lo negativo, ves mucha negatividad alrededor. El SAR siempre busca pruebas de aquello en lo que *crees*. Por tanto, para ver el bien que hay en otros, un buen punto de partida es empezar por ver el bien que hay en uno mismo. Si ni siquiera eres capaz de observar tus propias bondades, va a ser complicado que las veas en los demás. La compasión hacia uno mismo facilita las relaciones con otras personas. Todos tenemos carencias, taras y sombras, pero no parece lo más inteligente empezar a analizarnos desde ahí. Lo mismo sucede al relacionarnos con otras personas. La peor estrategia al interactuar es buscar seres humanos perfectos, sin fisuras. Si aprecias lo bueno (en ti y en otros), lo bueno se aprecia.

8. **Alimenta la esperanza: que tus decisiones sean un reflejo de tus esperanzas, no de tus miedos.**
La esperanza es ser capaz de ver la luz a pesar de toda la oscuridad. Esperanza significa no rendirse. Todos conocemos casos de personas que han logrado retos que desafían cualquier lógica. Si han ocurrido es porque alguien nunca perdió la esperanza. Esperanza es *esperar con confianza*, es decir, *esperar con fe*. Cuanto más dura es la vida, más importante es la esperanza, porque es cuando más necesitamos de ella. Nelson Mandela pasó veintisiete años en la cárcel de Robben Island en condiciones lamentables. Estando allí falleció su madre y también su hijo en un accidente de coche tiempo después. No pudo asistir a ninguno de los dos funerales. Aun así, nunca perdió la esperanza de salir de allí y lograr el fin del *apartheid*. En una de las cartas que envió a su mujer, Winnie, le decía: «Recuerda que la esperanza es un arma poderosa incluso cuando es lo único que nos queda». No le faltaba razón. Cuando falleció en 2013, el ex presidente de Estados Unidos, Barack Obama, manifestó que gracias a él

había entendido «lo que los seres humanos son capaces de hacer cuando se dejan llevar por sus esperanzas y no por sus miedos». Esforzarnos por cultivar una actitud de esperanza es una de las formas más poderosas de vivir. Martin Luther King afirmaba: «Debemos aceptar la *decepción finita*, pero nunca perder la *esperanza infinita*». Las personas con esperanza son más positivas acerca del futuro; ello las lleva a luchar más, a perseverar más y, por tanto, a conseguir más. Es conocido el caso de Anthony Ray Hinton, detenido en 1985 y acusado en falso de robo y asesinato. Pasó treinta años en la cárcel de Alabama a la que describió como «el infierno en la tierra». En sus memorias, publicadas poco después de salir de prisión, escribió: «Podía elegir desesperarme. U odiar. O enfurecerme. Seguía teniendo libertad de elección y esa idea me caló hondo. Podía elegir si rendirme o si, por el contrario, seguir adelante. Podía elegir no perder la esperanza. Podía elegir tener fe. Y, por encima de todo, podía elegir amor». *Si hay esperanza en el futuro, hay poder en el presente.*

9. El poder de la palabra que empieza por *P*: perdón.

El perdón nos beneficia no sólo como individuos (nos sana), sino también como comunidad (permite mirar hacia delante). A pesar de la crueldad que nos hayan hecho, cuando no perdonamos, nosotros también sufrimos. «Sin perdón no hay futuro. Si no perdonas, enfermas», dice el psiquiatra Luis Rojas Marcos. Se ha demostrado científicamente el impacto de las emociones negativas (rabia, rencor, odio…) sobre el organismo, sobre todo en el sistema inmunitario. El perdón mejora la salud física, emocional y mental. No hay fórmula más eficaz para la paz interior que el perdón. El resentimiento es como tomar veneno y esperar que mate al enemigo. No funciona y quita mucha energía. Como expresa sabiamente un proverbio africano: «Quien perdona, gana». No se puede expresar mejor, ni de forma más breve. Elegir no perdonar siempre nos perjudica. El orgullo (ego) es nuestro peor enemigo. Ya lo decía el emperador Marco Aurelio: «El orgullo es un terrible embaucador de la razón». El perdón siempre es inspirador. Ver cómo otros han ejercitado el perdón puede ser muy estimulante para ser más condescendientes con nuestros adversarios. Por ejemplo, cuando Nelson Mandela fue elegido presidente de Sudáfrica, se le pidió que hiciese una lista de invitados a la cena de inauguración. Allí estaba Christo Brand, uno de sus carceleros durante los casi treinta años que estuvo en prisión. Aquel gesto animó a muchos sudafricanos a reconsiderar la posibilidad de perdonar a sus agresores durante el *apartheid*. Además, conviene decir que el perdón hacia otros es más sencillo cuando aprendemos a perdonarnos a nosotros mismos. Cuando uno es demasiado duro consigo mismo, también lo es con los demás. La compasión favorece el perdón. Como señala Mungi Ngomane: «Eres humano, aprende a perdonarte».

10. **Acepta la realidad (por dolorosa que sea): los demás nos ayudan a enfrentar nuestra realidad.**
Por muchos cabezazos que te des contra una pared, la pared va a seguir estando ahí. Te guste o no, es así. Una de esas paredes es el pasado, que no se puede cambiar. Por eso, hay que reconciliarse con él o se convierte en un lastre con el que tenemos que cargar. Nadie puede cambiar las atrocidades de la Alemania nazi, ni el genocidio de Ruanda, ni las duras represiones del *apartheid*, ni las muertes en la guerra de Rusia-Ucrania, ni otras muchas cosas. Las heridas sólo se curan cuando están limpias; por eso, lo primero de todo es reconocer la herida, porque si no se infecta. Negar una realidad impide reconstruir a partir de ella. Es dar vueltas en círculo y creer que uno está avanzando. El *ubuntu* no consiste en fingir que todo es perfecto, sino en entender que podemos enfrentarnos a nuestros fantasmas. Cuan-

do ocurre una realidad desagradable (que hay que aceptar), el *ubuntu* representa la ayuda de unos a otros, por eso es tan necesario y útil. Con ayuda y apoyo emocional siempre es más fácil mirar al futuro y reconstruir. No tenemos que sufrir solos, la compañía alivia y es liberadora. Un hombro en el que llorar y un abrazo amigo son siempre un buen bálsamo para seguir adelante. Los demás nos ayudan a enfrentarnos a nuestra realidad. El *ubuntu* significa abrirse a los demás. Y para ello hay que ser humildes. Humildad es saber que necesitamos de otros para completarnos. El *ubuntu* enseña que no hay espacio para el orgullo. Las personas necesitamos espacios en los que enfrentarnos a nuestra realidad y compartirla sin ser juzgados. Gracias al *ubuntu* es posible.

ROBERT B. CIALDINI

Robert B. Cialdini (1945) es un psicólogo estadounidense y profesor emérito de Psicología y Marketing de la Universidad de Arizona. Estudió en la Universidad de Columbia y obtuvo su doctorado por la Universidad de Carolina del Norte. Está considerado una de las mayores autoridades mundiales en temas de influencia y persuasión, habiendo llevado a cabo numerosos estudios e investigaciones para explicar cuáles son los factores psicológicos que nos llevan a acceder a las peticiones de los demás. Es presidente y director ejecutivo de Influence at Work, que ofrece programas sobre el uso ético de la ciencia de la influencia, y autor de diferentes libros como *¡Sí!* o *Pre-suasión*, pero su obra más conocida es *Influencia*, con subtítulo: *La psicología de la persuasión*, quizá el libro más importante que se ha escrito sobre esta temática, del que se han vendido más de cinco millones de ejemplares y se ha traducido a más de cuarenta idiomas en todo el mundo. En él explica con rigor científico cómo provocar en las personas la respuesta adecuada. Las investigaciones de Cialdini se resumen en siete principios que explican la ciencia de la persuasión: ¿qué factores son los que provocan que una persona diga «sí» a otra? ¿Por qué una petición realizada de cierta forma obtiene el rechazo y la misma petición realizada de otra manera obtiene la aprobación? Además, Cialdini es presidente de la Society of Personality and Social Psychology y miembro de la Academia Estadounidense de las Artes y las Ciencias. Es también colaborador habitual de los medios de comunicación y conferenciante en numerosos foros.

1. La ciencia de la persuasión se puede resumir en siete categorías.

Cada una de estas categorías se rige por un principio psicológico que dirige el comportamiento humano. Cada principio explica la capacidad para provocar en las personas una conformidad automática e inconsciente: la disposición a decir «sí» sin antes pensarlo. Son atajos que nos ahorran tiempo y energía, pero al mismo tiempo nos hacen vulnerables y nos llevan a cometer errores absurdos y costosos. Además, en un mundo más acelerado como el que vivimos, las respuestas (automáticas) tienden a ser cada vez más rápidas y frecuentes. ¿Y cuáles son esas categorías/principios?

1. Reciprocidad
2. Simpatía
3. Aprobación social
4. Autoridad
5. Escasez
6. Compromiso y coherencia
7. Unidad

2. Principio 1. Reciprocidad: «La gente dice "sí" a aquellos con quienes está en deuda».

La gente se siente obligada a devolver algo a cambio cuando ha sido beneficiada previamente por otra persona. El alcance futuro de esa obligación se percibe en la palabra japonesa *sumimasen*, que significa «gracias», o literalmente: «aquí no acaba». La reciprocidad funciona porque a la mayoría nos resulta muy desagradable tener un sentimiento de deuda hacia alguien. Nos sentimos mal emocionalmente. El coste psicológico es alto y además existe un rechazo social: el ingrato está mal visto. Los antropólogos y sociólogos han descubierto que no hay ninguna cultura que no enseñe la regla de la reciprocidad a sus miembros desde la infancia. Es omnipresente. Es lo que nos hace humanos y tiene una función adaptativa. En cualquier grupo humano a los individuos les interesa trabajar juntos para lograr sus objetivos. Las personas individualistas están muy limitadas. Por eso las personas nos ayudamos unas a otras. Es el clásico *quid pro quo*: hoy por ti, mañana por mí. Existe una fuerte presión social a hacerlo. El antropólogo francés Marcel Mauss dice que debido a estas presiones sociales existe «una obligación de dar, una obligación de recibir y una obligación de corresponder». El impacto de esta regla es claro: si deseas ser más influyente, pregúntate siempre qué puedes hacer por los demás. Si ayudas a los demás a que les vaya bien, ellos te ayudarán cuando tú lo necesites. Hacer un favor no es una obligación, es una oportunidad. La generosidad siempre paga dividendos.

3. **Principio 2. Simpatía: «La gente prefiere mostrar su conformidad a personas que le despiertan simpatía».**
Estamos más influenciados por aquellas personas por las que sentimos más simpatía. Es más fácil ser convencidos por alguien con quien tenemos afinidad. La pregunta es inmediata: ¿de qué depende la simpatía?

- *De la semejanza.* Tendemos a dejarnos influir más fácilmente por aquellas personas que son más parecidas a nosotros. Esa «similar» forma de apreciar la vida nos da más confianza. Los intereses comunes, cualesquiera que sean (golf, viajar, cocina, lectura...) unen a las personas.
- *De los cumplidos.* Somos auténticos fanáticos de los halagos —en el mundo virtual, los *likes*— y nos encanta recibirlos, siempre que sean sinceros. El mayor enemigo de la simpatía es la indiferencia.
- *Del contacto y la cooperación.* Nos mostramos más favorables hacia las personas con las que existe más familiaridad: amigos, familia, compañeros, socios. El contacto estrecho adquiere mayor protagonismo cuando las perso-

nas cooperan por objetivos comunes: asociaciones, *lobbies* o hinchas, por ejemplo.

- *De la asociación*. La vinculación de personajes célebres a ciertos productos es un modo con que los anunciantes se aprovechan del *principio de asociación*. Lo mismo sucede cuando las modelos anuncian ciertas marcas. Se asocia su belleza con la calidad, velocidad o diseño de lo que se publicita. Si podemos asociar nuestro nombre, marca o producto a algo positivo (haber estudiado en una universidad de prestigio o ser amigo de alguien reconocido, por ejemplo), tenemos más facilidad para persuadir.
- *Del atractivo físico*. Hay evidencias científicas que corroboran que a las personas más guapas tendemos a atribuirles más cualidades como la amabilidad o la inteligencia. Es lo que se conoce como el «efecto halo», una característica positiva de una persona domina toda la percepción de esa persona: atractivo = bueno.

4. Principio 3. Aprobación social: «Determinamos qué es correcto viendo qué piensan otras personas que es correcto».

Las personas tienen tendencia a creer o hacer lo que ven que creen o hacen los que les rodean. Hace algunos años, una cadena de restaurantes en Pekín (China) quería aumentar la venta de ciertos platos del menú sin incurrir en mayores gastos como ingredientes más caros, precios más bajos o contratar a un mejor chef. Para ello pusieron una etiqueta en esos platos, pero lo sorprendente fue que la etiqueta que mejor funcionó no fue la que ponía «especialidad de la casa» ni la de «recomendación del chef para hoy», sino la que describía los platos del menú como «los más populares». Las ventas de cada plato aumentaron de media entre un 13 y 20 por ciento. Esos platos se convirtieron en los más populares debido a su popularidad. La eficacia de la *aproba-*

ción social —el dejarse influir por otros— ejerce su mayor influencia en tres situaciones:

1. *Incertidumbre*. Cuanto más ambigua sea una situación, mayor tendencia a fijarse en lo que hacen los demás y aceptar sus decisiones como correctas. En circunstancias de incertidumbre nos sentimos más desorientados y buscamos referencias y pistas con más énfasis.
2. *Cantidad*. Las personas tienden a seguir el ejemplo de otros cuanto mayor sea el número de personas que hacen algo. La cantidad es un amplificador. Las reseñas en internet con más valoraciones son mucho más seguidas que las que tienen pocas.
3. *Semejanza*. Cuando las personas similares a nosotros (amigos, familia, grupos sociales...) creen o hacen algo, existe una tendencia más irresistible a creer o hacer lo mismo.

El asesor de ventas y motivación Cavett Robert siempre insistía mucho a sus futuros vendedores sobre el principio de *aprobación social*: «Dado que el 95 por ciento de las personas son imitadores y sólo el 5 por ciento son iniciadores, se convence más a la gente con las acciones de otras personas que con cualquier otra prueba que podamos ofrecer».

5. Principio 4. Autoridad: «Las personas se muestran dispuestas a seguir las recomendaciones de alguien que sabe más que ellas».

La etiqueta de «experto» tiene un gran efecto persuasivo. En la sociedad existe una fuerte presión para seguir los dictados de aquellos que son percibidos como referentes en alguna materia. Existe una creencia de que obedecer a la autoridad es una forma de adoptar la conducta correcta. El efecto persuasivo de la autoridad se maximiza cuando la persona no sólo es percibida como alguien *competente* (experto) sino también *fiable* (honesto). Las personas siguen a *gente buena* (especialista) y *buena gente* (ética). La desconfianza es uno de los grandes enemigos de la persuasión. Si alguien tiene sólidos conocimientos sobre algo, pero no despierta confianza, es probable que no persuada. El caso más conocido —y extremo— sobre el poder de la autoridad es la investigación realizada por Stanley Milgram, psicólogo de la Universidad de Harvard, según el cual los individuos son capaces de actuar en contra de sus valores y preferencias infligiendo peligrosos niveles de dolor a otra persona al estar influidos por la orden de un superior. El estudio se publicó en 1963 en la revista *Journal of Abnormal and Social Psychology* con el título *Behavioral Study of Obedience*, y más tarde en 1974 en el libro *The Perils of Obedience*. Allí escribe Milgram: «Monté un simple experimento en la Universidad de Yale para probar cuánto dolor infligiría un ciudadano corriente a otra persona simplemente porque se lo pedían para un experimento científico. La férrea autoridad se impuso a los fuertes imperativos morales de los sujetos (participantes) de lastimar a otros y, con los gritos de las víctimas sonando en los oídos de los sujetos (participantes), la autoridad subyugaba con mayor frecuencia. La extrema buena voluntad de los adultos de aceptar casi cualquier requerimiento ordenado por la autoridad constituye el principal descubrimiento del estudio».

6. **Principio 5. Escasez: «Atribuimos más valor a las oportunidades que son menos accesibles».**
Es un principio que guarda relación con la tendencia humana de la aversión a la pérdida. Ya decía el escritor G. K. Chesterton que «la mejor manera de amar algo es ser consciente de que se puede perder». Es decir, la posibilidad de perder tiene un efecto más acusado en las personas que la posibilidad de ganar. Perder cien euros causa más dolor

que el placer de ganar cien euros. El efecto persuasivo de la escasez se utiliza para convencer a las personas de que si no actúan de cierta manera se pierden algo valioso. Fechas límites, descuentos temporales, accesos limitados y otras estrategias similares son habituales para provocar ciertos comportamientos y acciones ante el sentimiento de escasez. Este principio se maximiza en dos circunstancias:

1. *Competencia*: nos sentimos más atraídos por los recursos escasos cuando competimos con otros para conseguirlos. Por ejemplo, la posibilidad de que se acabase el papel higiénico en los supermercados durante la pandemia de la COVID-19 llevó a muchas personas a comprar impulsivamente ese producto antes de que otros lo acaparasen.
2. *Tiempo*: valoramos más las cosas que se han restringido recientemente que las cosas que siempre han estado restringidas. Si la entrada a un edificio histórico público siempre ha estado prohibida, causa menos insatisfacción que si ha estado permitida y ahora sólo es posible acceder y verlo un día a la semana. La escasez tiene más valor en este último caso.

7. **Principio 6. Compromiso y coherencia: «En la mayoría de personas existe el deseo de ser y parecer coherentes con sus palabras, creencias, actitudes y acciones».**
La coherencia es un arma muy poderosa, tan es así que, como señala Cialdini, «el deseo de ser (y parecer) coherentes nos lleva a menudo a actuar de manera claramente opuesta a nuestros propios intereses». En una investigación realizada en una playa de Nueva York ocurrió lo siguiente. Un cómplice de los investigadores colocaba una toalla a metro y medio de otra persona elegida al azar objeto del experimento. Tras un rato escuchando música en un equipo de música, se levantaba y daba un paseo por la calle. En

ese momento, otro cómplice, fingiendo ser un ladrón cogía la radio y salía corriendo. En condiciones normales, los sujetos del estudio se mostraban reacios a salir corriendo detrás del ladrón: sólo cuatro de veinte lo hicieron. Pero cuando se probó el mismo experimento de otra manera los resultados fueron muy distintos. En este caso la persona que se iba a pasear pedía previamente al individuo que tenía a lado si le podía vigilar sus pertenencias un rato. Los resultados fueron que diecinueve de las veinte personas se convirtieron en vigilantes de verdad y salieron corriendo tras el ladrón. La coherencia es tan potente porque las personas incoherentes son vistas como falsas y poco fiables. Como la coherencia actúa a nuestro favor, adquirimos la costumbre de ser coherentes de forma automática, incluso en situaciones en que no es sensato serlo. Por tanto, la pregunta es inmediata: ¿cómo poner en marcha la coherencia de otra persona? A través del compromiso. Cuando las personas asumen un compromiso inicial (realizar un acto o tomar una postura), se muestran más dispuestas a acceder a peticiones que estén en consonancia con ese compromiso adquirido. Las decisiones de asumir compromisos, aunque sean equivocados o perjudiciales, tienden a perpetuarse en el tiempo, ya que las personas suelen buscar nuevas razones para justificar los compromisos adquiridos. Cialdini escribe en su libro *Influencia*: «Si puedo conseguir que alguien asuma un compromiso (adopte una postura), habré ganado el terreno para que, de forma automática e irreflexiva, actúe de forma coherente con ese compromiso previo. En el momento que se toma una postura, hay una tendencia natural a comportarse en estricta consonancia con ella».

8. Principio 7. Unidad: «Las personas tienden a decir "sí" a alguien que consideran uno de los suyos».

Cuando formamos parte de una tribu (familia, raza, nacionalidad, partido político, equipo deportivo…), las personas que forman parte de esa tribu adquieren un estatus más persuasivo a la hora de influir. Aquellos que se encuentran dentro del perímetro del «nosotros» obtienen más aceptación, confianza, ayuda, simpatía, colaboración, apoyo y perdón, e incluso, como señala Cialdini, «son considerados más creativos, con más principios y más humanidad». Este favoritismo hacia los que pertenecen al mismo grupo no se basa sólo en la *semejanza* (gustos) sino en la *identidad* (unidad) compartida. A dos personas les puede gustar un equipo deportivo (semejanza) pero el sentimiento de unidad es mayor si forman parte del grupo de hinchas de ese equipo (identidad). Es la diferencia entre es *como yo* o es *de los míos.* El hecho de formar parte de una unidad (nosotros) tiene una influencia mucho más contundente. La cantidad de circunstancias en las que las relaciones basadas en el «nosotros» afectan a las reacciones humanas es impresionante y variada. Por ejemplo, una de las estafas financieras más sonadas de las últimas décadas, la de Bernard Madoff en Wall Street siguiendo el esquema piramidal o sistema Ponzi, estaba basada, entre otros factores, en que él era judío como lo fueron la mayoría de sus víctimas. Los judíos engañados eran semejantes en cuanto a la etnia, que además servía de credibilidad (aprobación social) para captar nuevos suscriptores judíos que hacían que el sistema funcionase.

9. **Influencia instantánea: «Aunque todos deseamos que nuestras decisiones sean lo más meditadas posibles, el ritmo de vida moderno acelerado nos priva habitualmente de ello».**
   La vida actual viene definida, entre otros factores, por la velocidad y la sobrecarga cognitiva. Debido a ello, cada vez buscamos más atajos a la hora de tomar decisiones. De otro modo quedaríamos bloqueados y angustiados. Eso quiere decir que hoy día la *ciencia de la persuasión* adquiere mayor protagonismo que en ninguna otra época, porque nos ayu-

da a tomar decisiones más fácilmente. La *aprobación social*, la *escasez* o la *autoridad*, por citar tres principios psicológicos persuasivos, disipan nuestras dudas y nos allanan el camino acerca de cuál es la mejor alternativa a tomar. Evidentemente, esta realidad tiene su lado oscuro, y es que los «profesionales del fraude» lo tienen más sencillo que nunca para engañar a sus víctimas y sacar tajada de la celeridad con la que vivimos. Sabiendo que las personas cada vez reflexionan menos y actúan más rápido, son expertos en tocar oportunamente las teclas de la persuasión para obtener un beneficio propio. En definitiva, un juego de suma cero: lo que ellos ganan, tú lo pierdes. En los tiempos que vivimos de ritmo rápido, hay que ser especialmente cuidadosos con las ofertas, las urgencias y otro tipo de técnicas, porque pueden tener gato encerrado.

10. **Determinados principios resultan más útiles que otros según cuál sea el objetivo a alcanzar con el mensaje.** Los siete principios psicológicos de la influencia y la persuasión son útiles en cualquier circunstancia, pero en algunos casos concretos funcionan mejor unos que otros. Así, si el objetivo es:

    - *Cultivo de la relación*. Es más probable que los mensajes logren su objetivo si los receptores albergan sentimientos favorables con respecto al mensajero. Tres de los principios de influencia —*reciprocidad*, *simpatía* y *unidad*— parecen especialmente indicados para ello.
    - *Reducir la inseguridad*. A veces, el hecho de tener una relación positiva con alguien no es suficiente para persuadirle. La gente quiere tener certeza acerca de sus decisiones. Dos de los principios —*aprobación social* y *autoridad*— son especialmente útiles para disipar las dudas y miedos. Ganamos seguridad cuando personas parecidas a nosotros o expertos recomiendan algo.

- *Pasar a la acción*. En otras ocasiones, ni tener una relación favorable con alguien ni haber logrado reducir la inseguridad generan persuasión. Se necesita aumentar la probabilidad de un cambio de conducta. Ahí los principios de *coherencia* y *escasez* son especialmente útiles. Alguien de nuestra tribu puede hacernos ver las bondades del ejercicio físico, y además esa opinión puede venir avalada por expertos médicos, y aun así no generar un cambio en nosotros. Entonces, puede ser útil que alguien nos recuerde que en el pasado hablábamos públicamente de la importancia de cuidarse (*coherencia*) y de los beneficios que echaríamos en falta si no la tuviera (*escasez*).

SÉNECA

Lucio Anneo Séneca (4 a. C.-65 d. C.), llamado Séneca «el Joven» para distinguirlo de su padre, fue un filósofo, político, orador y escritor romano conocido por sus obras de carácter moral. Nacido en Corduba –actual Córdoba–, fue una figura influyente de la cultura y de la política en el Imperio romano durante los mandatos de cuatro emperadores: Tiberio, Calígula, Claudio y Nerón. Su influencia le otorgó prestigio, pero también enemistades y odios que marcaron el devenir de su vida. Su dialéctica brillante provocó que Calígula, presa de los celos, ordenase su ejecución, algo que finalmente no ocurrió, ya que le convencieron de que debido a su mala salud moriría pronto. Años después, una situación parecida desencadenó su destierro a Córcega por parte del emperador Claudio, donde permaneció ocho años hasta que fue llamado a Roma para ser nombrado pretor y tutor del joven Nerón. Gobernó *de facto* el Imperio durante un largo periodo, que fue según el historiador Trajano «el mejor y más justo gobierno de toda la época imperial», lo que le causó también problemas, viéndose obligado a retirarse de la vida pública en el año 62. Por si fuera poco, en los años siguientes sufrió un intento de envenenamiento. Séneca se quitó la vida en el año 65 después de haber sido acusado falsamente de participar en la fallida conjura de Pisón contra Nerón, quien lo condenó a muerte. Se cortó las venas, tomó cicuta y finalmente murió asfixiado en un baño caliente, donde el vapor le mató víctima del asma que padecía. Desde el punto de vista intelectual, Séneca fue uno de los máximos representantes del estoicismo –junto a Marco Aurelio y Epicteto–, y su obra constituye la principal fuente escrita que se ha conservado hasta la actualidad de esta corriente de pensamiento iniciada trescientos años antes por Zenón de Citio, basada en la filosofía del *vir fortis* ('hombre fuerte'), del dominio de sí mismo, de la fidelidad a la propia conciencia y de la entrega y servicio a los demás. Séneca no fraguó una filosofía teórica, sino que para él era un asunto práctico y moral cuyo objetivo debe ser llevar a los seres humanos a la virtud, el mejor obrar. Entre sus obras destaca *Tratados morales*, que son pequeñas obras donde aborda cuestiones vitales y morales. Por citar algunos: *De la Providencia*, *De la firmeza del sabio*, *De la felicidad*, *De la vida retirada o del ocio*, *De la serenidad del alma*, *De la brevedad de la vida* o *De la clemencia*. También entre su repertorio conviene destacar *Cartas a Lucilio*, en las que Séneca ofrece todo tipo de sabios consejos y reflexiones a Lucilio, un amigo íntimo. Por su carácter práctico, algunas personas han identificado sus escritos como manuales de autoayuda para la vida. Su obra influyó en algunos de los pensadores e intelectuales occidentales más destacados como Erasmo de Róterdam, Michel de Montaigne o René Descartes, entre otros.

1. **La tristeza, aunque esté siempre justificada, muchas veces sólo es pereza. Nada necesita menos esfuerzo que estar triste.**

   La tristeza existe y cumple su función, pero debe ser algo temporal, porque desde ese estado es difícil construir algo sólido. Los retos —más aún cuanto más ambiciosos son— demandan mucha energía, empuje y trabajo. Requieren una alta dosis de positividad porque el camino está plagado de dificultades, y la mejor manera de afrontarlas es con un tono vital alto. Por tanto, la tristeza hay que sentirla y luego *dejarla ir*, ya que si se perpetúa en el tiempo nos arrastra a la depresión; y la depresión aniquila lo mejor de las personas, puesto que nos instala en la pasividad y la resignación. Es nuestro deber y responsabilidad adoptar una actitud proactiva y poner en práctica aquellas estrategias que nos permitan levantar nuestro estado de ánimo cuando más lo necesitamos. He aquí algunas recomendaciones para que sirvan de referencia:

- *Cultivar buenas relaciones*: los amigos y la familia son una gran fuente de apoyo emocional en los momentos críticos y un bálsamo para recuperar la confianza y el ánimo.
- *Lectura de biografías estimulantes*: todos los grandes héroes de la historia han afrontado dificultades. Ver cómo lidiaron con ellas y salieron adelante sirve de acicate para luchar con las nuestras.
- *Practicar la gratitud como norma*: ser agradecidos por todo lo que tenemos mitiga los efectos de la negatividad. La adversidad existe, pero la gente depresiva tiende a enfocarse sólo en los problemas, obviando todo lo bueno que tiene a su alrededor.
- *Claridad de propósito*: cuanto más clara es nuestra visión y más comprometidos estamos con ella, más sencillo resulta soportar los zarandeos de la vida. Cuando un gran propósito guía nuestra vida, nos volvemos más fuertes.

Debemos tomar la iniciativa e impulsarnos, o corremos el riesgo de quedarnos atascados. El filósofo Ángel Gabilondo, autor entre otras obras de *Alguien con quien hablar* o *Contigo*, manifestaba en una entrevista: «La alegría es un desafío, algo por lo que hay que luchar. No comparto los discursos quejosos de esa gente que está siempre gimiendo y lamentándose. En una sociedad blanda, acomodada y tibia, la queja se ha convertido en un instrumento que se utiliza con demasiada facilidad».

2. **Para ser feliz hay que vivir en guerra con las propias pasiones y en paz con las de los demás.**
Es una buena declaración de principios para guiar nuestra existencia:

- *Vivir en guerra con las propias pasiones*: otro estoico, Marco Aurelio, señalaba que «hay dos vicios mucho más oscuros que el resto: la falta de persistencia y la falta de autocontrol». No hace falta explicación para que el vicio exista, es fácil entregarse a él. Sin embargo, con los vicios (malos hábitos) hay que tener mucho cuidado porque luego no es fácil desprenderse de ellos. Por eso conviene estar siempre alerta ante las tentaciones que surgen para intentar corromper a la virtud (el mejor obrar).
- *Vivir en paz con las pasiones de los demás*: el ser humano no se caracteriza por la moderación, sino más bien todo lo contrario. Por ello no sólo debemos ejercer el autocontrol para gobernar nuestras pasiones, sino que debemos ser indulgentes con las de los demás. El ser humano es frágil, y esa fragilidad se manifiesta en relación con los demás en forma de envidia, ira, rencor o egoísmo, por ejemplo. Tener las expectativas demasiado altas sobre otras personas es una fuente de insatisfacción permanente. No podemos controlar los comportamientos de los demás, pero siempre podemos controlarnos a nosotros mismos y elegir cómo reaccionar ante los demás. Así señalaba Séneca: «El que no quiere vivir sino entre justos, que viva en el desierto».

3. **No nos atrevemos a muchas cosas porque son difíciles, pero son difíciles porque no nos atrevemos a hacerlas.** Si hay algo que lo cambia todo en la vida es el coraje. Cuando el coraje forma parte de nuestro *modus vivendi*, uno comprueba cómo todos esos fantasmas, miedos y películas mentales van diluyéndose a medida que uno gana conocimiento y experiencia. Porque eso es lo que ocurre cuando ponemos en práctica el coraje: empezamos a caminar, aprendemos, sumamos experiencia… y lo que parecía difícil termina siendo fácil. El coraje transforma las realidades insalvables en manejables. Como suele decirse: todo es

ponerse. Si tienes el coraje para empezar, tienes el coraje para triunfar. Algunas ideas para facilitar el atrevimiento:

- *Da pequeños pasos*: cada pequeño logro esculpe la confianza en uno mismo. No busques grandes gestas, sino pequeños retos diarios. De lo que se trata es de ganar control.
- *Busca acompañamiento*: con otras personas (mentores, coaches, terapeutas…) que nos alientan y dan dirección y orientación, el camino resulta más sencillo.
- *Ten paciencia*: date tiempo, la confianza en uno mismo y la pericia son el resultado de las horas de vuelo. Roma no se construyó en un día.

Bert Hellinger, padre de las Constelaciones Familiares, nos deja la siguiente reflexión: «Sólo hay una manera de saber en qué dirección ir. Tienes que seguir tu miedo. Te mostrará el camino. Huir de lo que te asusta es una forma de perder el camino: al hacerlo te alejas más y más de lo que buscas. Si tienes miedo de enfrentar a esa persona o situación, ahí está el nudo que hay que derretir. Ese nudo, que si se reconoce y se enfrenta, te donará las llaves de la libertad. De ahora en adelante, entonces cuando sientas miedo, molestia, irritación y preocupación, no huyas. Mantente escuchando lo que sientes. Y con coraje adéntrate a descubrir el tesoro escondido en tu malestar.

Los tesoros más preciados son custodiados por el dragón más terrible. Para llegar a los tesoros, hay que ir al dragón… y besarlo».

4. No es que tengamos poco tiempo, sino que perdemos mucho.

Si hay algo por lo que se caracterizan las personas inteligentes es por el uso riguroso de su tiempo. Una hora desaprovechada es una hora perdida para siempre. El día tiene veinticuatro horas, es invariable, por eso las personas de éxito tienden a madrugar más (para ganar horas) y son más efectivas (para hacer más). «La mayor rémora de la vida —decía Séneca— es la espera del mañana y la pérdida del día de hoy.» No es casual que uno de sus textos lleve por título *De la brevedad de la vida*, que no es sino una invocación a aprovechar las horas como el mayor tesoro del que disponemos, a no dejarlo todo para más adelante como si la vida fuese eterna. La mayoría no vive, simplemente ve pasar el tiempo. Así, se nos dice: «Exigua es la parte de la vida que vivimos. Pues es cierto que toda otra duración es tiempo, no vida». No hay que olvidar que más allá de la esperanza media de vida (ya casi en los cien años), la vida es imprevisible, y en cualquier momento puede tocarnos partir de este mundo. Así, el filósofo cordobés le comenta a su amigo Polibio: «No hay nada eterno y pocas cosas son duraderas. Cada una es frágil a su modo, sus fines varían y, en suma, todo lo que tuvo principio ha de tener fin». Vamos a morir, es una realidad cierta, así que vivamos la existencia con intensidad. De lo que se trata es de embellecer nuestra forma de vivir. Lo que nos debe asustar no es la muerte, sino echar a perder la vida. En la película *El club de los poetas muertos* se citan unas bellas estrofas en boca del profesor Keating (Robin Williams) que es una invitación a ello: «Coged las rosas mientras podáis, veloz el tiempo vuela. La misma flor que hoy admiráis mañana estará muerta».

5. **El mal que sufrimos no nace de los lugares, sino de nosotros mismos, que somos débiles para soportarlo todo.** Dice Séneca: «Puedes estar seguro de que estás en paz contigo mismo, cuando ningún ruido te molesta y ninguna palabra te distrae, así se trate de un halago, una amenaza o un mero y persistente zumbido». Séneca es uno de los máximos representantes de la filosofía estoica; un modo de vida en el

que no sólo aceptamos las contingencias de la vida según vengan, sino que las aprovechamos a nuestro favor: para crecer, evolucionar y mejorar. En cualquier circunstancia se puede crecer, es una elección. La reciente pandemia surgida en 2020 por la COVID-19 (nadie la hubiésemos elegido por nosotros mismos) ha puesto de manifiesto la resiliencia de algunas personas y la debilidad de espíritu de otras. Sin duda, el problema no es la pandemia, sino nuestra actitud ante ella, porque de lo que no cabe duda —y poca gente ha tomado consciencia de ello— es que tras la pandemia van a venir otros acontecimientos que nos van a intentar desestabilizar: guerras, atentados, enfermedades, crisis económicas, otras pandemias o quién sabe qué. No podemos esperar a que la vida sea fácil para empezar a vivir. Precisamente en eso se basa la filosofía estoica, en mantener la serenidad de espíritu con independencia de las circunstancias. Sea lo que sea lo que nos toque vivir, la clave está siempre en aprender y crecer. Séneca lo resume así: «A quien ha superado continuas contrariedades, los obstáculos le curten y no se rinde a los infortunios». Y también: «No hay nadie menos afortunado que el hombre a quien la adversidad olvida, pues no tiene oportunidad de ponerse a prueba».

6. Cuando el desamparo de su naturaleza mortal les manda un aviso (a los materialistas), piensan en cuántas cosas se procuraron en vano y de las cuales no disfrutaron, y a qué vacío fue a parar todo su esfuerzo.

Tratados morales de Lucio Anneo Séneca sigue siendo plenamente vigente hoy día como hace dos mil años. Podríamos decir que el ser humano avanza mucho por *fuera* pero poco por *dentro*. Las grandes cuestiones humanas —avaricia, envidia, rencor, fama, sentido de la vida, amor…— siguen siendo en la actualidad las mismas que siglos atrás. El cultivo de la virtud —el mejor vivir— es a lo que todos deberíamos aspirar, porque ahí radica la felicidad; esto es: obrar de manera recta y justa (ética), control de las pasiones (autocontrol) o resistencia ante la adversidad (resiliencia), entre otras. Lo contrario, el afán desmedido de aspectos externos (fama, poder o riqueza), antes o después, nos deja una sensación de vacío enorme. Con gran sensatez señalaba el cordobés: «¿Para qué sirven muchas alcobas? Os acostáis sólo en una. No es vuestro cualquier otro lugar donde no estáis». Ya en la época de Séneca, los romanos de clase alta vivían obsesionados con la ostentación, signo de estatus social. Sobre esta cuestión, reflexionaba del siguiente modo: «¡Y cuántas cosas nos procuramos ahora porque otros se las han procurado, porque la mayoría las posee! Entre las causas de nuestros males se cuenta vivir siguiendo el ejemplo de los demás y no gobernarnos por la razón, antes bien somos arrastrados por la costumbre. Lo que no querríamos imitar si lo hicieron pocos, cuando empiezan a hacerlo más, lo secundamos como si fuera más honesto porque es más frecuente».

7. **Cada cual precipita su vida y se atormenta por el deseo del futuro y el hastío del presente.**
Esta recomendación senequiana de hace dos mil años, obvia y repetida hasta la saciedad, no caduca jamás. Depositamos tantas expectativas en el *futuro* que el *presente* es sólo un instrumento para llegar a él (cuando me case, cuando tenga un hijo, cuando sea rico, cuando disponga de tiempo…) y la vida se nos escapa de las manos. Probablemente en este aspecto estemos peor que en el pasado, ya que en épocas pretéritas todo era más pausado y se vivía más pegado a la realidad. No es casual que fruto de esa inconsciencia por descuidar el presente haya proliferado durante las últimas décadas una moda sin precedentes por aplicar las técnicas del *mindfulness* (atención plena), cuyo objetivo no es otro que aprender a estar *aquí* y *ahora* siendo más cons-

cientes del presente. La causa del estrés es estar *aquí*, queriendo estar *allí*. Que no nos ocurra como decía Quevedo: «He llegado sin darme cuenta de que he viajado». Si puedes permanecer siempre en el presente serás feliz. Ya lo decía Thich Nhat Hanh, monje budista: «La vida sólo está disponible en el presente». También el cantante Alejandro Sanz nos dejaba hace tiempo una aguda reflexión: «Un día no estaré, pero hoy sí. Así la importancia del presente. Vive a muerte».

8. **Hay que quitar importancia a las cosas y llevarlas con ánimo alegre.**
Las cosas, con frecuencia, tienen la relevancia que uno quiera darles. Sea lo que fuera que ocurra, lo que hay que evitar es que los acontecimientos alteren nuestra tranquilidad de espíritu. Una de las estrategias más recomendables es relativizar. Relativizar ayuda a ser un poco más felices. Entrar en cólera por el tráfico, el clima, las cancelaciones de planes, el *overbooking* o los comentarios de terceras personas, por citar sólo algunos casos, demuestran necedad vital. La realidad es la que es, aunque no sea de nuestro agrado, así que mejor tomársela con un poco de filosofía. Tomarse todo demasiado a la tremenda nos aleja de nuestro centro (equilibrio). Estamos de paso, hagamos la existencia menos dramática. Séneca reflexiona sobre este tema: «La ira: un ácido que puede hacer más daño al recipiente en la que se almacena que en cualquier cosa sobre la que se vierte». Y también: «Incontenida, la cólera es frecuentemente más dañina que la injuria que la provoca». El propio filósofo apuntaba que «el género humano valora más al que se ríe de él que al que se lamenta —pues—, el primero deja alguna parte de esperanza y el segundo llora neciamente aquello que desconfía poder remediar».

9. **Multitud de ocupaciones útiles, el amor a la virtud y su ejercicio, el olvido de las pasiones, el arte de vivir y la ciencia de morir, y, por fin, una profunda calma en todas tus cosas.**

Es un buen quinteto como filosofía de vida:

- Primero: *multitud de ocupaciones útiles*. El ser humano necesita sentir que contribuye a algo (motivación *trascendente*), más allá de lo que gana (motivación *extrínseca*) y lo que aprende y mejora (motivación *intrínseca*). No hay nada más estimulante que estar involucrado en un propósito vital que nos atrapa. El exceso de ociosidad mata al espíritu.
- Segundo: *el amor a la virtud y su ejercicio*. La felicidad es el ejercicio de la virtud: *hacer bien las cosas buenas*. La virtud proporciona crecimiento profesional y bienestar personal.
- Tercero: *el olvido de las pasiones*. La moderación, una actitud templada ante la vida, facilita la estabilidad personal. La moderación es el equilibrio entre el desboque (exceso) y el aplatanamiento (defecto).
- Cuarto: *el arte de vivir y la ciencia de morir*. Tan importante es una cosa como la otra. Saber que nuestra estancia es temporal y que tenemos día de despedida en el calendario, ayuda a disfrutar del presente aprovechando al máximo cada instante.
- Quinto: *una profunda calma en todas tus cosas*. No hay mayor ejemplo de inteligencia emocional que la serenidad ante todos los acontecimientos. Como escribía Rudyard Kipling en su famoso poema *Si*: «Si te encuentras con el triunfo y la derrota y a estos dos impostores los tratas de igual forma [...]. Tuya es la Tierra y todo lo que hay en ella, y —lo que es más—: ¡Serás un Hombre, hijo mío!».

10. La felicidad que no ha sido sometida a pruebas no sabe sufrir golpe alguno.

Esto lo escribe Séneca en una de sus famosas cartas a Lucilio. No podemos identificar la felicidad como algo *flower power*. La felicidad es una actitud ante la vida, una actitud de serenidad vital. No podríamos considerar feliz a aquel que sólo ha navegado con el viento a favor, sino a aquel que ha vivido todo tipo de situaciones —especialmente las adversas— y ha sabido mantener la embarcación a flote sin derrumbarse. Otra cosa sería una versión incompleta y edulcorada de la felicidad. Es feliz el que practica la virtud, esto es, en momentos alegres, disfruta; en momentos de derrota, no se hunde. A una persona que ha tenido una vida excesivamente acomodada nunca la tenemos como referente, ni en el plano profesional (el trabajo está lleno de contrariedades), ni en el personal (los infortunios forman parte de cualquier biografía intensa). Las personas que cuentan con nuestra admiración y respeto son aquellas que se caen y se levantan; que aceptan la derrota con humildad; que gestionan su vulnerabilidad; que no se regodean en las quejas, excusas y culpas, y que siempre adoptan una actitud de esperanza ante los acontecimientos. El escritor alemán Hermann Hesse apuntaba: «Mi historia no es agradable, no es dulce y armoniosa como las historias inventadas. Tiene un sabor a disparate y a confusión, a locura y a sueño, como la vida de todos los hombres que ya no quieren seguir engañándose a sí mismos». La vida plena (auténtica) incluye la derrota, el fracaso, la adversidad y la desorientación.

VIRGINIA WOOLF

Adeline Virginia Stephen (1882-1941), Virginia Woolf, es una de las escritoras más importantes del siglo XX. Nacida en una familia acomodada, su padre fue crítico y editor de la sociedad londinense. Su vida estuvo marcada por la inestabilidad emocional. A los trece años, Virginia sufrió un duro golpe del cual no se recuperaría jamás. El 5 de mayo de 1895 su madre murió repentinamente a causa de una fiebre reumática. A esto se unió, dos años más tarde, la muerte de su hermana Stella. Pero éstas no fueron las únicas calamidades por las que tuvo que pasar Virginia Woolf. Desde los siete años sufrió abusos sexuales por parte de dos de sus hermanastros (hijos de un matrimonio anterior de su madre), algo que su entorno conocía e ignoró como consecuencia de los convencionalismos de la época. Años más tarde, en 1905, falleció su padre, y antes de que Virginia hubiera cumplido los veintitrés años ya había intentado suicidarse. Tras la muerte de su progenitor, se mudó junto a tres de sus hermanos al barrio de Bloomsbury en Londres, que se convirtió en el centro de reunión de antiguos compañeros universitarios de su hermano mayor, un grupo elitista entre los que estaban filósofos como Bertrand Russell y Ludwig Wittgenstein, economistas como John Maynard Keynes, escritores como T. S. Eliot, o la líder del movimiento sufragista Emmeline Pankhurst. Todos ellos conformaban lo que vino a denominarse el «círculo de Bloomsbury». Allí también conoció al que más tarde se convertiría en su marido, Leonard Woolf, con quien se casó en agosto de 1912 a la edad de treinta años. Junto a él creó en 1917 la editorial Horgarth Press, que publicaría exitosamente las obras de Virginia Woolf y de otros grandes autores como Katherine Mansfield, T. S. Eliot, Sigmund Freud o Laurens van der

Post. Los trastornos más graves que padeció Virginia serían entre los años 1913 y 1915. El 9 de septiembre de 1913, la escritora ingirió cien gramos de veronal en otro intento por quitarse la vida. Cuando se casó, ya había pasado por varias crisis nerviosas seguidas de estados depresivos, y su marido llevaba un diario donde reflejaba cuáles eran sus estados emocionales. Virginia encontró en la literatura un refugio para dar vida a sus horribles vivencias y a sus emociones reprimidas. Ella se veía reflejada en sus personajes. Esa visión de desasosiego acerca de la vida queda patente en muchas de sus reflexiones. Así, decía: «Siento que todas las sombras del universo se multiplican en lo profundo de mi piel»; también afirmaba: «Quería escribir sobre la muerte, sólo que la vida entró como de costumbre»; por último: «La vida es un sueño, el despertar es lo que nos mata», o «todo es efímero como el arcoíris». El final de sus días fueron trágicos y acabó arrojándose a las aguas del río Ouse, después de ponerse un abrigo lleno de piedras en los bolsillos. Fue el 28 de marzo de 1941. Antes había dejado una carta a su marido en la que decía: «Siento que voy a enloquecer de nuevo. Creo que no podemos pasar otra vez por una de esas épocas terribles. Y no puedo recuperarme esta vez. Comienzo a oír voces, y no puedo concentrarme. Así que hago lo que me parece lo mejor que puedo hacer. No puedo luchar más. Ya ves que no puedo ni siquiera escribir esto adecuadamente. No puedo leer. Todo lo he perdido excepto la certeza de tu bondad. No puedo seguir arruinando tu vida durante más tiempo. No creo que dos personas pudieran ser más felices que lo que hemos sido tú y yo». La autora británica representa uno de los estandartes de la literatura del feminismo, y entre su extensa obra, podemos destacar: *La señora Dalloway* (1925), *Al faro* (1927), *Orlando: Una biografía* (1928), *Las olas* (1931), y su largo ensayo *Una habitación propia* (1929). Algunas de estos escritos se han llevado a la gran pantalla, y como anécdota, con motivo del 136 aniversario de su nacimiento, Google le dedicó su doodle.

1. **Sería una lástima terrible que las mujeres escribieran como los hombres, o vivieran como los hombres, o se parecieran físicamente a los hombres.**
Y añadía: «Porque dos sexos son ya pocos, dada la vastedad y variedad del mundo; ¿cómo nos las arreglaríamos, pues, con uno solo? ¿No debería la educación buscar y fortalecer más bien las diferencias que no los puntos de semejanza?». Hay que reivindicar y ensalzar el valor de las diferencias, porque la diversidad es la base de la innovación, el crecimiento y el cuestionamiento crítico que nos lleva a avanzar. Tradicionalmente hemos vivido en un mundo muy dominado por lo masculino en todas las esferas. Decía Woolf: «Yo me aventuraría a pensar que Anónimo, quien escribió tantos poemas sin firmarlos, fue a menudo una mujer». Poco a poco, sin embargo, el papel de la mujer está más presente en múltiples ámbitos (política, empresa, cultura, sociedad, deporte…) y con mayor protagonismo. Eso no sólo fomenta la igualdad como seres humanos, sino que nos enriquece al promover la diversidad de género. Ella decía: «Cuántas mujeres olvidadas porque ni siquiera ellas mismas pudieron, pueden o podrán decir "esta boca es mía", "este cuerpo es mío", "esto es lo que yo pienso"». También señalaba: «Es obvio que los valores de las mujeres difieren con frecuencia de los valores creados por el otro sexo y, sin embargo, son los valores masculinos los que predominan». Por último: «La historia de la oposición de los hombres a la emancipación de las mujeres es quizá más interesante que la historia de esa emancipación en sí misma».

2. **Como mujer no tengo patria, como mujer no quiero patria. Como mujer, mi patria es el mundo.**
«Las mujeres han gozado de menos libertad intelectual que los hijos de los esclavos atenienses. Las mujeres no han tenido, pues, la menor oportunidad de escribir poesía», señalaba. No hay mayor valor en la vida que la libertad (inde-

pendencia), tanto en el hombre como en la mujer, si bien en el caso de esta última ha estado muy cercenada históricamente por múltiples razones en muchos ámbitos: libertad e independencia de pensamiento, primero, y de acción, económica y emocional, después. Sin libertad (independencia) nos convertimos en marionetas de otros, sin poder ser y expresar nuestra individualidad única e irremplazable. En una de sus obras cumbre, *Una habitación propia*, la autora reflexiona: «Una mujer debe tener dinero y una habitación propia para poder escribir novelas»; es decir, libertad económica (dinero) y personal (una habitación propia). La famosa frase caló en el feminismo de su época como un llamamiento a la independencia de las mujeres. Ella siempre reivindicaba el valor de la libertad, sobre todo en la mujer. Así apuntaba: «No hay barrera, cerradura ni cerrojo que puedas imponer a la libertad de mi mente».

3. **No hay necesidad de apresurarse. No es necesario brillar. No hay necesidad de ser nadie más que uno mismo.** Brillar en el sentido vital no tiene que ver con ser más que nadie, ni con ir más rápido, ni con ser más conocido. Brillar es ser uno mismo en toda su plenitud y potencial. Brillar tiene que ver con vivir una existencia impregnada de autenticidad. Eso es suficiente. No se necesita más. El poeta Zab G. Andrade escribe: «Brilla lo que hacemos cuando hemos encontrado nuestra luz». El éxito consiste en ser uno mismo siempre, sólo entonces existe la posibilidad de dejar nuestra impronta personal en este planeta. La admiración e inspiración de otros es estimulante, pero siempre como palanca para el despliegue de nuestra esencia y singularidad. ¿Por qué empeñarse en otras alternativas si la nuestra ya es especial y singular? Virginia Woolf nos alertaba del peligro de caer prisioneros de las expectativas que otros han tejido para nuestra vida. Todos somos originales, pero la sociedad nos convierte en fotocopias. A todo ello antepone la auten-

ticidad, la búsqueda de quiénes somos. Otra cosa nos deja hambrientos espiritualmente. La receta es siempre la misma: sé tú mismo sin disculpas; sé tú mismo sin rubor. O con palabras de Woolf: «Sea sincero, y el resultado seguramente será increíblemente interesante».

4. **La belleza debe romperse a diario para parecer hermosa.** Es en el conflicto, el caos, la inestabilidad o el reto donde las personas nos desafiamos a nosotros mismos. Lo rutinario mata muchas cosas. La rutina mal entendida oxida, carcome y adormece. Está demostrado científicamente que las relaciones de pareja que mejor funcionan son aquéllas en las que hay un cierto conflicto, aquéllas en las que nuestro compañero de camino —siempre con educación y respeto— nos provoca cierta incomodidad, nos sacude y nos ayuda a crecer. El ser humano nunca está hecho y realizado por completo, sino que está siempre proyectándose hacia delante. Una cierta comodidad es deseable y razonable, pero intoxicarse de comodidad es perjudicial para nuestro desarrollo y crecimiento personal. La rutina silenciosa —un estado de calma chicha— nos sume en un estado de somnolencia que aniquila nuestra potencialidad. Las personas crecemos al nivel de las dificultades que vamos encontrando por el camino. Las dificultades son necesarias para retarnos y empujarnos a nosotros mismos. Virginia Woolf señalaba: «Me gusta que la gente sea infeliz porque me gusta que tengan almas». El «arte de vivir» también se compone de derrota, fracaso, decepción y tristeza.

5. **Me hago y me deshago continuamente. Cada persona extrae de mí diferentes palabras.** Las etiquetas y los prejuicios forman parte del ecosistema humano. Las personas tenemos una necesidad natural de encasillar a los demás. El cerebro no se lleva bien con la incertidumbre y la ignorancia; lo que busca son certezas. Las

etiquetas dan tranquilidad al cerebro al creer saber quiénes son los demás y tener un cierto control de la situación. Sin embargo, las personas *no somos*, sino que a cada instante *nos estamos haciendo*. Hoy ya no somos la misma persona que ayer. Todas las experiencias nos van configurando y moldeando, y además también tenemos la libertad de esculpirnos a nosotros mismos. «Un yo que sigue cambiando es un yo que continúa viviendo», decía Woolf. Contamos con la libertad de cambiar y decidir quiénes queremos ser. No dejes que los demás te definan. Pueden opinar sobre ti lo que quieran (la libertad de expresión es innegociable), pero no permitas que sus palabras den forma a tu identidad. El principal sufrimiento de las personas deriva de su deseo desesperado de gustar a los demás. La escritora afirmaba: «Los ojos de los demás, nuestras prisiones; sus pensamientos, nuestras jaulas».

6. **Porque es una lástima muy grande no decir nunca lo que se siente.**
Somos seres emocionales, y sentir nos hace estar vivos. Y cuando hablamos de sentir nos referimos a expresar toda clase de emociones, alegres (placenteras) y tristes (dolorosas), porque de toda esa variedad cromática emocional está hecha la vida, de igual modo que en el paisaje se mezclan el color marrón del otoño con las hojas cayendo y el color alegre rosado de los almendros resucitando en primavera. Aceptarse como un ser emocional en todas sus formas agrega riqueza, color y autenticidad a la propia vida y a las relaciones con los demás. Virginia Woolf nos invita a sentir a través de sus personajes. Conviene recordar que la autora británica sufrió abusos sexuales desde los siete años además de tener que hacer frente a la pérdida de su madre y hermana a una edad muy temprana. Por si fuera poco, su padre prohibió a los miembros de la familia nombrar bajo ningún concepto a las personas que habían fallecido, lo que

obligó a la joven Virginia a no poder expresar emoción alguna. Debido a ese dolor silenciado —fuente de no pocos traumas en muchas ocasiones—, la escritora encontró en la literatura un refugio para dar vida a sus emociones reprimidas. Una de las grandes habilidades de Woolf como escritora es la capacidad para dotar de emocionalidad a sus personajes. Ella escribía: «Su cerebro se encontraba en perfecto estado. Seguro que el mundo tenía la culpa de que no fuera capaz de sentir». También: «¿Cuántas veces la gente usó un lápiz o un pincel porque no pudieron apretar el gatillo?».

7. **Madurar es perder algunas ilusiones para empezar a tener otras.**
La vida va, en buena medida, de tener ilusiones. Sin ilusiones la vida se hace demasiado cuesta arriba. En eso consiste en cierto modo la depresión: en la ausencia de ilusiones y de futuro. No obstante, también hay que entender que no todas las ilusiones se cumplen ni viven para siempre. Las parejas se divorcian, las empresas quiebran, los amigos se distancian, los socios nos traicionan… y así pasa con todo. Por ello, es nuestra responsabilidad y nuestro deber pasar página y mirar hacia delante para reilusionarse de nuevo. Quedarse en el pasado, en lo que fue o pudo ser, no es la mejor actitud vital y es síntoma de inmadurez. Sobre esta cuestión, Virginia Woolf escribe: «Y de nuevo volvió a sentir que la vida volvía a tener suficiente fuerza para arrastrarla y hacerle reemprender sus tareas, de la misma manera que el marinero ve, no sin cierto tedio, cómo el viento vuelve a henchir su vela pero no siente el deseo de irse otra vez, y piensa que si el barco se hundiera, bajaría con él girando y girando hasta encontrar descanso en el fondo del mar».

8. **A través del sufrimiento se alcanza el conocimiento.**
No sólo a través del sufrimiento, pero el sufrimiento bien digerido nos conduce a un estado de sensibilidad y recepti-

bilidad, sobre nosotros mismos y sobre la vida, que es difícil alcanzar por otros caminos. Evidentemente, el hecho de que el sufrimiento tenga beneficios no significa que debamos buscarlo activamente, pero como llegará antes o después, debemos aprovecharlo a nuestro favor para evolucionar vitalmente. ¿Qué beneficios proporciona el sufrimiento?

- *Sabiduría.* Reflexionar desde el éxito es muy complicado. Cuando uno vive con velocidad crucero, acomodado y relativamente tranquilo, no se plantea demasiadas cuestiones. Se limita a trabajar, disfrutar y exprimir la vida sin más. El actor Antonio Banderas, que sufrió un infarto en 2017, comentaba cómo ese episodio le hizo replantearse su escala de prioridades. En una entrevista en televisión se refería así a este hecho: «Algunos de los mejores regalos vienen envueltos en forma de bofetadas. Sufrir una enfermedad es algo que cambia la vida a muchas personas. Pero estar al borde de la muerte provoca que el ser humano se replantee por completo su existencia en el universo. Probablemente es una de las mejores cosas que me ha pasado en la vida. El ataque al corazón me enseñó a vivir de una manera mucho más sana y eficiente».
- *Resistencia.* Lo que no te mata, te hace más fuerte. La resiliencia es como un músculo que se educa con el ejercicio. A sufrir se aprende sufriendo. A encajar golpes se aprende encajando golpes. Helen Keller, que sufrió muchas calamidades, señalaba: «El carácter no puede desarrollarse cuando hay tranquilidad y todo es fácil. Sólo pasando por la experiencia de la prueba y por el sufrimiento se puede fortalecer el alma, clarificar la visión, inspirar la ambición y alcanzar el éxito».
- *Compasión.* El lenguaje del dolor es universal. Todo el mundo pasa por malos momentos, y darnos el permiso

para sentir esta emoción nos conecta con una red de compasión de la que pasamos a formar parte. El diccionario define compasión como «un profundo conocimiento del sufrimiento de otra persona acompañado del deseo de aliviarlo»; pero sólo podremos obtener un profundo conocimiento del sufrimiento de los demás si hemos sufrido nosotros mismos. Para conocer, hay que experimentar. El sufrimiento propio desarrolla la empatía hacia los demás.

Las ventajas del sufrimiento bien asimilado son innegables, quizá por eso el escritor italiano Dante Alighieri apuntaba: «Quien sabe de dolor, todo lo sabe». George Eliot (seudónimo Mary Ann Evans) señalaba algo similar: «El sufrimiento profundo, indecible, bien puede ser llamado bautismo, regeneración, iniciación a una nueva condición».

9. **Sí, siempre mantened los clásicos a la mano para prevenir la caída.**
Los clásicos nunca caducan, nunca mueren, nunca defraudan. Recurrir a ellos es siempre una buena alternativa: en momentos de éxito, para no perder la cabeza; en momentos de naufragio, para no venirse abajo. Ellos se preocupaban por las cuestiones sustanciales y no por la mera hojarasca, fundamentalmente por la *virtud*, el mejor obrar en cada momento, que habitualmente tiene que ver con una actitud de moderación ante todas las situaciones de la vida. Personajes de la Antigua Grecia (Aristóteles, Sócrates, Platón) y Roma (Marco Aurelio, Séneca, Epitecto), la Edad Media (santo Tomás de Aquino), o el Renacimiento y el Barroco (santa Teresa de Jesús, Shakespeare, Miguel de Cervantes) son siempre un buen reclamo al que recurrir para adoptar una postura virtuosa ante las diferentes realidades de la vida. La palabra *virtud* procede del latín *virtus*,

que significa «excelencia moral». El diccionario la define como «disposición habitual para hacer el bien» o «capacidad que tiene una cosa de producir un determinado efecto positivo». Una *virtud* es un rasgo o cualidad que se considera moralmente buena: hacer lo que está bien y evitar lo que está mal. Lo contrario de la virtud es el vicio. La virtud es el reflejo de la vida ética (vida buena o virtuosa). A ello nos ayudan a menudo los clásicos.

10. Quiero escribir una novela sobre el «silencio —dijo—; de las cosas que la gente no dice».

Si los silencios que callamos hablasen, aprenderíamos mucho sobre la condición humana. Con frecuencia, por miedo al rechazo, lo que callamos tiene más verdad que lo decimos. Hay más autenticidad en los silencios que en las palabras. Conocer (mejor) a una persona es, sobre todo, ser capaz de descifrar sus silencios. La mayoría de nosotros queremos sentirnos aceptados y respetados por los demás. En ocasiones, esto nos aboca a fingir que estamos de acuerdo con otras personas, aunque en nuestro interior, defendamos lo opuesto. La «espiral del silencio» es una teoría que tiene su origen en la comunicación de masas y la ciencia política. Fue propuesta por la politóloga alemana Elisabeth Noelle-Neumann en 1977, a raíz de su libro *La espiral del silencio*, con subtítulo: *Opinión pública: nuestra piel social.* En él describe cómo el silencio se alimenta de dos tipos de miedo: el de *quedar aislados* y el de *sufrir posibles represalias.* Hoy día más que nunca, la «espiral del silencio» se palpa en las redes sociales y en los medios de comunicación. En un mundo en el que estamos tan expuestos *públicamente* (los *haters* lo tienen muy fácil), la autocensura se ha puesto de moda, lo que lleva a expresarse y opinar sólo de manera políticamente correcta, perdiendo así muchos matices y ángulos de la realidad que la enriquecen. La autocensura es más peligrosa que la censura, porque la censura te la imponen otros (y hay riesgo de rebelarse), mientras que la autocensura se la impone uno a sí mismo. Es una mordaza mucho más sutil y difícil de romper.

A MODO DE RESUMEN: 300 *tips* para tu desarrollo personal

Al igual que en los tres volúmenes anteriores de *Aprendiendo de los mejores*, para acabar y de despedida, te dejo trescientos *tips* breves a modo de titular que te pueden ser útiles para enfocarte en lo importante:

1. Si te lo propones, todo es imposible.
2. Los imposibles son imposibles porque nos fijamos en los detalles equivocados.
3. Lo único que puedes cambiar es a ti mismo, pero eso lo puede cambiar todo.
4. Lo que no cambias, lo estás eligiendo.
5. Los cambios traen oportunidades, pero también incomodidades. La clave está en la adaptabilidad.
6. Los cambios funcionan según un determinado patrón: dirección clara, motivación fuerte y entorno propicio.
7. «El mayor peligro en tiempos turbulentos no es la turbulencia; es actuar con la misma lógica que antes», Peter Drucker.
8. No nos causa ansiedad el futuro, nos causa ansiedad el querer controlarlo.

9. La gente puede ser más de lo que sus creencias limitantes le dicen que son.
10. Las creencias limitantes son eso: creencias, no hechos.
11. Cuando no eres consciente de que no puedes hacer algo, simplemente lo haces.
12. La mayor parte de los obstáculos que te impiden alcanzar tus objetivos no son «externos» sino «internos».
13. La vida consiste en ver más posibilidades que limitaciones.
14. Asumir tu responsabilidad es recuperar tu poder.
15. Con una actitud de autorresponsabilidad: se sufre menos, se logra más y se es menos vulnerable a los cambios del entorno.
16. La tentación más difícil de resistir es la de buscar excusas y culpables.
17. Las tres actitudes ante una situación son: negación, queja o autorresponsabilidad. La última es la única que te salvará.
18. Tu nivel de desarrollo personal es proporcional a los miedos que te atreves a afrontar.
19. A cuantas más cosas te enfrentas, más poderoso te sientes.
20. Cómo respondes a los miedos determina la persona en que te conviertes y lo que consigues.
21. Para llegar a la meta hay que hacer bien el camino.
22. Aquel que ama el «camino» va a llegar más lejos que aquel que ama el «destino».
23. Cuanto más rápido lo que quieres, más vulnerable te vuelves.
24. La paciencia es una forma de ser amable contigo mismo.
25. Si quieres lograr algo grande, duradero y que deje huella, huye del cortoplacismo.
26. El éxito no es una *revolución*, es una *evolución*.
27. Es fácil ser un referente y tener éxito… si tu visión y trabajo es a largo plazo.
28. Una de las falsas creencias de la gente: creer que existen los éxitos repentinos.
29. No siempre vas a tener ganas, pero siempre debes tener disciplina.

30. La disciplina es la base de todo: si no tienes ganas, hazlo sin ganas.
31. Actúa en función de tus objetivos y principios, no de cómo te sientes.
32. Si siempre das lo mejor de ti, lo mejor acabará ocurriendo necesariamente.
33. Para lograr metas ambiciosas, lo más importante es ser consciente que hay que hacer sacrificios.
34. No es ningún problema tener expectativas altas, el problema es no ser consciente de los sacrificios a pagar.
35. Cuánto quieres aquello que dices que quieres se demuestra en tu capacidad de renuncia.
36. Grandes desafíos, grandes exigencias.
37. Para soñar en grande tienes que trabajar en grande.
38. Disciplina es recordar lo que se quiere.
39. La motivación va y viene, pero la disciplina debe ser constante.
40. La disciplina te lleva a lugares donde la motivación no llega.
41. Disciplina = Libertad.
42. La mediocridad es una decisión personal.
43. Todo el mundo consigue lo que se merece. Sólo los que tienen éxito lo reconocen.
44. «Uno recibe de su juego lo que pone en él», Rafa Nadal.
45. El problema de mucha gente: apuntar alto, compromiso bajo.
46. Tienes que ser consecuente con lo que eliges (decides).
47. Todo el mundo tiene la voluntad de ganar; sólo los mejores tienen la voluntad de preparase para ganar.
48. Cuando te comprometes con una decisión, el camino comienza a despejarse poco a poco.
49. Para obtener lo que quieres, tienes que merecer lo que quieres.
50. Entre una decisión y un sueño cumplido, hay mucho compromiso.
51. El éxito no está en las decisiones que tomas, sino en tu compromiso con esas decisiones.

52. El futuro siempre nos reserva algo mejor si tenemos el valor de seguir luchando.
53. Si no vas hasta el final, ¿por qué empezar?
54. Al final de un largo camino siempre hay una gran recompensa.
55. La excelencia está relacionada con los pluses: hacer aquello que otros no están dispuestos a hacer.
56. Sin exigencia no hay excelencia.
57. Tanto te exiges, tanto aportas, tanto obtienes.
58. Cuando se hacen bien las cosas, sólo pueden pasar cosas buenas.
59. No puedes tener un nivel de rendimiento «extraordinario» con un nivel de exigencia «ordinario».
60. No se necesita talento para trabajar duro: cualquiera puede hacerlo.
61. Puede haber gente con más talento que tú, pero no hay excusa para que nadie trabaje más duro que tú.
62. Nuestro potencial es una cosa, lo que decidimos hacer con él es otra cosa.
63. La cuestión no es si tienes talento; la cuestión es: ¿hasta dónde estás dispuesto a llevar tu talento?
64. Lo que nunca puede fallar es la actitud.
65. Lo único que tienes bajo tu control es tu actitud: procura que sea buena.
66. La actitud modifica la aptitud.
67. Una buena actitud es preguntarse siempre qué más se puede hacer.
68. El talento nunca es suficiente; el talento está sobrevalorado.
69. Sin disciplina, ¿para qué sirve el talento?
70. Cuéntame tus hábitos y te diré tu futuro.
71. Los hábitos son el interés compuesto del desarrollo personal.
72. Obtenemos lo que repetimos: si lo practicas, lo refuerzas.
73. Los (buenos) hábitos te dan el control de tu vida.
74. Te conviertes en tus hábitos. Los hábitos lo son todo.

75. Quejarse también es un hábito. Y todo hábito es producto de la repetición: para ya de quejarte.
76. Si quieres quejarte, nunca te faltarán motivos.
77. Caer en la culpa, las excusas o el victimismo es una forma segura de seguir con un problema.
78. No hay nada que requiera menos esfuerzo que ser negativo.
79. Por muchos cabezazos que te des contra una pared, la pared va a seguir estando ahí.
80. Cuanto antes aceptes la realidad, antes podrás adaptarte.
81. La aceptación es liberación (sanación).
82. La relajación es la aceptación de lo que es. Y también viceversa.
83. Quien no acepta por no sufrir, sufre por no aceptar.
84. Ninguna cantidad de pena, culpa o rencor puede cambiar el pasado.
85. Las posibilidades de conseguir algo aumentan cuando se tiene claridad acerca de lo que se quiere.
86. La calidad de tus resultados depende de la claridad de tu visión.
87. Sin claridad no hay posibilidad de progreso.
88. «Descubrir lo que realmente quieres te ahorra una confusión interminable y una pérdida de energía», Stuart Wilde.
89. El éxito es el resultado de priorizar tus deseos y alternativas.
90. Éxito = Claridad + Enfoque.
91. No se puede ser excelente en una cosa y en la contraria.
92. Haz poco (foco), de mucho valor (excelencia) y explótalo al máximo (rentabilidad).
93. Haz menos mejor.
94. Uno de los mayores retos hoy día (¿el que más?) es aprender a estar enfocados.
95. Existe una correlación directa entre foco y rendimiento.
96. Tu rutina puede variar, tu foco no.
97. El sentido de la vida está en apasionarnos, contribuir y seguir creciendo.
98. Sin propósito, la vida se convierte en un cierto caos.

99. Que tu vida tenga «propósito» (sentido) significa que merece la pena.
100. Vivir es sentirse necesario, sentirse útil.
101. Si desconoces tu propósito, la vida se hace más cuesta arriba.
102. El sentido de la vida es personal, y tú debes encontrar el tuyo.
103. Tienes que encontrar lo que te importa y luego que se convierta en tu propósito de vida.
104. Hay algo en ti que el mundo necesita. Tu propósito te está esperando, búscalo.
105. El propósito es la energía que impulsa el talento.
106. Cuando estás haciendo algo que de verdad te importa, es imposible no intentar hacerlo de manera excelente.
107. Sin propósito, lo normal es abandonar cuando hay dificultades.
108. Cuando tu vida tiene propósito, tienes más poder.
109. Cuando tu propósito guía tu vida: los miedos pierden fuerza, la disciplina surge de manera natural y la resiliencia se convierte en tu estilo de vida.
110. No persigas el dinero, persigue el propósito y atraerás el dinero.
111. Conectar propósito, prioridades y productividad determina tu nivel de éxito.
112. Un propósito superior conduce a un desempeño superior.
113. Los obstáculos son una señal de vida. Los grandes sueños siempre presentan dificultades.
114. Las dificultades existen para que puedas llegar a convertirte en la persona que puedes ser.
115. Las personas crecemos al nivel de las dificultades que vamos encontrando por el camino.
116. No temas a las dificultades ni al sufrimiento: teme a la resignación.
117. Eres lo que superas.

118. No se trata de sobrellevar las dificultades, sino de sacar partido de ellas.
119. Convierte tu dolor en algo valioso.
120. Carreteras rectas no hacen conductores hábiles.
121. Las circunstancias no se presentan para satisfacer nuestras expectativas, sino para que crezcamos.
122. «El propósito del dolor es movernos a la acción, no hacernos sufrir», Anthony Robbins.
123. Avanzar, crecer y subir de nivel siempre supone vencer resistencias externas e internas.
124. Lo mejor de la adversidad es que bien gestionada revela la mejor versión de nosotros mismos.
125. Uno no vence los desafíos haciéndolos más pequeños, sino haciéndose a uno mismo más grande.
126. No existen los problemas grandes (pequeños), existen las personas con alto (bajo) nivel de desarrollo personal.
127. Las palabras «cómodo» y «fácil» no son compatibles con el desarrollo personal.
128. Todo es posible... pero nada es fácil, ni rápido, ni gratuito.
129. La pobreza es tener más problemas que soluciones; la riqueza es tener más soluciones que problemas.
130. Quien quiere escuchar lo que no quiere escuchar puede llegar muy lejos.
131. No tengas miedo a las respuestas.
132. Algo crítico: ser hábil para no engañarse a uno mismo.
133. El principal inconveniente para tu desarrollo personal es la falta de autocrítica.
134. La excelencia está relacionada con la honestidad brutal.
135. Tener miedo a hacer(se) preguntas es tener miedo al cambio, a crecer, al futuro.
136. Las (buenas) preguntas nos hacen tomar conciencia de la verdadera realidad.
137. Crecer es mejorar; mejorar es cambiar; cambiar es hacer autocrítica; hacer autocrítica es humildad.

138. Sin humildad se complica la capacidad de admitir ciertas verdades.
139. Sin humildad la capacidad de autocrítica pierde fuerza.
140. La humildad es la religión de la gente sabia.
141. Humildad no es creer que eres menos, sino creer que puedes ser más.
142. La arrogancia es síntoma de falta de inteligencia.
143. Sabiduría también es saber que no se sabe.
144. «Las personas inteligentes no se libran de los desastres profesionales por culpa de su exceso de confianza», Charlie Munger.
145. Éxito = Pasión + Concentración + Determinación.
146. Cuando hay pasión, al éxito le cuesta resistirse.
147. Sin pasión no sólo es complicado llegar, sino que tampoco mereciera la pena llegar.
148. Sin pasión no hay talento.
149. La creatividad (respuestas) nace de la pasión: sé apasionado.
150. ¿Qué es lo que te gusta tanto hacer que las palabras «fracaso» y «éxito» se vuelven irrelevantes?
151. Las personas tienen peor rendimiento en aquello con lo que no disfrutan.
152. Tu mentalidad define tu vida: o tienes mentalidad *fija* (personalidad: soy) o mentalidad de *crecimiento* (potencialidad: puedo ser).
153. Tus errores no te definen, pero cómo los gestionas sí.
154. El éxito NUNCA es un proceso lineal ascendente.
155. Asumir riesgos y cometer errores es la única forma de aprender y crecer.
156. Hay gente que lo peor que le ha ocurrido es que no le ha ocurrido nada.
157. O aprendemos a fallar o fallamos al aprender.
158. No puedes evitar el fracaso, forma parte del proceso del éxito.
159. Si llevas tu vida al límite vas a fallar; el fracaso es algo normal cuando se piensa en grande.

160. Fracasar no es perder, fracasar es no saber perder.
161. No es lo mismo perder que no ganar.
162. Seguir creciendo es seguir fallando: ninguna derrota es la última.
163. La única derrota es el desaliento.
164. El fracaso es éxito si aprendemos de él; la derrota es no aprender.
165. Si lo intentas y fallas: ¡enhorabuena! La mayoría ni siquiera lo intenta.
166. El *pasado* es experiencia que el *presente* aprovecha para generar un *futuro* mejor.
167. Recuerda la *lección*, no la *decepción*.
168. Elige siempre ser tú mismo: la autenticidad cautiva, engancha y es sexy.
169. Las marcas personales que dejan huella no son perfectas, pero sí auténticas.
170. Nadie puede competir contigo en ser tú mismo.
171. El mayor peligro es no ser honesto (auténtico) con uno mismo.
172. La autenticidad es incompatible con la perfección.
173. Lo contrario de la autenticidad es el miedo.
174. La falta de autenticidad desgasta mucho.
175. Cuando intentas ser lo que no eres, desperdicias tus energías.
176. Los consejos de la gente se basan en sus experiencias, prejuicios y miedos.
177. La crítica *constructiva* muchas veces no es sino envidia *destructiva*.
178. Si intentan apagarte es porque brillas.
179. Tu valor no disminuye por la incapacidad de otros de ver tu valor.
180. No aceptes una crítica de quien no aceptarías un consejo.
181. Es mejor hacer algo y ser criticado, que no hacer nada y criticar a otros.
182. No permitas que la opinión de otros te limite.

183. No dejes que el juicio de los demás condicione quién eres o lo que quieres.
184. El principal sufrimiento de las personas deriva de su deseo desesperado de gustar a los demás.
185. Repite conmigo: no busco aprobación jamás, no me justifico nunca, no vivo pendiente de las expectativas de los demás, protejo mi individualidad.
186. Cuando te concentras demasiado en lo que sucede alrededor, pierdes el contacto con lo que sucede en tu interior.
187. Cuando das valor a las opiniones de otros, la vida se basa en *encajar* en lugar de *destacar*.
188. Atrévete a no gustar; es más, provoca no gustar.
189. La opinión de los demás no nos pertenece; saberlo es la única manera de sentirnos libres y ser auténticos.
190. La independencia de la valoración ajena es una señal de madurez emocional.
191. Cuando eres inmune a las opiniones de los demás, no eres víctima de un sufrimiento innecesario.
192. Los periodos largos de aislamiento son los más productivos.
193. Máxima atención = evitar y/o limitar al máximo las interrupciones.
194. La gente más feliz es la que domina su atención. El distraído se frustra.
195. El tiempo sin distracciones es un tiempo de valor.
196. La calidad de un trabajo depende del foco, tiempo y cuidado puesto en él.
197. Nuestras vidas son un reflejo de aquello a lo que dedicamos nuestro tiempo.
198. Serás libre si eres capaz de decir «no».
199. Decir «no» es clave para una vida productiva.
200. Marca personal = Valor + Visibilidad.
201. Encuentra *tu* diferencia que marca *la* diferencia.
202. Lo diferente define al talento: debes saber qué hace que tú seas tú.

203. Si lo único que haces es copiar, nunca liderarás.
204. Ser un buen profesional y no parecerlo es tan malo como parecerlo y no serlo.
205. Sin notoriedad no hay reputación.
206. Hay que ser profesional (*expertise*) y demostrar profesionalidad (responsabilidad).
207. Una marca personal es tanto mejor cuanto más *valor* aporta, más *conocida* es, más *gusta* y más *redes* de apoyos posee.
208. Nunca conviertas competir en tu meta: aporta valor y mejora tu marca personal.
209. No puedes evitar la competencia y que te copien, sólo puedes hacer crecer y mejorar tu marca personal.
210. Sé tan bueno en lo tuyo y de forma tan consistente que la competencia se agote y abandone ella misma.
211. Cuando uno sabe lo que está haciendo, y lo hace bien, no teme a la competencia.
212. Venta = Autoridad (credibilidad) + Notoriedad (visibilidad) + Fiabilidad (valores).
213. La base de la venta es la persuasión (influencia).
214. Vender no es convencer, es ayudar.
215. Ser austero no es un problema. Es más, es necesario.
216. Unos ingresos altos no implican una buena salud financiera.
217. Riqueza no es lo que ganas, es lo que conservas.
218. Ahorrar no es otra cosa que proteger tu futuro.
219. El ahorro es el sistema inmunitario en época de vacas flacas.
220. Ahorrar es tener, llegado el momento de necesidad, tranquilidad y libertad.
221. El dinero importa hasta que deja de importar.
222. Ser valiente es un acto de lealtad con la vida.
223. Sin valentía (coraje) tendrás que conformarte con menos de lo que te gustaría.
224. Sin valor nadie es capaz de desarrollar su talento al máximo.
225. «Creo que el único valor que cualquier persona necesita es el valor de perseguir sus sueños», Oprah Winfrey.

226. La confianza es el puente que conecta las expectativas y el rendimiento.
227. La visión que tienes sobre ti mismo afecta profundamente a la vida que llevas.
228. Si hay una habilidad que tienes que dominar es cómo te hablas a ti mismo.
229. El mayor reto al que nos enfrentamos todas las personas es: ganar confianza en uno mismo.
230. La confianza viene de la preparación: a mayor preparación, mayor confianza.
231. Las personas que piensan en grande y llegan lejos hacen equipo.
232. Un líder que desarrolla más líderes multiplica su influencia.
233. Liderar es saber delegar.
234. Cuanto mayor es el reto, mayor es la necesidad de trabajar en equipo.
235. Más incertidumbre e inestabilidad exigen más liderazgo.
236. Un buen líder combina exigencia y cercanía.
237. Grandes equipos = alta seguridad psicológica + fuerte conexión entre sus miembros.
238. Liderar es crear las condiciones para que la gente produzca su mejor trabajo.
239. Si las personas crecen, las empresas crecen.
240. Los mejores líderes son una mezcla de ambición y humildad.
241. Un líder se guía por la ética, consciente de que actuar bien o mal tiene consecuencias.
242. Los valores nos definen como especie, si no seríamos animales.
243. Los buenos negocios son negocios éticos.
244. La ética es el esfuerzo por obrar bien.
245. Es importante la legalidad y también la ejemplaridad.
246. Todos somos líderes (para bien o para mal) porque todos influimos en los demás.
247. Sé el líder que desearías tener.

248. Una buena comunicación no arregla una mala dirección, pero una mala comunicación sí arruina una buena gestión.
249. Una buena comunicación es: motivadora (genera compromiso), anticipadora (previene problemas) y resolutiva (soluciona problemas).
250. «Cuando la confianza es alta, la comunicación es fácil, instantánea y efectiva», Stephen R. Covey.
251. Cuidar la salud: poner vida a los años y años a la vida.
252. Cuidarte a ti mismo es darle al mundo lo mejor de ti mismo, en lugar de lo que queda de ti.
253. El sueño es salud; dormir bien es un superpoder.
254. El sueño afecta al aprendizaje y a la memoria.
255. Dormir poco predice altas tasas de mortalidad.
256. Perdonar mejora la salud: si no perdonas, enfermas.
257. El perdón siempre es sanación.
258. Lo que no perdonas, te limita.
259. Eres humano, aprende a perdonarte.
260. Quien perdona, gana.
261. Sólo hay dos formas productivas de mirar al pasado: perdonando o agradeciendo.
262. La (auto)compasión es una poderosa herramienta para conseguir bienestar emocional y satisfacción personal.
263. Ser bueno contigo mismo es bueno para los demás.
264. Todo juicio sobre los demás es una confesión sobre uno mismo.
265. Cuando una persona te hace sufrir es porque sufre. La gente feliz no hace daño.
266. Si alguien te quiere hacer daño, observa el dolor que oculta.
267. Nadie ha sido capaz de volver al pasado y nadie ha sido capaz de ir al futuro. El presente es todo lo que tenemos.
268. Si puedes permanecer siempre en el presente serás feliz.
269. «Tal vez la felicidad sea esto: no sentir que debes estar en otro lado, haciendo otra cosa, siendo alguien más», Isaac Asimov.

270. La realidad es aquello a lo que presto atención: pon tu atención en el presente (lo único cierto).
271. Todo lugar es «aquí»; todo momento es «ahora».
272. La causa del estrés es estar *aquí*, pero querer estar *allí*.
273. Creas un buen futuro creando un buen presente.
274. El futuro es incierto, pero el presente siempre nos pertenece.
275. No esperes tenerlo todo para disfrutar de la vida, ya tienes la vida para disfrutar de todo.
276. La gente valora su vida en función de lo que le falta y no de lo que tiene… y eso genera frustración.
277. La gratitud resuelve muchos problemas. Sé más agradecido y observa qué pasa.
278. Existe una estrecha conexión entre gratitud y estar sanos a todos los niveles: físico, emocional y espiritual.
279. Existe un fuerte vínculo entre gratitud, amor y sanación/curación.
280. Da las gracias, aunque estés sufriendo.
281. Agradecer te transforma.
282. La gratitud te hace consciente de lo abundante que eres.
283. La felicidad que depende exclusivamente del placer (vida placentera) es inestable.
284. Ser feliz hace que ocurran cosas buenas.
285. La felicidad es: sentirse bien con uno mismo, tener relaciones estrechas y hacer del mundo un lugar mejor.
286. Tres cosas que hacen la vida más fácil: perdonar, agradecer y confiar.
287. La infelicidad, a menudo, no es producto de la realidad sino del exceso de expectativas.
288. Cuando te sientes bien contigo mismo (te aceptas), todo lo que te rodea está bien (lo aceptas) como es.
289. Cuando nos sentimos bien en nuestra piel, no estamos a la defensiva. El miedo nace de la inseguridad.
290. Cuanto mejor te sientes contigo mismo, menos buscas fuera de ti.
291. La espiritualidad es el proceso de aprender a amar(me).

292. Cualquier cosa que no amemos, nos obstaculiza o nos detiene.
293. En la vida sólo hay dos opciones: o eres dueño de tu vida o el ego controla tu vida.
294. Si no vences a tu ego, la vida lo hará por ti.
295. Los enemigos de la plenitud son: la velocidad, el ruido, la comparación, la avaricia, las expectativas y el ego.
296. Nunca puede existir una curación completa sin trabajo interior (todo lo demás son parches).
297. Hay que ser muy valiente para hacer introspección y mirar adentro.
298. Cuando miras dentro ves lo que es real.
299. No existe ninguna crisis sin bendición; no existe ningún trastorno sin regalo.
300. No puedes descuidar tu mundo interior sin que tenga consecuencias.

Querid@ lector@

Antes de nada, me gustaría darte las gracias por haber elegido *Aprendiendo de los mejores 4* entre tus lecturas. Espero que hayas disfrutado del libro y te haya aportado ideas y reflexiones de valor para llevar a la práctica en tu vida personal y profesional.

Te animo también, si no lo has hecho todavía, a que leas los volúmenes anteriores que incluyen más personajes interesantes de ámbitos diferentes al de este cuarto volumen.

Para terminar, me gustaría pedirte tu opinión sincera acerca del libro. Para cualquier persona, antes de comprar o leer un libro, las opiniones de otras personas —las críticas— son referencias muy importantes para no perder tiempo ni gastar dinero sin sentido.

Por este motivo, te agradezco que me dejes tu valoración del libro en cualquiera de los canales que utilices (Amazon, Goodreads, Google Play, iTunes, Casa del Libro, Audible...). Siéntete libre para expresar tu opinión con total honestidad.

A cambio, me gustaría ofrecerte una copia de mi *e-book Lidera tu marca personal*, que estoy seguro de que te gustará y aportará ideas interesantes para tu desarrollo.

Ponte en contacto conmigo en <info@aprendiendodelosmejores.es> y mándame un pantallazo de tu reseña o comentario donde aparezca tu nombre y apellidos para comprobar tu identidad y te enviaré tu regalo.

Asimismo, me tienes a tu disposición en esa dirección de mail para comentar cualquier otro tema que pueda ser de tu interés.

Te deseo todo lo mejor.

ANEXO I. Clasificación por temáticas y disciplinas

A continuación te dejo una relación de todos los personajes incluidos tanto en este volumen 4 como en los tres volúmenes anteriores, clasificados por temáticas/disciplinas, para que te sea más fácil dirigirte a aquellos que más te puedan interesar en función de tus preferencias. En algunos casos se han incluido en varias categorías para facilitar su identificación. Asimismo, para distinguir a los personajes femeninos y masculinos, en el primer caso aparecen con fondo oscuro.

DESARROLLO PERSONAL

EDUCACIÓN

EMPRENDIMIENTO

ESPIRITUALIDAD

HABLAR EN PÚBLICO / PRESENTACIONES

HERRAMIENTAS / MÉTODOS / MODELOS / PRINCIPIOS

HUMOR

INFLUENCIA/PERSUASIÓN

INNOVACIÓN

INTELIGENCIA EMOCIONAL

INVERSIÓN/LIBERTAD FINANCIERA

LENGUAJE CORPORAL

LIDERAZGO

LITERATURA

MARKETING

MEDICINA

MERCADO LABORAL / EMPLEO

METODOLOGÍAS AGILES

MODA

MUERTE

MÚSICA

NEGOCIACIÓN

NETWORKING

NEUROCIENCIA

NUEVO PENSAMIENTO / CIENCIA MENTAL

ORDEN

PENSADORES DEL *MANAGEMENT*

POLÍTICA

PRODUCTIVIDAD

PROPÓSITO / SENTIDO DE VIDA

PSICOLOGÍA

PSICOLOGÍA POSITIVA

PSICOTERAPIA

PSIQUIATRÍA

RELACIÓN MENTE-CUERPO

RESILIENCIA / SUPERACIÓN PERSONAL

SALUD

SOCIOLOGÍA

SOLIDARIDAD / ACCIÓN SOCIAL

SPORT MANAGEMENT

START-UP

SUEÑO

TALENTO

TRABAJO EN EQUIPO

VENTAS

ANEXO II. Documentales y películas

A continuación se detallan algunas producciones audiovisuales (documentales y películas) sobre la vida y aportaciones de los personajes de este volumen 4 y de los anteriores. No todas las producciones han sido dobladas al español, si bien en la mayoría de los casos están disponibles con subtítulos.

AMANCIO ORTEGA (vol. 1).

- *Zara, la història de l'home més ric del món* [Zara, la historia del hombre más rico del mundo]. Documental. Dirección: Florence Kieffer. Año 2016. Duración: 51 minutos.
- *Planeta Zara*. Documental. Dirección: J. Serra Mateu y M. Ruiz Calzado. Año 2002. Duración: 55 minutos.

ALBERT EINSTEIN (vol. 2). *El extraordinario genio de Albert Einstein*. Documental. Dirección: E. W. Geary. Año 2010. Duración: 1 hora y 43 minutos.

ANTHONY ROBBINS (vol. 1). *No soy tu gurú*. Documental. Dirección: Joe Berlinger. Año 2016. Duración: 1 hora y 55 minutos.

ARISTÓTELES ONASSIS (vol. 2).

- *Aristóteles Onassis: The Golden Greek*. Documental. Dirección: William Cran. Año 1992. Duración: 60 minutos.

- *Biografía de Aristóteles Onassis.* Grandes biografías de grandes personajes. APA International Film Distributors. Duración: 45 minutos.

ARNOLD SCHWARZENEGGER (vol. 4). *Pumping Iron.* Documental. Dirección: George Butler y Robert Fiore. Año: 1977. Duración: 85 minutos.

BERTRAND RUSSELL (vol. 1). *The Three Passions of Bertrand Russell.* Documental. Dirección: Will Pascoe, David Wesley. Año 2008. Duración: 2 horas y 6 minutos.

BILL GATES (vol. 1). *Bill Gates: Bajo la lupa.* Serie-documental. Dirección: Davis Guggenheim. Año 2019. Duración: 3 capítulos (2 horas y 39 minutos).

BENJAMIN FRANKLIN (vol. 3). *Benjamin Franklin: Ciudadano del mundo.* Documental. Dirección: Adam Friedman y Monte Markham. Año 1994. Duración: 49 minutos.

BRENÉ BROWN (vol. 3). *Sé valiente.* Documental. Dirección: Sandra Restrepo. Año 2019. Duración: 1 hora y 16 minutos.

BRIAN TRACY (vol. 1). *Maximum Achievement: The Brian Tracy Story.* Documental. Dirección: Nick Nanton. Año 2017. Duración: 60 minutos.

BRUCE LEE (vol. 2).

- *Yo soy Bruce Lee.* Documental. Dirección: Pete McCormack. Año 2012. Duración: 1 hora y 34 minutos.
- *La misteriosa vida de Bruce Lee.* Documental. Dirección: Toby Russell. Año 1993. Duración: 92 minutos.

BRUCE LIPTON (vol. 3). Ver Otros Documentales: *Heal.*

CARLOS SLIM (vol. 1). *Gigantes de México: Carlos Slim.* Documental. Dirección: Matías Gueiburt. Año 2017. Duración: 60 minutos.

COCO CHANEL (vol. 2).

- *Las guerras de Coco Chanel.* Documental. Dirección: Jean Lauritano. Año 2018. Duración: 52 minutos.
- *Coco: De la rebeldía a la leyenda.* Película. Dirección: Anne Fontaine. Año 2009. Duración: 1 hora y 51 minutos.

DALE CARNEGIE (vol. 1). *Dale Carnegie: Man of influence.* Documental. A & E (Arts & Entertainment). Duración: 47 minutos.

DALÁI LAMA (vol. 1).

- *Dalái Lama-Científico.* Documental. Dirección: Dawn Engle. Año 2019. Duración: 1 hora y 30 minutos.

- *The Enlightenment*. Documental. Dirección: Natalie Fuchs. Año: 2018. Duración: 1 hora y 23 minutos.

DANIEL GOLEMAN (vol. 2). *Emotional Inteligence with Daniel Goleman*. Documental. Dirección: Rachel Lyon. Año 1999. Duración: 1 hora y 10 minutos.

DEEPAK CHOPRA (vol. 1).

- *Las 7 leyes espirituales del éxito*. Documental. Dirección: Ron Frank. Año 2006. Duración: 1 hora y 15 minutos.
- *Who Is Asking 'Who Am I?'*. Encuentro-Conversación: Deepak Chopra y Eckhart Tolle. Hay House. Año 2016.
- Ver Otros Documentales: *El poder del corazón*.

DONALD TRUMP (vol. 1). *Trump: Un sueño americano*. Serie-Documental. Dirección: Matthew Cracknell. Año 2017. Duración: 4 capítulos (3 horas y 42 minutos).

ECKHART TOLLE (vol. 2).

- *Who Is Asking 'Who Am I?'*. Encuentro-Conversación. Hay House. Año 2016.
- Ver Otros Documentales: *El poder del corazón*.

ELEANOR ROOSEVELT (vol. 2).

- *The Eleanor Roosevelt Story*. Documental. Dirección: Richard Kaplan. Año 1965. Duración: 1 hora y 30 minutos.
- *Eleanor, First Lady of the World*. Documental. Dirección: John Erman. Año 1982. Duración: 1 hora y 36 minutos.

ELIOT NESS (vol. 4). *Los Intocables*. Película. Dirección: Brian De Palma. Año: 1987. Duración: 119 minutos.

ELISABETH KÜBLER-ROSS (vol. 2). *Acompañar a morir*. Documental. Dirección: Stefan Haupt. Año 1998. Duración: 1 hora y 38 minutos.

ELON MUSK (vol. 3). *The Real Life Iron Man*. Documental. Dirección: Sonia Anderson. Año 2018. Duración: 1 hora y 11 minutos.

EL PRINCIPITO (vol. 4).

- *El Principito*. Película animada. Dirección: Mark Osborne. Año: 2015. Duración: 106 minutos.
- *El Principito*. Película. Dirección: Stanley Donen. Año: 1974. Duración: 90 minutos.

ERNEST SHACKLETON (vol. 3).

- *Atrapados en el hielo*. Documental. Dirección: George Butler. Año 2000. Duración: 1 hora y 48 minutos.

- *El capitán de Shackleton*. Documental. *Docufilia*. Duración: 52 minutos.

FERRAN ADRIÀ (vol. 1).

- *El Bulli: Historia de un sueño*. Serie-Documental. Dirección: David Pujol. Año 2011. Duración: 15 capítulos (14 horas y 31 minutos).
- *El Bulli: Cooking in progress*. Documental. Dirección: Gereon Wetzel. Año 2012. Duración: 1 hora y 26 minutos.

FORREST GUMP (vol. 4). *Forrest Gump*. Película. Dirección: Robert Zemeckis. Año: 1994. Duración: 142 minutos.

FRANK GEHRY (vol. 3). *Apuntes de Frank Gehry*. Documental. Dirección: Sydney Polack. Año 2005. Duración: 1 hora y 26 minutos.

GANDHI (vol. 1).

- *Gandhi*. Película. Dirección: Richard Attenborough. Año 1982. Duración: 3 horas y 11 minutos.
- *Tras los pasos de Gandhi*. Documental. Documentales de RT. Año 2019. Duración: 50 minutos.
- *Mahatma Gandhi: Pilgrim of peace*. Documental. Dirección: Noah Morowitz. Duración: 45 minutos.

GROUCHO MARX (vol. 3). *The Unknown Marx Brothers*. Documental. Dirección: David Leaf y John Scheinfeld. Año 1993. Duración: 2 horas y 6 minutos.

GUIDO OREFICE (vol. 4). *La vida es bella*. Película. Dirección: Roberto Benigni. Año: 1997. Duración: 117 minutos.

GUSTAVO ZERBINO (vol. 2).

- *¡Viven!* Película. Dirección: Frank Marshall. Año 1993. Duración: 2 horas y 7 minutos.
- *La tragedia de Los Andes*. Documental. Dirección: Frank Marshall. Año 1993. Duración: 45 minutos.
- *La sociedad de la nieve*. Documental. Dirección: Gonzalo Arijón. Año 2007. Duración: 1 hora y 50 minutos.

GUY KAWASAKI (vol. 1). *Welcome to Macintosh*. Documental. Dirección: Rob Baca, Josh Rizzo. Año 2012. Duración: 1 hora y 13 minutos.

HAL ELROD (vol. 3). *The miracle morning*. Documental. Dirección: Nick Conedera. Año 2018. Duración: 1 hora y 27 minutos.

HELEN KELLER (vol. 2).

- *El milagro de Ann Sullivan*. Película. Dirección: Arthur Penn. Año 1962. Duración: 1 hora y 47 minutos.

- *The Unconquered: Helen Keller in Her Story*. Película. Dirección: Nancy Hamilton. Año 1954. Duración: 55 minutos.

HENRY DAVID THOREAU (vol. 1).

- *Walden: Life in the woods*. Película. Dirección: Alex Harvey. Año: 2017. Duración: 1 hora y 44 minutos.
- *Surveyor of the Soul*. Documental. Dirección: Huey. Año: 2017. Duración: 1 hora y 54 minutos.

HENRY FORD (vol. 1).

- *Ford: El hombre y la máquina*. Película. Dirección: Allan Eastman. Año 1987. Duración: 3 horas y 20 minutos.
- *Henry Ford*. Documental. History Channel. Duración: 44 minutos.
- *Henry Ford*. Documental. American Experience. Dirección: Sarah Colt. Año 2013. Duración: 1 hora y 55 minutos.
- *The Birth of Ford Motor Company*. Documental. Duración: 1 hora y 30 minutos.

HERMANN HESSE (vol. 3).

- *Hermann Hesse*. Reportaje. Programa: Un mundo feliz. Año 1982. Duración: 27 minutos.
- *Hermann Hesse-Superstar*. Documental. Dirección: Andreas Ammer. Año 2012. Duración: 30 minutos.

HOWARD SCHULTZ (vol. 2). *Starbucks Unfiltered*. Documental. Dirección: Gilles Bovon, Luc Hermann. Año 2019. Duración: 54 minutos.

JACK CANFIELD (vol. 1). Ver Otros Documentales: *El secreto*.

JACK MA (vol. 2). *Un cocodrilo en el YangTze*. Documental. Dirección: Porter Erisman. Año 2012. Duración: 1 hora y 15 minutos.

JAMES KERR (vol. 3). *Todo o nada. Los All Blacks de Nueva Zelanda*. Documental. Dirección: Lance Wordsworth. Año 2018. Duración: 6 capítulos (4 horas y 20 minutos).

JANE GOODALL (vol. 3). *Jane*. Documental. Dirección: Brett Morgen. Año 2017. Duración: 1 hora y 30 minutos.

JEFF BEZOS (vol. 1).

- *El mundo según Amazon*. Documental. Dirección: Simon Brown. Año 2019. Duración: 54 minutos.
- *El imperio de Amazon: Ascenso y reinado de Jeff Bezos*. Documental. Dirección: James Jacoby. Año 2019. Duración: 2 capítulos (54 minutos por capítulo).

JIDU KRISHNAMURTI (vol. 1).

- *El desafío del cambio*. Documental. Dirección: Michael Mendizza. Año 1984. Duración: 1 hora y 20 minutos.
- *Jiddu Krishnamurti: With a silent mind*. Documental. Dirección: Michael Mendizza. Año 1990. Duración: 1 hora y 40 minutos.
- *The Mind of J. Krishnamurti*. Documental. Dirección: Michael Mendizza. Duración: 59 minutos.

J. K. ROWLING (vol. 2). *Un año en la vida de J. K. Rowling*. Documental. Dirección: James Runcie. Año 2007. Duración: 48 minutos.

JOE DISPENZA (vol. 3). Ver Otros Documentales: *Heal* y *¿Y tú qué sabes?*

JOHN DAVISON ROCKEFELLER (vol. 2). *The Rockefellers*. Documental. American Experience. Dirección: Elizabeth Deane. Año 2000. Duración: 3 horas y 30 minutos.

KOBE BRYANT (vol. 4).

- *Dear Basketball*. Documental. Dirección: Glen Keane. Año: 2017. Duración: 5 minutos. Premio: Óscar al mejor cortometraje animado (2018).
- *Kobe: Una storia italiana*. Documental. Dirección: Jesús Garces Lambert. Año: 2022. Duración: 81 minutos.

LEONARDO DA VINCI (vol. 3).

- *Leonardo V Centenario*. Documental. Dirección: Francesco Invernizzi. Año 2019. Duración: 1 hora y 30 minutos.
- *Leonardo*. Serie-Documental. BBC. Duración: 3 capítulos (2 horas y 39 minutos).
- *El hombre del Renacimiento: Leonardo da Vinci*. Documental. Dirección: Molly Thompson. Año 1996. Duración: 45 minutos.
- *La vida de Leonardo da Vinci*. Serie-Documental. RTVE. Dirección: Renato Castellani. Año 1971. Duración: 5 capítulos (5 horas y 53 minutos).

LOUISE HAY (vol. 1). *Tú puedes sanar tu vida*. Documental. Dirección: Michael A. Goorjian. Año 2007. Duración: 1 hora y 30 minutos.

MADRE TERESA DE CALCUTA (vol. 1).

- *Madre Teresa*. Película. Dirección: Fabrizio Costa. Año 2003. Duración: 2 horas y 53 minutos.

- *Madre Teresa: Camino a la santidad.* Documental. CNN Español. Año 2016. Duración: 30 minutos.
- *La Madre Teresa.* Documental. Dirección: Pierre Bélanger. CBC/Radio Canadá. Año 2003. Duración: 52 minutos.
- *Madre Teresa: El legado.* Documental. Dirección: Ann Petrie. Año 1986. Duración: 1 hora y 22 minutos.

MARCO AURELIO (vol. 3).

- *Gladiator.* Película. Dirección: Ridley Scott. Año 2000. Duración: 3 horas.
- *La caída del imperio romano.* Película. Dirección: Anthony Mann. Año 1964. Duración: 4 horas.

MARIE CURIE (vol. 3).

- *Marie Curie.* Película. Dirección: Mervyn LeRoy. Año 1943. Duración: 2 horas y 24 minutos.
- *Los méritos de Madame Marie Curie.* Película. Dirección: Claude Pinoteau. Año 1997. Duración: 1 hora y 46 minutos.
- *Marie Curie: Una mujer en el frente.* Película. Dirección: Marie Noëlle. Año 2016. Duración: 1 hora y 35 minutos.
- *Radioactive.* Documental. Dirección: Marjane Satrapi. Año 2019. Duración: 1 hora y 49 minutos.

MARIE KONDO (vol. 4).

- *¡A ordenar con Marie Kondo!* Documental. Dirección: Marie Kondo. Año: 2019. Duración: 8 capítulos (40 minutos por capítulo).
- *Sé feliz con Marie Kondo.* Dirección: Marie Kondo. Año: 2021. Duración: 3 capítulos (42 minutos por capítulo).

MARK CUBAN (vol. 2). *Mark Cuban: How I became a millonaire* [Mark Cuban: Cómo me hice millonario]. Documental. Año 2014. Duración: 24 minutos.

MARTIN LUTHER KING (vol. 3). *La lucha pacífica de Martin Luther King.* Documental. Dirección: Peter W. Kunhardt. Año 2018. Duración: 1 hora 51 minutos.

MARY KAY ASH (vol. 2). *La batalla de Mary Kay.* Película. Dirección: Ed Gernon. Año 2002. Duración: 1 hora y 20 minutos.

MAYA ANGELOU (vol. 3).

- *Maya Angelou: And Still I Rise* [Maya Angelou: Y aun así me levanto]. Documental. Dirección: Rita Coburn Whack y Bob Hercules. Año 2016. Duración: 1 hora y 54 minutos.
- Ver Otros Documentales: *El poder del corazón.*

MICHAEL JORDAN (vol. 2). *El último baile*. Documental. Dirección: Jason Hehir. Año 2020. Duración: 50 minutos por episodio (miniserie de 10 episodios).

MUHAMMAD ALI (vol. 2).

- *Ali*. Película. Dirección: Michael Mann. Año 2001. Duración: 2 horas y 47 minutos.
- *Me llamo Muhammad Ali*. Documental. Película: Antoine Fuqua. Año 2019. Duración: 2 horas y 45 minutos.
- *Muhammad Ali: la leyenda*. Documental. History Channel. Año: 2017. Duración: 54 minutos.
- *I am Ali*. Documental. Dirección: Clare Lewins. Año 2014. Duración: 1 hora y 51 minutos.

NAPOLEON HILL (vol. 1). *Napoleon Hill's Master Key*. Documental. Año 1954. Duración: 15 capítulos (3 horas y 32 minutos).

NELSON MANDELA (vol. 1).

- *Invictus*. Película. Dirección: Clint Eastwood. Año 2009. Duración: 2 horas y 15 minutos.
- *Mandela: Un largo camino hacia la libertad*. Película. Dirección: Justin Chadwick. Año 2013. Duración: 2 horas y 32 minutos.
- *Death of Apartheid: Mandela's Fight for Freedom*. Documental. Dirección: Stephen Clarke, Mick Gold. Año 1995. Duración: 2 horas y 30 minutos.
- *Nelson Mandela: Free at last*. Película. Dirección: Rory O'Connor. Año 1990. Duración: 1 y 20 minutos.

NORMAN VINCENT PEALE (vol. 2). *Positive Thinking: The Norman Vincent Peale Story*. Documental. Public Broadcasting. Duración: 56 minutos.

NICK VUJICIC (vol. 2). *Born without Limbs*. Documental. Dirección: Riaz Patel. Año 2015. Duración: 45 minutos.

OSHO (vol. 1). *Wild, Wild Country*. Serie-Documental. Dirección: Maclain Way, Chapman Way. Año 2018. Duración: 6 capítulos (6 horas y 44 minutos).

PAU GASOL (vol. 3).

- *Pau Gasol: Una vida a su medida*. Documental. RTVE. Año 2014. Duración: 40 minutos.
- *Creciendo juntos: Pau Gasol y Marc Gasol*. Documental. Canal Plus. Año 2016. Duración: 60 minutos.

- *El lugar donde nacen los sueños*. Documental. Nike. Año 2019. Duración: 1 hora y 7 minutos.

PAULO COELHO (vol. 2).

- *Paulo Coelho: El alquimista de la palabra*. Documental. Discovery Channel. Año 2001. Duración: 46 minutos.
- *El joven Paulo Coelho*. Documental. Discovery Channel. Año 2014. Duración: 112 minutos.

PETER DRUCKER (vol. 1). *Peter Drucker: An Intellectual Journey*. Documental. CNBC. Año 2002. Duración: 58 minutos.

PHIL KNIGHT (vol. 2).

- *Nike – Phil Knight*. Documental. Groundbreakers. BBC 2. Año 2015. Duración: 50 minutos.
- *Air*. Película. Dirección: Ben Affleck. Año 2023. Duración: 1 hora y 54 minutos.

RAFAEL NADAL (vol. 3).

- *Informe Robinson: Rafa Nadal*. Documental. Dirección: Michael Robinson. Año 2016. Duración: 54 minutos.
- *La Décima*. Documental. Dirección: Manuel Herrero y Benjamin Montel. Año 2017. Duración: 27 minutos.
- *Nadal vs. Federer y el partido del siglo*. Documental. Dirección: Andrew Douglas. Año 2018. Duración: 1 hora y 38 minutos.

RALPH WALDO EMERSON (vol. 1). *The ideal America*. Documental. Dirección: David A. Beardsley. Año 2007. Duración: 53 minutos.

RAY KROC (vol. 2). *El fundador*. Película. Dirección: John Lee Hancock. Año 2016. Duración: 1 hora y 55 minutos.

RHONDA BYRNE (vol. 2). *El secreto*. Documental. Dirección: Drew Heriot. Año 2006. Duración: 1 hora y 31 minutos.

RICHARD BRANSON (vol. 1).

- *Don't Look Down*. Documental. Dirección: Daniel Gordon. Año 2016. Duración: 1 hora y 37 minutos.
- *My Virgin Records Story*. Documental. Duración: 15 minutos.

RUMI (vol. 2).

- *Rumi: Poeta del corazón*. Documental. Dirección: Haydn Reiss. Año 1998. Duración: 58 minutos.
- *Rumi Returning: The Triumph of Divine Passion*. Documental. Dirección: Kell Kearns. Año 2007. Duración: 57 minutos.

SÓCRATES (vol. 3).

- *Filosofía: Una guía para la felicidad* (capítulo 1). Documental. Dirección: Celia Lowenstein. Año 2000. Duración: 24 minutos.
- *Genius of the Ancient World* (capítulo 2). Documental. Dirección: Rob Cowling. Año 2015. Duración: 55 minutos.

STEVE JOBS (vol. 1).

- *Steve Jobs.* Película. Dirección: Danny Boyle. Año 2015. Duración: 2 horas y 2 minutos.
- *Steve Jobs: El hombre detrás de un Mac.* Documental. Dirección: Alex Gibney. Año 2015. Duración: 2 horas y 8 minutos.
- *iGenius: El hombre que cambió el mundo.* Documental. Discovery Channel. Año 2011. Duración: 55 minutos.
- *Jobs.* Película. Dirección: Joshua Michael Stern. Año 2013. Duración: 2 horas y 7 minutos.

STEVEN PRESSFIELD (vol. 3). *La leyenda de Bagger Vance.* Película. Dirección: Robert Redford. Año 2000. Duración: 2 horas y 7 minutos.

SUN TZU (vol. 1). *El arte de la guerra.* Documental. History Channel. Año 2008. Duración: 1 hora y 30 minutos.

THICH NHAT HANH (vol. 1). *Camina conmigo.* Documental. Dirección: Marc James Francis, Max Pugh, Marc Francis. Año 2008. Duración: 1 hora y 42 minutos.

TONI NADAL (vol. 1). *Mestre Toni* [Maestro Toni]. Documental. Dirección: David J. Nadal y Antonio Lara. Año 2011. Duración: 54 minutos.

VIKTOR FRANKL (vol. 3). *Viktor and I.* Documental. Dirección: Alexander Vesely. Año 2010. Duración: 1 hora y 20 minutos.

VIRGINIA SATIR (vol. 3). *Virginia Satir U.S.S.R. 1988.* Documental. Dirección: Lb Johson. Año 2013. Duración: 44 minutos.

WALT DISNEY (vol. 2).

- *Walt: El hombre detrás del mito.* Documental. Dirección: Jean-Pierre Isbouts. Año 2001. Duración: 1 hora y 59 minutos.
- *El sueño de Walt.* Película. Dirección: John Lee Hancock. Año 2013. Duración: dos horas y 6 minutos.
- *Walt Disney.* Serie-Documental. Film & Arts. Año 2017. Duración: 4 capítulos (60 minutos).
- *Walt Disney.* Documental. American Experience. Año 2015. Duración: 60 minutos.

- *The Imagineering Story*. Serie-Documental. Dirección: Leslie Iwerks. Año: 2019. Duración: 6 capítulos (6 horas).

WARREN BUFFETT (vol. 1).

- *Cómo ser Warren Buffett*. Documental. Dirección: Peter Kunhardt, Brian Oakes. Año: 2017. Duración: 1 hora y 30 minutos.
- *Warren Buffett: Investor. Teacher. Icon*. CNBC. Año 2018. Duración: 44 minutos.

WAYNE W. DYER (vol. 1). *El cambio*. Documental. Dirección: Michael A. Goorjian. Año 2009. Duración: 2 horas.

WILLIAM CLEMENT STONE (vol. 3). *Napoleon Hill's Master Key*. Documental. Año 1954. Duración: 15 capítulos (3 horas y 32 minutos).

WINSTON CHURCHILL (vol. 3). *Winston Churchill: Un gigante del siglo*. Documental. Dirección: David Korn-Brzoza. Año 2014. Duración: 55 minutos.

ZIG ZIGLAR (vol. 1). *Zig: You were born to win*. Documental. Dirección: Andy Costa. Año 2017. Duración: 1 hora y 25 minutos.

VIRGINIA WOOLF (vol. 4).

- *¿A qué temía Virginia Woolf?* Documental. Dirección: Adrian Munsey y Vance Goodwin. Año: 2020. Duración: 48 minutos.
- *The Mind and Times of Virginia Woolf*. Documental. Dirección: Eric Neal Young. Año: 2002. Duración: 25 minutos.
- *Las horas*. Película (basada en su novela *La señora Dalloway*). Dirección: Stephen Daldry. Año: 2002. Duración: 114 minutos.
- *Orlando*. Película (basada en su novela *Orlando*). Dirección: Sally Potter. Año: 1992. Duración: 90 minutos.
- *A Ghost Story*. Película (basada en su novela *La casa encantada*). Dirección: David Lowery. Año: 2017. Duración: 87 minutos.

ANEXO III. Charlas TED

A continuación te dejo también una relación de las charlas TED de los personajes que han ido apareciendo a lo largo de los cuatro volúmenes de *Aprendiendo de los mejores*.

TED (Tecnología, Entretenimiento y Diseño), con el lema *Ideas Worth Spreading* ('ideas que merece la pena ser difundidas'), nació en 1984 de la mano de Richard Saul Wurman y Harry Marks, y su conferencia anual se realiza desde 1990. Después de 2002, Wurman cedió los derechos del acontecimiento a Chris Anderson, que es ahora el anfitrión. Hasta 2008 tenía lugar en Monterey (California), y desde 2009 se lleva a cabo en Long Beach (California). Además, la conferencia TED cuenta desde 2005 con un acto asociado, el TED Global, que se realiza en distintos lugares del mundo.

Desde junio de 2006, las charlas TED —más de cuatro mil hasta el momento— se encuentran disponibles online en su web (<www.ted.com>), traducidas a cerca de cien idiomas y de las que se han realizado más de mil millones de visionados. En 2009 se creó también el programa TEDx para la realización de actos locales organizados de manera independiente con la misma filosofía de reunir personas para «compartir ideas que merezcan ser difundidas».

La mayoría de las charlas están disponibles en español subtituladas, salvo algunas excepciones:

AMY CUDDY (vol. 4): *El lenguaje corporal moldea nuestra identidad*, junio de 2012.

ANGELA DUCKWORTH (vol. 4): *Grit: El poder de la pasión y la perseverancia*, mayo de 2013.

ANTHONY ROBBINS (vol. 1): *Por qué hacemos lo que hacemos*, febrero de 2006.

BILL GATES (vol. 1):

- *Bill Gates: How the pandemic will shape the near future*, junio de 2020.
- *How must we respond Coronavirus Pandemic*, marzo de 2020.
- *¿La próxima epidemia? No estamos preparados*, marzo de 2015.
- *Teachers need real feedback*, mayo de 2013.
- *How state budgets are breaking US schools*, marzo de 2011.
- *Innovating to zero!*, febrero de 2010.
- *Mosquitos, malaria y educación*, febrero de 2009.

BRENÉ BROWN (vol. 3): *El poder de la vulnerabilidad*, junio de 2009.

CAL NEWPORT (vol. 4): *Abandonen las redes sociales*, junio de 2016.

CAROL DWECK (vol. 4): *El poder de creer que puedes mejorar*, diciembre de 2014.

DANIEL GOLEMAN (vol. 2): *¿Por qué no somos más compasivos?*, diciembre de 2007.

DANIEL PINK (vol. 3): *La sorprendente ciencia de la motivación*, julio de 2009.

DAVID ALLEN (vol. 2): *Are you out of your mind?*, abril de 2018.

ELON MUSK (vol. 3): *El futuro que estamos construyendo*, abril de 2017.

GARY VAYNERCHUK (vol. 2): *Do what you love*, septiembre de 2008.

GUY KAWASAKI (vol. 1): *Lessons from a life*, octubre de 2018.

JANE GOODALL (vol. 3): *Dr. Jane Goodall with Guy Kawasaki*, septiembre de 2018.

JEFF BEZOS (vol. 1): *La próxima innovación en la web*, febrero de 2003.

J. K. ROWLING (vol. 2): *El poder del fracaso y la imaginación*, Harvard University, junio de 2008.

KEITH FERRAZZI (vol. 2): *Interdependent leadership*, marzo de 2018.

LYNDA GRATTON (vol. 4):

- *How to be ready for your future, now*, junio de 2012.
- *Redesigning Your Work Is Important Because…*, abril de 2023.

MATTHEW WALKER (Vol. 4): *Dormir es tu superpoder*, abril de 2019.

MEL ROBBINS (vol. 3): *Cómo dejar de autoboicotearse*, junio de 2011.

NANCY DUARTE (vol. 3): *La estructura secreta de los grandes discursos*, noviembre de 2011.

RAY DALIO (vol. 2): *Cómo construir una compañía donde triunfen las mejores ideas*, abril de 2017.

RICHARD BRANSON (vol. 1):

- *La vida de Richard Branson a 30.000 pies*, marzo de 2007.
- *Second Chances*, mayo de 2014.

ROBERT KIYOSAKI (vol. 1): *Why the rich are getting richer*, mayo de 2016.

ROBIN S. SHARMA (vol. 1): *The 3 habits of happiness*, septiembre de 2017.

SETH GODIN (vol. 1):

- *Las tribus que lideramos*, febrero de 2009.
- *Cómo hacer que tus ideas se propaguen*, febrero de 2003.
- *This is broken*, septiembre de 2006.

SHERYL SANDBERG (vol. 2): *Por qué tenemos tan pocas dirigentes mujeres*, diciembre de 2010.

SIMON SINEK (vol. 3):

- *Por qué los buenos líderes te hacen sentir seguro*, marzo de 2014.
- *Cómo los grandes líderes inspiran*, septiembre de 2009.

STEVE JOBS (vol. 1): *How to believe before you die*, Stanford University, junio de 2005.

TONI NADAL (vol. 1): *El valor del esfuerzo*, febrero de 2018.

TIM FERRISS (vol. 2): *Por qué debes definir tus miedos en lugar de tus metas*, abril de 2017.

A continuación se recogen las treinta charlas TED más vistas en su historia (a junio de 2023), ordenadas de mayor a menor audiencia:

PONENTE	TÍTULO	FECHA	AUDIENCIA
1. Ken Robinson	¿Matan las escuelas la creatividad?	Febrero de 2006	75.009.429
2. Amy Cuddy	El lenguaje corporal moldea nuestra identidad	Junio de 2012	68.488.780
3. Tim Urban	En la mente de un procrastinador	Febrero de 2016	67.398.894
4. James Veitch	Esto es lo que pasa cuando se responde un correo basura	Julio de 2009	64.147.456
5. Simon Sinek	Cómo los grandes líderes inspiran a la acción	Septiembre de 2009	62.224.556
6. Brené Brown	El poder de la vulnerabilidad	Junio de 2010	61.845.191
7. Julian Treasure	Cómo hablar de forma que la gente te quiera oír	Junio de 2013	55.213.703
8. Sam Berns	Mi filosofía para una vida feliz	Octubre de 2013	46.908.143
9. Robert Waldinger	¿Qué resulta ser una buena vida?	Noviembre de 2015	45.069.514
10. Bill Gates	¿La próxima epidemia? No estamos preparados	Marzo de 2015	44.787.843
11. Mary Roach	10 cosas que no sabías sobre el orgasmo	Febrero de 2009	41.038.995
12. Cameron Russell	El aspecto no lo es todo. Créeme, soy modelo	Octubre de 2012	39.707.329
13. Graham Shaw	Por qué la gente cree que no puede dibujar	Febrero de 2015	39.501.434
14. Tom Thum	Una orquesta en mi boca	Mayo de 2013	37.331.202
15. Chimamanda Adichie	El peligro de una sola historia	Julio de 2009	34.041.586
16. Susana Cain	El poder de los introvertidos	Febrero de 2012	33.044.560
17. Pamela Mayer	Cómo descubrir a un mentiroso	Julio de 2011	32.882.470
18. Apollo Robbins	El arte de desorientar	Junio de 2013	32.730.291

PONENTE	TÍTULO	FECHA	AUDIENCIA
19. Mel Robbins	Cómo dejar de machacarte a ti mismo	Junio de 2011	31.797.785
20. Elon Musk	El futuro que estamos construyendo	Abril de 2017	31.553.096
21. Kelly McGonigal	Cómo convertir el estrés en tu amigo	Junio de 2013	31.230.734
22. Angela Duckworth	Grit: el poder de la pasión y la perseverancia	Mayo de 2013	30.076.824
23. Anthony Robbins	Por qué hacemos lo que hacemos	Febrero de 2006	29.573.472
24. Daniel Pink	La sorprendente ciencia de la motivación	Julio de 2009	29.442.103
25. David Blaine	Cómo aguanté la respiración durante 17 minutos	Octubre de 2009	29.000.456
26. Jill Bolte Taylor	Mi fuerte derrame cerebral de lucidez	Febrero de 2008	28.906.334
27. Jon Ronson	Respuestas insólitas al test del psicópata	Marzo de 2012	28.744.875
28. Celeste Headlee	10 formas de tener una mejor conversación	Mayo de 2015	28.257.570
29. Shawn Anchor	El feliz secreto para trabajar mejor	Mayo de 2011	25.368.005
30. Elizabeth Gilbert	Sobre darle alas a la creatividad	Febrero de 2009	21.196.275

ANEXO IV. Guía de 200 libros para el éxito clasificados por temática

A continuación te dejo una guía de doscientos libros recomendados para el éxito profesional y personal clasificados por temáticas y ordenados alfabéticamente, que engloba múltiples temas de interés para nuestro crecimiento: liderazgo, emprendimiento, *networking*, emociones, espiritualidad, libertad financiera, meditación, autoestima, ventas, negociación, hábitos, innovación, estrategia, estoicismo, productividad, PNL o intuición, entre otros muchos.

1. **ANSIEDAD | *Ansiedad*, Augusto Cury.**
   Con subtítulo: *Cómo enfrentar el mal del siglo*. La ansiedad no es una enfermedad, es un síntoma de algo que sucede a nivel emocional; es una respuesta a una situación (real o imaginaria) que anticipamos como peligrosa y que nos hace perder el control. Un libro práctico para saber cómo se origina y poder detectarla, gestionarla y superarla.
2. **APALANCAMIENTO (I) | *Retírate joven y rico*, Robert Kiyosaki.**
   Hay una palabra que distingue a los millonarios del resto de personas: apalancamiento; esto es, hacer *mucho* con *poco*. No te despier-

tes para trabajar, despiértate para encontrar apalancamiento. ¿Cuáles son las claves para lograrlo?

3. **APALANCAMIENTO (II) | *La vía rápida del millonario*, MJ DeMarco.**
   Para disfrutar de la vida se necesita dinero, pero también salud. Contar con dinero en la jubilación es demasiado tarde, las fuerzas caen y nada garantiza que lleguemos a esa edad. La clave es llevar una vida más acelerada que nos permita gozar de tiempo, dinero y buen estado físico cuando somos jóvenes.
4. **AUTENTICIDAD (I) | *Deja de actuar: Empieza a vivir*, Bernard Hiller.**
   Nadie puede ser tan bueno como tú en ser tú mismo. Escapa de la competencia a través de la autenticidad. Las marcas personales de referencia no son perfectas, pero sí auténticas. Un libro para atrevernos a ser quienes somos y hacer de nuestra diferencia nuestro estilo de vida.
5. **AUTENTICIDAD (II) | *Libera tu magia*, Elizabeth Gilbert.**
   A través de esta escritora podemos explorar cómo funcionan los procesos creativos y conectar con quiénes somos de verdad y expresarnos sin miedo. En la vida, más importante que ser originales es ser auténticos. La creatividad no es otra cosa que la expresión de nuestra autenticidad.
6. **AUTOCONOCIMIENTO (I) | *Tus zonas erróneas*, Wayne W. Dyer.**
   Gran parte de los problemas e insatisfacciones de las personas están en las «zonas erróneas», que nos bloquean e impiden ser felices. Aquí se nos explica cuáles son esas «zonas erróneas» y cómo superarlas, siempre asumiendo la responsabilidad y el compromiso del cambio.
7. **AUTOCONOCIMIENTO (II) | *Las 5 heridas que impiden ser uno mismo*, Lise Bourbeau.**
   Todos tenemos asuntos pendientes sobre nosotros mismos. Durante la infancia se producen situaciones que dan lugar a heridas (rechazo, abandono, humillación…) que hacen que se desarrollen unas máscaras (mecanismos de defensa) asociadas a las mismas para protegernos, y que nos las ponemos cuando se repiten situaciones que nos pueden doler. Las máscaras protegen, pero también nos impiden crecer. La única solución pasa por el autoconocimiento, la compasión y el perdón.

8. **AUTOCONOCIMIENTO (III) | *Busca en tu interior*, Chade-Meng Tan.**
Su autor, uno de los primeros ingenieros que formaron parte de Google, diseñó un programa corporativo («Busca en tu interior») con la intención de transformar el modo de trabajar, que plasma en este libro donde ahonda en los beneficios profesionales de la inteligencia emocional y la meditación. La felicidad se entrena, y la inteligencia emocional es la clave para alcanzarla.
9. **AUTOESTIMA (I) | *Los seis pilares de la autoestima*, Nathaniel Branden.**
La autoestima hace referencia a cómo nos vemos a nosotros mismos. Una sana (deficiente) autoestima afecta para bien (mal) a todas las áreas de nuestra vida: relaciones, trabajo o salud. Trabajar la autoestima es una de las mejores inversiones que se pueden hacer en la vida.
10. **AUTOESTIMA (II) | *La autoestima: Nuestra fuerza secreta*, Luis Rojas Marcos.**
¿Hay algo más determinante en nuestra vida que cómo nos sentimos con nosotros mismos? En esta obra se analizan los factores explicativos de la autoestima (infancia, genes, valores culturales...) y cómo podemos fortalecer la misma. Con lenguaje pedagógico y con estudios que refuerzan las explicaciones.
11. **BIOGRAFÍAS (I) | *Steve Jobs*, Walter Isaacson.**
Walter Isaacson ha realizado la biografía de múltiples personalidades de referencia a lo largo de la historia como Einstein o Leonardo da Vinci. En este caso sobre unas de las personalidades más carismáticas del mundo empresarial y líder tecnológico del siglo XX.
12. **BIOGRAFÍAS (II) | *Leonardo da Vinci*, Walter Isaacson.**
Hay una cualidad que distingue a todos los genios: la curiosidad; el querer saber e indagar por qué las cosas son como son y cómo podrían ser. Leonardo da Vinci fue una de las figuras más destacadas de la historia y del Renacimiento (Siglo de Oro), una de las épocas de mayor explosión de creatividad e innovación de la humanidad.
13. **CAMBIO (I) | *Cambia el chip*, Chip Heath y Dan Heath.**
Los grandes cambios en las empresas siempre asustan: ¿qué hay que hacer para sacarlos adelante? Todo resulta más sencillo cuando uno sabe a dónde va (dirección), por qué vale la pena cambiar (motivos) y el contexto ayuda (entorno). Aquí se explican con detalle esas claves.

14. **CAMBIO (II) | *Al frente del cambio*, John Kotter.**
Gran parte de las estrategias de cambio empresariales fracasan. Aquí se nos muestran los errores habituales que surgen en todo proceso de cambio y qué podemos hacer para corregirlos. El libro ofrece un modelo de ocho pasos que puede aplicarse en cualquier iniciativa de cambio.
15. **CAMBIO (III) | *La danza del cambio*, Peter Senge.**
¿Qué hay que hacer para gestionar el cambio? No es fácil revitalizar las organizaciones ya que éstas disponen de complejos sistemas inmunológicos destinados a dejar las cosas como están. Aquí se nos muestra cómo crear organizaciones abiertas al aprendizaje, cómo acelerar el éxito y evitar los obstáculos que se presentan.
16. **COACHING (I) | *Coaching: El método para mejorar el rendimiento de las personas*, John Whitmore.**
El coaching es un proceso de acompañamiento que ayuda a las personas a optimizar su rendimiento y alcanzar su máximo potencial. El coaching busca el despliegue de las posibilidades presentes en toda persona. El coaching ayuda a las personas a creer en ellas mismas. Todo explicado por uno de los pioneros y referentes en la materia.
17. **COACHING (II) | *Coaching: El arte de soplar las brasas*, Leonardo Wolk.**
El libro se centra en los fundamentos del coaching, y va desgranando de manera pedagógica y sencilla cada uno de los aspectos clave que forman parte de este proceso de acompañamiento y contraponiéndolo con otras técnicas, lo que permite tener una visión global e integral de su utilidad y eficacia.
18. **COMPASIÓN (I) | *Sé amable contigo mismo*, Kristin Neff.**
La compasión es una de las herramientas que mayor bienestar y felicidad producen a las personas, además de mejorar nuestra relación con los demás y con el mundo. A veces somos compasivos con otros, pero nos olvidamos de serlo con nosotros mismos. Ser autocompasivo cambia la vida… para bien.
19. **COMPASIÓN (II) | *Cuando todo se derrumba*, Pema Chödrön.**
Buena parte de nuestra felicidad tiene que ver con el «amor compasivo» hacia uno mismo (*maitri*, en sánscrito), de permitirnos ser quienes somos y sentir lo que sentimos en cada momento. A menudo huimos de nosotros mismos, y la huida alivia, pero no cura.

La aceptación (y amor) de uno mismo es el camino de la liberación.

20. **COMUNICACIÓN | *¿Por qué los españoles comunicamos tan mal?* y *¿Por qué los profesionales no comunicamos mejor?*, Manuel Campo Vidal.**
Comunicar bien nos hace más competitivos. Por el contrario, una mala comunicación penaliza mucho y nos hace perder muchas oportunidades. En ambos libros del mismo autor se reflexiona y analiza los principales pecados que se cometen desde el punto de vista de la comunicación y qué hacer para solventarlos.
21. **CONFIANZA (I) | *Confianza en uno mismo*, Ralph Waldo Emerson.**
Uno de los ensayos más emblemáticos del autor, reflejo de su humanismo y fe en el ser humano. Él mismo decía: «La confianza en uno mismo es el primer secreto del éxito y en la confianza en uno mismo están comprendidas todas las demás virtudes». Si la confianza existe, casi todo lo demás es secundario.
22. **CONFIANZA (II) | *Confianza*, Rosabeth Moss Kanter.**
La confianza es el puente que une expectativas y rendimiento. La confianza es el alimento del talento. Nada puede igualar al poder de la confianza que impulsa a alcanzar logros excepcionales. La misión de un líder es, en última instancia, crear contextos de «seguridad psicológica» que favorezcan la confianza. Un equipo es, sobre todo, un estado de ánimo.
23. **CONFLICTOS (I) | *La caja*, The Arbinger Institute.**
La vida es un conflicto continuo: con pareja, amigos, familia, compañeros, jefes... Y la capacidad para resolver conflictos y conseguir la colaboración tiene mucho que ver con nuestra percepción del conflicto y nuestra predisposición a solucionarlo.
24. **CONFLICTOS (II) | *De la guerra a la paz*, The Arbinger Institute.**
Como dice el subtítulo del libro: *La resolución de conflictos desde su raíz*. Cuando nos encontramos ante un conflicto, ¿hacemos todo lo que está en nuestras manos para solucionarlo? ¿Es posible que, sin saberlo, estemos perpetuando aquello que pretendemos resolver? Basado en experiencias reales, nos aporta las herramientas para resolver aquellas diferencias que enquistan las relaciones.

25. **CREATIVIDAD (I) | *Seis sombreros para pensar*, Edward De Bono.**
Uno de los libros de referencia en el mundo de la creatividad. Todos somos creativos y todos podemos desarrollar más nuestra creatividad. La creatividad sirve para cualquier campo, porque la creatividad es la habilidad para encontrar alternativas y soluciones.
26. **CREATIVIDAD (II) | *El camino del artista*, Julia Cameron.**
Uno de los mejores libros para entender los procesos creativos y liberar la creatividad que todos atesoramos. Ser humano es ser creativo por naturaleza. A menudo, nuestros mayores bloqueos son nuestros miedos que nos hacen diluirnos en el anonimato de la masa.
27. **CREENCIAS (I) | *Controle su destino*, Anthony Robbins.**
Un libro inspirador que nos lleva a tomar conciencia de que no es nuestra incapacidad la que nos limita, sino la creencia de que no somos capaces. Como él dice: «Lo que podemos o no podemos hacer, lo que consideramos posible o imposible, pocas veces es un reflejo de nuestra verdadera capacidad, sino más bien un reflejo de nuestras creencias acerca de quiénes somos».
28. **CREENCIAS (II) | *La magia de pensar en grande*, David Schwartz.**
Otro libro inspirador para aprender a confiar en uno mismo. Creer posible algo te moviliza a ir a por ello; creer que no es posible, te paraliza. La confianza en uno mismo es el origen de todo éxito. Ganar confianza es el reto al que todos nos enfrentamos a diario.
29. **CREENCIAS (III) | *El poder está dentro de ti*, Louise Hay.**
Todos tenemos dentro una Sabiduría Infinita que es capaz de proporcionarnos la mejor vida posible. Aprendiendo a confiar en esa sabiduría interior podemos comenzar a introducir cambios en nuestra vida. Pero lo primero de todo es ser conscientes de ello, de que somos potencialidad pura.
30. **DECISIONES (I) | *Decídete*, Chip Heath y Dan Heath.**
Con subtítulo: *Cómo tomar mejores decisiones en la vida y en el trabajo*. La vida son decisiones que van configurando nuestra vida sin darnos cuenta. Sin embargo, tomar decisiones casi nunca resulta sencillo y el corazón y la cabeza a menudo entran en conflicto y muchas veces somos víctimas de la parálisis por análisis. ¿Cuáles son las claves para lograrlo?

31. DECISIONES (II) | *Pensar rápido, pensar despacio*, Daniel Kanheman.
Las personas tenemos dos sistemas de pensamiento: el sistema 1 (intuitivo/rápido/automático) y el sistema 2 (lógico/lento/calculador); ambos sistemas luchan por tomar el control de nuestras decisiones. Un libro que no es fácil de leer, pero con información reveladora para saber cómo pensamos, juzgamos y actuamos.

32. DEPORTE – EMPRESA (I) | *Once anillos*, Phil Jackson.
Tomando como metáfora el deporte, y más concretamente el baloncesto, Phil Jackson, el entrenador que más títulos ha ganado de la NBA, nos explica las claves para liderar equipos. Phil Jackson es valorado como entrenador de baloncesto, pero más aún como líder de equipos.

33. DEPORTE – EMPRESA (II) | *Los 11 poderes del líder*, Jorge Valdano.
En este caso, utilizando como metáfora el fútbol y con ejemplos el deporte rey, se describen y analizan las once características que distinguen a los mejores líderes. Entre otras cualidades destacan la pasión, la credibilidad, la esperanza, la autenticidad o el talento.

34. DEPORTE – EMPRESA (III) | *Rafa: Mi historia*, John Carlin.
Rafa Nadal es uno de los mejores jugadores de la historia del tenis y del deporte. En esta obra se nos revela qué factores le han convertido en un campeón. Así se habla, entre otros aspectos, de: capacidad de sufrimiento, disciplina, la importancia del entorno y la familia, el aspecto mental o la gestión del éxito y el fracaso.

35. DEPRESIÓN | *Sentirse bien*, David D. Burns.
Con subtítulo: *Una nueva terapia contra las depresiones*. A partir de los principios de la terapia cognitiva, el autor expone un método para que el lector pueda reconocer en sí mismo actitudes contraproducentes como el perfeccionismo exagerado, la excesiva dependencia de la opinión ajena o la tendencia al pesimismo, y al mismo tiempo cambiar la perspectiva desde la que analiza su realidad, ayudándole a superar su estado depresivo, ganar confianza y recuperar las ganas de vivir.

36. DESARROLLO PERSONAL (I) | *El líder que no tenía cargo*, Robin Sharma.
Una fábula sobre la vida y la empresa que nos ayuda a tomar conciencia de que el éxito nos pertenece por derecho, pero debemos

tomar las riendas de nuestras vidas. Al final, o eres víctima o eres protagonista; o eres actor o eres espectador. Tu autorresponsabilidad es tu poder.

37. **DESARROLLO PERSONAL (II) | *El almanaque de Naval Ravikant*, Naval Ravikant.**
Con subtítulo: *Una guía para la riqueza y la felicidad.* Breves reflexiones del autor en torno a muchos aspectos de la vida y el crecimiento personal que ha ido compartiendo en redes sociales a lo largo de su vida y que aparecen condensadas y explicadas. Entre otras: hábitos, decisiones, ego, socios, lectura, riqueza o salud.

38. **DESARROLLO PERSONAL (III) | *Implacable*, Tim Grover.**
La cuestión no es si tienes talento, sino hasta dónde estás dispuesto a llevarlo. La mayoría de la gente se conforma con ser «suficientemente buena». Aquí se dan las claves para ser un número uno por parte del entrenador personal de figuras como Michael Jordan, Kobe Bryant o Dwyane Wade.

39. **DESARROLLO PERSONAL (IV) | *La tercera puerta*, Alex Banayan.**
Da igual de lo que se trate: negocios, relaciones personales, proyectos… siempre hay tres puertas de entrada —como en una discoteca— para lograr lo que se quiere: la primera, la de la gente corriente que hace cola y que no te asegura entrar; la segunda, la de los vips, que entran sin esperar; y la tercera, la de aquéllos que también consiguen pasar utilizando el ingenio y la creatividad. Un libro inspirador.

40. **DESARROLLO PERSONAL (V) | *Tu futuro es HOY*, Francisco Alcaide y Laura Chica.**
El futuro no existe, es sólo un resultado; el resultado de lo que hacemos cada día. Aquí las 46 claves más importantes para crear tu destino en capítulos breves y prácticos: hábitos, productividad, *networking*, vocación, ventas, negociación o inteligencia emocional, son algunos de los temas que se abordan.

41. **DISCIPLINA (I) | *Todo se puede entrenar*, Toni Nadal.**
Rafa Nadal es uno de los mejores deportistas de la historia, y Toni Nadal, su tío y entrenador durante veintisiete años, una figura clave en su éxito. La formación del carácter (voluntad, disciplina, resiliencia…) son claves necesarias en cualquier ámbito de la vida. Toni le ha enseñado a Rafa, sobre todo, a saber sufrir.

42. **DISCIPLINA (II) | *La disciplina marcará tu destino*, Ryan Holiday.**
La disciplina es el puente que conecta nuestros sueños con la realidad. A menudo, lo difícil no es saber lo que hay que hacer sino hacerlo. La disciplina (que también se entrena) consiste en enfocarse en lo que hay que hacer, guste o no, apetezca o no.

43. **EGO | *El ego es el enemigo*, Ryan Holiday.**
Da igual la edad y época de tu vida en la que te encuentres, el ego siempre es el enemigo: tanto a la hora de aprender, como de gestionar el éxito o de lidiar con el fracaso. El ego nos hunde. Aquí nos ayuda a tomar conciencia de ello y aprender a gestionarlo con muchos ejemplos.

44. **EMOCIONES (I) | *Agilidad emocional*, Susan David.**
En tiempos de rápido cambio hay que ser muy ágiles (a nivel personal y empresarial), pero esa agilidad debe ir acompañada de la *agilidad emocional* (una correcta gestión de las emociones) o las consecuencias inevitables son la ansiedad y la depresión.

45. **EMOCIONES (II) | *Inteligencia emocional*, Daniel Goleman.**
Si hay una habilidad imprescindible para la vida y la empresa es la inteligencia emocional, más aún en puestos de dirección. La inteligencia emocional no es otra cosa que nuestra forma de interactuar con el mundo. Hay personas con un elevado CI que fracasan, mientras que otras con un CI más modesto triunfan a lo grande. La inteligencia emocional tiene mucho que ver con ello.

46. **EMOCIONES (III) | *Dejar ir*, David R. Hawkins.**
Con subtítulo: *El camino de la liberación*. «Dejar ir» es una técnica gracias a la cual podemos ser capaces de vivir en armonía y en paz con nosotros mismos y con los demás. A través de esta práctica se nos enseña cómo deshacernos de las emociones, pensamientos y sentimientos negativos que lastran nuestra vida y nos impiden ser felices. Aprender a «dejar ir» es imprescindible para vivir una vida más equilibrada y plena.

47. **EMOCIONES (IV) | *Brújula para navegantes emocionales*, Elsa Punset.**
Las emociones *incómodas* nos sirven para salir airosos de entornos hostiles, amenazantes y peligrosos. Si existen es por algo. El problema es cuando esas emociones cobran vida en otro entorno dis-

tinto al que deberían ser. Conocer nuestras emociones nos ayuda a controlar mejor nuestras ansiedades.

48. **EMPRENDIMIENTO (I) | *Nunca te pares*, Phil Knight.**
Sobre la historia de Nike y su fundador, Phil Knight; una historia plagada de adversidades, dificultades, obstáculos, y también de resiliencia, determinación y pasión, hasta convertirse en una de las marcas más valiosas del mundo. Un relato en primera persona que cautiva.

49. **EMPRENDIMIENTO (II) | *De cero a uno*, Peter Thiel.**
Casi todo se copia y se mejora, y a una velocidad inusual. Por tanto, para tener éxito empresarial, la clave está en ser capaces de crear «monopolios creativos», ventajas competitivas tan buenas donde la competencia se vuelva irrelevante.

50. **EMPRENDIMIENTO (III) | *Eso nunca funcionará*, Marc Randolph.**
La historia del nacimiento, evolución y éxito de Netflix contada de la mano de uno de sus fundadores, así como todos los problemas e inconvenientes en la puesta en marcha de un negocio, desde la validación de la idea hasta la gestión del equipo. Un libro escrito desde las trincheras.

51. **EMPRENDIMIENTO (IV) | *El mito del emprendedor*, Michael E. Gerber.**
Emprender nunca es sencillo. Los datos muestran que la tasa de mortalidad empresarial es elevadísima. Este libro es una guía para el éxito en la gestión de los pequeños negocios y Pymes, en la que se explican por qué fracasan algunos de ellos y qué podemos hacer para evitarlo.

52. **EMPRENDIMIENTO (V) | *Principios*, Ray Dalio.**
En 1975, Ray Dalio fundó Bridgewater Associates desde su pequeño apartamento de Nueva York. Cuarenta años después, es la quinta compañía privada más importante de Estados Unidos (*Fortune*) y gestiona el *hedge fund* ('fondo de cobertura') más exitoso de la historia (*Bloomberg*). Aquí te cuenta los *principios* que explican su éxito.

53. **EMPRENDIMIENTO (VI) | *Aquí no hay reglas*, Reed Hastings.**
Reed Hastings, cofundador y CEO de Netflix además de un referente en el mundo *start-up* de Silicon Valley, desvela la cultura

y los principios de gestión de una de las compañías de más éxito de los últimos años. Trabajo en equipo, coraje, velocidad o flexibilidad, entre otros, son algunos de los factores que se abordan.

54. **EMPRENDIMIENTO (VII) | *Generación de modelos de negocio*, Alexander Osterwalder, Yves Pigneur, Tim Clark.**
Un modelo de negocio describe cómo una empresa crea, entrega y captura valor; es un anteproyecto de una estrategia que se implementará a través de estructuras, procesos y sistemas organizacionales. El Modelo Canvas es una herramienta práctica para plasmar un modelo empresarial en un lienzo (folio) y así comprender un negocio de forma sencilla, visual, directa, estructurada y organizada.

55. **EMPRENDIMIENTO (VIII) | *MBA personal*, Josh Kaufman.**
Con el subtítulo: *Lo que se aprende en un MBA por el precio de un libro*. Una obra que condensa los conceptos esenciales de todas las áreas de gestión empresarial: emprendimiento, desarrollo del producto, marketing, ventas, negociación, contabilidad, finanzas, productividad, comunicación, psicología, liderazgo, diseño de sistemas, análisis y dirección de operaciones. Un MBA resumido en un libro.

56. **EMPRENDIMIENTO SOCIAL | *La fortuna en la base de la pirámide*, C. K. Prahalad.**
Se analiza el potencial de consumo que representa la población mundial que se encuentra en el nivel de pobreza si las empresas se implicasen en la solución de sus problemas vitales. Plantea la posibilidad de que las grandes empresas se dirijan a un mercado potencial de cuatro mil millones de consumidores que están «en la base de la pirámide» y viven con menos de 2 dólares al día. Inspirador y diferente.

57. **ENFERMEDAD (I) | *El cuerpo como herramienta de curación*, Christian Flèche.**
Con subtítulo: *Descodificación psicobiológica de las enfermedades*. El autor propone un acercamiento a la enfermedad considerándola una reacción biológica de supervivencia frente a un acontecimiento emocionalmente incontrolable, dado que cualquier enfermedad y cualquier órgano dañado corresponden a un sentimiento muy preciso. La enfermedad como herramienta de autoconocimiento y mejora de nuestra vida.

58. ENFERMEDAD (II) | *La enfermedad como camino*, Thorwald Dethlefsen y Rüdiger Dahlke.
Con subtítulo: *Un método para el descubrimiento profundo de las enfermedades*. El mundo emocional está íntimamente ligado con el cuerpo. No hay una diversidad de enfermedades curables, sino una sola enfermedad determinante del «mal estar» del individuo. Lo que llamamos enfermedades son en realidad síntomas de esta única enfermedad.

59. ESPIRITUALIDAD (I) | *Las 7 leyes espirituales del éxito*, Deepak Chopra.
Un libro para comprender la conexión que existe entre el mundo inmaterial (invisible/espiritual) y el mundo material (visible/terrenal). El mundo es un campo de infinitas posibilidades para quien conoce estas leyes y las aplica. Un libro inspirador del que también existe documental.

60. ESPIRITUALIDAD (II) | *Inspiración: Encuentra tu verdadera esencia*, Wayne W. Dyer.
Un libro para comprender mejor nuestra relación con esa Inteligencia Infinita (Poder Supremo, Dios, Inteligencia Divina) que ordena y rige el universo con la que estamos en permanente conexión, aunque a veces el vínculo pueda estar oxidado y hay que limpiarlo. En la medida que esa relación fluye, todo fluye en nuestra vida.

61. ESPIRITUALIDAD (III) | *Piensa como un monje*, Jay Shetty.
Con subtítulo: *Entrena tu mente para la paz interior y consigue una vida plena*. Tras tres años en la India para convertirse en monje, meditar todos los días entre cuatro y ocho horas y dedicar su vida a ayudar a los demás, regresó a Londres donde empezó a enseñar la filosofía de los monjes acerca del bienestar, el propósito y la atención plena.

62. ESPIRITUALIDAD (IV) | *Los cuatro acuerdos*, Miguel Ruiz.
Los *acuerdos* (creencias) son ideas que hemos aceptado, aunque no las hayamos elegido. Si quieres mejorar tu vida a nivel de paz y tranquilidad interior, hay cuatro acuerdos que debes desarrollar: primero, sé impecable con tus palabras; segundo, no te tomes nada personalmente; tercero, no hagas suposiciones; cuarto, haz siempre lo máximo que puedas. Todo ello se explica con detalle.

63. **ESPIRITUALIDAD (V) | *Volver al amor*, Marianne Williamson.**
¿Queríamos llegar a ser, en realidad, las personas en que nos hemos convertido? ¿Habíamos imaginado para nosotros las tensiones a las que nos sometemos cada día? Basado en los principios de *Un curso de milagros*, la obra es una guía para un viaje espiritual, para aceptar el amor que nos hemos estado negando y alcanzar la paz interior.

64. **ESPIRITUALIDAD (VI) | *El monje que vendió su Ferrari*, Robin Sharma.**
A través de una fábula se nos cuenta el caso de un abogado de éxito que, tras sufrir un ataque al corazón, vive una crisis existencial, decide vender todas sus pertenencias y viajar a la India. Allí aprenderá la sabiduría de la vida gracias a los monjes de un monasterio del Himalaya.

65. **ESTOICISMO (I) | *Meditaciones*, Marco Aurelio.**
Reflexiones del emperador Marco Aurelio que gobernó Roma entre los años 161 y 180, escritas para sí mismo como recordatorio de cuáles son las mejores prácticas para el autogobierno. El estoicismo siempre es una buena filosofía de vida, más aún en situaciones de incertidumbre, cambio y caos como las actuales.

66. **ESTOICISMO (II) | *Cómo ser un estoico*, Massimo Pigliucci.**
El estoicismo es una filosofía basada en distinguir entre lo que no se puede y sí se puede controlar. Lo primero, lo acepto con buen ánimo; lo segundo, lo gestiono y crezco. Un libro para empezar a entender mejor los principios estoicos y a sus referentes.

67. **ESTOICISMO (III) | *El obstáculo es el camino*, Ryan Holiday.**
Todo lo que se interpone entre tu objetivo y tú es tu maestro. O como dice una máxima latina: *amor fati* ('amor al destino'). Crecemos al nivel de las dificultades que vamos encontrando por el camino. Enamórate de los problemas, así se crece.

68. **ESTRATEGIA (I) | *Estrategia competitiva*, Michael Porter.**
Uno de los libros más importantes sobre estrategia empresarial. La esencia de formular una estrategia competitiva es relacionar a una empresa con su entorno. La situación competitiva en un mercado está en función de cinco factores: el poder de los proveedores; las barreras de entrada a nuevos competidores; el poder de los clientes; los posibles productos o servicios sustitutivos; y el grado de competencia existente.

69. **ESTRATEGIA (II) | *La estrategia del océano azul*, W. Chan Kim y Renée Mauborgne.**
El éxito consiste en ser diferente. La competencia encarnizada queda reducida a un océano ensangrentado (océano rojo) de rivales que luchan por unos beneficios cada vez más pequeños. Basado en un estudio de ciento cincuenta estrategias (que cubre más de cien años a través de treinta sectores empresariales), los autores muestran que el éxito duradero se basa en la creación de «océanos azules», nuevos espacios de mercado sin explotar.

70. **ESTRATEGIA (III) | *El arte de la guerra*, Sun Tzu.**
Un clásico de la estrategia militar de aplicación a la empresa, el deporte o cualquier otro ámbito cuyos principios no caducan. En la vida, todo es estrategia. La inteligencia estratégica y su ejecución determinan en buena medida el éxito de los proyectos a nivel profesional y personal.

71. **ESTRATEGIA (IV) | *El Cuadro de Mando Integral*, David Norton y Robert Kaplan.**
El Cuadro de Mando Integral (CMI) revolucionó el sistema de gestión orientado a canalizar energías, habilidades y conocimientos específicos de los colaboradores de una organización hacia la consecución de objetivos estratégicos a medio y largo plazo. Los autores enseñan la forma en que los ejecutivos de diferentes sectores utilizan el CMI, tanto para guiar la gestión actual como para marcar objetivos futuros.

72. **ÉTICA – VALORES | *¿Para qué sirve realmente la ética?*, Adela Cortina.**
La ética es la ciencia que se encarga de la bondad (maldad) de los comportamientos humanos. La ética no es opcional, sino algo imprescindible —y más aún en un entorno en el que todo se sabe más y más rápido— porque, como decía Ortega y Gasset, «toda verdad ignorada prepara su venganza». La ética es la forma más inteligente de vivir.

73. **ÉXITO (I) | *La regla 10X*, Grant Cardone.**
Un libro inspirador que ayuda a pensar en grande; un libro escrito en un lenguaje directo (como el propio autor) que pone el foco en el cliente, la determinación y la ambición a gran escala. Como escribe Grant Cardone, «la obsesión no es un mal, es un don».

74. ÉXITO (II) | *Éxito: Una guía extraordinaria*, Robin Sharma.
Un libro con mensajes breves, sencillos y profundos, al estilo de Sharma, que te aportarán una visión más clara de las claves del éxito, el desarrollo personal y la vida; una guía para el éxito exterior e interior.

75. FE | *La fe es tu fortuna*, Neville Goddard.
La fe es la consciencia de la posibilidad; la fe es la certeza sin evidencia. La fe es confiar en uno mismo. Casi todos los problemas del ser humano se resumen, en última instancia, en una causa: falta de confianza en uno mismo. Todas las enseñanzas que se explican toman como metáfora la Biblia, principal manual para tener éxito en la vida.

76. FELICIDAD (I) | *Fluir*, Mihaly Csikszentmihalyi.
Con subtítulo: *Una psicología de la felicidad*. A menudo confundimos placer con felicidad, pero esta última tiene que ver más con un estado de *flow* en el que estamos plenamente presentes en una tarea que nos apasiona, es retadora y vinculada a un propósito que nos lleva a perder la noción del tiempo. Todos debemos buscar nuestro *flow* para sentirnos más plenos.

77. FELICIDAD (II) | *La ciencia de la felicidad*, Sonja Lyubomirsky.
Sólo un 10 por ciento de la felicidad se asocia con factores externos. Una buena parte de la felicidad depende de nosotros, de nuestras actitudes y comportamientos. La felicidad es un hábito, y como todo hábito hay que entrenarlo y cultivarlo. Aquí se muestran qué actividades deliberadas (gratitud, relaciones, perdón, esperanza…) conducen a una vida más plena.

78. FINANZAS | *Finanzas para directivos*, Eduardo Martínez Abascal.
Un libro para aprender, de manera sencilla y práctica, todo lo necesario sobre finanzas a nivel empresarial: balance, cuenta de resultados, *cash-flow*, deuda… Al final, todas las decisiones en la empresa tienen un impacto financiero. Saber de finanzas no es una alternativa, es una necesidad.

79. FÍSICA CUÁNTICA | *Deja de ser tú*, Joe Dispenza.
No somos observadores de la realidad, sino creadores de la realidad. Para la física clásica, la realidad es algo que existe; para la física

cuántica es algo que estamos creando a cada instante con nuestra intención. Un libro para ensanchar la mente, ampliar nuestro marco de realidad y reprogramarnos.

80. **GESTIÓN DEL TALENTO (I) | *Remoto: No se requiere oficina*, Jason Fried y David Heinemeier Hansson.**
Cada vez más la presencialidad pierde sentido. La flexibilidad permite a las personas ahorrar tiempo además de poder disponer de sus agendas como mejor les convenga para conciliar con su vida personal. Para la empresa supone un ahorro de costes importantes. La flexibilidad con autorresponsabilidad mejora los resultados y nos hace más felices.

81. **GESTIÓN DEL TALENTO (II) | *La vida de 100 años: Vivir y trabajar en la era de la longevidad*, Lynda Gratton.**
El incremento de la esperanza de vida, unido a la caída de la natalidad y a las dudosas pensiones, hacen que los planteamientos empresariales tengan que revisarse a la hora de gestionar el talento. La vida en tres etapas (educación, trabajo y jubilación) da paso a una vida multietapa donde formación-trabajo-ocio se van alternando. Las empresas que gestionen bien este cambio tienen una oportunidad de diferenciarse y atraer al mejor talento.

82. **GRATITUD | *¡Gracias!*, Robert Emmons.**
La gratitud tiene el poder de desactivar la negatividad de nuestra vida. Es un factor asociado íntimamente a la felicidad y al bienestar, y sirve de protección contra la ansiedad y la depresión. Pocas emociones tan importantes como la gratitud. Cuanto más agradeces, mejores cosas ocurren en tu vida.

83. **HÁBITOS (I) | *Hábitos atómicos*, James Clear.**
Tu calidad de vida depende de la calidad de tus hábitos. Los hábitos son el interés compuesto del desarrollo personal. Pero generar hábitos buenos no es sencillo, ni tampoco es sólo una cuestión de voluntad, sino que requiere método. James Clear nos explica de forma clara y estructurada cómo lograrlo.

84. **HÁBITOS (II) | *Los 7 hábitos de la gente altamente efectiva*, Stephen Covey.**
Un clásico que nos ayuda a tomar conciencia de aquellos hábitos que nos impulsan a alcanzar nuestros objetivos. Los buenos hábitos conducen a la buena vida; los malos hábitos nos hacen quedar estancados y conducen a la frustración.

85. HÁBITOS (III) | *El efecto compuesto*, Darren Hardy.
Con subtítulo: *Multiplicar el éxito de forma sencilla*. Todo en esta vida es el resultado del «efecto compuesto», término usado habitualmente en el mundo financiero como «interés compuesto». Pequeñas acciones cotidianas hechas de forma consistente tienen un gran impacto en el largo plazo.

86. HÁBITOS (IV) | *Mañanas milagrosas*, Hal Elrod.
El día es largo y tenso, más aún cuando se tienen importantes responsabilidades. Por eso, empezar bien el día aporta energía, enfoque y claridad. Aquí se describen algunas rutinas matutinas: silencio, gratitud, ejercicio, lectura o afirmaciones, entre otras.

87. HÁBITOS (V) | *El club de las 5 am*, Robin Sharma.
A modo de fábula, se narra la historia de dos personas que quieren mejorar sus vidas, algo que les parece imposible en medio de tantas distracciones digitales y una agotadora complejidad. Entonces, conocen a un peculiar magnate, su mentor, que les desvelará las claves para desarrollar aquellos hábitos que les harán tener una vida más plena en todos los sentidos.

88. HÁBITOS (VI) | *Hábitos para ser millonario*, Brian Tracy.
Con subtítulo: *Duplica o triplica tus ingresos con un poderoso método*. Brian Tracy es una de las personas más autorizadas en el mundo del desarrollo personal: aporta valor y lo hace con un lenguaje sencillo. Aquí nos cuenta aquellos hábitos que distinguen a las personas que son capaces de lograr resultados excelentes.

89. HÁBITOS (VII) | *El poder de los hábitos*, Charles Duhigg.
Otro libro interesante acerca del aspecto más importante para nuestro éxito: los hábitos. Por medio de diferentes descubrimientos científicos, el autor nos explica por qué existen los hábitos, cómo nos condicionan y cómo cambiarlos. Un manual para conocer la naturaleza humana y su potencial.

90. HABLAR EN PÚBLICO (I) | *Charlas TED*, Chris Anderson.
Uno de los mejores libros para mejorar las habilidades como *speaker*, en base al análisis de los conferenciantes que han pasado por las charlas TED. ¿Qué tienen en común todos ellos? Cada oportunidad de hablar en público es un privilegio que no debemos desaprovechar.

91. **HABLAR EN PÚBLICO (II) | *Hable como en TED*, Carmine Gallo.**
El autor revela cuáles son las nueve claves que distinguen a los mejores conferenciantes; un libro que es el resultado de analizar más de quinientas charlas TED (unas ciento cincuenta horas de grabación) y haber entrevistado a numerosos neurocientíficos, psicólogos y expertos en comunicación. Tomando como fundamento los estudios científicos sobre el cerebro, el autor explica qué es lo que funciona y qué no cuando se está delante de una audiencia.
92. **HISTORIA (I) | *Sapiens*, Yuval Noah Harari.**
Una breve historia de la humanidad desde los primeros humanos que caminaron sobre la Tierra. Si conoces a las personas tendrás la respuesta adecuada. Conocer la evolución humana, las diferencias biológicas entre hombres y mujeres y otras cuestiones nos ayudan a actuar con más precisión. Comprender de dónde venimos es esencial para relacionarnos mejor.
93. **HISTORIA (II) | *Memorias de Adriano*, Marguerite Yourcenar.**
A través de las reflexiones del emperador Adriano se nos muestra lo que significa gobernar; lo importante que es saber calibrar y valorar las cosas en su justa medida; la toma de decisiones; la importancia del equilibrio; la gestión de la duda y otras muchas reflexiones sobre la naturaleza humana.
94. **HUMILDAD | *Piénsalo otra vez*, Adam Grant.**
Donde hay humildad, hay sabiduría. La humildad evita que las *ideas* se conviertan en *ideologías*. La humildad lleva a preguntar, escuchar, cuestionar y hacer autocrítica. Lo contrario nos lleva a estrellarnos. Sabiduría es también saber que no se sabe.
95. **INFLUENCIA/PERSUASIÓN (I) | *Influencia, la psicología de la persuasión*, Robert B. Cialdini.**
La persuasión funciona según unos principios psicológicos que hay que conocer e interiorizar, porque desde que nos levantamos por la mañana hasta que nos acostamos por la noche, todo es influencia y persuasión. La influencia nos permite obtener la respuesta que deseamos de las personas.
96. **INFLUENCIA / PERSUASIÓN (II) | *El arte de cautivar*, Guy Kawasaki.**
Todos queremos influir más y tener empresas más cautivadoras. El «evangelizador de Apple» nos desvela las claves para conseguirlo.

Cautivar no tiene nada que ver con manipular, sino con ser capaz de transformar situaciones y relaciones donde haya un beneficio mutuo.

97. **INNOVACIÓN (I) | *El efecto Medici*, Frans Johansson.**
Uno de los mejores libros sobre creatividad e innovación repleto de ejemplos prácticos. La innovación nace de la diversidad, del cruce, roce e intersección de disciplinas y campos del conocimiento diferentes. Piensa en el Circo del Sol, un circo en el que no hay animales.

98. **INNOVACIÓN (II) | *El dilema de los innovadores*, Clayton M. Christensen.**
El subtítulo ya dice mucho: *Cuando las nuevas tecnologías pueden hacer fracasar a las grandes empresas.* Todas las organizaciones se enfrentan a un nuevo escenario competitivo muy exigente en el que deben tomar decisiones entre la continuidad y el cambio.

99. **INNOVACIÓN CONTINUA | *Organizaciones Exponenciales*, Salim Ismail.**
En un mundo de continuo cambio, la única ventaja competitiva sostenible es la innovación permanente, algo que sólo es posible para aquellas organizaciones con estructuras que así lo permitan y apliquen los principios de la innovación continua: las Organizaciones Exponenciales (OEx).

100. **INTUICIÓN | *Inteligencia intuitiva*, Malcolm Gladwell.**
La intuición no es irracional, sino que es la razón acelerada. Nos dice *qué* hacer, pero no *por qué* hacerlo (procede del inconsciente), por eso no le prestamos suficiente atención. Saber acceder a ella y escucharla nos da ventaja a la hora de tomar decisiones.

101. **INVERSIÓN (I) | *El inversor inteligente*, Benjamin Graham.**
Escrito en 1949 y libro de referencia para Warren Buffett, es la biblia del *value investing* ('inversión en valor'), apostar por valores que están infravalorados por el mercado respecto a sus fundamentales, y por tanto con un alto potencial de rentabilidad. Su filosofía se basa en: compra un negocio, no una acción.

102. **INVERSIÓN (II) | *Un paso por delante de Wall Street*, Peter Lynch.**
El autor explica de forma sencilla las claves que le han convertido en uno de los mejores gestores de fondos de inversión de la historia. Con sus palabras: «Si no analizas las empresas, tienes las mis-

mas oportunidades de éxito que un jugador de póquer apostando sin mirar las cartas».

103. *LEAN STARTUP* | *El método Lean Startup* y *El camino hacia el Lean Startup*, Eric Ries.

En un mundo que cambia a gran velocidad, la flexibilidad y la agilidad son esenciales. El exceso de planificación nos hace llegar tarde. Las empresas deben ser capaces de probar sus negocios antes de lanzarlos y así ahorrar tiempo, dinero y energía. Ello lo permiten las metodologías ágiles basadas en iterar: testar, aprender y mejorar. El primer libro está centrado en el mundo *start-up*, el segundo en las grandes empresas.

104. LIBERTAD FINANCIERA (I) | *Padre rico, padre pobre*, Robert Kiyosaki.

Una persona es libre financieramente cuando tiene un conjunto de activos que cubren todos sus gastos sin necesidad de trabajar. Todo se basa en crear, comprar y mejorar activos. Aquí se aborda el tema a través de la relación del autor con sus dos padres: uno biológico (padre pobre), que todo lo basa en el trabajo y esfuerzo; y el padre de su mejor amigo (padre rico), que le enseña la filosofía y mentalidad de los ingresos pasivos.

105. LIBERTAD FINANCIERA (II) | *El millonario de la puerta de al lado*, Thomas J. Stanley y William D. Danko.

El mundo financiero se basa en varios conceptos que hay que dominar: ingresos, gastos, ahorro, inversión, deuda y fiscalidad. En este libro se describen empíricamente los comportamientos que distinguen a aquellas personas que saben actuar de manera inteligente en esos aspectos.

106. LIBERTAD FINANCIERA (III) | *Dinero: Domina el juego*, Anthony Robbins.

Con subtítulo: *Cómo alcanzar la libertad financiera en 7 pasos*. El libro es el resultado de realizar una exhaustiva investigación, así como de entrevistar a los cincuenta inversores más influyentes de la actualidad, desde millonarios hechos a sí mismos a ganadores del Premio Nobel.

107. LIDERAZGO (I) | *Empresas que perduran* y *Empresas que sobresalen*, Jim Collins.

Ambas obras del mismo autor son complementarias y basadas en investigaciones empíricas que destilan los factores que explican que haya empresas que llevan en su ADN el éxito (*empresas que perduran*) y aquéllas que siendo normales consiguen dar el salto a exitosas (*empresas que sobresalen*).

108. LIDERAZGO (II) | *Winning* (*Ganar*), Jack Welch.

Con subtítulo: *Las claves para el éxito del ejecutivo más admirado del mundo.* Jack Welch fue durante veinte años el CEO de General Electric llevando a cabo una de las mayores transformaciones en la empresa. Mínima burocracia, empowerment, sinceridad y propósito, son algunas de las enseñanzas que nos deja.

109. LIDERAZGO (III) | *El líder resonante crea más*, Richard Boyatzis, Daniel Goleman y Annie McKee.

Los «mejores líderes» no se distinguen a menudo por sus capacidades técnicas, sino por su habilidad para inspirar en otros energía, pasión y entusiasmo. Un liderazgo efectivo pasa por gestionar adecuadamente las propias emociones y potenciar sentimientos positivos en los equipos, es decir, «crear resonancia» para obtener lo mejor de las personas.

110. LIDERAZGO (IV) | *Las 21 leyes irrefutables del liderazgo*, John C. Maxwell.

Liderar es hacer que las cosas sucedan. Liderar es la capacidad para convertir sueños en realidades. No es sencillo, como todo, tiene su ciencia y su arte. Aquí el autor nos revela a través de historias, y con un lenguaje sencillo y claro, las veintiuna leyes para ejercer un liderazgo eficaz.

111. LIDERAZGO (V) | *Un nuevo impulso*, Marshall Goldsmith.

Con subtítulo: *Descubra los 20 hábitos que frenan su ascenso.* Las verdades duelen, sobre todo cuando señalan comportamientos evidentes para todos excepto para nosotros mismos. Pero la verdad inicia el camino del cambio y la libertad. El libro aborda situaciones reales desde la óptica del líder obligándonos a hacer un autoexamen honesto para así mejorar y crecer.

112. LIDERAZGO (VI) | *El mito del líder*, Santiago Álvarez de Mon.

El liderazgo es algo más sencillo y cotidiano de lo que *a priori* pensamos. En el libro se desmitifica la idea del «superlíder» y se nos muestra una visión de su figura alejada del liderazgo carismático. El liderazgo tiene mucho que ver con la humildad, la comunicación, el equipo y los valores.

113. ***MANAGEMENT*** **(I) |** ***En busca de la excelencia*****, Tom Peters y Robert H. Waterman.**
Un clásico del *management* basado en el estudio de cuarenta y tres de las empresas mejor gestionadas de Estados Unidos en diferentes campos, que proporciona ocho principios básicos de la gestión que han hecho que estas organizaciones triunfen.

114. ***MANAGEMENT*** **(II) |** ***La quinta disciplina*****, Peter Senge.**
Otro clásico del *management*. La capacidad de aprender con mayor rapidez que los competidores quizá sea la única ventaja competitiva sostenible. Una obra precursora sobre la construcción de organizaciones inteligentes, aquéllas que están abiertas al aprendizaje.

115. ***MANAGEMENT*** **(III) |** ***Compitiendo por el futuro*****, C. K. Prahalad y Gary Hamel.**
Las organizaciones líderes van siempre un paso por delante del mercado. Son capaces de ver las tendencias y crear un nuevo mañana. Son generadoras de nuevos espacios competitivos en lugar de buscar posicionarse en los mercados ya existentes.

116. ***MANAGEMENT*** **(IV) |** ***La práctica del management*****, Peter F. Drucker.**
Uno de los libros de referencia por uno de los mejores pensadores en gestión empresarial. La verdadera innovación en una empresa, la que tiene un impacto integral y duradero, es la que se refiere a cómo realizan el trabajo las personas, sobre todo los jefes. Drucker explica con rigor en qué consiste el *management*.

117. ***MANAGEMENT*** **(V) |** ***El management del siglo xxi*****, Peter F. Drucker.**
Un libro visionario en el que Drucker ya anticipaba el poder del «trabajador del conocimiento» en la sociedad, donde el principal valor de las personas es su capacidad de generar ideas, pensar nuevas soluciones, analizar la información y definir estrategias. Trabajadores que no sólo siguen órdenes, sino que son capaces de autogestionarse.

118. ***MANAGEMENT*** **(VI) |** ***El futuro del management*****, Gary Hamel.**
El *management* es el factor crítico de éxito de las organizaciones, pero no se pueden dirigir empresas del siglo xxi, con estructuras del siglo xx y un estilo de dirección del siglo xix. Hamel carga con-

tra las creencias heredadas que impiden a las empresas actuales superar los nuevos retos. La clave está en la innovación y las personas.

119. ***MANAGEMENT*** **(VII) |** ***Capitalismo de Karaoke*** **y** ***Funky Business*****, Kjell Nordstrom y Jonas Ridderstrale.**

Ambos libros de los profesores de la Universidad de Estocolmo ayudan a contemplar la gestión desde un punto de vista singular, rompedor e innovador. Destacar, dejar huella y conquistar mercados exige nuevas formas de pensar, hacer y gestionar, donde el talento es el elemento diferencial.

120. MARCA PERSONAL (I) | ***El mejor negocio eres tú*****, Reid Hoffman.**

Tanto si se trabaja por cuenta ajena como si se trabaja por cuenta propia, el mayor activo que tiene una persona es su marca personal, mucho más hoy día en un entorno tan cambiante donde podemos vernos obligados a reinventarnos de un día para otro. El autor nos da las claves para gestionar eficazmente nuestra marca personal.

121. MARCA PERSONAL (II) | ***Tu modelo de negocio*****, Alexander Osterwalder, Yves Pigneur, Tim Clark.**

Tras *Generación de modelos de negocio*, surge la aplicación de la herramienta del Modelo Canvas a la marca personal en carreras profesionales. Un método sencillo y estructurado para tener una visión global en la elaboración de un plan de negocio personal.

122. MARKETING (I) | ***Dirección de Marketing*****, Philip Kotler.**

Una empresa son dos cosas: innovación (aportar valor) y marketing (vender). Otro clásico que no envejece y sigue siendo la biblia del marketing. Entre los asuntos que trata, destacan el valor de la marca, la segmentación o el posicionamiento. Para dirigir empresas hay que saber de marketing.

123. MARKETING (II) | ***La clave del éxito*** **(*****The Tipping Point*****), Malcolm Gladwell.**

Todos aspiramos a que nuestros productos y servicios se pongan de moda. El *tipping point* es un punto de inflexión a partir del cual la demanda se dispara y algo es querido por todo el mundo. ¿Qué lo produce? Aquí se explican las claves y cómo utilizarlo a tu favor.

124. MARKETING (III) | ***Contagioso*****, Jonah Berger.**

Con subtítulo: *Cómo conseguir que tus productos e ideas tengan éxito*. En la misma línea que *The Tipping Point*, explica con detalles y ejemplos por qué las ideas, productos y servicios se viralizan gracias a cinco aspectos. Un libro muy útil para todos, y más en tiempos de redes sociales cuyo acceso es gratuito y de un enorme potencial.

125. MARKETING (IV) | *El marketing del permiso*, Seth Godin.
Debido a los múltiples canales de comunicación que existen hoy día respecto al pasado, el consumidor está saturado. El contexto actual requiere un marketing más amable, una nueva forma de relacionarse con el consumidor donde no se trata tanto de perseguir como de atraer.

126. (NEURO)MARKETING (V) | *Buyology*, Martin Lindstrom.
Con subtítulo: *Verdades y mentiras de por qué compramos*. El autor presenta los hallazgos de tres años de investigación sobre el comportamiento de dos mil voluntarios de todo el mundo mientras se les mostraban diversos anuncios, logotipos, comerciales, marcas y productos, y cuyas conclusiones no son las que podrían pensarse *a priori*. El neuromarketing, la unión del marketing y la ciencia, es la llave de nuestra «lógica para la compra».

127. (NEURO)MARKETING (VI) | *Brainfluence*, Roger Dooley.
Con subtítulo: *100 formas de convencer y persuadir a través del Neuromarketing*. Según la neurociencia, el 95 por ciento de nuestros pensamientos, emociones y aprendizaje ocurren antes de que seamos conscientes de ello; sin embargo, las acciones del marketing se siguen concentrando en los mensajes racionales que apelan al 5 por ciento. Aquí muchos consejos prácticos para sacar tajada de ello.

128. MEDITACIÓN | *Cómo meditar*, Pema Chödrön.
Con subtítulo: *Y ser al mismo tiempo un buen amigo de tu mente*. La meditación es una forma de entrar en contacto con nosotros mismos; una forma de hacerse amigo del momento presente. En una sociedad cada vez más acelerada, meditar es más imprescindible que nunca.

129. MENTE – CUERPO (I) | *Usted puede sanar su vida*, Louise Hay.
La relación entre nuestras emociones y nuestro cuerpo es muy estrecha. El cuerpo nunca miente: refleja lo que ocurre en los planos emocional y mental. Las emociones no pueden ser ignoradas sin tener consecuencias. Como dice la autora: «Sólo hay una cosa que sana todo problema: amarse a uno mismo».

130. MENTE – CUERPO (II) | *La biología de la creencia*, Bruce Lipton.
Un libro que habla de la *epigenética* (más allá de la genética): los genes y el ADN no controlan nuestra biología, sino que es el ADN el que está controlado por las señales procedentes del medio externo celular, entre las que destacan los poderosos mensajes que provienen de nuestros pensamientos.

131. METAS | *Metas*, Brian Tracy.
La gente de éxito está fuertemente orientada hacia sus metas. Las metas dan sentido, enfoque y energía a nuestra vida. El éxito se basa en establecer metas, diseñar planes para alcanzarlas y trabajar todos los días en ellas. Sin metas uno anda a la deriva. Aquí las claves para lograrlo.

132. MIEDO | *El poder de los cinco segundos*, Mel Robbins.
Por un lado, todos tenemos miedo; por otro lado, para todo lo importante de la vida es necesaria la valentía. Por tanto: o controlas tus miedos o tus miedos te controlan. En este libro se nos enseña cómo ser más valientes.

133. *MINDFULNESS* / ATENCIÓN PLENA (I) | *El poder del ahora*, Eckhart Tolle.
Sólo el presente existe. No hay nada fuera del aquí y el ahora. El futuro sólo será otro momento presente cuando llegue. Por tanto, la clave es estar con atención plena a lo que estamos viviendo. La causa del estrés es estar *aquí*, pero querer estar *allí*.

134. *MINDFULNESS* / ATENCIÓN PLENA (II) | *Mindfulness en la vida cotidiana*, Jon Kabat-Zinn.
Con subtítulo: *Donde quiera que vaya, ahí estás*. La idea que subyace en esta obra es que «estar bien» no depende tanto de «dónde» estás, sino de «cómo» estás tú, con independencia de dónde te encuentres. Una invitación a estar presentes: aquí y ahora.

135. MOTIVACIÓN | *La sorprendente verdad sobre qué nos motiva*, Daniel Pink.
Las tres claves de la motivación residen en: la *autonomía* (libertad), la *maestría* (dominio) y el *propósito* (contribuir). Las prácticas de liderazgo deben dirigirse a cómo lograr eso en los equipos. La gente quiere ser dueña de su trabajo, ser experta en algo y contribuir a algo más grande que ellos mismos.

136. MUERTE (I) | *La rueda de la vida*, Elisabeth Kübler-Ross.
Con subtítulo: *Sólo haciendo lo que de verdad os importa, podréis bendecir la vida cuando la muerte esté cerca.* La autora dedicó toda su vida a tratar con enfermos terminales. Paradójicamente, los moribundos nos enseñan el arte de vivir. Morir es tan natural como nacer y crecer, pero no lo vemos así. *La rueda de la vida* es su legado espiritual que nos ayuda a reconciliarnos con la muerte y así amar más intensamente la vida.

137. MUERTE (II) | *Morir para ser yo*, Anita Moorjani.
Con subtítulo: *Mi viaje a través del cáncer y la muerte hasta el despertar y la verdadera curación.* La propia autora dice: «Tuve una experiencia cercana a la muerte. Fue entonces cuando aprendí una de las lecciones más importantes: el cielo no es un destino final, sino un estado de vida». Muchos de nuestros problemas son producto de vivir de acuerdo a las expectativas de los demás. Su propuesta espiritual es clara: ámense a sí mismos incondicionalmente y sean ustedes mismos sin temor.

138. NEGOCIACIÓN (I) | *Nunca hagas la primera oferta*, Donald Dell.
Saber negociar como saber vender son dos habilidades imprescindibles para la vida y la empresa. El coste de no saber negociar es altísimo. Aquí las claves de uno de los representantes de deportistas más conocidos cuya vida ha sido una negociación continua.

139. NEGOCIACIÓN (II) | *Rompe la barrera del No*, Chris Voss.
Los nueve principios clave para negociar según un exagente del FBI experto en negociaciones internacionales con terroristas y secuestradores. Lo más importante es entender que las personas nos guiamos mayoritariamente por nuestras emociones. Las personas muchas veces tenemos comportamientos irracionales, pero humanos.

140. NEGOCIACIÓN (III) | *Negociar lo imposible*, Deepak Malhotra.
Con subtítulo: *Cómo destrabar y resolver conflictos difíciles (sin dinero ni fuerza).* Este profesor de Harvard explica cómo se puede llegar a acuerdos con éxito cuando no se tiene la fuerza o el dinero para resolverlos. En el libro se describen dieciocho *tips* para conseguirlo.

141. *NETWORKING* (I) | *Nunca comas solo*, Keith Ferrazzi.
Tu calidad de vida depende de la calidad de tus relaciones. La habilidad para crear, mantener y ampliar nuestra red de contac-

tos es clave para nuestro éxito profesional. Como todo, también tiene su técnica y su método.

142. ***NETWORKING* (II) | *El poder de las relaciones*, John C. Maxwell.**
Trabajar duro no es suficiente; tampoco ser excelentes en lo que hacemos; para ser exitoso hay que aprender a establecer relaciones. Saber relacionarse es útil en todas las áreas de nuestra vida. Y las relaciones tienen mucho que ver con el interés que mostramos por los demás.

143. ***NEW AGE* / NUEVO PENSAMIENTO (I) | *Piense y hágase rico*, Napoleon Hill.**
La base de todo éxito es un *deseo ardiente*, una energía poderosa que trasciende cualquier limitación e impulsa a hacer lo que haga falta el tiempo que haga falta. Si ese *deseo ardiente* existe, el resto es aprendizaje y determinación. Por el camino aparecerán las personas y circunstancias precisas para avanzar. Un clásico de 1937.

144. ***NEW AGE* / NUEVO PENSAMIENTO (II) | *El poder de la mente subconsciente*, Joseph Murphy.**
La sabiduría del universo reside en nuestro interior: el inconsciente. El inconsciente es la fuerza suprema. Ser conscientes de ello y ser capaces de cómo dominarlo es la clave de todo. Las creencias (inconscientes) son fuerzas atractivas, tanto en sentido constructivo como destructivo.

145. ***NEW AGE* / NUEVO PENSAMIENTO (III) | *El secreto*, Rhonda Byrne.**
Uno de los libros de mayor impacto en cuanto a esta corriente de pensamiento, que plasma por escrito lo que antes fue una producción en formato documental de gran éxito. *El secreto* no es otra cosa que la *ley de la atracción*: somos imanes que atraemos a nuestra vida aquello en lo que nos concentramos.

146. ***NEW AGE* / NUEVO PENSAMIENTO (IV) | *La ciencia de hacerse rico*, Wallace D. Wattles.**
En la misma línea, pero enfocado estrictamente en el aspecto material de la riqueza. La pobreza es un estado de la mente. El ser humano es la expresión de sus creencias; la pobreza es la manifestación material (tangible) de unas creencias de escasez. El documental de *El secreto* se inspiró en esta obra.

147. **OPTIMISMO | *La fuerza del optimismo*, Luis Rojas Marcos.**
El optimismo multiplica tu fuerza. Está demostrado científicamente que los optimistas perseveran más y, por tanto, logran más. Además, son más felices, tienen mejores relaciones y son más longevos. Todo ello con una explicación sencilla y numerosos estudios que avalan las conclusiones.

148. **PNL (I) | *Cómo cambiar creencias con la PNL*, Robert Dilts.**
Las creencias condicionan para bien o para mal nuestra existencia. La PNL busca analizar, codificar y modificar creencias y conductas por medio del lenguaje (verbal y no verbal). La PNL busca la programación para el éxito, poner a nuestra disposición los modos de hacer de las personas exitosas. La PNL es tecnología conductual, un modelo de conducta para el éxito.

149. **PNL (II) | *El poder de la palabra*, Robert Dilts.**
Nuestra forma de pensar y responder al contexto está condicionada por un «mapa neurológico» (representación de la realidad), y muchas veces nuestras respuestas ante las circunstancias no son las más óptimas. Gracias a la PNL se pretende influir en ese mapa neurológico a través del lenguaje para generar cambios positivos en las personas.

150. **PNL (III) | *Poder sin límites*, Anthony Robbins.**
Un clásico de uno de los referentes del desarrollo personal, que nos ayuda a descubrir el poder interior que todos tenemos; la cuestión es si ese poder está activado o desactivado, bloqueado o desbloqueado. Con palabras de Robbins, «la PNL es como la física nuclear de la mente. La física estudia la estructura de la realidad, la naturaleza del mundo. La PNL hace lo mismo con su cerebro. Permite descomponer los fenómenos en las partes constituyentes que determinan su funcionamiento».

151. **PRESENTACIONES (I) | *El arte de presentar*, Gonzalo Álvarez Marañón.**
Con subtítulo: *Cómo planificar, estructurar, diseñar y exponer presentaciones*. Una presentación tiene en cuenta tres partes: contenido, diseño y exposición. Cada uno de estos elementos es importante y hay que cuidarlo con detalle para impactar en la audiencia. Una obra bien estructurada y clara en la exposición.

152. PRESENTACIONES (II) | *Resonancia*, Nancy Duarte.
Con subtítulo: *Cómo presentar historias visuales que transformen a tu audiencia*. Aplicando técnicas recurrentes del cine y la literatura, la autora nos enseña a cómo transformar cualquier presentación en una aventura (relato) fascinante y emocionante para el público.

153. PODER | *Las 48 leyes del poder*, Robert Greene.
La vida, en cualquier esfera, son relaciones de poder (inteligencia política); y de una u otra manera a todos nos gusta el poder porque es capacidad de decisión. Alcanzar el poder (influencia) es sólo un primer paso, luego hay que conservarlo, porque otros también lo quieren.

154. PRODUCTIVIDAD (I) | *Céntrate*, Cal Newport.
Nunca ha sido tan fácil distraerse; nunca ha sido tan fácil perder el tiempo. Sin embargo, la ciencia demuestra que existe una correlación directa entre atención y rendimiento. Hoy más que nunca es fundamental aprender a enfocarse. Este libro nos da las claves.

155. PRODUCTIVIDAD (II) | *Lo único*, Gary Keller.
Con subtítulo: *La sencilla y sorprendente verdad que hay detrás del éxito*. Al final, lo único verdaderamente importante es el FOCO: ser capaces de concentrar todas las energías en una dirección sin distraerse. Hacer *sólo eso* es ya hacer mucho. No se trata de hacer grandes cosas, sino de hacer algo de forma consistente. Todos los éxitos en la vida se basan en el interés compuesto.

156. PRODUCTIVIDAD (III) | *La semana laboral de 4 horas*, Tim Ferriss.
Un libro que ensancha la mente y hace ver otras posibilidades más allá de las clásicas formas de trabajo. Se trata de utilizar la tecnología a nuestro favor, automatizar tareas y aprovechar la deslocalización para optimizar nuestra vida y nuestro trabajo.

157. PRODUCTIVIDAD (IV) | *Organízate con eficacia*, David Allen.
La única forma de ser capaces de hacer más cosas y estresarnos menos es siendo más efectivos. Gracias al método GTD (*Getting Things Done*) del autor es posible. Aquí te da las claves para conseguirlo gracias a su método de cinco pasos: recopila, procesa, organiza, revisa, ejecuta.

158. PRODUCTIVIDAD (V) | *El ejecutivo al minuto*, Kenneth Blanchard.
Uno de los mayores problemas desde el punto de vista del *management* es saber optimizar nuestro tiempo. Todo el mundo desea hacer más cosas y perder menos tiempo. En ello es clave no asumir responsabilidades que no nos tocan, saber delegar y ser efectivos.

159. PROPÓSITO (I) | *Empieza por el porqué*, Simon Sinek.
Mucho más importante que lo *que* hacen las empresas y *cómo* lo hacen, es *por qué* lo hacen. Las empresas que dejan huella y cautivan e impactan tienen un propósito motivador que les mueve. Los productos y servicios que ofrecen son sólo una extensión de su propósito.

160. PROPÓSITO (II) | *Delivering Happiness: ¿Cómo hacer felices a tus empleados y duplicar tus beneficios?*, Tony Hsieh.
Una política de empresa basada en la felicidad de todos sus miembros (empleados, clientes, proveedores...) ayuda a tener una mayor productividad y beneficios a largo plazo. Si hay una empresa que se ha caracterizado por ello es Zappos. Un libro que fue n.º 1 de *The Wall Street Journal* y de *The New York Times* durante veintisiete semanas consecutivas.

161. PROPÓSITO (III) | *Una vida con propósito*, Rick Warren.
Con subtítulo: *¿Para qué estoy aquí en la Tierra?* Llevar a cabo el propósito para el que fuiste creado implica ir más allá de la supervivencia y el éxito. Conocer tu propósito tiene cinco beneficios: explica el significado de tu vida; simplifica tu vida; enfoca tu vida; aumenta tu motivación; y te prepara para la eternidad.

162. PSICOLOGÍA DE LA RIQUEZA (I) | *Los secretos de la mente millonaria*, T. Harv Eker.
Un libro centrado en la mentalidad (*mindset*) de la riqueza aplicable al resto de las parcelas de nuestras vidas. Las creencias nos crean. Nuestra mentalidad determina nuestros pensamientos y nuestros pensamientos determinan nuestros comportamientos. Trabaja tu mente y tu mente llenará tu bolsillo.

163. PSICOLOGÍA DE LA RIQUEZA (II) | *La psicología del dinero*, Morgan Housel.
«El nivel supremo de riqueza es la posibilidad de levantarte por la mañana y hacer lo que te dé la gana», dice Morgan Housel. En

ello tiene mucho que ver la libertad financiera. Aquí se describen las dieciocho claves que explican la riqueza y cómo piensan y actúan los ricos.

164. **PSICOLOGÍA POSITIVA (I) | *La auténtica felicidad*, Martin Seligman.**
Hasta hace poco, la psicología se ocupaba de la enfermedad y su curación. Pero a partir de los años noventa, una serie de autores se dieron cuenta de que la psicología debía dar un paso más: ocuparse de la felicidad. Y ése fue el origen de la psicología positiva: ¿qué es lo que dice la ciencia acerca de lo que hace felices a las personas?

165. **PSICOLOGÍA POSITIVA (II) | *La búsqueda de la felicidad*, Tal Ben-Shahar.**
Tal Ben-Shahar es otro de los representantes de la psicología positiva. Para él la búsqueda de la perfección es el principal enemigo de la felicidad. Ser feliz también es saber tolerar el malestar cuando las circunstancias no son las deseables.

166. **PSICOTERAPIA | *El proceso de convertirse en persona*, Carl Rogers.**
Con subtítulo: *Mi técnica terapéutica*. El ser humano alberga en su interior un gran potencial. Sin embargo, nuestro mayor problema son las resistencias internas: miedos, dudas, inseguridades, heridas del pasado, máscaras… Según Rogers, convertirnos en persona implica por encima de todo ponerse en contacto con ese *yo* que se halla escondido para liberarnos y ser más plenos.

167. **PUBLICIDAD | *Confesiones de un publicitario*, David Ogilvy.**
Un clásico de la publicidad contado por una de las figuras más importantes del sector. La publicidad siempre es necesaria para gestionar percepciones y llegar al máximo de nuestro público objetivo. El autor nos revela aquí los principios clave.

168. **REINVENCIÓN PROFESIONAL (I) | *¿De qué color es tu paracaídas?*, Richard N. Bolles.**
Con subtítulo: *Manual práctico para los que buscan trabajo o un cambio de carrera*. Por múltiples motivos uno puede verse obligado a buscar un empleo, ya sea por despido, fin de contrato o por necesidad de dar un giro a nuestras carreras. La clave, como todo, es tener un método y que nuestros esfuerzos estén alineados con nuestro propósito vital.

169. REINVENCIÓN PROFESIONAL (II) | *¡Reinvéntate!*, Dorie Clark.
Con subtítulo: *Define tu marca personal, imagina tu futuro y empieza*. Una guía paso a paso que te muestra cómo evaluar tus fortalezas y desarrollar una marca personal convincente, ya sea para avanzar en tu posición laboral actual, cambiar de trabajo o dar el salto al emprendimiento. Una mezcla de historias personales, entrevistas y ejemplos de personas relevantes.

170. RELACIONES (I) | *Cómo ganar amigos e influir sobre las personas*, Dale Carnegie.
Un clásico de 1936 que sigue tan vigente como entonces. Todo en la vida son relaciones (clientes, proveedores, socios, jefes, empleados, medios...) y las relaciones se basan en: cómo llevarse bien con los demás, cómo gustarles, cómo persuadirles y cómo no defraudarles. Carnegie explica con maestría cómo conseguirlo.

171. RELACIONES (II) | *Dar y recibir*, Adam Grant.
Gran parte del éxito depende de cómo interactuamos con las personas, y esa forma de interactuar tiene mucho que ver con cómo vemos las relaciones: desde un punto de vista egoísta (sólo pensar en nosotros) o generoso (ayudar a los demás). El segundo camino es el que nos lleva más lejos.

172. RELACIONES (III) | *Nadie te entiende y qué puedes hacer al respecto*, Heidi Grant Halvorson.
Un libro cuyo título lo dice todo, para entender por qué los demás no te entienden y cómo se puede actuar para solucionarlo. Presenta soluciones eficaces para entender mejor la comunicación interpersonal y, sobre todo, la manera como las percepciones alteran la forma como emitimos nuestros mensajes y cómo son recibidos por las demás personas.

173. RELACIONES (IV) | *El poder de los introvertidos*, Susan Cain.
La introversión es un dato, como lo es la extroversión. Ni una cosa ni la otra son por sí mismas mejores o peores. A pesar de ello, vivimos en una sociedad donde todo lo «social» (la extroversión) está altamente valorado. Aquí se explican todas las ventajas que supone ser introvertido.

174. RESILIENCIA (I) | *Superar la adversidad*, Luis Rojas Marcos.
La adversidad, antes o después, toca a las puertas de todas las casas; entonces, algunas personas se hunden y otras la utilizan como

crisis de crecimiento y madurez. ¿Cuáles son las claves para gestionar eficazmente la adversidad?

175. **RESILIENCIA (II) | *Las 10 estrategias de Shackleton en su gran expedición antártica*, Dennis N. T. Perkins.**
En 1914 el explorador Ernest Shackleton se embarcó, junto con su equipo de marineros y científicos, en un intento de realizar la primera travesía de la Antártida a bordo del Endurance. La cosa, sin embargo, no fue como se esperaba y se vieron obligados a sobrevivir en condiciones inhumanas durante casi dos años. Un relato de superación inspirador.

176. **RESILIENCIA (III) | *La sociedad de la nieve*, Pablo Vierci.**
Visión coral de los dieciséis supervivientes del accidente aéreo de los Andes de 1972, que más allá de narrar su experiencia, cuentan cómo aquel episodio impactó en sus vidas. Un gran ejemplo de superación y de cómo las personas reaccionamos de forma diferente a los mismos estímulos.

177. **RESILIENCIA (IV) | *Milagro en los Andes*, Nando Parrado.**
Con subtítulo: *Mis 72 días en la montaña y mi largo regreso a casa.* Otro libro sobre el accidente aéreo de los Andes de 1972, en este caso relatado por uno de los supervivientes y figura clave en el rescate, que emprendió la expedición para intentar cruzar los Andes a pie y encontrar ayuda para volver a casa.

178. **SALUD (I) | *La ciencia de la salud*, Valentín Fuster.**
La salud no lo es todo, pero sin la salud todo lo demás es nada. La salud es riqueza. Aquí muchos consejos sencillos y prácticos para mejor nuestra calidad de vida. Como siempre, prevenir es la mejor medicina. Si no te ocupas de tu salud, te tendrás que ocupar de la enfermedad.

179. **SALUD (II) | *Respira*, James Nestor.**
La respiración es lo único que nos acompaña desde que nacemos hasta que morimos. Una buena (mala) respiración tiene un impacto enorme en nuestro organismo, pero pocas personas son conscientes de ello. Todos deberíamos aprender a respirar de nuevo.

180. **SALUD (III) | *Por qué dormimos*, Matthew Walker.**
No hay ninguna función del organismo que no se vea perjudicada por la falta de sueño. Dormir bien (en cantidad y calidad) afecta al aprendizaje, la memoria, al sistema inmunitario y a otras

muchas funciones. En las sociedades desarrolladas, la calidad del sueño ha empeorado.

181. SENTIDO DE VIDA | *El hombre en busca de sentido*, Viktor Frankl.
Sobre la vida del autor en el campo de concentración de Auschwitz durante la Segunda Guerra Mundial y de por qué unas personas querían morir y otras seguir adelante. La vida no se vuelve insoportable por las circunstancias sino por la falta de sentido y de propósito. Un relato conmovedor.

182. SILENCIO (I) | *Biografía del silencio*, Pablo d'Ors.
Con subtítulo: *Breve ensayo sobre la meditación*. Se nos relata la importancia de la quietud para el autoconocimiento, con un lenguaje sencillo y capítulos cortos sobre la experiencia del propio autor, quien gracias a esta práctica ha ido descubriendo que no hay *yo y mundo*, sino que *mundo y yo* son una misma y única cosa.

183. SILENCIO (II) | *El silencio en la era del ruido*, Erling Kagge.
¿Qué es el silencio? ¿Dónde se encuentra? ¿Por qué es hoy más importante que nunca? El autor explora, a partir de su experiencia personal y de las ideas de filósofos, escritores y artistas clásicos y modernos, la importancia de «aislarse del mundo», pero no en sentido literal sino espiritual; porque silencio no significa necesariamente «ausencia de ruido», sino que es una práctica que podemos practicar en cualquier momento y lugar.

184. *STORYTELLING* | *Cómo construir una Storybrand*, Donald Miller.
Las historias conectan con la gente, y para ello es fundamental apelar a sus instintos más primarios. La conexión se produce siempre a un nivel emocional. Conocer la naturaleza humana es estar en mejores condiciones para cautivar a las personas. Aquí las claves para construir un relato en torno a nuestra marca.

185. TALENTO (I) | *Grit: El poder de la pasión y la perseverancia*, Angela Duckworth.
El talento está sobrevalorado; el talento es lo más común del mundo. El mundo está lleno de gente con talento que no ha llegado demasiado lejos. El talento no es la variable que mejor explica el éxito, sino el concepto de *Grit*, una mezcla de pasión y perseverancia a largo plazo unida a un propósito.

186. TALENTO (II) | *Mindset: La actitud del éxito*, Carol Dweck.
Nuestra mentalidad (*mindset*) ante el aprendizaje dice mucho acerca de hasta dónde podemos llegar en la vida. Hay dos tipos de mentalidades: fija y de crecimiento. La primera cree que unos nacen con estrella y otros estrellados; la segunda considera que el talento está basado en la tolerancia al error, el *feedback* y la mejora.

187. TALENTO (III) | *Número Uno*, Anders Ericsson.
El subtítulo lo dice todo: *Secretos para ser el mejor en lo que nos propongamos*. La clave del talento no es la práctica, sino la práctica deliberada; un conjunto de técnicas eficaces (ya demostradas), saliendo de la zona de confort, con objetivos definidos y concretos, atención plena y *feedback* que anima a mejorar continuamente. El talento innato es un mito.

188. TALENTO (IV) | *Fueras de serie*, Malcolm Gladwell.
A través de historias reales curiosas se analiza por qué unas personas tienen éxito y otras no. Intenta descifrar qué hacen los *fueras de serie* hasta llegar a la conclusión de que no existen como tales ya que, como él mismo dice «hemos prestado demasiada atención al árbol, cuando deberíamos haber mirado más el bosque».

189. TALENTO (V) | *El código de las mentes extraordinarias*, Vishen Lakhiani.
Con subtítulo: *10 leyes no convencionales para redefinir tu vida y alcanzar el éxito*. Todos tenemos el potencial de construir una vida extraordinaria, pero ello no es posible si vamos dando palos de ciego. El éxito tiene sus reglas, y si las conoces, primero, y las aplicas, después, seguro que a ti también te va bien.

190. TALENTO (VI) | *Las claves del talento*, Dan Coyle.
Una visión del talento desde las neurociencias. La base del talento reside en la mielina, una sustancia que rodea el núcleo de las neuronas. El talento no es, por tanto, un don misterioso que responde a las leyes del azar o la genética: puede desarrollarse. Cuanta más práctica, más talento.

191. TRABAJO EN EQUIPO (I) | *Cuando las arañas tejen juntas pueden atar a un león*, Daniel Coyle.
Las empresas de éxito son capaces de crear equipos de alto rendimiento basados en la cooperación, la unión, la vulnerabilidad, la comunicación o la humildad, entre otros factores. Aquí se explican esas claves con ejemplos, datos e investigaciones.

192. TRABAJO EN EQUIPO (II) | *Legado*, James Kerr.
Las claves del éxito de uno de los equipos deportivos más exitosos: los All Blacks, la selección nacional de rugby de Nueva Zelanda. Propósito, compromiso o humildad, son algunos de los factores que definen a este equipo tan especial y referente.

193. TRABAJO EN EQUIPO (III) | *Equipos ideales* y *Las cinco disfunciones de un equipo*, Patrick Lencioni.
Un proverbio afirma: «Si quieres ir rápido, ve solo; si quieres ir lejos, ve con otros». Ambos títulos del mismo autor son imprescindibles para sacar tajada de la labor conjunta de un equipo, que no de un grupo. Un grupo es la suma de sus partes; en un equipo se produce un efecto sinérgico.

194. UBUNTU | *Ubuntu*, Mungi Ngomane.
Ubuntu es el mejor legado que África ha dejado al mundo y representa el espíritu de lo que es una comunidad: *yo soy porque tú eres*. Nos necesitamos los unos a los otros. Solos no somos nadie. La comunidad hay que cuidarla en base a unos principios que hay que aplicar o la ruptura hará acto de presencia.

195. VENTAS (I) | *Vendes o vendes*, Grant Cardone.
La vida va de vender: o estás vendiendo o estás fallando. Todo es una venta: entrevista de trabajo, obtención de financiación, conseguir patrocinio, realizar un evento y que acuda la gente, pedir un aumento de sueldo… Pero vender no es vender, es ayudar. Vender es tener vocación de servicio.

196. VENTAS (II) | *Vender es humano*, Daniel Pink.
Todos estamos vendiendo todo el tiempo. En cualquier interacción humana hay implícitamente una venta. Y como dice su autor: «Vender es relacionarse honestamente con otras personas para ofrecerles algo de valor para ellas».

197. VOCACIÓN / PASIÓN (I) | *El Elemento* y *Encuentra tu Elemento*, Ken Robinson.
Ambos libros del mismo autor son complementarios (el segundo con un enfoque más práctico) para hallar nuestro Elemento: allí donde se junta nuestro talento (lo que sabemos hacer) con nuestra pasión (lo que nos gusta hacer). Entonces, existe la posibilidad de dejar huella, fluir más y ser más felices.

198. VOCACIÓN / PASIÓN (II) | *Nací para esto*, Chris Guillebeau.

Con subtítulo: *Cómo encontrar tu verdadera vocación*. Encontrar un trabajo perfecto no es algo inmediato; no hay un camino directo hacia él. Sin embargo, vale la pena empeñarse en hacer lo que se tenga que hacer para conseguirlo. Aquí el autor nos da esas claves.

199. VUCA – BANI | ***Antifrágil*****, Nassim Nicholas Taleb.**
Vivimos en un mundo dominado por el caos, la incertidumbre, el cambio y la imprevisibilidad. De ello va precisamente este bestseller, de no sólo cómo aguantar los embates del mundo, sino sacar tajada de ellos. Lo *antifrágil* se beneficia del desorden, las crisis y el caos.

200. VULNERABILIDAD | ***El poder de ser vulnerables*****, Brené Brown.**
Sólo cuando nos atrevemos a ser vulnerables podemos alcanzar nuestro auténtico potencial. La vulnerabilidad lleva a pedir ayuda, preguntar, hacer autocrítica y mejorar. El orgullo (aparentar ser fuertes) nos hace quedar estancados.